U0930334

南開日本研究

NANKAI JAPAN STUDIES

2015

南开大学日本研究院
教育部国别和区域研究基地南开大学日本研究中心　主办
李卓　主编

天津出版传媒集团
天津人民出版社

图书在版编目（CIP）数据

南开日本研究. 2015 / 李卓主编. -- 天津 : 天津人民出版社, 2015.12
ISBN 978-7-201-10047-0

Ⅰ. ①南… Ⅱ. ①李… Ⅲ. ①日本－研究 Ⅳ. ①K313.07

中国版本图书馆CIP数据核字（2016）第010043号

南开日本研究 2015
NANKAI RIBEN YANJIU 2015

出　　版　天津人民出版社
出 版 人　黄　沛
地　　址　天津市和平区西康路35号康岳大厦
邮政编码　300051
邮购电话　（022）23332469
网　　址　http://www.tjrmcbs.com
电子信箱　tjrmcbs@126.com

责任编辑　岳　勇
装帧设计　卢炀炀

制版印刷　天津市宏瑞印刷有限公司印刷
经　　销　新华书店
开　　本　787×1092毫米　1/16
印　　张　24
插　　页　2插页
字　　数　300千字
版次印次　2015年12月第1版　2015年12月第1次印刷
印　　数　2000册
定　　价　68.00元

目　录

纪念中国人民抗日战争暨世界反法西斯战争胜利70周年专题

日本经济研究

日本政治研究

日本历史研究

日本社会研究

国家社科基金重大项目《新编日本史》专题：中国日本史研究综述

海外专稿

日本学人物志

纪念中国人民抗日战争暨世界反法西斯战争胜利70周年专题

日本帝国的国家战略与军事战略

汤重南

内容摘要 确立于1889—1890年“大日本帝国”——军国日本，使在明治维新伊始便提出、推行的日本国家战略发生了根本变化。日本帝国虽一时受益于对外侵略扩张战争，但终于在侵华战争和太平洋战争中受到痛击，最后败降，招致灭顶之灾，教训何等惨痛。今年正值中国人民抗日战争暨世界反法西斯战争胜利70周年，总结日本帝国国家战略错误、失败的教训，对日本帝国的成败得失进行思考，也是一种纪念。日本军国主义的罪恶，集中体现了日本帝国国家战略的反人类、反和平的本质。

关 键 词 日本帝国 国家战略 军事战略

作者简介 汤重南，中国社会科学院世界历史研究所研究员

一、近代日本发展为“大日本帝国”，国家战略有其成功之处

日本从1868年的明治维新伊始，就宣布和开始推行其强国战略：明治新政府一上台，日本便确定了“与各国对峙”[①]“开拓万里波涛，宣布国威于四方”[②]的国家最高目标和总战略；决定采取以武力崛起的总方针，制定、提出以“富国强兵”为主体的总政策；并辅之以“殖产兴业”“文明开化”的国家基本政策。这一整套日本国家总战略、方针、政策的推出，在19世纪后半叶，极大地调动、激发了面临沦为殖民地半殖民地民族危机、后发资本主义的日本各阶层的积极性，指导、引领日本迅速走上了现代化的发展道路。经过二三十年的努力，获得了巨大的成功：日本在东方迅速崛起，犹如“彗星那样登上舞台”，骤然于19世纪末叶出现在东方，划破了屡受欧美列强殖民侵略而笼罩着亚洲的沉沉黑夜，放射出耀眼的光芒。

对明治维新及日本现代化成功的方面，可归纳如下：一是一大变革。明治维新是一场资产阶级革命和改革，是一次日本历史上从未有过的翻天覆地的社会大变革，是一个使日本真正登上世界历史舞台和发生历史命运巨变的重大的转折点。二即两大积极成果。第一项积极成果就是取得了国富民强，使日本社会由封建历史发展阶段开始过渡到资本主义阶段，走向了富强之路。第二个积极成果，就是实现了民族和国家的独立自主，成为亚洲唯一避免了沦为殖民地、半殖民地命运的国家。三即“三大政策”。以明治天皇为首的新政府，在实行资本主义改革时期，制定了“殖产兴业”“富国强兵”和“文明开化”三大政策。四即岩仓使团出访美欧确定“内治优先”后，贯彻三大政策及在经济、文化、政治、军事等四大领域进行的改革。

日本迅速发展为世界级强国的成功经验，可以概括为以下五点。首先，推翻幕府封建统治后，掌握政权的明治政府提出了明确的图强总纲领、总目标；第二，明治政府制定了基本国策、大政方针和具体政策，持续进行了一系列改革，以改革促

① “废藩置县诏书”，译自《近代史史料》，载《世界历史》编辑部编：《明治维新的再探讨》，中国社会科学出版社1981年，第173页。

② “宣扬国威宸翰”（御笔信，1868年3月发表）中宣布的日本国家总目标。日本历史学研究会编：《日本史史料》4（近代卷），岩波书店，1997年，第83页。

发展是可取的、正确的；第三，明治政府重视和抓住关键，进行制度建设，日本的制度建设是使其迅速崛起，成为大国的坚实基础和制度保证；第四，在贯彻执行和落实政策、措施时，特别注意细节，精密计划做每件事的具体办法，权衡利弊，然后认真地去落实；第五，在重视新时代意识，不拘一格使用人才，调动其积极性方面也有许多可取的、有实效的经验。[①]

二、走上军国主义道路，其国家战略发生质的转变

日本崛起之路，从明治维新起就具有两重性，明治维新的两面性无处不在。崛起后的日本，走上了军国主义道路，成为"世界一等国""世界五大强国之一"后的新兴日本帝国，其制定和推行的国家战略和军事战略的性质也都发生了根本变化：跨入近代入口时，日本所提出的"海外雄飞"、争雄世界的"与各国对峙""开拓万里波涛、宣布国威于四方"等等，就已蕴含了对外扩张、侵略的另一层意思。以1889—1890年日本颁布、实施《大日本帝国宪法》和1894—1895年发动中日甲午战争为标志，日本国家战略和军事战略等等均发生了质的变化，而且日本帝国的国家战略与军事战略日益密不可分，最后融于一体。我们对日本帝国的国家战略和军事战略，从此可以表述为：对外进行侵略扩张和侵略战争，以追求、实现日本帝国在东亚、亚洲和世界的霸权，是日本帝国的国家战略；从"富国强兵"到"强兵富国"的性质转变是其标志性的表现；日本"大陆政策"的提出及其推行、贯彻是日本帝国国家战略的具体实施；日本帝国从战争走向更大的战争，直至彻底崩溃、灭亡是日本帝国国家战略、军事战略最后的归宿和必然结果。

随着日本迅速发展、修改了与列强的不平等条约后，日本的国家战略便演变成追求东亚霸权甚至狂妄地企图在亚洲及世界称霸的军国主义了。"三大政策"中的"富国强兵"，以及近代日本军事方面的军制改革等，也成为为军国主义扩张侵略的准备和条件了。其标志性变化主要表现在以下两方面：一是提出和推行"大陆政策"，不仅与西方列强为伍，而且欺凌压迫东亚弱小邻邦；二是跃登"东洋霸主"地位后，抛出建立殖民大帝国"大东亚共荣圈"的狂妄计划，地域囊括亚洲、澳洲

① 详见张经纬、汤重南主编的《近代日本的内外政策与东亚》序章的具体阐述，中国社会科学出版社，2011年，第1～27页。

及太平洋诸岛，其侵略铁蹄践踏了东亚、东南亚各国：入侵我国台湾、吞并琉球、朝鲜，发动侵华战争和太平洋战争，更妄图与德、意法西斯分霸全世界。

日本崛起后，穷兵黩武，走上军国主义与法西斯道路的源流和原因主要有以下两点：

第一，深远的历史文化源流。就日本来说，近代军国主义，渊源于古代中世纪的武士、武家当政及武士道精神。日本武士产生于八九世纪，并随着封建经济发展和阶级关系变化，于11世纪开始登上政治舞台。以1192年武士集团首领源赖朝被大权旁落的天皇任命为“征夷大将军”，建立镰仓幕府（在镰仓地区建立的大将军府）为标志，武士阶级掌握了从地方到中央的国家各级政权。镰仓幕府是日本第一个武家当政的政权，从此，专事征战杀伐的武士阶级成为统治阶级，武士集团首领掌控国家最高权力长达676年。1336年足利尊氏建立的室町幕府为第二个武家政权，德川家康于1603年建立的江户幕府则是第三个、也是最后一个武家政权。日本的武士阶级以作战杀伐为职业，成为古代中世纪军国主义的鼓吹者，也自然是军国主义体制和政策的制定者和推行者。日本武士阶级还在幕府时代逐渐发展和形成了武士道。武士道，即武士精神，它既是武士的人生观、世界观，又是武士应尽义务和职责等封建道德规范及行为准则。导源于神道、佛教、儒学的日本武士道，经历了江户时代的新型武士道和明治维新后转化为近代军人精神的武士道三大阶段，成为近代日本军国主义的重要组成部分。

日本军国主义对外侵略思想、文化亦可谓“源远流长”。早在日本古代，就已有关于神功皇后于210年征讨新罗（朝鲜南部古国），三次用兵大获全胜的神话传说。这是日本最早的对外征战的传说，后来统治者均大肆宣扬神功皇后开疆拓土之战功，对其推崇有加。

到16世纪末，当时的实际统治者丰臣秀吉首次提出征讨朝鲜、进占中国、印度，称霸亚洲的狂妄计划，并于1592年、1596年两次出兵侵朝，利令智昏地声称，朝鲜京城已被攻陷，自己“将直捣大明国”，最后“占领天竺（印度）”。丰臣的扩张思想和侵略野心之大，集日本统治者之大成，达到空前程度。

丰臣秀吉之后，日本的统治者及许多思想家不断鼓吹其计划、宣扬其思想，致使对外侵略思想在300多年间延绵不绝且日益猖獗。从18世纪八九十年代起，力倡“海防论”“开国论”“海外雄飞论”及“攘夷论”的日本经世学家及维新运动的先驱者们，如林子平、本多利明、佐藤信渊、藤田幽谷、会泽安、吉田松阴等代表性人物，都大肆鼓吹对外扩张思想，特别是“明治维新的先驱思想家”吉田松阴公开提出的“失之于欧美，补偿于满鲜（中国东北与朝鲜）”的战略，对明治政府的领导人影响极大。这些也都成为近代日本军国主义重要的思想文化源流。

第二，近代日本军国主义主要有以下三大成因。

一是明治维新这场资产阶级革命和改革不彻底性。政治上掌握统治大权的多是封建武士出身者，武士道精神被继承和发展，成为维新领导人向日本国民、特别是向军队和学生灌输的伦理规范，在《军人敕谕》和《教育敕语》中浸满了武士道精神，成为鼓吹军国主义和推行军国主义教育的集中代表。旧武士等级不复存在，一批资产阶级化的“新武士”（士族）活跃在各领域且是主导力量。1871 年时，中央九省（部）官吏 87%是士族，至 1880 年时，中央及地方官吏的 74%仍是士族。统治集团中的骨干多是武士出身者，最著名的“维新三杰”大久保利通、西乡隆盛、木户孝允以及垄断日本政权近 50 年的伊藤博文、山县有朋、松方正义等均为旧武士出身。到大正时代的首相原敬、加藤高明，昭和时代军部法西斯魁首东条英机、宇垣一成、板垣征四郎等也都是士族出身。士族及士族出身者极自然地成为推动日本军国主义产生发展的主要社会力量。在经济原因方面，由于地税改革和士族授产等改革，使农村土地制度（寄生地主制）留有浓厚封建残余，农村成为“国内殖民地”，因而国内市场狭小。又使大批士族无法生存而对明治政权不满，统治阶级则以对外侵略扩张将心怀不满的农民、士族的不满情绪引向海外征战，使他们成为军国日本的基本社会力量。

二是日本资本主义起步晚，却迅速发展为“军事封建帝国主义”。日本实现民族独立，摆脱沦为殖民地半殖民地危机，是以对东亚弱小邻国进行领土扩张和武装侵略为重要手段的。正是将自己迅速转化为压迫民族才使得日本迅速崛起。日本又用“拿来主义”引进在欧洲美国流行的社会沙文主义，并进行新的包装，从而使社会沙文主义也成为近代日本军国主义思想的重要组成部分。因此，日本除具有早期资本主义对外侵略扩张的典型性外，更具有军国日本的特点。明治政府推行“富国强兵”“殖产兴业”和“文明开化”三大政策，富国强兵是主体，是诸政策之首，即进行改革的总方针、总政策。近代日本发展走的就是“强兵富国”之路。“强兵富国”路线的推行，使日本工业化的实现即产业革命的完成均与侵略中、朝的甲午战争、日俄战争紧密相连。待日本急速向垄断资本主义过渡，更与侵略战争捆在一起，日本军事封建帝国主义的本质和特点，使日本被纳入军事、战争轨道，进入从战争走向更大战争的恶性循环之中。

三是日本国内外均无制约和阻遏军国主义发展的形势和力量。日本国内曾有三次民主运动高潮，即自由民权运动、大正民主运动和护宪三派斗争、反法西斯斗争，但均遭失败；日本对外侵略时，屡屡冒险却均较轻易得手，更刺激其向军国主义道路迅跑。

近代日本军国主义的形成、发展是与日本崛起同步的，是在日本帝国国家战略和军事战略的引领、指导下确立的。日本军国主义的形成、发展过程，也是推行、贯彻这一战略的过程。这一过程大体可分为三个阶段。

第一阶段是孕育形成阶段，大体从 1868 年明治政府成立起至西南战争结束的 1877 年，这是日本开始走上军国主义道路的十年。1871—1873 年，岩仓使节团（48 人及 59 位留学生）出访欧美 12 国，历时 20 个月，完全接受了西方列强"弱肉强食""强权即公理"的理论观念，为日本军国主义奠定了思想基础。"富国强兵"政策的主要措施就是尽力建立和扩充军队。1871 年组建了保卫天皇的名为"亲兵"的近卫军。同时开始创建近代陆军。1873 年颁布《征兵令》，建立了常备军并迅速扩大，但不称国防军而称"皇军"，强调其效忠天皇。不久也由接收幕府和各藩的军舰组建扩充了海军。1874 年建立了近代警察制度，其头目大警视川路利良甚至表示希望"日本被称为警察国家"。从 1873 年底起，明治政府颁行了统一的监狱制度，建立起密布全国的庞大监狱网。

明治政府成立不久便凭借其军事力量开始对亚洲弱小国家进行武装侵略。1874 年发动对中国台湾的侵略战争，1875 年又挑起侵略朝鲜的"江华岛事件"，并于 1876 年逼迫朝鲜签订了不平等的《江华条约》。

在这十年中，日本确立和巩固了以天皇为中心的中央集权政府，建立起军国主义的经济基础，建立了军国主义的武装和警察、监狱，并开始对外实行侵略扩张，标志日本近代军国主义已经初步形成。

第二阶段是日本军国主义体制完全确立阶段，大体从陆军卿山县有朋发布《军人训诫》和《参谋本部条例》的 1878 年至签订《日英新通商航海条约》，发动侵中、侵朝的甲午战争的 1894 年。其间，1881 年建立宪兵制度并发布《军人敕谕》，1889 年颁布《大日本帝国宪法》，1890 年发布《教育敕语》，1893 年军部的形成等均为其路标。日本在政治、军事、经济、文化思想各领域确立起军国主义体制。

第三阶段是发展与演变阶段。大致从甲午战争后的 1895 年至法西斯军国主义确立的1936年或直到其败亡的1945年。日本军国主义确立后就不断地从战争走向战争，几乎是每五年就对外用兵一次，直至其彻底败亡。1936年“二·二六”政变标志法西斯上台，则是日本军国主义的极端表现形式。法西斯主义确立，则是日本军国主义的最高形态。

近代日本军国主义就是对内残酷剥削、镇压，对外进行侵略扩张战争。其发动的侵略战争又具有五大特点：一是军国主义无义战，军国主义发动和参加的一系列战争无一例外地全都是侵略战争；二是带有疯狂的冒险性，是所谓“以国运相赌”的赌徒；三是野蛮性，甲午战争时所进行的震惊世界、惨绝人寰的旅顺大屠杀和侵华战争时的南京大屠杀即是其集中代表；四是掠夺性，每次侵略战争均大肆掠夺，还逼迫弱小国家割地赔款。如甲午战争后，迫使中国割让台湾、澎湖和辽东半岛（后经三国干涉还辽，虽然归还中国，又掠夺3000万两白银），赔款2亿3000万两白银，相当于日本国库年收入的四倍半。日本仅这一次从中国掠夺的战争横财，使日本“在朝在野的人，都认为是无尽的财富”。日本“各方面都因此实行大大地扩张了”[①]；五是欺骗性，日本军国主义总是对外进行欺骗宣传，其狡诈性及颠倒黑白手法可谓登峰造极。

三、日本军国主义的罪恶，集中体现了日本帝国国家战略的反人类、反和平本质

日本军国主义不仅危害世界和亚洲，特别是对中国、朝鲜人民犯下了罄竹难书的累累罪行，也使日本帝国败亡，招致灭顶之灾，日本人民蒙受苦难，危害深重。这一切充分表明日本帝国国家战略的错误。

在日本侵华战争期间，军队攻城略地，铁蹄践踏了我国半壁河山，留下了一笔笔血债：凶残屠杀，从上海、苏州、无锡、常州、镇江、扬州直到南京，使我数十万同胞血染长江；烧杀劫掠，蹂躏沦陷区数万万同胞；丧尽天良，实行毒气战和细菌战；无视国际法规，对我和平城市狂轰滥炸；在抗日根据地，实行灭绝人性的杀光、烧光、抢光的“三光政策”；暴虐坑杀，制造80多个“万人坑”；实施“猎兔作战”，掳掠、抓捕中国劳工达2000多万人，还强掳劳工4.2万人到日本服苦役，

① 彭迪先：《世界经济史纲》，三联书店，1949年，第298页。

伤亡逾 1.4 万人（死亡 6830 人）；强奸、凌辱数百万中国妇女，违反人道和国际法，强迫 20 万中国妇女做“慰安妇”（性奴隶），供日军群体蹂躏，等等。胡锦涛在 2005 年 9 月 3 日报告中指出：在侵华战争的 15 年间，日本给中国造成了无比巨大的损失：中国军民伤亡 3500 万，其中死亡 2000 万人；直接财产损失 1000 亿美元，间接经济损失达 5000 亿美元[①]（按当时币值，约为现值的二千分之一）。日本侵华战争对中国的破坏最大、占地最广，使中华民族在物质上、精神上受到最为严重的伤害，对中国社会的发展造成极大破坏，严重影响了中国的历史命运。

日本帝国从 1875 年挑起侵略朝鲜的“江华岛”事件后，进而于 1876 年迫使朝鲜签订了不平等的《江华条约》，加紧对朝鲜进行扩张侵略，最后于 1910 年公然吞并了朝鲜。此后对朝鲜进行了 35 年残暴的统治、压榨和剥削。

日本在太平洋战争期间，菲律宾人民战死和被屠杀者达 111 万多人，损失财产 80 多亿美元；越南人民仅 1944 至 1945 年一年即被饿死 200 万人；印度尼西亚被抓走的劳工就死亡约 200 万人；在泰国和缅甸，仅强制修筑泰缅铁路（被称为死亡铁路）的暴行一项，就死亡战俘 1.2 万人，劳工约 25 万人；在马来西亚被日军屠杀者超过 10 万人。

日军的暴行罪恶，是人类史上罕见的，是现代文明史上最黑暗的一页，是令人发指的！

日本军国主义侵略战争也给日本人民造成巨大的灾难：战费 560 多亿美元，平均每个日本人承担 650 多美元；动员兵力 730 万，平均每户有一人当兵；日本军民伤亡 310 万人。

在战争后期，日本首都东京 80%以上住宅被炸毁，仅 1945 年 3 月 10 日一天空袭就被炸死 15 万人以上，除京都、奈良外，几乎所有的日本城市均被空袭，到处是一片废墟。尤其是美国于 1945 年 8 月 6 日、9 日在广岛和长崎投下两颗原子弹，几十万居民瞬间死亡，造成人类史上空前悲惨的情景。

由于日本军国主义的对外侵略战争，使日本国民经济全面崩溃。日本经济学家的共同结论是：日本经济倒退了 25 年！

战争更使日本人精神创伤深重，可以说已是“精神全面崩溃”了。对天皇神话、对日军“不可战胜”的神话，日本人曾是坚信不疑的，但在战败投降后，一时间都

①《人民日报》2005 年 9 月 4 日。

破灭了。人们思想极为混乱，传统道德观念均被破坏。至今还有些日本老兵一直受到“战争梦魇”的纠缠而寝食难安。

日本军国主义虽可得逞于一时，但是因为其国家战略和军事战略的根本性错误，最终失败是必然的。毛泽东指出，从根本上说：“日本战争的退步性和野蛮性是日本战争必然失败的主要根据。”[①]

四、对近代日本国家战略错误、失败的几点思考

曾几何时，骄横一世、不断膨胀的日本帝国，在世界反法西斯盟国及世界人民的沉重打击下，终于在 1945 年 8 月迅速崩溃败亡，9 月 2 日，日本向盟国投降，正式签署投降书。今年正值中国人民抗日战争暨世界反法西斯战争胜利 70 周年。我们总结日本帝国国家战略错误、失败的教训，对日本帝国的成败得失进行思考，也是一种纪念。

确立于 1889—1890 年“大日本帝国”——军国日本，使在明治维新伊始便提出、推行的日本国家战略发生了性质的根本变化。日本帝国虽一时受益于对外侵略扩张战争，但终于在侵华战争和太平洋战争中受到痛击，最后败降，招致灭顶之灾。战后初期，日本被美国占领，丧失了国家和民族的独立，教训何等惨痛。日本帝国国家战略错误及其败亡的教训归纳为以下五点。

第一，近代日本国家战略的错误是最致命的。日本制定的基本国策、总目标、总纲领和总政策中已埋下了祸根。“与各国对峙”“宣扬国威于四方”等国家战略目标，也表明了对外扩张的野心。特别是在迅速崛起过程中，日本在 1874 年出兵侵略中国台湾，在 1876 年把不平等条约（《江华条约》）强加给朝鲜，更在 1879 年吞并了琉球，将之划入日本版图称为冲绳县。这些都实践着吉田松阴的“失之于欧美，补偿于满鲜（中国东北与朝鲜）”的思想主张。在维护日本国家独立自主，修订不平等条约的过程中，特别是改约后，便仿效西方，与列强为伍，不断挑起侵略战争，把不平等条约强加给弱小邻国。在 1894 年 7 月 16 日与英国修改不平等条约成功，订立日英新约后，次日就召开御前大本营会议，决定了挑起甲午战争的部署，九天

①《毛泽东选集》第 2 卷，人民出版社，1967 年横排袖珍本，第 416 页。

后的7月25日，即发动了侵朝侵华的甲午战争。并于1895年4月17日迫使中国签订了丧权辱国的不平等条约《马关条约》。

总之，“与各国对峙”等口号从一开始到后来则越发成为军国主义不断发动侵略战争的动因和行动口号了，对外侵略扩张和追求霸权演变成了日本帝国的国家战略。国家战略的这一根本性错误，是日本帝国败亡的根本原因，也是最重要的教训。

第二，走上军国主义道路是造成日本帝国最后败亡的最重要的原因，也是日本招致灭顶之灾的必然。总结其教训，就是只有找准日本军国主义产生、形成发展的几个成因并加以根除，才能避免和防止军国主义滋生、发展：一是进行彻底的全面改革，防止改革的半途而废和不彻底，补上政治民主化的缺失；二是正确对待和处理好历史传统，特别是剔除、抛弃传统文化中的糟粕，如对外扩张侵略的传统思想及武士当政、以军立国等等。走军国主义道路，最后必然失败。这是日本现代化道路留给日本及全世界各国的历史教训。

第三，推行以“强兵富国”为主导的日本军事战略和总政策，是日本帝国败亡的又一重要原因。一味强兵、发展军事，最后不能富国而只能败国、亡国。明治维新“三大政策”中的“富国强兵”，在日本图强过程中逐渐转变成“强兵富国”。日本军国主义之父山县有朋（日本军政巨头，多次任总理大臣，授元帅刀）在1880年11月给天皇的奏文中曾明确说道：“兵强，国民志气始可旺，国民自由始可言，国民权力始可论，交际平行始可保，互市始可制，国民劳力始可积，然后国民之富贵始可守”，“兵之多寡”重于“国之贫富”，强兵、扩充军备乃“燃眉之急”。[①]推行强兵富国政策的逻辑发展，就是具体化为日本帝国提出的所谓“大陆政策”，即从侵略朝鲜和中国的台湾、东北入手，进而侵占全中国，最后侵略东南亚，称霸亚洲的武装侵略政策。正是推行这一错误的军事战略，使日本帝国陷入了一个恶性循环，不断地从战争走向更大的战争，终招致彻底崩溃。

第四，妄图以对外侵略战争实现强国梦，只能是迷梦的破灭。明治初期图强之时，是以改革促发展，而从明治中后期开始已转变为以战争促发展了。日本帝国的发展，其工业化的实现、产业革命的完成均是与侵略中国、朝鲜的甲午战争、日俄战争紧密联系在一起的。这导致日本国民经济，直至整个国家的发展均被纳入军事、战争的轨道，成为又一个恶性循环的怪圈。战争——经济军事化、国家

---

① 引自李玉、骆静山主编：《太平洋战争新论》，中国社会科学出版社，2000年，第31页。

发展强大——更大的战争——经济更加军事化、国家更发展强大，直至发展为强大的军国日本——发动侵华战争和挑起太平洋战争……这部战争机器不停地运转，只有到国民经济和军国日本彻底崩溃才被迫停止下来。以战争促发展，只能使日本帝国彻底崩溃，使现代化成果悉数丧失。教训是极其严重的。

第五，日本帝国崇尚、迷信“弱肉强食”“强权即公理”的西方社会达尔文主义信条，终于自食其果，招致灭顶之灾。在走上国际社会，与国际接轨时，日本派出了访问欧美的岩仓使团。使团在考察德国兴起发展和强大原因时，于 1873 年 3 月 15 日拜会了德国“铁血宰相”俾斯麦，向他请教小国如何富强之道。俾斯麦说：“方今世界各国，虽皆声称以亲睦礼仪相交往，然此全系表面文章，实乃强弱相凌、大小相侮……彼之所谓公法虽号称保全列国权利之典章，然而一旦大国争夺利益之时，若与已有利，则依据公法，毫不变动；若与已不利，则翻然诉诸武力，固无常规也。小国孜孜省顾条文与公理，不敢越雷池一步，以期尽力保全自主之权，然遭其簸弄凌侮之政略，则每每几乎不能自立。是以（普鲁士德国）慷慨激奋，一度振兴国力，欲成为以国与国对等之权实施外交之国。乃振奋爱国心，积数十载，遂至近年始达成所望。”俾斯麦这番“强权即公理”的话，“极大冲击”了岩仓使团。大久保利通对俾斯麦佩服得五体投地，称其为“誉满全球的俾斯麦大先生”，认为“治理新国家必须像他那样”。[①]回国后，大久保利通掌握日本国家大权后，确实照俾斯麦所言而行，亦被称为“日本的俾斯麦”“铁血宰相”。日本启蒙思想家福泽谕吉更进而提出脱亚入欧的战略主张。这些对日本帝国与列强为伍，欺凌、侵略弱小国家的实践影响很大。直至日本走向了法西斯，与德国法西斯一起妄图称霸世界，终于在世界各国反法西斯力量的抗击下，最后败亡。这一教训何等深刻啊。

“让历史照亮未来”，回望近代日本国家战略的成功，总结其经验；回望近代日本在甲午战争前后开始走入歧途，走上军国主义道路，穷兵黩武而招致灭顶之灾的过程和惨重后果，总结其沉痛的教训，是为了东亚现在和未来的和平与发展。只有正视历史，以史为鉴，才能正确把握未来，而如果歪曲或否认历史，必将误导未来。战后日本 70 年的历程也充分说明和平发展才是图强的正道。以战后民主改革为起点，才使日本如“火中凤凰再生”一样，重新崛起成为资本主义世界的第二经济大国。以改革促发展，则能真发展；以战争促发展，则发展终将失败。

---

① 转引自孙承：《岩仓使团与日本近代化》，《历史研究》1983 年第 6 期。

“聆听历史是一种智慧”，我们期望和相信聪慧勤奋的日本人民也能总结历史教训，坚持走和平发展之路，为东亚地区的和平、稳定和世界的和平发展做出应有的努力和贡献。

在纪念中国人民抗日战争暨世界反法西斯战争胜利 70 周年之际，我们以习近平主席于 2014 年 12 月 13 日在南京大屠杀国家公祭仪式上发表的讲话中的几段话结束本文：

“忘记历史就意味着背叛，否认罪责就意味着重犯。我们不应因一个民族中有少数军国主义分子发起侵略战争就仇视这个民族，战争的罪责在少数军国主义分子而不在人民，但人们任何时候都不应忘记侵略者所犯下的严重罪行。”“弱肉强食不是人类共存之道，穷兵黩武不是人类和平之计。和平而不是战争，合作而不是对抗，才是人类社会进步的永恒主题。”我们“是要唤起每一个善良的人们对和平的向往和坚守，而不是要延续仇恨。中日两国人民应该世代友好下去，以史为鉴、面向未来，共同为人类和平做出贡献。”[①]

① 《人民日报》2014 年 12 月 14 日。

东亚社会的战争“记忆”与记忆间的“战争”

郑　毅

内容摘要　中韩日三国社会在第二次世界大战结束后的70年间，围绕着那场战争而形成的历史记忆之间依然是以一种对立、矛盾的形式存在着。其中，南京大屠杀、靖国神社、慰安妇等历史问题不断地以现实矛盾的认识形式再现出来，对彼此国家间的现实关系造成冲击。历史的记忆被重塑的过程中实际上是历史观之间的博弈，记忆内容的重塑过程也是中韩日三国社会历史认识的形成过程。

关 键 词　战争　记忆　历史认识

基金项目　国家社科基金重点项目“中韩日三国的战争记忆与历史认识问题比较研究”（15ASS004）

作者简介　郑毅，北华大学教授，吉林省首批长白山学者世界史特聘教授

2015年是第二次世界大战胜利暨中国人民抗日战争胜利70周年，各国都将以不同的方式去纪念这一重大历史事件。

各国纪念方式可能会各有不同，纪念的用意和目的性也会有差异，但纪念性活动重复和加深历史记忆的政治功能是相同的。

2014年2月27日，全国人大常委会通过两个决定，确定9月3日为中国人民抗日战争胜利纪念日，将12月13日设立为南京大屠杀死难者国家公祭曰。时任日本官房长官菅义伟发表谈话，称对中国方面的纪念活动表示“不解”。

2014年8月31日，十二届全国人大常委会第十次会议表决，通过了《关于烈士纪念日的决定（草案）》，以法律形式将9月30日设立为中国烈士纪念日，并规定每年9月30日国家举行纪念烈士活动。

作为第二次世界大战中牺牲人员最多的国家，中国在70年后以这样三个历史时间节点作为一种“迟到”的历史纪念，是无可厚非的正常国家行为。日本方面的“不解”之辞，实际上是一种对中国方面长期隐忍、克制的非习惯性反应，对国内民族主义思潮涌起的中国社会正面塑造、丰富历史记忆的不适应，也可以理解为中日之间对70年前的那场战争有着不同的战争记忆与历史认识。

第二次世界大战的硝烟散尽已经过了70个寒暑，但东亚社会中韩日三个国家之间，围绕着70年前那场战争的记忆仍然是刻骨铭心的，记忆之间的“战争”似乎尚未停止。

一、同一历史节点的不同意味

2004年11月12日，联合国通过决议，宣布5月8日、9日为欧洲“纪念与和解日”，欧洲各国大多在这两天举行纪念活动；

在亚洲地区，1945年8月15日裕仁天皇宣布日本无条件投降，8月15日是日本投降及反法西斯战争胜利纪念日，中国社会习惯称之为“八一五光复”，1945年9月3日是日本投降签字仪式日，因此，9月3日是世界反法西斯战争胜利纪念日。

在韩国，每年的8月15日是国庆节，亦称为“光复节”，纪念1945年8月15日从日本殖民统治下独立。

日本战败投降后，中国台湾地区的日本军队投降仪式是1945年10月25日在台北举行的，中华民国国民政府代表盟军接收台湾。1946 年 8 月，台湾省行政公署颁布命令，确定 10 月 25 日为"台湾光复节"以为纪念。

1982 年 4 月，日本政府做出决定，将 8 月 15 日定为"追悼战殁者祈祷和平之日"。日本广岛、长崎两地每年的 8 月 6 日、9 日都要举行"原子弹爆炸纪念日"。

位于日本东京九段下的靖国神社成为近 30 年来东亚三国政治关系阴晴的测试场，每年的 8 月 15 日，东亚三国的目光都会聚焦于此。

1978 年 10 月 17 日，靖国神社作为特殊宗教法人在家属不知情的情况下，将远东国际军事法庭审判（即东京审判）处刑的 14 名甲级战犯的亡灵悄悄地在此合祀，此前靖国神社分四次实施了对乙、丙级战犯亡灵的合祀。至此，靖国神社的宗教祭祀活动开始具有明显的政治意味。

1985 年 8 月 15 日，靖国神社问题开始爆发。时任首相中曾根康弘以内阁总理大臣的身份参拜靖国神社，成为战后第一位在"8•15"当天，以公职身份参拜靖国神社的首相。此后，时任首相小泉纯一郎也曾在"终战日"当天参拜靖国神社，为避免过度刺激中韩两国，对自己以公职身份还是私人身份问题，小泉刻意做了暧昧化处理。

中曾根康弘首相在"8•15"当天以公职身份参拜供奉甲级战犯名簿的靖国神社之举，在中国社会引发强烈反应，当时恰逢中国抗日战争胜利 40 周年，为此，9 月、10 月中国多地出现学生反日游行活动。

中曾根首相从维护日中关系大局考虑，第二年停止了参拜活动，为此，其首相官邸曾收到过寄自极端右翼团体"赤报队"的子弹。

此后，"8•15"、靖国神社就成为近 30 年来东亚地区中韩日三国最为敏感的特殊时空节点。

二、同一场战争的不同称谓

中国社会无论是祖国大陆还是台湾地区，对 70 年前那场伟大的民族解放战争的称谓上是基本完整、统一的，即抗日战争。

朝鲜半岛自 1910 年被日本帝国强行合并后经历了 35 年的殖民地时代，这段历史被统称为"日据时期或日帝时期"。

对那场战争的称谓产生混乱，主要发生在当时那场战争的发动国日本社会内部。

日本社会里关于那场战争的混乱的名称反映出来的历史映像是分裂的状态。

战后日本社会至今对那场战争的称呼仍处于十分混乱的状态：2012 年日本各新闻媒体在“终战纪念日”发表社论，《朝日新闻》使用的是“太平洋战争”，《读卖新闻》是“昭和的战争”，《日本经济新闻》是“上次大战”，《新闻赤旗》是“亚洲·太平洋战争”。还有日本学者曾撰文提出用“昭和大战”一词。[①]另外，“十五年战争”[②]“亚洲·太平洋战争”[③]的提法在日本学界也有一定的影响力。从多种战争名称的差异性称谓中，人们不难发现其所蕴含的历史观之间的差异性，以及使用者本人所持的战争观。

三、同一场战争的不同历史记忆

从 1840 年第一次鸦片战争到 1945 年抗日战争胜利为止的屈辱的百年史上，西方列强无论大国还是小国都侵略过中国，如英法联军火烧圆明园（1860 年）、八国联军攻占北京（1900 年）等，但就中国社会的战争记忆而言，120 年前的中日甲午战争和 70 年前的抗日战争无疑是最为刻骨铭心的记忆。

中国社会中有关那场战争而形成的“记忆的场”，主体意识是铭记日本侵略战争给中国人民留下的巨大伤害，受害者意识比较浓厚。

如：以勿忘国耻为主题的九一八事变纪念馆（沈阳）、中国人民抗日战争纪念馆（北京丰台）、南京大屠杀死难同胞纪念馆（南京江东门）、侵华日军 731 部队遗址（哈尔滨平房区）、抚顺平顶山惨案纪念馆（抚顺东洲区）等。

中国作为第二次世界大战的主要战场之一，它实际上是一场全民族的抗日战争，是由国民党领导的正面战场和共产党领导的敌后战场两个战场共同构成的。因此，全面反映中华民族的抗日战争史理应也是由两个战场来组成的。在如何客观反

① 《朝日新聞》2012 年 8 月 13 日。

② 鶴見俊輔：《知識人の战争责任》，《中央公論》1956 年 1 月号。

③ 木板順一郎：《大日本帝国の崩壊》，歴史研究会、日本史研究会編：《講座日本歴史 10 近代 4》“前言”，東京大学出版社，1985 年。

映正面战场和敌后战场的抗战史方面，应放弃狭隘的扬此抑彼的思维方式，以开放的心态，站在中华民族整体利益的高度去真实再现抗日战争的全貌，对社会公众传递客观、真实的历史。只有这样才能形成一个真正的抗日战争的全中华民族的"集体记忆"。

日本历史上的对外扩张和侵略的第一步，从古代开始就是近邻朝鲜半岛，这是基于特殊的地缘政治环境所决定的。征服朝鲜半岛一直以来就是日本扩张主义者的第一个梦，1910 年日本终于实现了吞并朝鲜的梦想，在朝鲜半岛维持了 35 年的殖民统治。

在这 35 年的殖民统治期间，朝鲜半岛在日本帝国的殖民地体系中的地位不断地根据日本帝国的扩张战略而发生变化。九一八事变以后日本就把朝鲜确定为日本进一步侵略亚洲的大后方，七七卢沟桥事变爆发，全面侵华战争开始以后，日本更是进一步强化了朝鲜作为其侵略战争的后方基地和兵站基地方面的地位。[①]

由于朝鲜半岛在日本帝国中的"特殊地位"，在 35 年的殖民地统治下更多的是表现为"人力资源"的掠夺和伤害。1938 年 4 月 1 日，日本制定并公布《国家总动员法》，5 月 5 日在朝鲜半岛实施。1939 年 7 月 8 日实施敕令 451 号，即"国民征用令"，同样适用于朝鲜半岛。基于上述法令，朝鲜半岛民众被纳入到服从于总体战的人力动员和劳务动员范围中。

战时为弥补日本国内劳动力不足，日本政府对所谓"外族人"（朝鲜人、中国台湾人）进行战时动员。1939 年到 1945 年，以"募集""官方斡旋""征用"等名义将大批朝鲜人强制动员到日本本土、桦太（库页岛）、南洋群岛、"支那"（中国关内地区）、"满洲"（中国东北）等地，在工厂、煤矿、金属矿山、土木建筑工地、港湾、战争前线工事等地充当苦役。

关于战争期间被强制动员的朝鲜民众的具体、精确的数字已无法确认。其中一种说法是 80 万人，日本学者山口公一认为：朝鲜半岛被强制征带到日本本土、桦太、亚洲太平洋地域的有约 80 万人，如果包括在朝鲜半岛内的被动员者人数将达到 485 万人。[②]被强制动员到日本本土的劳工数量，根据大藏省管理局《关于日本人海外活动的历史调查》（通卷 10•朝鲜编 9）的记载是 774787 人；日本厚生省勤劳局在《朝鲜人集团移入状况调查》（1945 年 9 月）中提供的数字是 667684 人。

---

① ［日］朝鲜总督府情报课编：《新的朝鲜》，1944 年。

② 山口公一：《大東亜共栄圏の中の植民地朝鮮》，歷史史教育研究会編：《日本と韓国の歴史共通教材をつくる視点》，梨の木社，2003 年，第 304 ~ 305 頁。

按照军务需要而被强制动员的朝鲜人数，日本厚生省援护局《朝鲜在籍旧陆海军军人军属出身地统计表》（1962 年）记载是 242341 人；法务省入国管理局总务课《朝鲜人人员表（地域别）分类表（陆军）》是 257404 人，同表《终战后朝鲜人海军军属复员事务状况》是 106782 人（1953 年），海陆军总计人数超过 36 万人。另外，根据《关于日本人海外活动的历史调查》（通卷 10•朝鲜编 9），在被强制动员到日本本土之外，朝鲜境内外被征用的人数约 27 万人，现员征用者 260145 人，朝鲜境内的官方斡旋（官方募集）数约 42 万人，军方人员约 15 万人。

根据韩国的“强制动员真相纠明委员会”的调查，总计在朝鲜境内的劳务动员数是 646 万人以上，被强制动员到日本、满洲、萨哈林、南洋等地的朝鲜境外劳务动员数是 78 万人以上，因而推定日本在战争期间强制动员的朝鲜人数总计 765 万人以上。

韩国学者宋建镐指出，虽然日本厚生省后来称战争期间“朝鲜劳工死亡总数最高不会超过 4 万人，但实际死亡人数远远超过这个数字……如果把战后被当作战犯处死的人和在回国途中死亡的人都加在一起，估计其死亡人数至少在 20 ~ 30 万人以上。”[①]

战后日本政府对在日朝鲜人的政策仍然依据殖民地时代的思维方式，仅举一例作为注脚：1949 年八九月间，首相吉田茂给麦克阿瑟写了一封信，称：

> 日本战后诸多问题中存在着朝鲜人和中国台湾人的问题，他们曾是日本的国民，现在也依然滞留在这个国家……
>
> 然而，总数约百余万人，且半数为非法入国者的在日朝鲜人问题，我们希望尽早解决，将他们全部遣返回朝鲜半岛。
>
> 理由如下：
>
> 1. 日本的粮食问题，现在和将来都无力养活多余的人口。基于美国的善意，向我国提供了大量的粮食，但其中的一部分却被在日朝鲜人食用了，这部分的粮食进口今后仍将延续几代人，这将成为我们日本民族的负担……
>
> 2. 在日朝鲜人的大多数，对日本经济的重建毫无贡献。
>
> 3. 更可恶的是，这些朝鲜人的犯罪率相当高。他们是破坏我国经济法规的惯犯。其中相当多的人是共产主义者或是同情分子，多从事性质恶劣的政治

① ［韩］宋建镐：《韩国现代史论》，韩国神学研究所出版部，1979 年，第 272 页。

性犯罪，被捕入狱者经常超过7000人……

关于遣返朝鲜人的计划，我有如下的考虑：

1. 原则上将所有朝鲜人遣送回国，其费用由日本政府承担。

2. 希望继续留驻日本的朝鲜人，可向日本政府提出申请，对日本经济重建有贡献者可以获得驻留许可。

所谓慰安妇是指在日本军队管理的“陆军慰安所”等场所，以日军士兵为对象提供性服务的女性。根据中国学者的研究结果，日军从军慰安妇总数不少于36万到41万人，其主体是中国和朝鲜慰安妇。中国慰安妇总计20万以上，朝鲜慰安妇16万左右。①

韩国《汉城新闻》1974年11月1日报道，据推测，从1943年到1945年8月15日，以“女子挺身队”的名义强掳的朝鲜妇女有20万人，其中5万到7万人已经死亡。

韩国社会认为，“慰安妇”一词本身反映的就是日本人的立场，赞同联合国使用的“性奴隶”“性暴力受害者”一词，认为这样的表述反映了“慰安妇”问题的性质。

日本驻韩大使馆门前对面有座慰安妇少女铜像。铜像前面的鲜花和抗议人群，似乎表明了韩国社会的愤怒和诉求。

1993年，日本政府发言人兼自民党总裁河野洋平就慰安妇问题做出道歉，但日本政府始终拒绝正式道歉和赔偿。

移散民（Diaspora），本意是象征过去犹太人移散与流浪的用语，近年来韩国学界和社会借用这一词汇，用来指韩国在日本殖民时代出现的数百万移散民。

韩国学界普遍认为韩国的移散民是由于日本帝国主义的殖民侵略而产生的。失去土地的农民，因反日而逃亡海外的群体，日本强掳输往日本本土及殖民地的劳动者等等。借用“Diaspora”这样一个特殊词语，足以反映出朝鲜半岛民族自己屈辱历史的一种悲情意识。

战后日本社会未能形成整体的“战争记忆”是不争的事实。一方面是对那场战争“荣耀”的留恋，近日日本推出航母级驱逐舰，命名为“出云”，其中重温大日本帝国海军的荣光之意颇为明显；另一方面是对自身在那场战争中遭受的伤害念念

① 苏智良：《侵华日军慰安妇制度略论》，《历史研究》，1998年第4期。

不忘。这种矛盾复杂的战争记忆中包含着加害者与受害者意识的冲突与纠葛。

从“记忆的场”的视角可以看出日本社会战争记忆的矛盾境地。

靖国神社游就馆中展示的内容充斥着对大日本帝国荣耀的留恋。以什么样的身份、在什么样的时间节点上去参拜靖国神社，俨然已成为日本政治家随意选择的一种政治利器。是否参拜靖国神社（供奉 14 名甲级战犯名簿）已成为中韩日国家关系的阴晴冷热的测试器。

矗立的广岛和平纪念碑与遍布日本各地的和平公园，每年 3 月 10 日隆重举行的东京大轰炸佛教法事活动，1963 年开始每年 8 月 15 日举行的全国战殁者追悼仪式，以传递、表现战争的悲惨意识和巨大伤害为主旨的各项活动，似乎也在证明日本社会对战争的憎恨和对和平的诉求。

战后日本社会的和平主义思潮以及对侵略战争的反省，也是同样具有深厚社会基础和政治氛围的。

1995 年 8 月 15 日，村山富市首相发表著名的“村山谈话”，称“由于进行殖民统治和侵略，日本给许多国家特别是亚洲各国人民造成了极大的损害和痛苦。为避免将来重犯这样的错误，我毫不怀疑地面对这一历史事实，并再次表示深刻反省和由衷的歉意”，村山首相关于侵略战争反省的公开谈话是战后日本社会对于那场战争认识的一个顶峰，对改善日本的国家形象具有极大的正面意义。

2005 年 8 月 15 日，时任首相小泉纯一郎发表谈话：“日本过去的殖民统治和侵略战争给很多国家，特别是亚洲各国的人民造成了巨大的伤害和痛苦。日本谦虚地接受这些历史事实，对此再次表示反省和由衷的道歉，并向那次战争中所有的死难者表示深切的哀悼。” 政治上特立独行的小泉纯一郎基本继承了村山谈话的精神，但他在发表战争反省谈话的第二年，又以内阁总理大臣的名义参拜靖国神社，引发中韩两国的强烈抗议。

日本前首相吉田茂的外孙麻生太郎在就任日本首相后，于 2009 年 8 月 15 日也曾发表过对侵略战争的反省谈话：“日本曾给许多国家尤其是亚洲各国人民带来了巨大的损失与痛苦，我代表国民，对此表示深刻反省，并对失去生命的人士表示诚挚的哀悼。日本不应该忘记战争的悲惨教训，必须将其继续传承给下一代。日本将继续坚持不战誓言。”

日本前首相岸信介的外孙安倍晋三成为日本首相后，在反省战争问题上采取了十分隐晦的态度来处理对侵略战争的认识问题。他在 2013 年 8 月 15 日发表谈话称：

“我们将谦虚地面对历史，将应该吸取的教训铭刻于胸，为这个国家创造充满希望的未来。”“谦虚地面对历史”和“吸取的教训铭刻于胸”等语句，都明显缺少主体指向，谦虚地面对什么样的历史，从历史中应该吸收什么样的教训，都是留下让人们可以有多种答案的政治性文字。

从村山首相以后的多位日本首相的“8•15”谈话内容看，日本政治家的战争反省态度是呈逐渐由明确向模糊转变的一个后退过程，这也反映出日本社会政治氛围趋向保守化的一个发展趋势。

另一方面，日本社会也有积极保存战争记忆的社会现象。战后日本社会出现一些民间团体如“战场体验放映保存会”“继续讲述战争体验会”，由当年经历过战争的人讲述自己个人的战争经历，以录音、文集的形式将普通人的战争体验与记忆记录下来。在全日本有超过1500人在摄像机前留下真实的声音，以真实的姓名出场。

四、记忆之间的“战争”

第二次世界大战结束已经70年了，但东亚三国的“集体记忆”之间的对立与矛盾并未结束。

日本政客的靖国神社参拜、有关那场战争的屡屡“失言”、教科书的修改等都时常引发三国间关于那场战争的激辩。

中韩两国作为那场战争的受害者，在加害者没有真正悔过、道歉之前，保持对加害者的谴责是理所当然的事情。

东亚社会未能像欧洲的法德两国那样实现和解，除了现实国家间的横向利益冲突之外，历史认识上的巨大差异是非常重要的因素。

日本作为战争的加害者，其自身社会未能形成一个整体的战争记忆，并且不断地粉饰侵略战争，推卸加害者的责任，是东亚三国无法形成共同历史记忆的主要原因。

美国哥伦比亚大学东亚研究所教授卡罗尔•格拉克（Carol Gluck）指出：“长期以来，包括安倍首相在内的自民党右派政治家们一直将战后问题和民族主义相关议题当作国内问题来处理，试图通过否定加害责任来获得国内的支持。他们仿佛认为自己所说的日语在国外完全不会被别人听懂。实际上，他们的发言一下子就会传到首尔、北京、华盛顿。这是一种‘地缘政治迟钝’。”①

日本的战争记忆中存在着选择性记忆和选择性遗忘的两种记忆倾向。

选择性记忆的是什么?

(1)太平洋战争是日本的战争记忆主体，这与战后美国占领当局对日本社会历史观的塑造有关系，影视作品多以太平洋战争为主体。

(2)“大东亚战争”。日本将对中国的侵略战争分别以“满洲事变”“支那事变”相称，将与对美太平洋包括在内的战争统称为“大东亚战争”(1942年12月10日日本内阁决议)。用“大东亚战争”相称，一方面淡化了对中国的全面侵略战争，即在中国大陆发生的只是一系列事变，不是真正意义的战争，造成日本社会对在中国发生的侵略事实的一种漠视心态。另一方面，以“大东亚战争”相称又赋予了日本帝国“解放”亚洲，代表亚洲与西方对抗的英雄史观。

(3)广岛、长崎核爆。日本是世界上唯一遭受过原子弹袭击的国家。原子弹10亿度的高温使两座城市化为灰烬;放射雨使一些幸存者在以后20年中缓慢走向死亡;强烈的冲击波摧毁了城市中所有的建筑，处于核爆中心的人被气化，数十万人死亡。纪念核爆中数十万平民受害者，让世人了解核武器的可怕之处是无可厚非的事情，问题在于日本社会中的一部分人从不愿去追问、反思日本为什么会遭受到核爆轰炸，而是专注于核爆造成的巨大伤害。

选择性遗忘了什么?

日本国际政治学家藤原旧一曾说过这样一段话:“日本国民并非是因为经历了太长时间而遗忘了战争，而是因为不愿看到某种东西而早早地闭上了眼睛。”②

1. 对战争责任的“遗忘”

战败后日本政府、社会关注的不是发动侵略战争的责任，而是战败的责任。东久迩首相提出了“一亿总忏悔论”，他认为日本之所以战败，“完全是政府的政策错误所致，同时，国民的道义崩溃也是原因之一……因此我深信全体国民的总忏悔乃是我国重建的第一步，是我们国内团结的第一步”。

东京审判几乎成为只追究日本陆军领袖战争责任的审判活动，7名被判绞刑的甲级战犯中，除1名文官外，6名全是陆军军部成员，被判有罪的25名被告中，

① asahichinese.com/article/news/AJ20130904000/哥大教授谈安倍政权和战争记忆——朝日新闻中文网。

② 藤原归一:《论题时评——战争的语言》,《朝日新闻》2002年7月31日。

海军部成员只有2人。

这种审判的结果如同一位日本学者所言：天皇“并没有被以最高战争责任者的罪行逮捕，没有被裁决，也没有退位，而是以和平象征的姿态继续坐在天皇的宝座上……最高责任者被免除了罪行，并给予了象征天皇的名誉，那么，又怎么可能对那些受他的命令，在他的名义下侵略中国，残害、掠夺和拷问中国人民的战争罪犯进行裁决呢？因此，将军、殖民地官僚、宪兵以及普通士兵在殖民地和战场上究竟做了些什么，也不了了之。他们好像没有发生过任何事情一样，以儿子、丈夫或者父亲的身份重新融入了日本社会中。”①

战犯“复活”：1957年2月，甲级战犯嫌疑人岸信介（安倍晋三首相的外祖父）担任日本内阁首相，这是在战争结束仅仅12年发生的事情。岸信介能够成为首相，也足以反映了日本社会对那场战争责任的政治态度。

侵华战争期间，根据日本政府的决策，约有近4万名中国劳工被强行抓往日本，其中有六分之一的人两年内死亡②，秋田县花岗850名中国劳工奋起抗争，其中420人被残忍地杀害。山东籍劳工刘连仁被押至北海道当劳工，1945年7月30日逃入深山，1958年2月9日被发现。时任日本首相岸信介，战时曾出任东条内阁军需相，是强制中国劳工赴日政策的决策人，岸信介内阁对这件事情的态度是要将刘连仁作为非法居留日本的外国人进行处罚，引发日本社会舆论强烈反对，被迫中止了这一荒唐的令人愤怒的处理措施。③像岸信介这种政治经历和背景的人，在战后能够重新上台执政，本身就是对那场战争的一种政治上的肯定，这种情形在战后德国会出现吗？

2. 对南京大屠杀的“遗忘”

在对外扩张侵略战争中对被侵略国民众进行灭绝人性的集体屠杀是日本有历史传统的国家恶行。

① 武藤一羊：《近代日本和中国革命》，《读书》杂志编：《亚洲的病理》，生活·读书·新知三联书店，2007年，第157~158页。

② 1946年日本外务省制作的《外务省报告书》中披露，依据1942年11月27日内阁决议“关于华人劳动者移入内地”，实施实验性移入；1944年次官会议决定“关于促进华人劳务者移入内地”实行正式移入。合计有38935名中国劳工被强制带往日本，主要从事矿山、土木建筑、港口修建、造船等行业劳务，分布在日本全国135个工厂。其中6803人死亡。杉原达：《中国人强制连行》，岩波书店，2002年，第30~31页。

③ 鹤见俊辅著：《战争时期日本人的精神史》，高海宽、张义素译，吉林人民出版社，1991年，第143页。

1592—1597年壬辰倭乱时期的“耳鼻塚”（京都等地）；

1894年对朝鲜东学党农民起义军的集体大屠杀；

1894年11月中国旅顺大屠杀（18000人）；

1928年5月济南大屠杀惨案（中国军民死亡6123人，伤1700余人）；

1932年9月抚顺平顶山大屠杀（3000人）；

1937年12月南京大屠杀。

根据第二次世界大战结束后远东军事法庭和南京军事法庭的有关判决和调查，在持续6周的大屠杀过程中，有20万以上乃至30万以上中国平民和战俘被日本军队杀害，约2万名中国妇女惨遭日本军队奸淫，南京城三分之一被烧毁。

1955年之前，日本文部省发行的初中、高中历史教材《日本的历史》中有南京大屠杀的内容描述。

1955年到60年代末，南京大屠杀的记述从教科书上消失了。因为“五五年体制”成立之后，日本历代自民党政权都否认日本的侵略战争，持续执行着遗忘南京大屠杀的政策。[①]

1970年后，因家永三郎教科书诉讼案裁定文部省教科书审查制度违宪，南京大屠杀的历史才重新出现在日本教科书中。

从20世纪70年代开始，围绕南京大屠杀的“真伪”问题，日本社会出现争论。90年代以后经过这一争论，日本国民基本认同南京大屠杀的真实性，日本政客也不敢公开“失言”，否定南京大屠杀。

90年代中期以后，日本社会再度出现否认南京大屠杀的趋势。

扶桑社出版的由日本右翼“新历史教科书编纂会”编写的初中《新历史教科书》中关于南京大屠杀称：“日本军队造成了中国军民多数的伤亡（南京事件）。此外，此事件的牺牲人数资料受到质疑，并且有许多不同的见解，至今仍在争论中。”[②]

研究南京大屠杀的日本学者本多胜一遭到来自右翼团体的死亡威胁。

据新加坡《联合早报》网站2015年4月7日报道，就“南京事件”（即南京大屠杀），一些教科书修改了表述方式。例如，把现行版本中日军“杀害了众多俘虏和居民”修改为“波及俘虏和居民，出现了众多死伤者”；另有教科书删除了“日

① 笠原十九司等：《南京大屠杀的记忆与历史学——败战之后日本国民对历史的“遗忘”》，《南京大屠杀研究》2012年第2期。

② 新歷史教科書編纂会编：《新しい歴史教科書》，扶桑社，第199頁。

军的暴行遭到谴责”这样的表述。

3. 对“慰安妇问题”的漠视

从2002年开始，韩国初、高中国史教科书明确写入“慰安妇”问题。“慰安妇是指被迫成为日本军性奴隶的女性，而且日军慰安妇是强制动员的”，“强制动员的很多女性被派到日本军队驻扎在亚洲各地区充当随军慰安妇，被迫过着非人的生活”。

李登辉称：“慰安妇是自愿改善生活。”

大阪市长桥下彻2013年5月13日曾公开声称：“慰安妇制度是二战时保持军纪所必需，没有证据显示日本政府或军方直接采取了绑架、胁迫慰安妇的行为。”2014年6月16日，桥下彻在街头演讲时说：第二次世界大战期间美军等盟军曾将法国女性充当慰安妇，并建立慰安所，所以“单单批评日本的慰安妇问题相当奇怪”。

2014年11月，日本政府向美国麦格劳——希尔教育出版公司施加压力，要求删除在其出版的历史教科书中将慰安妇描写为“天皇的礼物”的部分和在南京大屠杀期间斩杀中国人的照片。

安倍晋三声称：“美国教科书中错误记载了日军慰安妇问题。”

对此，与教科书相关的美国19位学者发表了一份声明，回应日本政府，称“安倍政权无视历史真相，要求修改教科书，企图保留对自己有利的历史记忆，这就是问题所在”[①]。

结　论

从对70年前那场战争的纪念方式和欧洲各国的参与度来对比的话，可以说欧洲各国不仅是每个国家自身，而且作为一个地域也已经形成了一个基本完整的历史记忆；东亚中韩日三国的共同历史记忆应该说还处于分裂、对立的状态，如果不能形成一个相对统一的、完整的历史记忆，现实东亚世界的“共同体”构想就只能停留在理论层面，从构建东亚共同体角度来说，探讨东亚社会的历史记忆就不仅是学术领域的问题，而是东亚世界人们应该理性面对的现实问题。

①《参考消息》2015年2月9日，www.cankaoxiaoxi.com/world/20150209/659535.shtml.

战后70年：关于处理日遗化武问题的若干思考

鲁 义

内容摘要 70年前，日本军国主义者发动的那场战争给中华民族造成了深重的灾难。70年后，当年日本侵略者在中国大陆溃败时遗弃的化学武器（以下称“日遗化武”），依然对中国民众的生命和财产构成严重威胁，甚至造成伤害。而且，日方承诺的销毁工作始终进展缓慢。本文就日遗化武的分布状况、日方处理日遗化武的进展现状进行分析与介绍，并就与日遗化武相关的问题如何应对，提出一些不太成熟的想法。

关 键 词 日遗化武 伤害 销毁 赔偿

作者简介 鲁义，国际关系学院国政系教授

2015年是日本战败投降、第二次世界大战结束70周年。70年前，日本军国主义者发动的那场战争给中华民族造成了深重的灾难。70年后，尽管战争硝烟早已散尽，可当年日本侵略者在中国溃败时遗弃的化学武器（以下称“日遗化武”），依然对中国民众的生命和财产构成严重威胁，甚至造成伤害。而且，日方承诺的销毁工作始终进展缓慢。现在，日遗化武销毁的进展状况如何，受害者问题如何妥善解决，以及其他一些与日遗化武相关的问题如何应对？笔者拟对以上问题进行分析，并提出一些不太成熟的想法。

一、日遗化武分布概况

日本投降前夕，在中国到底遗弃了多少化学武器？目前尚不清楚。根据中方统计，截至2006年9月，在19个省、市、自治区的近100个地点相继发现了日遗化武，而且数量巨大。这些日遗化武发现点大致可以分为这样几种类型[①]：（1）中方早期发现，并且已经将其销毁的。此类涉及17个地点，数量最多的是黑龙江省尚志市和富锦市，分别为20余万发和10余万发，早在1959年和1960年中方就将其销毁了。（2）当地发现后逐级上报，高度怀疑，但未最后确认的埋藏点。此种类型多达43个地点，其中黑龙江省和吉林省境内最多，分别为12处和9处。（3）中方已经调查确认，但还未向日方通报的发现点。涉及南自广东省北到黑龙江省的23个地点，大部分为化学炮弹，目前在托管处封存。（4）中日双方共同调查后，已经确认的发现点。此类涉及14个省（自治区）的55个地点。其中发现地点最多的是黑龙江省，有18处之多。而在同一地点埋藏量最多的是吉林省敦化市哈尔巴岭，该处埋有各类化学炮弹和毒剂筒30余万发（件）。[②]目前日方发布的有关日遗化武的数量及挖掘信息，指的就是第4种类型。

---

① 石建华：《日本遗弃化学武器回收技术规程》，中国经济出版社，2007年，第7页。数字为笔者统计。

② 对该数字中日双方有争论，日方认定的数字也前后不一。30余万发为日方最后认定的数字。

二、日遗化武对中国民众造成的伤害及其赔偿问题

日遗化武地点分布广泛，而且经过战后 70 多年的泥土掩埋，大部分已经严重锈蚀，有的已经泄露，对当地居民的生命财产安全和生态环境构成严重威胁和极大伤害。最令人担忧的是，到目前为止日方从未向中方提供任何相关信息，已知的日遗化武都是在当地城市建设或者居民日常生活中被偶然发现的，这使得中方采取防范和对应措施更增加了难度。

吉林省敦化市莲花泡有居民 80 余户，200 多口人。当地居民说，由于地下埋有日遗化武，该区域在 20 世纪七八十年代原本寸草不生，近些年才长出些杂草，但庄稼仍无法生长。从 1961 年到 2006 年的 40 多年里，该地已有 80 余人死于化学武器污染，其中 70 余人死因为骨癌或肺癌。7 人直接受到日遗化武伤害[①]。另据吉林省有关方面的统计，从日本投降至 1997 年，敦化当地居民因化学武器致伤致残者众多，仅可以列举出姓名的致死者就高达 747 人[②]。有资料统计，新中国成立后，全国受到化武伤害者超过 2000 人[③]。

近十几年来，日遗化武伤人事件多次发生。2003 年 8 月，齐齐哈尔市发生日遗化武毒剂泄漏事件，造成 1 人死亡、43 人受伤，这是和平时期中国民众无辜遭受战争遗弃物伤害的最为严重的事件，国际社会为之震惊。2004 年 7 月，吉林敦化两名儿童在河水中玩耍时触摸到日遗化武泄漏的毒液，手脚等部位出现红肿溃烂。2005 年 6 月，广州番禺三位居民在河岸搬运泥沙时受到日遗化武的伤害。

2006 年 3 月，黑龙江省对 51 名日遗化武受害者进行包括呼吸、皮肤、眼科等 9 个项目的体检，结果令人震惊：所有受害者的眼睛均受到不同程度的伤害，视力逐年下降；多数人的皮肤已经受损；一些人呼吸道损伤严重，免疫力呈下降趋势。在现场的日方医师也认为，受害者的病情已经从急性转成了慢性，他们的健康状况

① “日本遗留化武至今仍侵害吉林敦化村民”，http//www.chinanews.cn，2006-08-24.

② 引自 1997 年吉林省文化厅与伪皇宫陈列馆在长春联合举办的展览：《恶魔留下的罪孽——来自敦化日遗毒弹掩埋地的报告》。

③ “侵华日军的毒源”，http//www.archives.sh.cn/rdjj/200508100015.htm.

不容乐观[①]。

对于日遗化武给中国民众造成的严重伤害和受害人提出的极为正常的赔偿要求，日本方面要么置之不理，不承担责任；要么避重就轻，敷衍了事。中国原告在日本的多起诉讼要求，均被日方判为败诉。齐齐哈尔事件发生后，迫于国内外舆论的强大压力，日本政府向受害人支付了“医疗费和慰问金”，但不承认是赔偿。

日方为什么拒绝对中方受害者进行赔偿？表面上看，所谓异地管辖权是其拒绝承担赔偿责任的理由，而实际上，日方最为担心的是因某一赔偿判例所引起的连锁反应。日本发动的侵华战争，给中国人民造成了极大的灾难。现在，中国民众对日索赔诉讼案件几十起，日方均以各种理由推脱搪塞，中方无一例胜诉。拒绝赔偿是日方坚守的底线。它可以承认“遗弃化武”，承认化学武器“对中国人造成了伤害”，甚至可以承认“侵略”，但就是拒绝赔偿，不愿为此承担责任。对日方来说，如果只对某一案件的受害人给以赔偿或许并不难，但该判决一旦确立，就犹如其防线被撕开了一道口子，整个防线将有全面决堤的危险，这是日方绝对不愿看到的。况且，赔偿还直接涉及对历史事实的认定等问题，日方当然不希望将他们一直不愿直面的历史问题因此搞得更加复杂，更不希望在历史问题上本来就陷入被动的状况更加被动。

三、日方处理日遗化武的进展现状

1997 年 4 月开始生效的国际《禁止化学武器公约》规定，所有缔约国要在 10 年内销毁现有的化学武器及生产设施，对以往遗弃在其他国家的化学武器，由遗弃国负责销毁。日本和中国都是公约的签字国，日本理所当然地要履行国际公约规定的责任和义务。从 1997 年起，中日双方就销毁日遗化武的技术性问题先后四次举行会谈，并于 1999 年 7 月签署《关于销毁中国境内日本遗弃化学武器的备忘录》。备忘录的签订，是中方就日遗化武问题与日方经过反复交涉和斗争所取得的一项重要成果。它再次明确了日方负责销毁日遗化武的责任和义务，并规定了原则与标准，为下一步具体实施奠定了极为重要的基础。

① “中国化学武器受害者健康状况不容乐观”[J/OL].http//www.xinhua.net.com，2006-03-21.

然而备忘录签订后日方的行动并不积极。转眼十年过去，销毁工作并没有太大的进展。根据日方发布的资料，截至2010年度，日方派员来华作业26次，对南京、北安、广州等地发现的多处日遗化武埋藏点进行挖掘清理，共挖掘回收日遗化武4.7万余发，并对其实施了封存处理①。但是，这只是日遗化武总量中的一小部分。日遗化武数量最多、作业条件最为复杂的吉林省敦化市哈尔巴岭的挖掘回收工作计划从2012年11月开始。日方在十多年的时间里，别说无害化处理，就连最基础的第一道工序，即对已知的日遗化武埋藏点的挖掘工作还没做完，可见其进展的缓慢程度。

依据《公约》的规定，日方应在10年内即2007年4月全部完成销毁工作。如果届时不能完成，经当事国双方协商同意可以延长，但最长不得超过5年。眼见销毁工作严重滞后，在公约规定的时限内根本不能完成工作，于是日方在2006年4月提出将销毁时限推迟5年，即在2012年4月完成。考虑到当时的实际情况，中方同意了日方要求。

2010年9月，中日两国在南京举行仪式，宣布作为一种临时性措施，先采用移动式设备开始销毁日遗化武。截至2012年6月，日方利用该设备在南京销毁日遗化武3.6万余发。同年12月，日方在石家庄开始移动式销毁作业，销毁化武1701发②。2015年7月，日方利用该设备在武汉销毁日遗化武264发。

移动式销毁作业，设备小，销毁数量有限，根本不能在规定期限内完成对数量巨大的日遗化武的全部销毁工作。它只能作为一种补充，对一些偶然发现的零散日遗化武进行销毁。实际上，在这一时段日方的销毁工作还是拖拖拉拉，根本没有突破性的进展。2011年9月以后，中日双方又举行了多轮磋商，日方承诺在《公约》规定的销毁期限、即2012年4月29日后继续诚实履行公约规定的义务。双方制定了销毁计划，对今后销毁日遗化武工作做出了具体安排，并设定了完成有关工作的相应目标时限③。在此基础上，日方又提出将销毁时限再延长10年，即2022年4月29日前完成，中方对此表示同意。

---

①“これまでの遺棄化学兵器発掘・回収事業状況（ハルバ嶺を除く中国各地域の発掘・回収事業等）” http：//wwwa.cao.go.jp/acw/jigyobetsu/jigyobetsu.html.2010-06-25。

②“遺棄化学兵器処理事業の経緯”[J/OL]，http：//wwwa.cao.go.jp/acw/keii/keii.html。

③“中日对销毁日遗化武作出安排 就签备忘录达共识”，http：//news.yntv.cn/content/14/20120216/182106_14_487041.shtml。

汉语中有个成语，叫作“一而再、再而三”，还有另一个成语叫作“得寸进尺”，意为反复无常，贪得无厌。在国际交往中，这是最令人厌恶的行为。现在我们看到的日方无视国际公约，不守承诺的上述行为，就是对这两个成语最为形象且最为实际的解释。销毁日遗化武的时限就这样被一拖再拖。对日方来说，这是处心积虑、孜孜以求的如愿结果；但对中方来讲，这是日方故意拖延、中方推促不力，不得不接受的现实。

四、关于妥善应对日遗化武问题的思考

鉴于近年来日遗化武对中国民众造成的严重伤害，日方在销毁问题上一直采取消极、拖延的态度，笔者呼吁，我国有关方面应重视日遗化武问题的严重性，进一步加强对这一问题的研究，采取强有力的措施推促日方加快工作，保证在这次承诺的时限内彻底销毁日遗化武。当下，销毁日遗化武还有大量的工作要做，尽管许多具体工作是由日方来完成，但是应该看到，日遗化武埋藏地在中国，受害者和潜在受害者都是我们自己的同胞，为了维护国家安全，切实保护人民群众的生命、生活和环境，中方同样有许多工作要做，而且必须要做好。笔者认为，做好以下几方面的工作，在当下或许最为实际。

第一，加强对日遗化武危害性的宣传，减少不必要的伤害。从已经发生的多起日遗化武伤人事件可以看出，日遗化武的遗弃地点散乱，无规律可循，大多是在城建施工、农业耕作或者当地居民正常的生产生活过程中被偶然发现的，而且当事人是在对其没有任何警觉、甚至完全无知的状态下受到伤害的。因此，加强对日遗化武危害性的宣传显得格外重要。宣传应该包括日遗化武的种类、危害性、简单的识别方法、发现可疑之物的报警办法，以及一旦受到伤害后的自救措施等等。宣传既要使群众易懂，又要便于操作。除重点地区要结合各地实际情况加强宣传外，非重点地区也不可掉以轻心，要采取切实可行的宣传方式，减少盲区，提高民众的防范意识，减少不必要的伤害。

第二，及时公开必要的信息，推促日方加快工作。日遗化武对中国民众生命安全和生态环境构成严重威胁，但是中国民众对日遗化武的分布情况、中日双方围绕该问题的交涉、日方应承担的责任、特别是日方处理的最新进展状况等信息知之甚

少，有些重点区域的民众甚至根本就不知晓。在处理日遗化武问题上，中日双方信息严重不对称。远在几千里之外、原本对此事不那么关心、而且根本不会受到任何影响的日本人的知晓程度，却远远高于与日遗化武为邻、自身生命受到威胁、生产和生活环境受到影响、而且理应知晓相关信息的中国人。更令人难以理解的是，中国民众本应知晓的一些信息，有些竟然是通过某些日本媒体不实报道造成影响之后，中国官方才不得不出面加以说明或者要求澄清的所谓“出口转内销”的途径了解到的。

毫无疑问，涉密之事自然应该保密。但事实上，关于日遗化武的一些基本事实、两国间已经达成的共识、日方已经完成的作业进展状况等并非全都涉及保密。如果是出于维护社会稳定，考虑到当地民众的情绪，避免产生不必要的恐慌，有关方面对日方挖掘现场和作业进展情况采取一定程度的保密措施，是可以理解的。但是，这只能是暂时的、阶段性的措施。一旦作业任务结束，便应向民众公开处理结果和当地安全质量状况。及时公开必要的信息，不仅可以提高国内公众的认知程度，减少当地民众的担心和不必要的恐慌，缓释政府压力，还可以增加国际社会对当年日本发动的侵华战争对中国民众至今依然造成伤害的认识，提高国际社会对这一问题的关注度。及时公开必要的信息，有利于将官方敦促、民众情绪表达和国内外舆论压力等多个要素形成合力，催促日方加快履约，其力量和影响可能要比仅仅是官方表示“重大关切”“不满”等外交辞令强大许多。

第三，与日方交涉，为日遗化武受害者提供援助。长期以来，日遗化武受害者忍受伤痛和精神上的折磨，饱受摧残，有些人年纪轻轻就丧失了劳动能力，生活极端困苦；有的人因此家破人亡，妻离子散，极为悲惨。日遗化武受害者是在和平时期因日本侵华战争遗弃物而无辜受害的特殊群体，责任完全在日方，理应获得赔偿。从 20 世纪 90 年代起，有多起日遗化武受害者在日本提起诉讼，要求日方赔偿，但迄今无一例胜诉。从目前的情况看，今后类似的诉讼，胜诉的可能性也不大。

日方不给赔偿，日遗化武受害同胞依然在困苦中挣扎，怎么办？笔者认为，对这一群体可否采取特殊的有针对性的援助方式，例如建立受害者援护制度，依其伤害程度发放生活或医疗补助金；组织医疗部门定期为其做免费体检、康复保健和心理咨询等等，使其医治伤痛，逐步摆脱困境，过上正常的生活。所需资金如何解决？除国内筹措部分外，大部分最好取自于日方。当然，这取决于中方的对日交涉和双方的认同。在政府层面，可否考虑要求日方设立“日遗化武受害者援助基金”，来解决上述财力问题。既然通过法律途径解决起来困难重重，希望不大，那么不妨从人道主义角度全力争取。对日方来说，此等支出不是问题，它看重的可能是“名分”。“基金”可能比“赔偿”容易接受，可操作性更强。对中方受害者来说，在索赔无果的情况下，如果能得到基金的援助，至少可以缓解一些当下的困难。

第四，加强对后续工作的研究和对应措施。依据双方协商结果，日方将销毁日遗化武的最后时限又推迟了10年。数量巨大的日遗化武严重威胁着当地居民生命安全和生态环境，是有可能导致突发事件或影响社会稳定的一个重要隐患。而且，日遗化武埋藏时间越久，诱发不稳定的因素就越大，销毁任务越加紧迫。彻底销毁日遗化武，使当地民众能够过上安全、安心、安定的生活，是中方的强烈要求和愿望，同时也要求中方有确保实施的行动与步骤。现在，距日方的最后销毁期限还有不到7年的时间，这次日方能够信守承诺，认真履行其责任和义务吗？从目前日方的作业进度分析，笔者对此依然表示担忧。严酷的现实逼迫中方必须认真考虑这样的问题：尽管双方“对今后销毁工作做出了具体安排，并设定了相应目标时限”，在今后有限的时间内，采取怎样的措施才能够保证日方切实履约？如果日方依然不能完成销毁工作，中方有怎样的强制性对应措施？在2022年之后如果新发现了日遗化武，尽管已经规定了日方承担销毁的责任，但保障措施该如何落实？类似问题需要有关方面认真研究，尽早考虑预案和应对措施。

日本近代民族国家意识的形成与缺陷

徐静波

内容摘要 日本近代民族国家意识的形成，主要缘于两个原因，一是西力东渐的强势压迫，催发了近代民族和国家意识的觉醒，对日本列岛居民同质性的整合和强化，是抵御外来压迫的内在需求；二是幕末明治时期的社会精英和明治领袖对于西方先进文明和以近代欧美国家为代表的近代民族国家、以条约和国际法为准则的国际秩序的认同，激发了日本人建设统一的近代民族国家的欲望。但是，由于明治领袖欲借助天皇的权威来统合国家的力量并进而施行国家的统一治理，其所制造的国家神道和“一君万民”的官方意识形态，最终过于抬高了天皇的绝对权威而贬低了作为近代国家基体的“国民”的主体性，这种有缺陷的近代民族国家意识造成了日本从前近代的“王权国家”向近代民族国家转型过程中的不彻底性。

关 键 词 近代民族国家 明治日本

作者简介 徐静波，复旦大学日本研究中心教授

一、所谓近代民族国家

“民族国家”或“近代民族国家”是中文对英文 Nation-state 一词的表述，今天的日语中，一般被表述为“国民国家”。一般的理解是，近代民族国家的诞生，起始于 1648 年“30 年战争”之后的《威斯特伐利亚条约》（Peace of Westphalia）签订之后具有大致明确的疆域和主权的欧洲部分民族国家的基本成立。近代国际关系和国际法的雏形也自那时开始形成。以后历经英国的光荣革命（Glorious Revolution 1688—1689）、法国大革命（1789—1799）、1848 年欧洲革命等，以主权在民、选举制的建立、议会的设立、宪法的制定、近代政党制度的运作等为标志的近代国家体制（君主立宪制或共和制）大致获得了确立。当然，从世界史的角度来看，在近代民族国家的概念形成之前，国家的形态早已存在（根据今天政治学的常识，国家一般必须具备相对固定的领土、相对固定的人民和权力或主权这三个要素），以中国为例，自秦汉以来，大一统的中央集权体制或中央王朝国家已经相当成熟，在日本，大和政权也在唐朝的律令制等的影响下，于 7 世纪在现在的本州的大部分、九州的大部分和四国的领域[①]上完成了统一的中央王朝的建构过程。相对于日后形成的近代民族国家的基本内涵，近代以前的国家组织一般被称为“王朝国家”或“王权国家”，在东亚区域，其基本的国际关系或国际秩序是以中原王朝为主体的朝贡或册封体系，这与《威斯特伐利亚条约》以后逐渐形成的以国际条约和国际法为准则的近代国际关系也大相径庭。

但是，对于构成“民族国家”基本体的“民族”（nation），学界依然存在着不同的理解和讨论，其中影响较大的是美国学者安德森（Benedict Richard O’Gorman Anderson 1936—）在其著作《想象的共同体：民族主义的起源与散布》（Imagined Communities: Reflections on the Origin and Spread of Nationalism）中，将民族或基于民族建立的国家界定为“想象的政治共同体”。根据他的理解，这样的共同体包含着如下几个要素：（1）共属一体的想象；（2）民族的想象具有一定的疆域；（3）被想

① 据历史学家纲野善彦所著《“日本”とは何か》（講談社，2000 年，第 104 ~ 105 頁。）的论述，7 世纪末日本国成立时，本州东北中部以北、九州中部以南尚不在其管辖之内。

象成拥有主权[①]。安德森的定义未必适用于所有的民族国家，但应该有助于我们理解民族国家的内在本质。一般来说，在西方的语境中，“民族”（nation）是一个文化或族群（ethnic）性的存在（entity），“国家”（state）则是一个政治和地缘政治（geopolitical）性的存在。

二、日本近代民族国家意识的形成

日本列岛上的居民由于原本没有自己的文字，且直至7世纪末才最后形成统一了列岛大部分地区的中央政权，因此长期以来也一直没有自己明确的国号，有关该地区的称谓，只能来自中国的史书。对这一区域最初的指称，是《山海经》中首次出现的“倭”，后来中国的历代史书，大抵均用“倭”或“倭奴”。《隋书·列传第四十六东夷·倭国》中记载了607年倭国使者递呈的国书上有“日出处天子致书日没处天子无恙”[②]的表述，尽管不少日本人对圣德太子敢于与隋炀帝分庭抗礼的对等姿态大加赞赏，也有人并不认同：“圣德太子的头脑中，应该没有冒着外交关系遭遇危机的风险而故意向隋挑战的政治意图。因为他为了摄取先进文明，而让许多留学生、留学僧随同遣隋使一同前往中国，所以他应该很清楚彼此之间文明程度的差异。”[③]需要注意的是，其时尚未有“日本”国号，根据对古文献和考古发掘出的木简的研究，现在日本的史学界一般认为“日本”国号出现于673年至701年之间，大约在689年实施的“飞鸟净御原令”中，日本的国号与天皇的称号被正式确定下来，它的第一次对外正式使用，应该始于702年向唐（其时临时改为周）报告时提出的（这在中国的《旧唐书》中有翔实的记载），而在稍后成书的日本最早的两部史书《古事记》（712年）和《日本书纪》（720年）中的有关记载，不是语焉不详，就是有意篡改，可信性较弱[④]。此后中原王朝对待日本的态度，虽未明确视为属国，但居高临下的姿态却一直未有改观。日本的使者虽未行朝贡之礼，但态度还是相当

---

① 安德森著：《想象的共同体：民族主义的起源与散布》，吴睿人译，上海人民出版社，2011年，导论。

②《隋书》第6册，中华书局，1980年，第1827页。

③ 内田樹：《日本辺境論》，新潮社，2009年，第61頁。

④ 網野善彦：《「日本」とは何か》，講談社，2000年，第88頁。

谦恭的。

一国国民的国家或民族即民族意识的发生和发展都与其外部的环境有关。日本偏于海东一隅，近代以前，除了曾在13世纪下半叶遭到蒙古人主导的元军进攻之外，一直不存在外部的武力威胁或民族危机，因此相对而言其国家或民族的意识一直比较平缓。对于中国主导的华夷秩序，日本一般也是认可的。但是16世纪中叶以后，西洋人依循大航海时代开拓的海路，陆续将势力伸展到东方，带来了那个时代欧洲的知识和宗教，尤其是地理发现的新知识（比如利玛窦绘制的《坤舆万国全图》），开拓了日本人认识外部世界的视野，对传统的华夷秩序，也产生了质疑和异议。在1709年出版的西川如见（1648—1724）所著的《增补 华夷通商考》中所附的“地球万国一览之图”中，“唐土”虽是一个大国，却也只是世界的一部分，且并非居于世界的中央。18世纪下半叶，经过一百多年的锁国之后，日本本土的思想和文化越加成熟，因而诞生了对外来的风靡朝野的儒学和佛学反弹的、崇尚日本本土古典的“国学”，由本居宣长（1730—1801）等确立的“国学”不仅是研究日本古典的学问，在笔者看来，更重要的是它体现了贬斥外来思想、抬举本国民族精神的“日本”意识。本居宣长、平田笃胤（1776—1843）等倡导的“复古神道”，在内在的精神理路上，与“国学”完全是同属一脉的，即强调日本文化的地位和意义。

但是在整个近代以前，日本人基本上没有近代民族国家的意识，甚至都没有清晰的“日本”国家意识。这是因为在整个幕府时期，日本列岛被划分为261个“藩”，幕府政权并不直接对于各个“藩”的内政行使具体的管辖权，对于在藩主统治下的民众而言，“藩”即是“国”或“邦”，在很长的历史时期内，“国”只是指自己所出生居住的区域，藩内的居民一般不允许自由迁徙，各个藩主即主君是他们效忠的对象，在闭关锁国的江户时代的大部分时期，日本基本上游离于整个国际环境（无论是原先的华夷秩序还是大航海时代以后逐渐形成的新的国际关系）之外，作为国家主体的“日本”，在一般民众中，似乎还不具有非常清晰的概念，散居于各个藩的民众，似乎还没有非常强烈的民族共同体的连带意识。

江户幕府末年，即进入19世纪以后，俄国、英国、美国等西方列强的商船屡屡企图在日本登陆，日本人的“海防危机”意识由此萌发，在与华夷秩序之外的国家的交往中，日本人的新的世界观开始逐渐形成。1854年美国“黑船”舰队正式敲开了日本的大门后，日本便渐渐地被迫融入了以武力为背景、以条约为规范的由西方人主导的新的国际秩序中，在与他者、即列岛以外的外国的频繁交往中，“日本国”和“日本人”的主体意识逐渐凸显出来。

日本人近代民族国家意识的萌生和最终形成，除了因西力东渐而催发的民族危机意识（这样的危机意识导致了尊王攘夷运动的发生）之外，还有一个极为重要的原因，就是幕末和明治时期的知识精英和政界领袖看到了西方文明的先进性并对此表现出了衷心的服膺，并由此从被动的、本我的“日本人”逐渐提升至主动融入国际新秩序、进而主动在国际新秩序中谋得重要位置的近代民族国家的意识。这方面的代表人物有福泽谕吉（1835—1901）等。据福泽自述，他少年时的精神学养主要是来自以中国古典为中心的东亚传统知识体系[①]，但在接触到了西洋文明后，他将这些传统的东方思想归入了负资产的范畴。“洋学”，即西方近代知识成了他审察和评价日本和世界的基轴。福泽 20 岁时进入当时著名的兰学家绪方洪庵开设在大阪的“适塾”，在这里接触到了荷兰语的文献和近代西方的理化学科。1858 年他来到江户游学，在已经开埠的横滨直接邂逅了欧美文明，始知荷兰业已陨落，如今的世界通用英语，乃发奋自学英文，以求一窥外部的世界。1860 年 2 月，他作为随员乘坐日本第一艘横渡太平洋的轮船“咸临丸”前往美国，福泽也成了近代第一批游历西方的日本人，在美国待了四个月之久，直接感受到了西方近代文明的实力。1862 年又去欧洲游学，历时一年，行踪遍及英、法、德、俄、荷兰、葡萄牙诸国，考察了欧洲的银行、邮政、议会、法院及工厂等，在伦敦恰逢世博会，集中见识了西方文明的成果。1867 年 2 月，再度访问欧洲，由此服膺西方的精神文明和物质文明，1866 年撰写的《西洋事情》，差不多是第一本向日本读者全面介绍西洋文明的书籍，以后又将美国的独立宣言译成日文刊发在杂志上，1875 年刊行的《文明论之概略》，较为完整地表述了他对当时世界的理解：“若论现今世界的文明，欧洲诸国及美国是最先进的文明国家，土耳其、支那、日本等亚洲诸国，可称为半开化的国家，非洲和澳洲可看作野蛮国家。”[②]他进而指出：“现今世界各国，无论它是处于野蛮状态还是半开化状态，若要谋得本国文明的进步，就必须以欧洲文明为目标，确定其

① 据福泽谕吉在自传中所述，他少年时读过《论语》《孟子》《诗经》《书经》《世说》《左传》《战国策》《老子》《庄子》《史记》《前后汉书》等，尤其是《左传》，曾经通读过 11 次，有趣的段落都可背诵（《福翁自伝》，講談社，1981 年，第 16 ~ 17 頁）。

② 福沢諭吉：《文明論之概略》，《福沢諭吉全集》第 4 巻，岩波書店，1959 年，第 16 頁。

为评论的标准。”①

与福泽持有相同理念的，还有幕末曾以留英学生监督的身份在英国体验了西方世界的中村正直（1832—1891）和幕末曾被派往荷兰留学的西周（1829—1897），前者编译的鼓动日本人励精图治奋发图强的《西国立志篇》至明治末年销售了100万册，后者撰写的《百一新论》《百学连环》和翻译的《万国公法》，输入了近代欧洲的政治和道德理念。稍后，幕府末年曾在伦敦大学和美国留学的森有礼，与福泽、西周等组织了明六社，刊行《明六杂志》。这里稍微列举一些篇目便大致可知这份杂志的主旨和倾向：《开化第一话》《评民撰议院设立建言书》（第3号）、《北美合众国的自立》《美国政教》（第5号）、《期望出版自由论》（第6号）、《独立国权议》《开化的推进应依据人民的众论而不惟政府》（第7号）②。这些著作和文章在当时汇成思想启蒙的大潮，在一定程度上改变了这一时代日本人的价值观和世界观，为稍后兴起的自由民权运动营造了强有力的思想舆论，同时也培植了日本人的近代民族国家意识。

在政府方面，承接幕末的开国政策，并受民间新思想的影响，明治元年（1868年）以天皇的名义发布的“五条誓文”，在治国理念上也显示了一些新气象：“一、广兴会议，万机决于公论；二、上下一心，大展经纶；三、官武一体以至庶民，各遂其志，务使人心不倦；四、破历来之陋习，基于大地之公道；五、求知识于世界，大振皇基。”③虽然还带有一定的皇权色彩，但已经吸纳了近代西方政治的一些关键元素。此后以岩仓具视（1825—1883）为首的原本以修改不平等条约为目的赴欧美交涉团，实际变成了欧美考察团，一部五卷本的《美欧回览实记》生动记录了两年左右的行程中他们对于欧美西方文明实况的观察和理解，在这过程中，逐渐形成了近代民族国家的理念，也由此酝酿了模仿欧美建设近代文明国家的建国计划。

1885年内阁制的建立、1889年《大日本帝国宪法》的颁布和翌年国会的设立，以及1894年以后与西方列强在修改不平等条约方面的成功，标志着日本近代民族国家的基本建成。

---

① 福沢諭吉：《文明論之概略》，《福沢諭吉全集》第4卷，岩波書店，1959年，第19頁。

② 山室信一等校注：《明六雜誌》（上），岩波書店，2010年。

③ 指原安三編：《明治正史》（第一編），《明治文化全集》第二卷所収，日本評論社，1992年復刻本，第33頁。

三、日本近代民族国家理念和实践的缺陷

如果以同时期欧美民族国家的实况作为参照系的话，我们可以发现，明治时期（乃至后来的大正、昭和前期）日本人对于近代民族国家的理解以及在从传统的王权国家向近代民族国家转型的实践上存在着重大的缺陷。英国在经历了清教徒革命、光荣革命之后逐渐确立了有限王权的立宪君主制，民选的议会具有国家法律和政策的主要决定权。其他如西班牙、葡萄牙、荷兰等君主立宪制的国家大体采用了与英国相仿的政治制度；美国在独立战争之后，尤其是 19 世纪中叶的南北战争之后，成了三权分立的近代模范国家；法国在经历了数次革命以及复辟与反复辟之后，在 1871 年建立了彻底的共和制国家，启蒙思想家的政治理想在 18 世纪末得到了实现；德国在 1871 年实现了统一，在法律和行政上基本建立起了近代意义上的统一民族国家。这些欧美国家虽然在政制上各有不同，但对于传统的王权，或彻底取消，或有力限制，大抵以主权在民的政党运作来实现国家的治理。

以此来反观日本，明治政府自成立伊始，就力图通过维系和强化天皇制的中央集权方式来推进国家的近代化建设，"五条誓文"依然强调要"振兴皇基"。由吉田松阴倡导、在倒幕运动和明治国家建设的过程中赢得舆论很大支持的"一君万民"论，虽然主张消除民众间的等级差异，削弱原先的"藩民"意识而强调整个国家的"国民"意识，却借此突出了皇权的绝对权威性，并将"万民"统称为臣服于天皇的"臣民"，这就大大削弱了近代民族国家中"国民（nation）"的主体性。为确立天皇的统治体制，明治政府炮制了以皇家祖神神话为基本内容、以伊势神宫为本宗、以宫中祭祀为基准的国家神道，通过对于天皇和皇祖神崇拜的国家意识形态，在精神上将全体国民凝聚起来，以后又通过《军人敕谕》和《教育敕语》的途径将效忠天皇国家的理念灌输给军人和学生。这样的做法，是要改变近代以前以"藩"为单位的"藩民"意识，以宗教和准宗教的方式来整合日本列岛居民的精神信仰，从而强调"日本人"的同质性，并进而在具有同质性的日本人中推行统一的国家管理，这一点虽然符合近代民族国家的内涵，但对君权的过分抬举和以国家的权力来推行国家意识形态，却与西方近代民族国家中逐渐被普遍信奉的人格独立、平等、自由、民主的理念是互相抵牾的。1889 年颁布的《大日本帝国宪法》，则在法理上彻底确

立了天皇对于立法、行政和军队的最高统治权，天皇神圣不可侵犯，所有的国民被定义为天皇统治下的“臣民”，如此的近代国家，显然还带有极为浓郁的前近代王权国家的色彩，这也注定了日本在从前近代封建王权国家向近代国民国家转型过程中的不彻底性，因此，明治时期的日本，与其说是近代国民国家，倒不如说是近代臣民国家，国家拥有过于强大的权力，当国家的政策出现帝国主义甚至军国主义的倾向时，臣民也往往被国家的权力所裹挟。

不可忽视的一点是，日本在整个政制和社会形态向近代国家转型的过程中取得较大成功的同时，国民中的民族主义意识也获得了空前的高涨甚至是膨胀。近代日本第一次大规模的对外战争——甲午战争，可以说是这一意识膨胀的充分体现。这场战争发生之后不久，舆论领袖德富苏峰（1863—1957）于1894年12月由民友社出版了他的《大日本膨胀论》。德富在该书中开宗明义地说：“如果说过去几百年的历史是收缩的历史（应该是指江户时期闭关锁国的历史——引者），那么将来几百年的历史，就必须说是扩张的历史……如今吾人已经穿过了闭锁的隧道，进入了开放的天地。”[①]德富认为，日本社会正在急剧发展，日本人口正在急剧增长，区区日本列岛的面积已无法满足这样的趋势，因此，今后要仿效各国列强，将日本居民移植到世界上相关的地区，也就是要向海外殖民，将日本优秀的人种播撒到世界各地。当甲午战争爆发时，德富立即意识到这是“扩张性的日本进行扩张性活动的好时机”，要“善用这样的好时机，使国家获得超越性的飞跃，同时使自己个人在国民扩张史的首页留下英名。”[②]日本现在不惜牺牲巨大的人力物力与中国开战，目的就是“为国民的扩张在东亚创造一个根据，开拓扩张的渠道，排除阻碍扩张的障碍，让全世界都认识到日本扩张的势头，发挥出扩张性的日本的本色，获得与其他扩张性的民族对等的地位，在世界的大竞技场上得以施展拳脚。而在内部，则要巩固国民的统一，培植蓄积国民的精神，创造国家积极的、进取的、扩充性的元气和活动。”[③]德富进一步提出了他的帝国主义设想：“倘若能北占旅顺口，南据台湾，清国再怎么庞大，也犹如一头被揪住了鼻子和尾巴的大象，大则大矣，却已失去了运动其庞大身躯的自由。到了这一步，不仅是一个清国，还北可控制俄国，南可应对英国，

① 德富蘇峰：《日本膨張論》，《德富蘇峰集》，筑摩書房，1974年，第246頁。
② 德富蘇峰：《日本膨張論》，《德富蘇峰集》，筑摩書房，1974年，第249頁。
③ 德富蘇峰：《日本膨張論》，《德富蘇峰集》，筑摩書房，1974年，第250頁。

这样我们才可发挥出在东亚的霸权。”[1]德富进一步的设想是：“从台湾继续南进，一直到菲律宾，到苏门答腊海峡。这一切几乎都可在指顾之间成定局。”[2]而此后的日本，差不多就是沿着这样的指针，走上了对外扩张的帝国主义道路，而民族主义正是它的主要动力。因此近代民族国家所伴生的民族主义，当它在绝对的国家权力的裹挟下，往往会表现出偏激的排他性和扩张性的危险，这是我们需要警惕的。

① 德富蘇峰：《日本膨張論》，《德富蘇峰集》，筑摩书屋，1974年，第258頁。
② 德富蘇峰：《日本膨張論》，《德富蘇峰集》，筑摩书屋，1974年，第258頁。

日本经济研究

日本战后现代化过程中的改革与社会经济变动

伊藤诚[①]

内容摘要 1945年日本战败后，在美国主导下实施了一系列改革，此后迎来将近四分之一世纪的高速增长时期，类似于改革开放之后的中国，表现出极高的经济增长率。而进入20世纪70年代后，新自由主义全球化的政府治理结构导致日本经济走向衰退。安倍经济学并未带来当初所预想的经济复苏的效果。

关 键 词 战后改革 经济高速增长 新自由主义 经济衰退

作者简介 伊藤诚，东京大学名誉教授，日本学士院院士

① 本文是作者于2014年9月6日参加南开大学日本研究院主办的“日本现代化转型中的改革与治理”国际学术研讨会上的主题演讲。

本文前半部分主要讨论战后改革对日本经济高速增长时期的经济特征所造成的影响。后半部分则探讨70年代后新自由主义全球化的政府治理结构是否导致日本经济从低速增长走向了超低速增长。处于转型期的中国可以从战后日本的经济发展及衰退历程中获得经验与启示。

一、日本的战后改革和高度经济增长

日本在第二次世界大战中侵略了中国等东亚各国，并于1945年战败。一直到1951年，日本处于以美国为首的联合国军的占领之下，并在其领导下实施了一系列改革措施。

主要的改革课题是自1868年明治维新后在日本的近代资本主义社会发展过程中形成的社会经济体制。这一体制不仅成为孕育国家法西斯主义的温床，还导致了贫富差距的急剧扩大。特别是日本的农民由于高昂的佃租而饱受贫困折磨，他们对于现状极其不满。这使得日本对外侵略的军国主义有了滋生的土壤。此外，具有家族主义性质的财阀不仅控制着日本的大企业，获得垄断利润，导致贫富差距的扩大，并且压制日本的工人运动，支持帝国主义政策，被认为是日本法西斯主义形成的间接基础。

战后改革主要采取了以下几项措施。首先，在1946年公布的日本国新宪法中对于国家的义务做出规定：放弃战争的和平主义；主权在民之下的自由和平等；最低限度的健康和文化的生活权利以及社会福利的提高。

其次，日本在20世纪50年代实行了农地改革，废除了土地的地主所有制，形成了以小自耕农为主体的农业生产体制。这些措施的实施使得战后初期占日本劳动人口近一半的农民的生活逐渐稳定下来。伴随着当时由于粮食不足所导致的农产品价格上涨，农地改革成为农民生活改善的开端。

再次，日本于1946年开始实行的解散财阀改革，分散了财阀所拥有的股份。三井、三菱、住友、安田以及中岛飞机（富士产业）等财阀家族总公司和控股公司所拥有的股票被移交给持股公司整理委员会，而后转销给了公司的职员以及一般民众。受此影响，财阀解体后日本的公司治理结构发生了转变。战前大企业的经理主要从特定家族内部选出，而战后则改为由企业内部员工选出，这使得旧财阀系列之外的新兴企业获得了增长的可能性，也使日本经济高速增长得以实现。

最后，日本于 1945 年 12 月制定了《劳动组合法》，推动劳动改革，并在 1949 年进行了修订。该法承认工人具有团结权和交涉权。劳动改革改善了工人的生活，也因此成为经济民主化的重要一环。

此外，教育机会平等被视为社会经济民主化的重要内容。1947 年日本将义务教育时间延长到中学阶段，高中升学率从 1955 年的 52%提高到 1975 年的 92%。注重教育不仅起到了促进社会流动性的作用，而且提高了劳动力的质量，使得新技术的吸收更为容易，为日本经济的发展奠定了基础。

日本战后所实施的一系列改革反映出大多数日本国民对第二次世界大战惨痛历史教训的深刻反省，以及在和平宪法下实现经济民主主义的愿望。从中也可看到 20 世纪 30 年代美国所实行的社会民主主义新政通过联合国军的占领政策对日本所产生的影响。

日本战后的经济危机随着战后改革的结束而逐渐平息。受中国政局变化影响，日本暂时避免了对中国的巨额战争赔款。联合国军的占领政策也发生了改变，转为支持日本经济发展，使其成为阻碍共产主义圈扩大的一道防线。特别是 1950—1953 年的朝鲜战争特需成为日本经济快速增长的跳板，此后到 1973 年为止的 20 多年间，日本经济实现了高速增长。

在将近四分之一世纪的高速增长时期，日本类似于改革开放之后的中国，表现出极高的经济增长率。国内生产总值（GDP）的平均年实际增长率达到 9.1%，实际 GDP 增长了近 6 倍。虽然这一时期其他发达国家也实现了被称为“黄金时代”的经济快速增长，但日本的经济增长率达到其他发达国家的一倍，被称为“日本经济的奇迹”。

日本经济高速增长的主要原因可以归纳为以下四点：

（1）加入布雷顿森林国际货币体系。由于美国在工业和农业方面拥有极强的国际竞争力，战后形成了以美元为中心的布雷顿森林国际货币体系。美元以 35 美元兑换 1 盎司黄金的比率和黄金挂钩，各国货币则与美元挂钩，从而形成了固定汇率条件下的外汇交易市场，起到了稳定国际市场物价的作用。1 美元兑换 360 日元的固定汇率被确定下来。虽然固定汇率在一开始对日本出口产业造成了挑战，但是随着日本产业国际竞争力的增强，固定汇率反而成为日本扩大出口的有利条件。伴随着日本经济的快速增长，在 1 美元兑换 360 日元的固定汇率制度下，日本的生产原料以及技术的进口也得到了保障。

（2）设备投资的增加。日本在战后积极引入美国先进的生产技术，从而诱发了包括电气机械、汽车、住宅在内的耐用消费品产业的发展，这些产业具有“重厚长大”的特征，从而促使设备投资的增加。在这一过程中，日本逐渐形成了石油消费型的产业、消费结构。日本能源结构中石油所占的比率从 1955 年的 20.5%上升到 1973 年的 77.6%。这一时期，日本的金融机构吸纳企业的利润盈余以及家庭部门的储蓄，将这些资金转移到资金不足的部门中去，确保了设备投资所需的资金来源。日本的大企业依靠来自系列银行的贷款，使得银行贷款经常多于存款，形成了超贷体制。

（3）农产品与矿物等原材料价格相对较低。特别是伴随着中东地区油田的开发，使得原油的价格维持在 1 桶 2 美元以下，日本能够以较低的价格获得足够的石油。这也为日本和其他发达国家在这一时期经济快速增长提供了有利条件。

（4）价格相对较低的优质劳动力资源。战后大量劳动力从农业部门转移出来，为太平洋沿岸地区第二、三产业的发展提供了丰富的劳动力。中、高等教育的扩充则起到了促进新技术吸收和普及的作用。劳动力中从事农业等第一产业的比率从 1950 年的近 50%下降到 1970 年的 17.4%，使得位于城市中快速发展的工商业部门扩大雇佣成为可能。

除了以上这些条件之外，维持日本经济高度成长的另一个关键因素是日本所采取的凯恩斯主义经济措施。伴随着经济的高速增长，日本虽然在基础设施投资、维持农产品价格、扩充教育经费等方面扩大了财政支出，但税收的持续增长避免了凯恩斯主义的赤字财政的发生，使得健全的财政情况得以保持。

这一时期日本的宏观经济治理的重点放在培育本国产业方面。日本政府将这一时期有限的外汇首先分给重点培育的产业使用，而且对进口贸易以及外商投资都进行了严格限制。

日本一直维持低利率政策，发挥了凯恩斯主义的宽松货币政策的效果。企业为进行设备投资，通过银行部门所获得的来自家庭部门的贷款成本扣除 2%～3%的通胀率后，实际贷款成本相对企业利润率较低。

在低利率政策之下设备投资的规模由于乘数效果的作用进一步扩大，到 1973 年设备投资的规模占到国民生产总值的近四分之一，成为经济增长的重要组成部分。另一方面，由于设备投资增加，对于耐用消费品的需求增加，导致了有效需求的增加，而对外出口并不是主要原因。这一时期，日本的出口依存程度保持在10%左右，相对于现在的中国、战前的日本以及欧洲来说较低。因此，日本经济增长的九成都是依靠内需的增长而得以实现的。

内需扩大的主要原因来自两个方面。其一，私营企业雇佣的扩大；其二，实际工资的增长所带来的消费需求的增加。特别是劳动改革后，组织规模扩大的劳动组合每年通过“春斗”，依据生产率的提升提出增加工资的要求。这一体制一直维持至今，对促进内需增加有很大贡献。

20世纪20年代，在福特汽车工厂中出现的高生产率、高工资的资本储备形式，在当时被认为是非常特殊的体制，但是战后的发达国家普遍接受了这种劳动协调体制。根据法国的调整学派的观点，依据生产率的提高，有比率的上调工资的方式对于扩大有效需求以及促进良好的经济循环有着重要作用。根据这种观点，劳动运动所带来的资本储备内部的有效需求的扩大甚至要大于凯恩斯主义的宏观经济治理所带来的经济效果。

这种资本储备形式在日本战后高速增长时期也能够看到。日本公司治理具有以下三大特征：正式员工的终身雇佣、年功序列工资以及公司内劳动工会。在这种被称为日本式劳务管理的体制下，随着城市中工薪阶层的收入逐渐增加，对于各种耐用消费品的有效需求也得以持续扩大。但是，这一阶段日本经济有效需求的增加除了劳动者消费需要的增强这一因素之外，还需要综合考虑以下两个因素。

其一，日本企业设备投资的增长高于其他发达国家。银行承担中介作用，将工人们的储蓄融资给需要进行设备投资的企业，并且这一体制得以延续。

其二，虽然大量劳动力从农业部门中流出，但仍有约600万户的农民留在农业部门中。由于这一时期农业部门通过使用农药、化肥、小规模农业机械使生产率得到提高，农产品生产能力得到提高。日本政府对于大米价格实行价格管制措施，维持了农产品价格。农民利用农闲时间，外出打工获得兼业劳动所得。以上这些因素使农民的收入得以和城市中劳动者的收入维持同步上升，这也是维持有效需求扩大的一个重要原因。

日本经济依靠内需实现了快速增长，并且在日本历史上或者说在明治维新后的日本近现代化过程中，第一次实现了城市和农村部门生活方式上实质上的平等，缩小了社会的贫富差距，形成了“一亿总中流”的趋势。以明确宣示放弃战争、提供自由、平等的人权保障的新日本国宪法为首，实施了包括农地改革、财阀解体、劳动改革、教育改革在内的一系列战后改革，这些改革不仅起到了收入分配平等化的作用，更成为日本经济增长的保障。

在日本战后改革时期，除去 1947—1948 年社会党的片山内阁和民主党的芦田内阁之外，在高速增长时期，包括以劳工运动为基础的社会党在内的在野党很难能够取得国会中三分之一以上的议席。自民党得以长期执政，不仅源自不断增长的企业以及代表其利益关系的财界代表的支持，来自农村中农民的支持也有着重要影响。此外，受到劳工、农民组合支持的社会党等在野党派，也在为劳动者不断争取社会民主主义的政策措施，以确保国民生活水平的平等。他们不仅在劳动运动以及农业保护措施方面给政府施压，而且还要求扩充国家对教育制度的支持力度，扩大健康保险制度的范围。在和平宪法之下，日本的军费和国防预算支出受到限制。随着家庭收入的上升，日本社会出现了社会贫富差距缩小的倾向，这不仅是由于执政党和在野党根据国民的愿望所实施的相关政策，而且日本经济这一时期长期持续的内需扩大型的经济循环同样也起到了巨大作用。

二、新自由主义下日本经济的衰退

日本经济的高速增长一直维持到 20 世纪 70 年代初期，以 1973 年为界限，日本经济迎来了危机和动荡的低速增长时代。1974—1990 年的年平均实际增长率只有 4.2%，只有高速增长时期的一半。

尽管如此，日本经济的增长率还是较其他发达国家高出了 1 ~ 2 个百分点。虽然受到浮动汇率制以及日元升值的影响，1987 年日本的人均国内生产总值数值超过了美国。从高速增长时期延续下来的对于员工的终身雇佣制、工资的年功序列、企业内工会等日本式劳动管理方式被认为提高了职工对企业的忠诚心，提高了生产率。这些制度被认为是日本企业成功的秘诀。即使在日元升值的情况下，日本仍然维持着出口竞争力，此时的日本被誉为“日本名列第一”，受到全世界的关注。

但是，为缓解日美贸易摩擦，1985 年日本在 G5 峰会上和美国达成了广场协议。为消除广场协议带来的影响，日本实施了包括低利率以及扩大公共支出在内的扩大内需的经济政策，这些政策导致在 20 世纪 80 年代末期房地产和证券市场中出现了大规模投机泡沫。在泡沫崩溃后的 20 世纪 90 年代之后，日本经济进入了被称为“失去的二十年”的超级经济增长低迷时期。1991—2011 年年均增长率只有 0.9%。

是什么因素将日本经济从高速增长引入低速增长，又从低速增长引入超低速增长的呢?

20 世纪 70 年代初所发生的严重的经济危机，使得包括日本在内的其他发达国家在战后实现经济高速增长所依靠的四个重要支柱逐渐丧失。

也就是说，在 70 年代初，美国过去所实现的各种持久消费品的大量生产的技术革新走到了尽头。随着联邦德国以及日本的经济发展，60 年代以后美国的出口优势地位逐渐丧失，美元危机（从美国大量流出黄金）不断发生，使得布雷顿森林国际货币体制难以维持下去。最终美国在 1971 年停止了美元与黄金的兑换，从 1973 年开始实行浮动汇率制度。因此，世界各国货币发行的自由度加大，通货膨胀也就接踵而至。

与此同时，世界各主要发达国家在高速成长时期设备投资过剩，超过了世界市场中原材料的供应以及劳动力的供给弹性限制。原材料价格以及工资飞涨，恶性的通货膨胀也随之而来，工厂的利润急剧下降。1973 年的第一次石油危机逐渐成为世界范围内的经济危机，世界各国都陷入对于通货膨胀的恐慌之中。

受此影响，日本经济的增长率在 1974 年下降到了-0.5%。当时处于统治地位的凯恩斯主义所推行的紧急财政、金融政策不仅没能缓解当时的紧急情况，反而起到了推动通货膨胀的副作用，使得经济情况进一步恶化，20 世纪 70 年代后期美国等国出现了滞涨的经济现象。从 20 世纪 80 年代开始，英国、美国、日本等发达国家的宏观经济政策逐渐从凯恩斯主义转向了新自由主义。

新自由主义认为，主要资本主义国家之前所采取的社会民主主义的福利政策以及凯恩斯主义的雇佣政策阻碍了市场的自由竞争，因此只有依靠充分竞争的市场所形成的有效的市场秩序，经济情况才会好转。在这种观念的指导下，推行了一系列措施：国有企业民营化；抑制工会的发展；废除和削减对于劳动者的保护措施，致使非正式雇佣规模扩大；减少国内外投资的限制；金融交易自由化；对企业和富裕阶层减税；削减政府对福利、教育、医疗的投入，增加国民负担比率。日本以财政危机对策的名义，逐渐推行了以上政策措施。

在全球化浪潮下所推行的新自由主义政策，不仅使企业的投资以及国际贸易更加自由，而且还为 70 年代以后信息技术革命的产生奠定了基础。受此影响，扭转了 70 年代初期资本积累受劳动力限制的局面，还推进了资本主义企业利用国内外的资源，实现了跨国企业的经营发展。尤其是伴随着信息技术的升级，许多企业都削减了人工费。随着工厂制造工程的自动化，非熟练工种的比率上升，女性打工者、临时工、派遣劳动者的人数逐渐增加，工厂中非正式雇佣的比率因此扩大。

其结果就是日本的劳动市场中，女性劳动者的比率上升。1973 年女性就业的比率只有男性的 48%，到了 2010 年这一比率上升到 75%。但是，在女性劳动者中，近一半都是非正式雇佣，男女合计的非正式雇佣比率达到近三分之一。

日本的工会一直以正式雇佣的男性职员为中心，但现在日本的工会组织日益落后于非正式雇佣劳动者的组织，正式雇佣劳动者加入工会的比率从 1970 年的 35.4%，下降到 18%，下降了近一半。

国铁、电电、专卖等三个大型国有企业的工会一直是最具有交涉能力的，但由于 80 年代初的民营化改革，导致工会的交涉能力下降。此外，民营企业推行了经营合理化改革，增加了非正规员工雇佣数量，使得民营企业工会的交涉能力进一步下降，通过每年的“春斗”能为员工争取的福利日趋减少。因此，工人的生产率提高不再与工资的提高直接挂钩，工会不再能阻止实际工资的下降。

在高速增长时期，正常的工资水平可以维持家庭主妇和子女们的生活费。但受企业抑制工资增长的影响，即使从事的是工资很低的非正式工作，女性也必须出来劳动以补贴家用。如此，家庭的生活费由多人共同承担的生活方式便逐渐固定下来。马克思所说的劳动价值的分割效果开始显现，实际工资愈发下降。

在女性长期从事劳动的倾向愈发明显，并且对结婚以及育儿的社会保障还不完善的情况下，女性晚婚以及单身情况逐渐增加。一生中女性生育儿女的平均数量（合计特殊出生率）从 1974 年的 2.04 下降到 2005 年的 1.26。日本社会正迅速转向少子高龄化。日本的总人口数量在 2008 年达到 1 亿 2800 万人的顶峰，此后开始逐渐减少。65 岁以上的高龄者占总人口的比率在 2007 年达到了 21%，日本已经成为“超高龄化社会”。因此日本政府在年金、医疗、教育等方面的支出日趋加大，在加重国家财政危机的同时，还出现了将这些费用转移到个人负担的倾向。

这一时期，在浮动汇率制下，日元不断升值，原本 1 美元兑换 360 日元的汇率，到 1995 年升值到 1 美元兑换 80 日元的程度，这给日本的出口产业造成巨大的负面影响。包括中小企业在内的日本企业逐渐将工厂和营业所转移到工资、地价相对较低且具有较大市场潜力的中国和其他亚洲国家。这使得 1993 年之后第二产业的就业人数逐渐减少，产业空洞化的倾向日趋明显。而第三产业的就业比率从 1995 年的 60%增加到 2010 年的 70%，日本经济出现了产业服务化倾向。

受海外廉价劳动力的影响，日本国内的雇佣问题愈发严重，甚至产生了新贫困问题。以 2002 年为例，在生活保护标准以下的贫困家庭有 1105 万户，占家庭总数的 22.3%，其中正在工作的家庭有 620 万户，占工作家庭总数的 18%，这些人也被称为“工作贫困族”。2012 年接受生活保障的人数为 213 万人，而且这一数字还在不断增加，但仅停留在有必要接受生活保障户数的 15%～20%。日本现在正在面临着一系列严重的社会问题，包括没有家庭和政府支援的单身妈妈以及孤独老人的照料等问题。

美国是多民族国家，人种歧视至今没有消除，在发达国家中的贫富差距也最大，美国的相对贫困率（收入小于平均收入的人所占的比重）为 17%，是发达国家中最高的。而日本的相对贫困率也接近 16%，已经成为接近美国的贫富差距严重的社会。

根据皮凯蒂的观点，包括不动产以及金融资产在内的日本国民财富与国民收入之比，在战前高达 6～7 倍，而在第二次世界大战后的 20 世纪五六十年代的经济高速发展时期，这一比率下降到了 2～3 倍。但是在 20 世纪 90 年代到 21 世纪初之间，国民财富与国民收入的比率又扩大到了 6～7 倍，这与法国、英国等西欧主要国家的变化相同。在新自由主义政策之下继承税、个人所得税累进税率以及企业所得税的税率进行了下调，也有很多投机者在不断反复出现的经济泡沫中获得经济利益，致使收入分布的偏差愈发严重，资产和收入向富裕阶层集中的倾向愈发明显，而这些现象正在日本重演。

战后改革后，在日本经济高速增长期中，被称为“一亿总中流化”的贫富差距缩小的倾向被颠覆。在经历数次经济危机后，受新自由主义的风潮影响，在市场经济的主导下，资本主义企业出现了重组的现象。平等接受教育的机会也受到影响，高收入家庭的子女在一流大学中接受教育的比重逐渐升高，而一流大学被认为是社会精英的培养场所。日本经济的民主主义以及社会的流动性也因此而受损。

但是市场经济主导下的全球资本主义并没有取得像新自由主义者所主张那样的经济复兴以及效率的提高。反而日本社会在新自由主义主导的 30 年之中，由于社会的贫富差距逐渐增大，新的贫困化问题愈发严重，社会向少子高龄化发生转变，带来内需不足，推动新自由主义政策的目标没能解决财政危机，在税收减少以及紧急经济政策的扩张之下，日本的财政危机反而愈发严重。

在内需不足的情况下，受 IT 化的影响，大企业的设备投资规模出现轻薄短小的倾向，融资也不再依靠银行。因此，大企业和金融机构中都积累了大量的过剩资金。因此，日本经济复苏只有以下两种选择：其一，像20世纪80年代末的泡沫经济时期那样动员过剩资金；其二，依靠海外市场，增加对外投资和出口，从而恢复增长。在1997年亚洲金融危机、2001年美国IT泡沫崩溃后，到2007年次贷危机发生前，美国出现了住宅泡沫，日本依靠国外需求增加经济得到了恢复。但是这两种方法都会使得日本经济复苏呈现出不稳定的状态。经济生活会变得欠缺稳定性，贫富差距增大，这对于工人以及社会的弱势群体来说是很大的威胁。

在2008年的次贷危机中，日本的金融体系虽然维持了稳定，但日本的实体经济所受到的影响甚至大于美国、欧洲等次贷危机的发源地。这是因为日本经济复苏主要依靠出口增长得以实现，这种体制导致日本经济的内部结构非常脆弱。

因此，反对新自由主义及其所带来的一系列问题的呼声逐渐高涨，2009年在美国和日本都实现了政权交替，民主党开始执政。民主党选举纲领中提出的口号为“从重视混凝土到重视人”，还提出了一系列改革措施，在环境保护方面通过导入环保积分制度，鼓励大家购买节能型电子产品及住宅，在少子化对策方面，提出儿童补贴方案。其结果，2010年日本经济增长率相比2009年的-5.5%增长了近10个百分点。

这些新的经济政策虽然在一定程度上缓解了经济危机的影响，却给日本的财政造成了更加沉重的负担。此后受2011年3月发生的东日本大地震以及核电站事故的冲击，民主党逐渐丧失了民众的支持，其执政党地位出现动摇，最终在2012年末的总选举中败给了自民党，安倍的自民党政权再次复活。此后，安倍实施了一系列被称作“安倍经济学”的经济政策。安倍经济学主要由“三支箭”组成，即灵活的财政政策、宽松的货币政策以及刺激民间投资的成长战略。

第一支箭是指通过大规模的公共投资，并通过推进2020年的东京奥运会场馆建设计划，实施积极的财政政策，以带动经济增长。自民党的经济政策再次回到了“从重视人到重视混凝土”的老路上。这些措施虽然给建筑产业带来了生机，但是现代的公共建设主要采用大型机械设备，从而使雇佣人数的增加有限，其所带来的经济乘数效果也较低。此外，由于现在建筑产业中熟练工人不足，使建设计划被拖延的可能性增加，再加上东北地区灾后复兴的困难，这些因素都使财政政策的效果不甚明显。

第二支箭是指日本银行在市场中从金融机构大量收购国债，从而增加货币供给的量化宽松政策。受该措施的影响，日元贬值，从2013年初的1美元兑80日元下降到2013年夏季的1美元兑换100日元，从而使出口企业的收益得到增加。此后，虽然日元曾一度下跌1美元兑换120日元左右，但是日元贬值对出口增加的效果也逐渐减弱。这是因为现在的日本已经将生产厂商转移到海外，日元贬值不再能够带动出口。反而不断贬值的日元导致日本的资源、原材料、食品、衣服等产品的进口价格上升，使得自2011年以来陷入贸易赤字的日本贸易收支情况更加恶化，对宏观经济产生了不利影响。此外，大量资金滞留在银行内部，无法转移到企业和家庭中去，难以刺激企业投资以及家庭的消费，因此超低利率的货币政策依旧无法实现经济复苏。

这其中最为关键的问题在于，现在的日本经济政策依然受到新自由主义的影响，政策的重点放在企业经营的恢复，缺乏对于劳动者以及社会弱势群体的照顾，对于贫富差距的扩大也没有提出相应的解决措施，造成工作条件进一步恶化，人们对于生活的不安也持续扩大，最终使日本经济的内需无法恢复。另外一个因素是消费税的增加。增加消费税会给低收入阶层带来更大的负担，安倍首相于2014年4月将消费税从5%提高到8%，且计划于2015年再提高到10%。[①]此外，根据计划增加消费税所获得的收入将更多的用于公共投资，而非社会保障。

作为第三支箭的成长战略不仅缺乏具体实施内容，而且主要是以企业为出发点考虑的。与消费税增税不同的是，企业所得税却计划于2015年减征，并且愈发注重雇佣形态的自由化，开始探讨期限雇佣、非正式雇佣、无加班费的雇佣等对于劳动者不利的雇佣方式。

总之，安倍经济学并未带来当初所预想的经济复苏效果。内阁府预期的2014年实际经济增长率为1.2%，而实际上仅为-0.5%，不仅小于当初的预期，还出现了经济负增长，表现出安倍经济学在实际经济层面的失败。即使实施凯恩斯主义的财政金融政策，如果不把民主党政权当时所尝试的包括21世纪少子化对策、自然环境保护以及摆脱核电等在内的社会民主主义社会福祉政策有机地结合起来，此刻实现经济恢复谈何有效性?

安倍政权在内政方面无所建树，便将政策重点转向外交方面，积极参与美国所主导的TPP（环太平洋合作协定）。该协定涵盖了十余个国家，以推动投资和贸易的自由化为宗旨。因此，根据维护跨国企业权益的ISD（投资家对国家纷争处理）

① 2014年11月18日安倍首相发表声明，将预定于2015年10月提高的消费税，延期到2017年4月实施，届时消费税将会从8%调整为10%。——译者注

条款，日本国民的健康保险以及食品安全可能会受到威胁，伴随着保护农林水产业关税的大幅度废除，同样可能会对农村地区的产业造成重大负面影响。以企业为中心的新自由主义将会带来贫富差距扩大以及地区社会荒废等问题。同时还可能会切断与中国及其他不参加 TPP 的近邻亚洲诸国的联系。

安倍政权与中国、韩国的关系日趋紧张，2014 年 7 月通过了内阁决议，解禁了集体自卫权，使在和平宪法下被禁止的在海外的武装行动成为可能。这是自民党为了在政治上占得先机，通过对现行宪法的强行解释，实现了自民党于 2012 年提出的“日本国宪法修正案”中的一项重要内容。

日本在战后经济高速增长时期，通过反省第二次世界大战中所发生的悲剧，为实现保障基本人权、劳动权、生活权的平等的社会生活秩序，在和平宪法和一系列战后改革的框架之下，实现了经济中贫富差距的缩小。但在 20 世纪 70 年代所发生的一系列经济危机后，以企业为中心的新自由主义打断了这一趋势，而安倍政权及其所实施的政策是新自由主义重新抬头的象征。特别是贫富差距的再度扩大以及财产和收入差距的扩大带来的人与自然之间的荒废化作用，造成日本经济的进一步衰退，仅仅通过企业优先的市场原理主义是不能解决这些问题的。

人们对此的不安和不满本来可以通过劳工运动和工会运动去谋求解决方法，比如社会民主主义以及对以社会主义为目标的平等的社会经济。但是在苏联崩溃之后，不论是在世界还是在日本，标榜同权的社会经济秩序的革新运动所能带动的政治势力却愈发削弱。其中一个原因是，和战前的日本相似，人们对于国家主义保守势力的支持愈发加强，而这些人主张通过武力实现国家复兴。如何能够实现和平且平等的社会经济，如何培育其社会基础，对于这些问题我们需要向历史学习，并结合国际社会的才智，共同思考日本发展道路的替代性战略的可能性。

参考文献：

1. 伊藤誠：《日本資本主義の岐路》（《伊藤誠著作集》第 5 卷），社会評論社，2010 年。

2. 伊藤誠：《日本経済はなぜ衰退したのか》，平凡社新書，2013 年。

3. 大内力：《日本経済論》上、下（《大内力経済学大系》第 7、8 卷），東京大学出版会，2000 年、2009 年。

本文由田正（南开大学日本研究院博士研究生）译

日本的长期萧条、金融危机与安倍新一轮货币宽松：一个理论探讨

郑　蔚　平力群

内容摘要　准确理解金融体系与经济波动的关系，对于一国的经济发展和金融系统风险防范至关重要。本文从经济学视角，以日本近现代历史上爆发的两次金融危机为线索，探讨日本的金融体系与实体经济的关系。研究发现，在经济萧条期，银行危机一旦产生会迅速危及实体部门，实体部门的萧条会使银行资产负债状况恶化，两者之间一旦形成恶性循环，对经济发展极为不利。实现金融体系与实体经济协调可持续发展的前提在于，准确理解金融体系自身的运行机制，并把握好金融体系与实体经济的匹配度。目前，日本为摆脱长期萧条采取了前所未有的货币宽松政策，但长期效果很难显现，原因在于货币量的增加是经济复苏以后所带来的结果，而不是起因。

关 键 词　日本　长期萧条　金融体系　金融危机　安倍经济学　货币宽松

基金项目　教育部人文社会科学重点研究基地重大项目“战后日本国有企业民营化研究”（13JJD770016）、国家社科基金项目“国家创新系统支撑下日本发展新兴产业制度安排研究”（13BGJ010）

作者简介　郑蔚，南开大学日本研究院副教授；平力群，天津社会科学院日本研究所研究员

一、日本为什么陷入长期萧条：新古典经济学的解释局限

20世纪90年代以后，日本经济呈现出与以往阶段所不同的特征。首先表现在经济增长率的变化上。从第二次世界大战结束后到20世纪70年代的第一次石油危机之前，日本经济保持着平均9%的增长率，这样的增长甚至超过了近年来中国、韩国等实现快速经济增长国家的平均水平。受石油价格上涨的影响，1974年日本经济增长率一度下降至负值，随后基本保持在3%到4%的水平，在美国等发达国的经济发展出现停滞的阶段，日本实现了经济的平稳增长。80年代以后，资产价格不断攀升，此时的经济增长率继续保持接近5%的水平。90年代初期，随着资产价格泡沫的破灭，增长率迅速下滑到1%，其间，1996年也曾一度升至5%，1997年受桥本内阁提高消费税政策的影响而下滑，1998年经历了石油危机以来的第二次负增长。

其次，表现在消费者物价水平发生了变化。第一次石油危机期间，日本的通胀率达到20%，80年代保持在平均6%的水平，泡沫经济期虽然资产价格暴涨，但物价并未上升，90年代呈现出通货紧缩的现象。也就是说，日本经济以20世纪90年代为转折点进入了长期萧条期。

日本为什么会陷入长期萧条？对这一问题的解释时至今日争论尚未停歇。日本经济学界有关经济长期萧条成因问题的论争大致可分为两派：认为日本需要在经济结构上进行改革的，被称为“结构改革派”，而将把经济低迷的原因归结为政策失误、并主张采行扩张性的宏观政策的，被称为“通货再扩张派”。[①]两派分别着眼于短期需求因素和长期供给因素，相互争论，分歧不止[②]。

① 田中秀臣、野口旭：《结构改革论的误解》，东洋经济新报社，2001年；小宫隆太郎：《日美经济摩擦与国际协调》，《东洋经济周刊》1986年6月7日；饭田经夫：《扩大内需论偏离目标》，《世界》1986年6月，详见车维汉：《日本经济长期萧条成因述评》，《中国社会科学院研究生院学报》2007年1期。

② 车维汉：《日本经济长期萧条成因述评》，《中国社会科学院研究生院学报》2007年1期。

索洛的新古典增长模型强调经济增长率由经济体系外部因素决定，[①]包括外生的劳动增长率、技术进步水平等。在新古典增长理论所描述的世界中，总人口不变、劳动人口开始减少的经济体很难实现经济增长，可见，新古典增长理论描述的是所谓的“成熟经济”理念，日本进入90年代后经济增长的停滞便是一个很好的例子。

罗默、卢卡斯等人发展起来的内生增长理论从长期的视角给出了不同的解释，[②]也就是说，经济增长率的高低是由技术进步及投资等经济体内部内生决定的，因此，与所谓的“成熟经济”相对应，日本的经济发展仍然是有“潜力”的，因为，可以通过放松规制以及结构改革等方法提高经济体内部的经济效率，从而达到提高增长率的目的。

遗憾的是，内生经济增长理论基于以下两个原因无法解释日本进入“失去的十年”后为什么至今仍然无法摆脱长期萧条。其一便是它无法对失业率问题给出合理的解读。在新古典经济学的理想世界中，劳动力市场是无摩擦的，但现实的劳动力市场是不完全竞争的市场，在不完全竞争条件下，短期总需求的不足或下降都会导致失业率上升。虽然从长期角度看，规制缓和以及结构改革等经济政策可以提高经济效率，但是长期政策无法解决短期的问题，失业率就是一个典型的例子。因此，面对长期萧条这样一个现实的经济现象，经济政策制定者对此的认知程度与误区在很大程度上会阻碍恰当的政策选择与执行。

新古典经济学的经济增长理论中没有涉及的另一个重要方面便是货币金融与实体经济部门之间相互关系的问题。

二、昭和金融恐慌与30年代大萧条：为什么爆发金融危机

回顾19世纪至20世纪上半期的经济发展史，我们会发现银行挤兑及其随后可能发生的系统性风险与景气变动周期如影相随。例如，1861至1865年南北战争后

① 经济学家索洛（R .Solow）对影响经济增长的因素进行了深入的研究，他认为经济增长的源泉来自于资本、劳动力和技术进步，并从生产函数入手，说明了产量Q的增长如何分解为资本存量K、劳动投入L和技术进步T三个部分。

② 指20世纪70年代增长经济学领域出现的一系列新的理论突破，例如罗默的“收益递增的经济增长模式”，卢卡斯的“专业化的人力资本积累增长棋式”和斯科特的“资本投资决定技术进步的增长模式”等所谓的“新增长理论”。

美国几乎每隔十年就会爆发一次银行危机，银行危机爆发之时也正是实体经济陷入萧条之时。由此引发了是不是实体经济的萧条引发了金融体系不安定的思考，当实体经济没有陷入萧条的情况下会爆发金融危机，也就是说，实体经济与金融部门之间究竟是如何相互影响的？对这一问题的探讨显然也是新古典经济学所未曾给出答案的。

美国在 1893 年至 1907 年之间爆发了金融危机，动摇了银行系统的稳定，建立中央银行的紧迫性提到日程，1913 年，美国联邦储备制度正式建立。第二次世界大战后的日本虽然经济几度陷入萧条却没有发生金融制度的变革，直到 20 世纪 80 年代末期储蓄信贷组合的破产为止，日本的金融体系大体上保持稳定。通过对美国和日本的观察，我们发现当经济处于稳定增长的过程中，人们往往忽略了对金融体系稳定性与实体经济发展之间关联性的关注。

但是与第二次世界大战后“稳定”的金融体系相对照，战前日本的金融体系则大相径庭，其银行挤兑几乎是伴随着景气周期变动而发生。1927 年爆发的金融恐慌，是日本经济有史以来最大规模的金融危机，一系列的银行挤兑迫使大多数银行倒闭，从表面上看，银行挤兑的发生源于所谓的“片冈失言”[①]，此后东京渡边银行发生挤兑，进而遍及全国，银行挤兑引发了存款人的信用不安，最终导致金融体系的不安，危机爆发。

昭和金融恐慌爆发之时，日本政府对于银行并未实行利率或资本管制，也没有建立存款保险制度，当时的金融体系基本上处于自由放任的状态。昭和危机爆发后，政府虽然采取了紧急救助措施，但大银行的倒闭没有得到制止，例如当时规模最大的第十五银行也在其中。

在所谓的“片冈失言”的背后，是银行收益及资产负债表的恶化以及银行风险分担机制的不健全。也就是说，多家倒闭银行持有与 1923 年关东大地震时期相关联的不良债权，或持有同族企业的不良债权，许多银行的放款过于集中。例如东京渡边银行同期持有大量的同族企业的不良债权，第十五银行的贷款高度集中在与其

① 为了处理震灾票据问题，若槻内阁决定向议会提出《震灾票据损失补偿公债法案》与《震灾票据善后处理法案》。但是在野党政友会为了达到倒阁的目的对法案百般阻挠，并谴责政府用百姓的血汗钱追求“政商”的利益。时任藏相的片冈直温为强调政友会对法案的反对加深了当时已经非常严峻的金融形势，1927 年 3 月 14 发表了“东京渡边银行已经停止支付”的言论。片冈的言论立刻引起了对东京渡边银行的挤兑，并很快遍及全国银行，引发银行倒闭，导致金融危机的爆发，“片冈失言”成为引发金融危机的导火索。

相关联的财团——松方财团，台湾银行的贷款集中在铃木商店等。[①]

也就是说，昭和金融恐慌的根本原因与日本在20世纪90年代末期爆发的平成金融危机的原因是同出一辙的，即不良债权积累导致的银行资产负债表恶化，由此产生了经营恶化，最终引发了危机。

三、货币供给量、信贷与经济变动：货币学派到信贷理论

众所周知，货币数量理论是整个西方货币理论中的一个重要内容。任何涉及货币问题的经济理论，无不受到它的影响，以现代货币主义者自居的弗里德曼等人，也是以货币数量学说为其理论构建的出发点的。他们对传统的货币数量理论加以"重新解释"，使它以现代货币数量论的面貌出现，构成了其货币主义的骨架。

而传统经济学中的货币数量学说恰恰是解释货币金融部门与实体经济相关联的代表。货币数量学说站在新古典经济学的立场，强调自由市场和竞争是实现资源和收入合理分配的最有效途径，却没有更多关注货币与金融机构的基本职能，他们认为实体经济部门决定真实GDP水平，市场的自动调节机制可以实现完全雇佣；货币供应量只决定名目CDP与物价水平，如果货币供应量较之以前增加了两倍，物价水平与名目GDP均增加两倍，真实GDP并不变化。

费里德曼对传统的货币数量论MV= PT进行了一番改造后来说明自己的货币理论。[②]费里德曼公式的左边是货币供给量，右边是货币需求量，由于货币的供给与需求决定社会物价水平，公式中的PT又是收入的体现。弗里德曼所说的收入有两个概念：一个是真实收入，另一个是名义收入[③]。真实收入与名义收入之间的关系由物价水平决定。他认为，货币供应量很低的时候，人们的真实收入超过名义收入，当货币供应量增加，名义收入逐渐增加，真实收入也增加，但真实收入增加的速度低于名义收入。名义收入的变化趋势是先等于真实收入进而超过真实收入，货币供

① 详见郑蔚：《银行制度、金融危机与政府干预——基于日本近现代两次金融危机的经验观察》，《经济问题探索》2014年第5期。

② 米尔顿•弗里德曼在20世纪50年代后期发表的一些有关货币供应量与物价波动的关系的论著，奠定了这一学派的理论基础，详见厉以宁：《评美国凯恩斯学派与货币学派之间的论战》，《经济问题探索》1980年第3期。

③ 真实收入是指按照不变价格所计算的收入，名义收入指按照现行价格所计算的收入。

应量一直增加，最终名义收入大于真实收入。弗里德曼的收入概念是国民生产总值，它包括： 利润、工资、租金、利息等，是整个社会人们用于消费支出、投资支出、政府财政支出的总源泉。名义收入与物价指数相关，而真实收入与社会的总产出相关，货币供应量的增加会使名义收入增加，导致人们各种消费的增加，包括消费支出以及投资支出，这样能促使社会产出的增加也包括物价水平的上涨。[①]可见，弗里德曼强调货币供应量的变动是引起经济活动和物价水平发生变动的根本并起支配作用的原因。

但是，货币供应量的变化虽然决定了名目国内生产总值与短期真实国内生产总值水平，并不能影响长期国内生产总值的变化。事实上，由于货币供应量主要由民间非银行部门所持现金及银行存款构成，货币金融部门与实体部门之间的关联并非单纯表现在货币供应量上，银行提供的信贷量同样重要，它决定了企业及家庭部门的投资行为。

存款计入银行资产负债表的负债项目，贷款等信贷供给则计入资产项目，信贷理论并没有将视点放在货币供给量与真实 GDP 的关联上，而是强调信贷调整与经济变动的关系同样密切，当银行挤兑或银行倒闭发生时，从信贷供给方面来说，银行的中介职能趋于麻痹状态，这会直接影响到企业与家庭部门的投资行为，导致整体经济的萧条状态。

四、资产负债表效果与经济变动：从费雪理论到信息经济学的解读

20 世纪前期美国著名经济学家费雪在发展古典经济学理论的同时还注意到了企业资产负债表与经济变动的关联性，而实际上，这一观点已经超越了古典经济学的范畴。[②]费雪为了解释 20 世纪 30 年代美国的大萧条，曾经观察到企业资产负债表的内容对投资与生产活动产生重要影响，并在很大程度上左右了经济变动。当景气下降时，陷入经营困境的企业为偿还债务抛售资产与商品，造成物价下跌，物价下跌是通货紧缩的元凶，提高了企业的债务价值。同时，股票等资产价格的下跌会减少企业的资产价值，导致企业利润下降、资产负债表内容恶化，进而导致产出下

① 苏大文：《从传统货币数量论到现代货币数量论》，《经济评论》1997 年第 1 期。

② Fisher, Irving, “The Debt-Deflation Theory of Great Depressions”, Econometria, 1,p.337,p.342.

降、雇佣下降、企业倒闭，最终引发经济衰退与萧条。

美国经济学家斯蒂格利茨发展的不完全信息经济学从动态角度揭示了挤兑等金融体系不稳定现象，实际上进一步充实了费雪理论。[①]在金融市场上，资金供给方并不能完全掌握资金需求方的信息，例如，借方是否信誉良好，是否从事高风险投资，以及经营状态是否良好等等，借款人持有对较高风险投资的偏好，或者说借款人借款后可能去从事高风险投资，在斯蒂格利茨所阐述的世界中，“逆向选择”与“道德风险”问题是无法避免的，因此贷方往往不得不采取“信贷配给”的手段。[②]

在上述不完全信息的条件下，企业自有资本的大小以及资产负债表的内容对其生产及投资活动产生极为重要的影响。当依赖股票市场筹集自有资本变得十分困难的时候，企业只好采取利润内部留存的方式来充实自有资本。由于企业的收益具备不确定性，当企业以债务的形式调节资金时不可避免地会发生债务不履行的情况，因此，自有资本比率小于债务比率的企业从事高风险项目导致道德风险的可能性相对较大。同时也由于它们陷入债务不履行的可能性偏大往往会减少自有资本，相反，持有较高自有资本比率的企业由于具有较低的代理成本因而增大了其利润空间，企业会进入良性循环而自觉地增加自有资本。自有资本比率的大小决定了企业的生产活动及利润，反之，企业的生产活动与利润又影响企业自有资本的变化。可见，斯蒂格利茨所提出的这一机制与费雪理论是相背离的。

由于企业面临着的是信贷配给的市场，其生产活动及利润不仅与资产负债表内容有关，同时还与企业借入资金的量有关，可见，金融部门在很大程度上可以左右实体经济部门的活动。从贷方银行的角度，银行放贷的量与银行自有资本相关，同时还与企业借入资金的量有关，金融部门的决定很大程度上左右了实体经济部门的活动，从贷方银行的角度，银行放贷的要看银行自有资本的多少，还要看借方的企业能有多大比例进行安全投资，即银行的预期收益与风险实际上是由企业决定的，由于企业的自有资本影响了其投资收益与风险，因此实体部门的自有资本及经济活动左右了银行部门对自有资本积累及贷款量的决定。

由此可见，实体部门与金融部门相互影响并密切相连，尤其是在大萧条期间，

---

① 约瑟夫•斯蒂格利茨著：《信息经济学：基本原理》(上)，纪沫等译，中国金融出版社，2009年，第217页。

② 约瑟夫•斯蒂格利茨著：《信息经济学：基本原理》(上)，纪沫等译，中国金融出版社，2009年，第219页。

银行危机一旦产生会迅速危及实体部门，实体部门的萧条会使银行资产负债状况恶化，两者之间一旦形成恶性循环，长期萧条不可避免，20世纪90年代以后日本的例子非常典型。

五、安倍经济学之后的新一轮货币宽松：能否帮助日本摆脱萧条

约瑟夫•斯蒂格利茨对经济学的贡献不仅局限于其对信息经济学的阐释与发展，他还是一位难得的经济政策建言者。例如，他曾提出建立适当的激励机制的重要性，认为它不仅可以解决由道德风险造成的非效率问题，还有利于消除阻碍高效率市场机制运行的诸多约束与管制。[①]美国在20世纪30年代的大恐慌时期同样经历过由于央行决策的迟缓而延长危机的教训，目前的日本正在经历由于经济政策制定与执行过程中陷入非效率的纳什均衡而阻碍了摆脱萧条的进程[②]。

总之，金融体系危机与实体部门的萧条以及诸如失业等一系列问题的产生并非单纯源于总需求不足，这些现象是与各种各样的市场机能不健全相互交错产生的，这为政府的经济决策增加了难度，要求政府的经济政策更具综合性和灵活性，而非仅仅在财政政策或金融政策之间，或是宏观与微观经济对策之间二者选一。由于金融体系与实体经济之间的相互依存日益紧密，为避免两者间的恶性循环，必须从宏观与微观两方面同时应对，在准确理解金融体系自身运行机制的同时，把握好其与实体经济的匹配度。

同时，就货币政策而言，货币供给具备内生性，这就意味着货币政策调控的不是货币供给量，而是整个经济体的信用规模。不同信用之间的相互转换也表明，相对于货币供应量、信贷规模控制等量化政策，价格型调控政策的效果应该更好。当前，日本为了摆脱长期萧条采取了前所未有的货币宽松，其广度与深度屡创世界纪录。[③]安倍主张央行应该对实体经济负有责任，即寄希望通过金融政策实现雇佣的

① 约瑟夫•斯蒂格利茨著：《信息经济学：应用》，纪沫译，中国金融出版社，2009年，第332、334页。

② 郑蔚：《经济前景“金融地震”风险》，张玉来等著：《黑色3•11——日本大地震与危机应对》，中国财政经济出版社，2011年，第131～133页。

③ 尤其是在2012年12月安倍晋三“梅开二度”任首相以来，更积极强调金融政策在经济政策运营中的重要作用，不仅抛出了著名的“三支利箭”，还任用了“激进派”的黑田东彦为日本央行行长，黑田在2013年4月果断推出了被称为“异维度”的“量化与质化并举”的货币宽松。

最大化。著名的菲利普斯曲线描述了通货膨胀与失业之间的短期权衡取舍关系，为经济政策的制定提供了理论依据。比较日本20世纪80年代和2000年以后的菲利普斯曲线可以看出，80年代的通胀与完全失业率均处于2%的水平，但2000年以后，通胀率下降到-1%，失业率上涨到5%左右①。由此可以得出结论：金融政策是造成日本经济长期萧条的一个重要原因。因此，无论是从传统的宏观经济学理论出发，还是从对过往金融政策的“纠错”角度出发，安倍新经济政策都是在强调金融政策在宏观经济政策中的重要作用，提出了“超金融缓和”政策，不仅明确规定2%的通胀目标，而且提出“无限制实施量化宽松货币政策”的大胆做法，希望通过此方法实现“雇佣的最大化”。

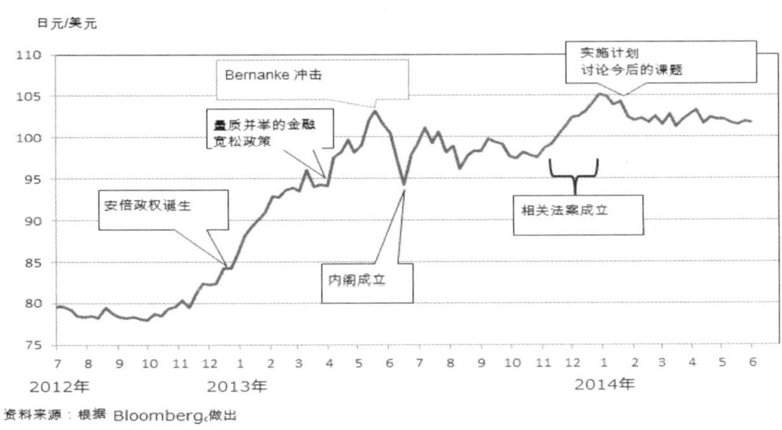

图1　安倍经济政策与日元贬值

资料来源：「安倍政権の成長戦略、為替相場への影響は？」，2014年6月，http://www.m2j.co.jp/market/monthly_column.php?id=6.

安倍政权的“超宽松金融政策”已经实施了两年。在强劲的金融宽松政策推动下，日元汇率已由两年前的1美元兑换93日元贬值到了1美元兑换120日元左右（参见图1）。股价也从2年前的1.2万日元恢复到了15年前的2万日元。安倍经济学及其随后的“黑田宽松”虽然短期起到了诱导日元贬值以及股市上扬的效果，但目前的研究结果尚未显示出其对经济提振的长期效果，其重要原因在于货币供给

① 郑蔚：《“安倍经济学”的背景、机理及风险探析》，《东北亚学刊》2013年第5期。

在经济萧条和复苏阶段的内生性较强，货币的乘数效应可能很低，甚至为负，也就是说，注入资金的数量变化无法给货币总供给量带来明显的增效。这正如斯基德尔斯基所言："货币量的增加是经济复苏以后所带来的结果，而不是起因"①。

参考文献：

1.［日］田中秀臣、野口旭：《结构改革论的误解》，东洋经济新报社，2001年。

2.［日］小宫隆太郎：《日美经济摩擦与国际协调》，《东洋经济周刊》1986年6月7日。

3.［日］饭田经夫：《扩大内需论偏离目标》，《世界》1986年6月。

4.［日］薮下史郎、田中秀臣：《经济变动与金融危机》，仓泽资成、若杉隆平、浅子和美编《结构变化与企业行为》第8章，日本评论社，1995年。

5.［日］薮下史郎：《银行挤兑的理论分析》，《早稻田政治经济学杂志》307、308合并号1992年。

6.［日］朝仓孝吉：《新版日本金融史》，日本经济评论社，1988年。

7.［日］后藤新一：《昭和期银行合同史—— 一县一行主义的成立》，金融财政事情研究会，1981年。

8.［日］寺西重郎：《日本的经济发展与金融》，岩波书店，1982年。

9.［日］车维汉：《日本经济长期萧条成因述评》，《中国社会科学院研究生院学报》2007年1月。

10.［美］罗伯特•M.索洛等：《经济增长因素分析》（中译本），商务印书馆，1991年。

11.［英］海韦尔•G.琼斯：《现代经济增长理论导引》（中译本），商务印书馆，1999年。

12.熊俊：《经济增长因素分析模型：对索洛模型的一个扩展》，《数量经济技术研究》2005年第8期。

13.薛进军：《新增长理论述评》，《经济研究》1993年第2期。

14.郑蔚：《"安倍经济学"的背景、机理及风险探析》，《东北亚学刊》2013年第5期。

15.郑蔚：《经济前景与"金融地震"风险》，载张玉来等著：《黑色3•11——日本大地震与危机应对》，中国财政经济出版社，2011年5月。

16.郑蔚：《银行制度、金融危机与政府干预——基于日本近现代两次金融危机的经验观察》，《经济问题探索》2014年第5期。

① 罗伯特•斯基德尔斯基著：《重新发现凯恩斯》，秦一琼译，机械工业出版社，2011年，第11页。

17.厉以宁：《评美国凯恩斯学派与货币学派之间的论战》，《经济问题探索》1980 年第 3 期。

18.朱太辉：《货币供给的内外生争论迷局》，《金融评论》2013 年第 5 期。

19.盛松成：《现代货币供给理论与实践》，中国金融出版社，1993 年。

20.孙杰：《货币政策、公司融资行为与货币供给内生性》，《世界经济》2004 年第 5 期。

21. ［美］罗伯特·斯基德尔斯基：《重新发现凯恩斯》，秦一琼译，机械工业出版社，2011 年。

22.Fisher · Irving, "The Debt–Deflation Theory of Great Depressions", *Econometrica*, 1, 337–357.

23.胡海鸥：《温特劳布—卡尔多的内生货币理论介评》，《金融研究》1997 年第 10 期。

24.苏大文：《从传统货币数量论到现代货币数量论》，《经济评论》1997 年第 1 期。

25.［美］约瑟夫·斯蒂格利茨著：《信息经济学：基本原理》（上），中国金融出版社，2009 年。

26.［美］约瑟夫·斯蒂格利茨著：《信息经济学：应用》，中国金融出版社，2009 年。

近代铁路技术向日本的转移

——兼与中国铁路技术引进的比较

祝曙光

内容摘要　当日本开始近代化时，在物质层面最早引进的技术之一就是铁路技术。西方铁路技术向日本的转移主要是通过实物转移、“人力资源型”技术转移、铁路技术书籍或铁路科技情报的转移等途径进行的。铁路技术向日本的转移比较顺利，日本大约用了50年的时间完成了对铁路技术的学习、理解、消化、吸收、模仿、改良和创新的过程，使得铁路在日本迅速延伸，成为近代日本发展最快的生产门类之一，是西方科学技术向后发国家转移、也是后发国家导入现代科技知识的成功范例。中日两国在铁路技术引进方面存在明显的差异。

关 键 词　日本　铁路　技术转移　中国　比较

作者简介　祝曙光，苏州科技学院教授

近代铁路技术向日本的转移

列宁指出："铁路是资本主义工业的最主要的部门即煤炭和钢铁工业的总结，是世界贸易发展与资产阶级民主文明的总结和最显著的指标。"①铁路运输不同于传统的水运及畜力、人力运输，具有输送量大、速度快、全天候运行的特点，对一个国家的经济发展、货物流通和人际交往以及知识的传播、教育的普及、社会风气的变化产生重大影响。铁路技术发源于英国，是 19 世纪的王牌技术和高新技术，也是西方国家领先于东亚国家的标志，考察近代铁路技术向日本的转移，可以了解日本对西方科学技术的接受程度、日本传统知识系统容纳异质科技知识的可能性以及日本传统知识系统的更新和向现代知识系统的转变。

一

19 世纪可以说是"铁路时代"，欧美各国掀起了兴建铁路的热潮。在短短的几十年间，欧洲和美国的铁路长度就分别突破了 5 万多公里。铁路作为一种大能力、大规模、连续性强的运输手段，缩小了各地区经济发展的差距，克服了人力资源和自然资源分布的不均衡状态，推动各国经济发展迈上新的台阶。

当日本踏上近代化征程时，在物质层面最早引进的技术之一就是铁路技术。近代铁路技术向日本的转移主要是通过实物转移（如铁路机车、客货车、路轨等）、"人力资源型"技术转移（如外国技术专家的现场技术指导、课堂讲授、观摩实习等）、铁路技术书籍或铁路科技情报的转移等途径进行的。

铁道知识传入日本是在 19 世纪 40 年代，当时日本还处在闭关锁国的状态。不过，闭关锁国并没有使日本与外界完全隔绝，它只不过是由幕府一手垄断贸易与情报罢了。幕府非常注意收集海外情报，经常向荷兰东印度公司和中国商船打探消息。设在长崎的荷兰商馆定期向幕府提供海外情报。幕府将荷兰人提供的情报译成日文，取名为《风说书》（又称《阿兰陀风说书》）。《风说书》分为定期的《风说书》和临时的《特别风说书》两种。弘化 3 年（1846 年）的《特别风说书》记载，法国正在制定修筑巴拿马铁路的计划，建设费为 1100 万法郎。这是日本文献中有关铁路信息的最早记载。德川幕府还输入各种荷兰书籍，其中一部书介绍了产业革命

①《列宁全集》第 22 卷，人民出版社，1958 年，第 182 页。

中产生的照相机、电信机、蒸汽机、蒸汽船、蒸汽机车等各种机械的原理、构造、使用方法等，书中还付有一幅说明蒸汽机车的断面图，有助于理解锅炉与汽缸的构造，“在日本，该说明也许是关于蒸汽机车的最早的说明”。1854 年，萨摩藩的兰学者川本幸民将该书译为日文出版，书名为《远西奇器述》。[①]但是截至 1853 年，日本人对铁道的认识仍停留在道听途说上，铁道究为何物，日本人并没有感性认识。1853 年 8 月 22 日，俄国海军将领普提雅廷率领由四艘舰艇组成的舰队来到长崎，要求日本改变锁国状态，开放通商港口，并谈判千岛和库页岛的归属问题。日本派出筒井政宪、川路圣谟、荒尾成允、古贺谨一郎等人与俄国人进行谈判。日本人在俄舰上首次见到了蒸汽机车模型。俄国舰队在日本滞留了很长时间，直到克里米亚战争爆发才离去。这就为日本人提供了一个了解和学习西方科学技术的机会。在此期间，佐贺藩士本岛藤太夫、中村奇辅等人奉藩主之命到俄舰上学习蒸汽机车的制作技术。俄国人为了博得日本人的好感，也毫无保留地加以传授。[②]

1854 年 2 月 13 日，佩里率美国舰队再次来到了江户湾，与日本签订了“神奈川条约”。柏利转交了美国总统赠送将军的 33 种礼物，其中有一组蒸汽机车模型，体积约为实物的 1/4。2 月 16 日，在横滨接待场内铺设轨道，由美国工程师指导进行模型机车的运转实验，包括幕府招待挂在内的许多日本人前往参观，模型机车的高速度令日本人惊叹不已。有一位名叫河田八之助的日本人曾坐在运转中的蒸汽机车模型上，体验坐车的滋味。他在日记中写道：“花旗人（美国人）允许余试乘，升火，发动机械，烟囱里喷吐烟，车轮旋转如飞。”[③]两个月后，模型机车和客车又在江户城内为幕府首脑们作了运转表演。1855 年，中村奇辅在田中久重和石黑宽二的协作下设计制作了蒸汽机车模型，这是日本最早的机车模型，长 40 厘米，宽 10 厘米，其中锅炉长 27 厘米，宽 9.3 厘米。[④]此外，萨摩藩和福冈藩也有制作蒸汽机车模型的记载，遗憾的是这些机车模型都没有保存下来。

日本开国以后，其经济体系从封闭型向开放型转变，进出口贸易激增，而交通运输严重滞后，使交通运输成为制约日本产业和贸易发展的“瓶颈”。于是，1869 年 12 月，明治新政府决定引用外国资金修建东京至西京（京都）以及敦贺至琵琶

① 野田正穗、原田勝正等:《日本の鉄道——成立と展開》，日本经済評論社，1994 年，第 3 頁。

② 反町昭治:《鉄道の日本史》，文献出版社，1982 年，第 13 ~ 14 頁。

③ 日本国有鉄道修史委员会:《日本国有鉄道百年史 通史》，成山堂書店，1997 年，第 8 頁。

④ 野田正穗、原田勝正等:《日本の鉄道——成立と展開》，日本经済評論社，1994 年，第 5 頁。

湖间的铁路。

尽管日本人通过书籍、道听途说或在海外乘坐火车的经历，了解了铁路以及铁路技术，但要完全依靠自己的力量修建铁路却是不可能的。铁路最基本的要素是线路和车辆（包括机车），因此铁路建设的技术基础是土木工程技术和机械制造技术。日本的土木工程技术和机械制造技术落后，不得不高薪聘请外国技术专家负责修建铁路。因此近代铁路技术向日本的转移首先是通过外国技术专家之手进行的。“明治初年日本人无学习洋式建筑术者，故铁路创业之际，自测量、计图、督工之技师，以至火车司机，皆用外国人，惟日本人懂英语者称技手，常随外国技师通译其语言，传之于日本职工，使从事于土木。”[①]

1870 年，外务省颁布了雇用外国专家规则，要求对雇用的外国技术人员的人品、学术水准、薪金、薪金支付办法以及解聘的补偿等进行详细的说明，表明明治政府在聘用外国专家方面比较慎重。关于雇用外国专家的期限，太政官建议为一年，也就是短期聘用，这样既可以避免劳务纠纷，又可以节约经费。工部省倾向于三年聘期。因为铁路建设周期长，技术引进、消化需要一定的时间，短期聘用外国专家不利于铁道技术向日本的转移。工部省的意见被太政官采纳。由于英国铁路技术在世界上处于领先地位，所以明治政府主要聘用英国专家，1886 年在聘用的 104 名外国铁路技术专家中，英国人就占了 94 人，其余的分别是美国人（2 人）、德国人（2 人）、丹麦人（2 人）等。1874 年是铁路部门聘用外国技术专家最多的一年（115 人，同年铁道寮的职员人数为 256 人），以后逐年下降，1877 年为 70 人，1879 年为 43 人，1882 年为 22 人，1885 年为 15 人，1888 年为 14 人。外国技术专家人数的减少，表明铁路建设技术在日本的转移比较顺利，日本人逐步掌握了铁路技术，减少了对外国专家的依赖。[②]

外国专家全方位地介入日本铁路建设事业，包括铁路建设计划的制定、线路测量以及隧道、桥梁和车辆的设计、铁路设备的采购、列车运行图的编制和运输事务管理等。外国技术专家担任的职务涉及铁路事业的各个领域和各个技术工种。

---

① 伊文成、马家骏主编：《明治维新史》，辽宁教育出版社，1987 年，第 497 页。

② 日本国有鉄道修史委员会：《日本国有鉄道百年史》第 1 卷，成山堂書店，1998 年，第 315 ~ 320 頁。

二

铁路技术发源于英国，后由英国转移到法国、德国和美国等国，技术吸纳国与技术溢出国具有同等的技术水平，技术吸纳国的数学、物理学知识与英国不相上下，而且这些国家的土木工程技术、冶金技术和机械制造技术水平等也不亚于英国，也就是说，技术吸纳国与技术溢出国之间不存在明显的技术势位上的落差，特别是上述国家的科学知识体系同属一源，即西方科技系统。因此铁路技术的转移非常顺利，表现在铁路技术转移成本较低、转移成功率较高。而日本在引入铁路技术时，并不具有欧美国家发达的自然科学知识体系。日本或东亚科技系统与西方科技系统完全不同。所以，日本在引进铁路技术时，首先要掌握西方自然科学知识，对本国传统科技知识系统进行改造或更新，容纳异质科技知识。

1870 年 4 月，日本第一条铁路——京滨铁路正式动工，1872 年 10 月全线竣工，历时两年半。铺设京滨铁路首先是从测量工作开始的。日本虽有比较精密的传统测量技术，但是铺设铁路与以往的道路建设不同，非常复杂，技术含量高，仅以铁路线路构成而言，分为正线、站线、段管线、岔线及特别用途线；轨道则由道床、轨枕、钢轨、联结零件、防爬设备及道岔组成；[①]路基本体则由路基顶面、路肩、基床、边坡、路基基底等部分构成。轨道上运行着高速机车和客货车，载重量大，必须考虑列车动荷载作用和水文、气候四季变化的影响，一旦设计和施工不当，会直接影响列车运行的平稳和速度的提高。由于铁路建设投资大，为保证新建铁路能充分发挥效益，线路测量非常重要，包括初测和定测。初测是为初步设计提供资料而进行的勘测工作，其主要任务是提供沿线大比例尺带状地形图以及地质和水文资料，同时确定线路的主要技术标准，如线路等级、限制坡度、最小半径等。定测是为施工技术设计而做的勘测工作，其主要任务是把初步设计中所选定的线路中线测设到地面上去，并进行线路的纵断面和横断面测量，对个别工程还要测绘大比例尺的工点地形图。[②]因此铁路建设技术是与道路建设技术完全不同的技术，要掌握铁

① 肖允中等：《重大责任事故案件的现场勘查和鉴别》，重庆出版社，1993 年，第 365 页。

② 金志强：《铁路测量》，中国铁道出版社，2008 年，第 195 页；于金帆等：《现代铁路工程师手册》，吉林科技出版社，2004 年，第 893 ~ 896 页。

路建设技术，前提条件是要了解和掌握现代测量技术。测量工作完成后，还要绘制工程图。修建京滨铁路时，外国技术专家绘制的工程图纸是把现实状态或自然状态抽象化，令日本人非常惊奇。西方工业绘图规范在18世纪开始逐渐标准化，即创造了工程制图。西方的工程制图有别于东亚国家，可以跨越时间和空间的限制，将科技信息准确地传达给他人。而东亚的绘图达不到西方工程制图控制制造的作用，如中国的工匠不但使用绘图（图），也使用模型（样）来传达技术信息。[①]在建造京滨铁路时，为了减少来自各方面的压力，明治政府决定铁路线路尽量避免穿越居民区和军事辖区，为此决定将东京火车站建在汐留（新桥），横滨火车站设在海岸的填筑地上，并且从野毛海岸到神奈川青木町间筑一条海上长堤，在海堤上铺设铁路，为此外国技术专家还进行了海岸线和水深的测量。根据测量结果，绘制工程图；根据工程图，进行精确的计算以制定作业计划，大大提高了工作效率。幕末时期在建造品川炮台时，由于没有掌握三角测量技术，本应建造正方形的炮台，结果形状歪斜，成为非正方形。根据外国技术专家经过精密测量绘制的工程图进行施工，敷设的线路很少出现歪斜现象，有效推进了施工进度。[②]掌握西方工程制图技术并非易事，必须经过长期的训练，要有一定的西方数学知识，尤其是微积分不可或缺。近世日本的数学，被称为和算。"和算是值得日本夸耀的文化遗产，它那种通过个别教授猜谜语似地解答问题的做法，刺激解答问题的兴趣，但花费时间，跟不上培养大量科技人员的时代要求，不能抵抗西洋数学那种体系教学法，即先牢固掌握理论然后到应用问题。"[③]要了解和掌握西方的铁路技术，必须懂得其中的算式，用方法、性质完全不同的和算表现法来翻译铁路技术中的算式是非常困难的，而且事实上日本的数学家，即和算家相当于初等教育程度。1872年，文部省颁布了《学制》，决定采用洋算。在学习和使用西方制图技术时，也使西方的制图工具——铅笔和钢笔传到了日本。日本传统的制图工具是毛笔，描绘的线条太粗，而且用楷书在图纸上书写说明文字，字迹也太粗。[④]

在铁路建设初期，日本缺乏铁路技术人才，不得不高薪聘请外国技师，其月薪

① 王宪群：《蒸汽推动的历史：蒸汽技术与晚清中国社会变迁（1849—1890）》，中央研究院近代史研究所集刊，第64期。

② 原田勝正：《鉄道と近代化》，吉川弘文館，1998年，第111～114頁。

③ 杉本勋：《日本科学史》，商务印书馆，1999年，第321～322页。

④ 原田勝正：《鉄道と近代化》，吉川弘文館，1998年，第114～115頁。

甚至大大超出本国政府首脑。如铁道指挥长的月薪是 2000 日元，而日本最高政府官员——太政大臣的月薪才 800 日元；总建筑师的月薪是 700 ~ 1250 日元、副总建筑师、建筑师的月薪是 300 ~ 750 日元，而日本铁路管理的最高行政长官——铁道局长的月薪才 350 日元，新桥站站长的月薪 45 元，品川站长月薪 15 日元。外国铁道技术专家的收入也在超过在大学任教、在政府部门任职的外国专家，如在东京大学任教的外国教师月薪在 300 ~ 350 日元；任外务省顾问的外国专家月薪在 450 日元左右。①可见被聘请的外国铁路技术专家的待遇是相当优厚的。但是高薪聘请外国专家的做法毕竟是不能持续长久，也造成铁路建设经费、营业费膨胀，其结果往往导致在建国有铁路工程中断，或出售已有国有铁路的情况发生，因此出现了要求改变铁路建设体制、缩减铁路建设经费的呼声。在此情况下，摆脱雇用外国人体制、追求铁路建设与运营合理化就成为必然选择。首任总建筑师莫莱尔建议设立专门机构培养日本本土的技术人员，铁道局长井上胜也痛感为改变依赖外国专家的现状，必须加快培养铁路技术人员。1872 年，日本设立了工学校。工学校由大学校和作为预科的小学校组成。大学校学习年限为 6 年，设土木、机械、电信、化学、冶金、矿山等专业。1877 年改称工部大学，即今天东京大学工学部；小学校由于不适应铁路事业发展的需要，于 1877 年停办。工部省为了加快高级技术人才和事务官的培养，制定了留学生制度，从所属各部门中选拔优秀人才赴欧美国家留学，一般一个专业每年留学指标为 2 ~ 3 人，留学时间为 18 个月至 3 年，不过留学生制度于 1873 年 3 月被终止。1871 年 7 月，工部省启动“技术见习生制度”，从 16 ~ 22 岁的有一定学习基础的青少年中选拔工学见习生，主要由外国专家教授土木工程技术。尽管通过“技术见习生制度”培养了一些技术人才，但因过于注重建筑和土木工程技术，学生的基础学科知识比较欠缺，后来工技生养成所成立，一些见习生不得不入所继续接受教育。②

1877 年 5 月 14 日，铁路管理部门在大阪火车站设立工技生养成所，目的是快速培养中等铁路技术人才，开设数学、测量、制图、土木学基础、机械学概要等课程，留学归国专家饭田俊德（毕业于荷兰工科大学）和井上胜亲执教鞭。由于工部大学直接采用外语进行授课，学生听课非常吃力，影响了对专业知识的快速理解和掌握。而工技生养成所因饭田俊德等日本教师执教，有利于学生克服语言障碍。工

① 日本国有鉄道修史委员会:《日本国有鉄道百年史》第 1 卷，第 330 ~ 334 頁。

② 中村尚史:《日本鉄道業の形成——1869—1894》，日本经済評論社，1998 年，第 51 ~ 55 頁。

技生养成所每年5月进行相当于初中毕业程度的入学考试，考试合格者入所学习，根据学生考试成绩将其分为一、二、三级，一级生一边学习，一边配属各个施工区域进行实习，“渐得可用之才，而减雇用外人之数，以节约铁路经费。迨起工京都、大津之间则令外国人专任顾问。此时隧道、铁桥等之计图由我国人参画，至其实行之监督则不复使容喙，尽用日本人而施行之……日本人既成功于布路之工，嗣后诸线路之建筑皆仿之，不复用外国人。”①工技生养成所共培养了24名毕业生，他们作为技术官员被任用，奠定了日本铁路建设事业自立的基础。日本铁路事业起步不到10年，外国专家就基本上被本国技术人员取代。到1882年，建筑和土木工程专业的外国专家或被解聘，或不再续聘。机车司机最初均为外国人，日本人充当司炉。从1879年起，正式从有经验的司炉中选拔火车司机，逐步取代外国司机。

从1877年开始，日本技术人员逐渐取代外国专家而负责各条铁路线的设计、施工，初步形成了日本铁道土木技术官僚集团，该铁道土木技术官僚集团的构成分为两部分，即由井上胜（技监）、饭田俊德（总工程师）和本间英一郎（御用挂）等早期留学者组成的高级技术官僚阶层，和主要由工技生养成所毕业生所组成的中下级技术官僚阶层。1881年10月，在12名中级技术人员中，工技生养成所毕业生8人，早期留学者2人，其他人员2人；在15名下级技术人员中，工技生养成所毕业生10人，工部大学毕业生2人，其他人员2人。工技生养成所毕业生占了中下级技术官僚人数的70%以上，日本之所以能够在较短时间内由本国技术人员取代外国技术专家而成为铁路线路设计、施工的主要力量，工技生养成所起到了非常关键的作用。“形成了以早期留学技术者和国内教育机构出身者阶层构成为特征的早期铁道土木技术者集团，以工技生养成所的教官——学生为原型的技术者集团，是早期留学技术者指导国内教育机关出身者，总体上提高了日本土木技术者的水平。”②此后，在铁路管理、运输及火车运行等部门也逐渐用日本人取代了外国专家。以井上胜、饭田俊德和本间英一郎等早期留学技术者和工技生养成所毕业生所构成的第一代铁道土木技术官僚者集团，一直活跃在19世纪70年代末和整个80年代。

近代以来，日本在治山、治水、开矿等适合日本地形的传统土木建筑技术方面达到了一定的水准，铁路管理部门把传统土木建筑技术与从欧洲导入的技术融合起来，确立了新的建筑和土木工程技术。进入19世纪80年代后期，除了直江津线横

① 伊文成、马家骏主编：《明治维新史》，辽宁教育出版社，1987年，第497页。
② 中村尚史：《日本鉄道業の形成——1869—1894》，日本経済評論社，1998年，第63~64頁。

川—轻井泽区间工程外，其他线路都由日本技术人员负责设计和施工。在线路、桥梁、隧道和车站建设方面，既消化吸收外来技术，又根据复杂的地形、自然环境、经济条件，独自发展日本的技术。①

1892 年 6 月 21 日，明治政府公布《铁道敷设法》，指出“政府为完成帝国所需铁道，逐渐调查及敷设预定的线路”，“铁道工程按轻重缓急，分期进行”，发行公债筹集建设资金，公债年利为 5%。如果确有收买某条私营铁路的必要，政府可同该铁路公司协商，预定价格，并经议会同意后予以收买。预定铁道线路中未敷设部分，经议会同意可允许私营铁路公司敷设。②

《铁道敷设法》的颁布具有重要意义。第一，它确立了铁路建设的法定主义原则，规定铁路的选线、铺设必须遵循法定的程序，履行一定的手续，改变了以往铁路建设的无政府状态；第二，它确立了政府是铁路建设的主体，铁路的选线调查原则上由政府进行，从而使政府掌握了铁路政策的主导权；第三，它揭示了日本未来的铁路网络。《铁道敷设法》公布了 33 条预定建设铁路线，向公众阐明了政府铁路建设的构想。③为了对确定的铁路线路进行实测，1892 年 8 月，铁道厅设立了线路调查委员会（委员长原口要），开始了第一期线路的调查、测量，（该工作于 1893 年 2 月结束）。在接下来的第二期线路调查、测量中，由于范围扩大，需要增加更多的技术人员。1892 年 11 月，设立了线路调查挂（挂长原口要），新增技师 13 人、技手 53 人。民营铁路工程由于受经济危机的影响，常常被迫中断，技术人员被解聘，国营铁路部门便吸收被解聘的民营铁路技术人员。随着铁路线路调查、测量规模的扩大，铁路土木工程技术人员的需求量也大大增加，逐渐形成了新的铁路技术官僚集团。④

---

① 日本国有鉄道修史委员会：《日本国有鉄道百年史　通史》，成山堂書店，1997 年，第 112～113 頁。

② 運輸日報社編：《帝国鉄道大観——明治・大正鉄道発達史》第一编，原書房，1984 年，第 246～250 頁。

③ 運輸日報社編：《帝国鉄道大観——明治・大正鉄道発達史》第一编，原書房，1984 年，第 251 頁。

④ 中村尚史：《日本鉄道業の形成——1869—1894》，日本经济評論社，1998 年，第 208 頁。

三

随着铁路技术的持续转移，日本对外来铁路技术、技术器物进行综合创新，使外来技术、技术器物民族化，经历了对外来铁路技术报道、学习、理解、消化、模仿、改良、创新等梯次演进的复杂过程。铁路的基本要素是车辆（包括机车）和线路，铁路线不可能从外国直接购买，只能引进外来技术在日本本土铺设铁路，但铁路设备，如机车、车辆、路轨等可以从外国进口，在日本进行组装，因此铁路技术转移包括技术器物转移和技术转移两部分。此外，铁路技术转移或引进是一个系统工程，涉及铁路技术与其他技术系统的匹配状态，如冶金技术、金属加工技术等。

19 世纪末，桥梁技术和隧道技术基本上摆脱了对外国专家的依赖，能够做到技术自立。1903 年，中央本线笹子隧道工程的竣工，显示了日本土木建筑技术的出色成就。笹子隧道全长 2000 米以上，在开凿该隧道时，使用了新的技术和方法。工程刚开始时，使用的是 16 马力的蒸汽动力机械，后来改为采用 40 马力的电动机，由附近的水力发电站供给电力。施工中在隧道内设置电话和照明，大大提高了作业效率。为搬运材料和碎石、泥土，施工人员还在隧道内外铺设了轨道，由电气机车和翻斗式货车搬运碎石、泥土。19 世纪末 20 世纪初，高爆炸药已经应用于隧道工程，并采用电气点火技术。在笹子隧道工程中，普通雷管和电气雷管并用。“这些炸药和雷管是外国制造的，导火线则是国产的。”[①]

西方国家是在工业革命后或工业革命过程中掀起兴建铁路热潮的，由于工业革命使西方国家在采矿、冶金、金属加工技术等方面取得了长足的进步，为铺设铁路奠定了牢固的物质、技术基础。日本铁路事业与西方国家不同的是，其发生于产业革命之前，也就是说日本铁路是欠缺产业革命基础的铁路，其结果就是日本在车辆、线路以及设备制造能力方面明显不足，因而不得不依赖进口。

由于国内钢铁工业发展迟缓，日本铁路建设所需钢铁制品均依赖进口，这种状况一直延续到 20 世纪初。八幡制铁所建立以后，日本开始了路轨的国产化。但当时军部忙于准备与俄国的战争，八幡制铁所生产的钢材主要用于军事，延迟了路轨

① 日本国有鉄道修史委员会：《日本国有鉄道百年史 通史》，成山堂書店，1997 年，第 112 ~ 113 頁。

的国产化。1906 年路轨自给率约为 40%，1912 年约为 52%。[①]路轨完全国产化则是在 1928 年。

对蒸汽机车技术的引进经历了器物引进、器物改造、仿制、独立设计和制造的过程，独立设计和制造机车又经历了从小型机车、中型机车到大型机车的过程。机车国产化始于 19 世纪 90 年代初，但国产化进程并不顺利。制造机车除了技术以外，还需要各种工具机，如车床、钻床等。虽然 1893 年国铁神户铁路工厂制造了日本第一台国产机车，而动轮、汽缸等基本部件仍是进口的，由于机械加工工艺落后，无法制造承受巨大压力的铁制容器，锅炉也不得不依赖进口，说明日本的机车制造能力很弱。神户铁路工厂制造了第一台国产机车，却生产不出相同式样的第二台机车。由于没有确立独立自主制造机车的体制，主要部件依赖进口，导致机车制造费用很高，无法批量生产。机车式样五花八门，也加大了维修成本和延长了维修时间。[②]从降低运营和维护成本的角度考虑，单一机车型是最合算的。随着日本铁路输送需求的日益增长和线路延伸以及线路改造的推进，必须配置新的机车，批量生产国产机车已刻不容缓。

1906 年 3 月 27 日，议会通过了《铁道国有法案》，决定从 1906 年到 1915 年，将 17 个规模较大的私营铁路公司收归国有，铁路管理部门以铁路国有化为契机，加速推进机车、车辆的国产化和标准化。

1911—1912 年进入蒸汽机车全面国产化阶段，新型外国机车只是作为仿制品而输入。因为掌握了机车制作的基础技术，于是产生了购买成品进行仿制的技术导入方式，主要定购英国、德国和美国的机车。被仿制的机车有 8700 型、8800 型、8850 型和 8900 型。这是当时世界上最大级别、最先进的机车，除 8700 型，其他机车都是过热式机车，燃烧效率很高。仿制获得了成功，并确立了批量生产体制。1914 年又制造出用于亚干线的旅客机车 8620 型，这是轴配置 1C 的中型机车，标志着日本自行设计机车的开始。日本技术人员终于凭借自己的力量、智慧研制成功适合本国铁路线路的机车。第一次世界大战期间是日本机车技术发展的重要时期。日本科技人员在掌握了世界先进的机车技术后，并没有立即研制大型机车，而是待中型机车制造技术比较成熟时，才开始研制适合日本干线的大型机车，从技术自立角度观

① 日本国有鉄道修史委员会：《日本国有鉄道百年史》第 5 卷，成山堂書店，1998 年，第 59 頁。

② 日本国有鉄道修史委员会：《日本国有鉄道百年史 通史》，成山堂書店，1997 年，第 114 ~ 115 頁。

察，这是非常正确的举措。[①]

第一次世界大战以后，日本开始设计和批量生产大型机车，以提高运输能力。九一八事变后，日本逐步确立战时体制，军部指示铁路部门制造适应战争需要的重载机车和客货车，为此，铁路管理部门要求将单位货物输送力从 1000 吨增加到 1100 吨，1936 年制作了新式的 D51 型蒸汽机车，这种机车是第二次世界大战前的标准货物机车。20 世纪 20、30 年代，德国和美国已经制造和使用内燃机车。1929 年日本从德国进口一台 DC11 型内燃机车，功率 600 马力，轴配置 1—C—1，翌年又从德国进口一台 DC10 型内燃机车，功率 600 马力，轴配置 1—C—1，由此开始研究内燃机车的构造、性能、运转方法等，推进国产内燃机车的研发。[②]内燃机车与蒸汽机车相比，功率大、能耗低、效率高，整备时间短，启动、加速快、速度高，运行交路长，污染小，工作条件好，可多机重联牵引，使用、操作、维修方便，故障率低，维修量少，中、大修周期长，使用维修费用低，使用寿命长。[③]但是内燃机车的研发并不顺利。

客货车的国产化时间要早于路轨和机车的国产化，因为客货车的制作技术相对简单，技术要求不高，而且所需原料基本上能够做到自给。与中国铁路不同，日本铁路是以旅客运输为主的铁路。

西方铁路技术向日本的转移总的来说比较顺利，日本大约用了 50 年的时间完成了对铁路技术的学习、理解、消化、吸收、模仿、改良和创新的过程。19 世纪 80 年代初，首先在土木工程技术和客货车制造技术方面做到了自立，到 1882 年，建筑和土木工程专业的外国专家事实上被解聘或不再续聘，19 世纪 90 年代初开始了机车的国产化进程，大正初期进入蒸汽机车全面国产化阶段。路轨的国产化是在 20 世纪初，当时日本产业革命进入了重工业领域，随着采矿、冶金产业的发展，为路轨的国产化奠定了坚实的物质技术基础，20 世纪 20 年代铁路电气技术也取得了长足的进步。

日本铁路管理部门在引进铁路技术时，注意与本国传统科技知识的结合，对外来技术和技术器物实施民族化，牢固掌握技术引进的主导权，避免了沦为殖民地铁路的命运。日本在引进西方铁路技术时，不是依靠某个特定国家，而是博采众长，

---

① 原田勝正：《鉄道と近代化》，吉川弘文館，1998 年，第 125 ~ 126 頁。
② 日本国有鉄道修史委员会：《日本国有鉄道百年史 通史》，成山堂書店，1997 年，第 236 ~ 237 頁。
③ 张治中：《中国铁路机车史》上，山东教育出版社，2004 年，第 278 页。

引进各国最杰出的技术。

铁路是先进的交通工具，技术含量高，对铁路员工的素质有较高要求，没有一支高水平的技术人员队伍，铁路技术在日本的转移必然面临诸多困难。日本铁路管理部门非常重视对铁路技术人员的培养，较早开启了技术自立过程，日本之所以能够较早地确立铁路技术自立，与铁路技术教育及普通教育的发展密不可分。

作为 19 世纪的王牌技术和高新技术——铁路技术向后发国家日本的转移，对日本的影响是相当大的。马克思把铁路叫作“实业之冠”，指出：“铁路网在主要资本主义国家的出现，促使甚至迫使那些资本主义还只是社会的少数局部现象的国家在最短期间建立起它们的资本主义的上层建筑，并把这种上层建筑扩大到同主要生产仍以传统方式进行的社会机体的躯干完全不相称的地步。因此，毫无疑问，铁路的铺设在这些国家里加速了社会的和政治的解体，就像在比较先进的国家中加速了资本主义生产的最终发展，从而加速了资本主义生产的彻底变革一样。”[①]作为后发现代化国家，铁路技术在日本的转移使日本知识人更新自己的观念，积极接受、消化现代西方科技知识，并对外来铁路技术、技术器物进行综合创新，使外来技术、技术器物民族化。

四

中国在铁路技术的引进和铁路事业的发展方面，时间上并不比日本晚多少，1872 年日本修建了第一条铁路——京滨铁路，四年后铁路也在古老的中国大地上诞生。但近代中日两国铁路发展的结局却不相同，中国铁路事业发展迟缓，技术引进速度慢，筑路成本高，经济效益低下，反映了近代中国的落后。

那么在铁路技术引进方面，中日两国存在哪些差异呢？

首先，中国没有形成一个铁路技术官僚集团。尽管近代中国形成了从职工教育、高等教育到留学教育的完整的铁路技术教育系统，但兴办专门的铁路技术教育的时间比较晚，1896 年南洋公学（后来的交通大学）成立，1909 年第一届铁路工程班学生毕业，“为国内铁路专科之办理最早者”，此时距中国铁路诞生的时间已相隔了

①《马克思恩格斯全集》第 34 卷，人民出版社，1956 年，第 347 页。

30 多年。而日本早在 1877 年就设立了工技生养成所，快速培养中等铁路技术人才。铁路技术教育的迟缓使中国未能尽早形成一个在铁路建设和管理领域具有重要影响的技术官僚集团，占据铁路行政管理高位的不是技术官僚，而是政治官僚，如盛宣怀、梁士诒、曹汝霖、叶恭绰、孙科、顾孟余、张嘉璈等，像詹天佑等铁路技术专家，虽然担任了一定的行政职务，但他们对中国铁路发展不具有决定性影响，这种外行领导内行现象的长期存在，在一定程度上影响了铁路技术在中国的转移。近代中国铁路留学教育也很发达，由官方出资派往各国公司局厂实地练习，称修习实务员，期限一年或两年。由于中国与日本距离较近，来去方便，费用较低，故清末民初赴日留学者甚多，在日本岩仓铁道学校者共 150 人，东亚铁道学校者 174 人，路矿学堂者 131 人，东京铁道学堂者 131 人，共 586 人。[①]但日本并非铁路技术的发达国家，大量有志于铁路事业的青年学生前往日本留学，是否能掌握最先进的铁路技术令人困惑。而日本在引进技术时，“只是采取各国最杰出的方面”。根据明治 3 年（1870 年）《海外留学生规则案》，政府对不同的学科知识应该向哪些国家学习做了明确的规定，即机械、地质金石、炼铁、建筑、造船、畜牧、商法、济贫恤穷等应向英国学习；动植物学、星学、数学、格致学、化学、建筑、法律、交际学、卫生福利学等应向法国学习；格致学、星学、地质金石、化学、动植物学、医学、制药、诸学校法、政治学、经济学等应向德国学习；水利、建筑、造船、政治、经济、济贫恤穷等应向荷兰学习；工业法、农学、畜牧学、矿山学、邮递学、商法等应向美国学习。“科学向德、法两国学，技术向英国学，相当善于识别当时世界的最高水平。”[②]

其次，在制订和统一铁路技术标准方面，中国严重滞后。标准化是现代化的基础，没有标准化就没有现代化。技术标准能加快行业结构调整和产品升级，推动行业技术进步，也是政府实现行业监管的高效方法。近代中国相当部分铁路由列强投资修筑，或由中国政府借外债修筑，因投资国或债权国不同，造成铁路技术标准长期不统一，列强都想把自己的技术标准强加给中国，由此导致了线路、路轨、机车、车辆等均有技术差异，严重影响了铁路联运业务，也影响了中国对外来铁路技术的吸收、消化和改造，难以在较短时间内完成铁路技术的自立。为此，1917 年交通

① 李占才主编：《中国铁路史》，汕头大学出版社，1994 年，第 371 ~ 377 页。当时留学日本者以学工程管理者为多。

② 杉本勋：《日本科学史》，商务印书馆，1999 年，第 335 ~ 336 页。

部成立了铁路技术标准委员会，专门负责制订和统一铁路建筑和设备标准，由技监詹天佑任会长，聘请英、法、日、美工程顾问各一人，采用万国度量衡制为设计标准，先编译一本《英法华德铁路词典》，作为技术名词的标准，经过多次讨论，最后制订了关于建筑标准规则、桥梁和钢轨技术规范、桥梁、隧道、车辆的限制截面等工程标准以及关于机车制造规范、车辆材料规范等。南京国民政府铁道部成立后，于1936年9月设立了铁道技术标准审订委员会，负责制订铁道技术各项标准。[①]而日本的铁路技术标准工作从19世纪末就开始了，并严格执行，确立了铁路技术标准的权威性。早先日本的铁路技术标准也不统一，五花八门，一度考虑照搬外国的技术标准，但外国的技术标准并不完全符合日本的自然地理条件。东海道全线开通以后，铁路管理部门开始考虑结合日本的输送需要、输送力条件和自然条件，制订新的技术标准。1893 年制订了土木技术标准，翌年制订了隧道标准以及桥梁的钢板梁标准，并且在1898年制订了建筑标准，1900年制订了火车站标准，逐渐把技术标准延伸到铁道建筑和土木工程的各个方面。[②]1900年8月颁布了铁道建设规程。与日本相比，中国铁路技术标准制订时间晚，缺乏权威性，约束力小，究其原因：一是中国相当部分铁路由列强投资修筑或由中国政府借外债修筑，呈现出殖民地铁路的浓重色彩，铁路建设的主导权长期掌握在列强手中；二是清朝末年国家权威严重失坠，民国成立以后，军阀混战，极大地影响了国家重建，政府无力、也无暇顾及铁路技术标准问题；三是全面按技术标准改造旧线路、更新旧设备，中央和地方政府均无此财力。

再次，国家政治局面的不稳定和其他技术系统的不匹配状态影响了铁路技术在中国的转移。铁路建设投资大、周期长、涉及区域广、技术要求高，而近代以来中国战乱频发，缺乏持续进行铁路建设的政治局面。另外铁路技术转移或引进是一个系统工程，涉及铁路技术与其他技术系统的匹配状态，如冶金技术、金属加工技术等，近代中国冶金工业、金属加工工业落后，至1949年都没有形成一个比较完整的工业体系，轻工业过重，重工业过轻。铁路技术的转移或引进是否成功，仅着眼于铁路技术本身是不够的，近代中国冶金技术、金属加工技术等的落后从根本上制约了铁路技术的引进、自立和发展。

最后，日本文化具有很强的吸收能力，日本民族自古以来就曾大量吸取各国的

① 李占才主编：《中国铁路史》，汕头大学出版社，1994年，第389~393页。

② 原田勝正：《鉄道与と近代化》，吉川宏文館，1998年，第117頁。

先进技术和文化，所以在了解和认识铁路技术的价值方面，远远超过中国；而中国长期以来向外输出技术和文化，形成了妄自尊大、抱残守缺的民族心理。中国有兴筑铁路之建议始于 1864 年。此时风气未开，清廷认为修铁路会“失我险阻；害我田庐，妨碍我风水”，“占我民间生计，势必群起攘臂相抗，众愤难当”。普通民众视铁路为“妖物”，“诧所未闻”。反对修建铁路几乎成为朝野的共识。1874 年在筹议海防问题时，李鸿章上书朝廷，要求修建铁路，然而守旧派对李鸿章的建议不感兴趣。1879 年，李鸿章不顾守旧派的反对，支持铺设唐胥铁路，“以便运煤”。唐胥铁路竣工后，先以驴马拖曳，继以自制机车代替驴马，最后进口外国机车。1882 年英国领事在给本国政府的商务报告中指出：“这条小铁路建造时很谨慎，倡议者一点点地试着进行。第一座火车头是在本地造的，行驶了几个星期，没有引起烦言。但不久便被命令停驶，停了几个星期。过些日子，又可以开行了。”[①]直到 1887 年，清政府才批准海军衙门在天津等处试办铁路，“以便调兵运械兼筹利益商贾”。同年唐胥铁路展筑到芦台，翌年唐芦铁路延伸到天津，成为“京奉铁路之始基”，“此线幸免于遭遇淞沪铁路（吴淞铁路——引者注）之厄运，而得为今日中国铁路之鼻祖，否则中国之有铁路，尚不知始于何年何月”。[②]1889 年，清政府终于将修铁路定为国策，此时距吴淞铁路之诞生已有 13 年矣。

综上所述，近代中国没有形成一支高水平的铁路技术人员队伍，铁路设备、器材基本上依赖进口，铁路长期为外国人所把持，技术引进缺乏计划，铁路技术标准的权威难以树立，导致运输效率低下。反观日本，自 1872 年日本建成第一条铁路以来，铁路在日本这个岛国上迅速延伸，1906 年突破 8000 千米，形成了以南北干线为核心的铁路运输体系，成为近代日本发展最快的生产门类，是西方科学技术向后发国家转移、也是后发国家导入现代科技知识的成功范例。

---

① 宓汝成：《中国近代铁路史资料》第一册，中华书局，1963 年，第 125 页。

② 张公权：《抗战前后中国铁路建设的奋斗》，传记文学出版社，1974 年，第 2 页。

日本政治研究

日本现代化过程中政军关系的演变

徐万胜　梁宝卫

内容摘要　在政、军二者分离相对成熟的现代国家，理想的政军关系需同时满足一致性、合理性和正当性等三个要求。在日本的现代化过程中，政军关系是决定其国运的重要因素。战前，政军关系的一致性一度推动日本国运盛极一时，但是随后政军关系发生失衡，其不可整合性与非正当性导致国家倏忽衰亡。战后日本建立的文官统制型政军关系不仅具备了正当性，而且其合理性有力支撑了吉田路线的实施，日本亦不仅保障了安全而且成功实现了战后复兴。冷战结束以来，日本提出更高的国家目标，“合理性”的标准随之面临变化，政军关系进入再次转型中。

关 键 词　日本政治　政军关系　自卫队　文官统制

作者简介　徐万胜，解放军外国语学院教授；梁宝卫，解放军外国语学院讲师

一、问题的提出

兵者，国之大事。一国军队对于该国的国家目标（安全、发展与声誉等）具有重要意义。第一，就安全角度而言，军队是国家外部和内部安全主要的保障者和威胁者。这是军队对于国家的主要意义。第二，从经济和社会发展而言，军队可以成为国内外经济和社会发展的推动者或阻碍者。在某些国家的某一时期，这一点颇为重要。第三，从一国在国际上的声誉而言，军队可以提高或者降低一国的国际地位。尤其冷战后，军队在外交（比如国际合作）和国际贡献中的作用越来越明显。

政治学除了研究相关的历史、文化等“背景性”内容外，一个重要的任务是考察社会、政党、官僚、军队等活跃在“前台”的各个主体以及发生于诸主体间的关系。因此，“政军关系”[①]研究是政治学研究中不可缺少的重要组成部分。“国家政治应该摆正军人的位置”，政军关系是“政治与军事哲学的基础性命题”[②]。

日本军人在其国家发展历程中素来扮演极为重要的角色。“日本历史上，动乱之中基本上决定权力主体的是军事力量”[③]。在中世纪的二元政治中，天皇徒留其名，武士首领征夷大将军组织幕府实际掌控国家政权。“黑船来航”之后，武士这一精英团体成为国家和社会转型的重要推动者，日本走上国富兵强之路。伴随日本兴盛一时却倏忽衰亡这一过程的是，政军关系日渐失衡，军人干政程度越来越高。战后，日本进行政治民主化改革，确立“文官统制”制度，重建新型的政军关系，国家在“重经济、轻军备”的吉田路线指导下不仅实现了安全保障而且迅速完成经济复兴。冷战结束以来，日本走上“普通国家化”之路，政军关系也随之进入再一次转型中。

本文试图考察日本现代化过程中政军关系演变的过程与动因，在此基础上提出“理想的政军关系”模型，并使用该模型讨论在不同时期政军关系对日本国运

---

① 关于对“政军关系”“军政关系”“文武关系”“民军关系”等类似概念的梳理，参考高民政：《军政现象与军政关系探微——兼论军事政治学的研究对象与核心问题》,《军事历史研究》2009 年第 1 期；徐勇：《近代中国军政关系与“军阀”话语研究》，中华书局，2009 年，第 5 ~ 8 页。

② 徐勇：《近代中国军政关系与“军阀”话语研究》“自序”，第 4 页。

③ 五百簱頭真：《日本の政軍関係》，戦略研究学会編：《戦略研究 8 政軍関係研究の課題》，芙蓉書房，2010 年，第 1 頁。

的影响。

二、战前日本政军关系的演变

（一）战前日本政军关系演变的历史分期

战前日本现代化过程中政军关系的演变可谓跌宕起伏。本文把与政军关系相关的“制度”和“制度运用”综合起来考察，将战前分为四个阶段。明治初期①是日本全面构建现代国家体制的起点。在这一时期，政、军分离并不彻底，依靠藩阀的作用，政治和军事被整合于“一元统治”之下，基本不存在政军关系的对立问题，这是第一个阶段；统帅权独立制的确立为政军二者的分离和对立提供了可能，但实践中政军关系依然保持良好，并帮助日本在中日甲午战争和日俄战争中获得胜利，这是第二个阶段；在政党政治兴起之后，日本真正进入军事和政治的“二元统治”期，政、军二者开始发生冲突。其中，在日俄战争结束之后、20 世纪 30 年代之前是“文人优位”期，日本军部对政府的影响力不大，这是第三个阶段；20 世纪 30 年代之后，日本在战争的道路上越走越远，政军关系迅速恶化，进入“军部优位”期，直至明治国家体制崩溃，这是第四个阶段。如果将四个阶段作为一个整体来看，因为战前没有出现过“文民一元统治”，所以有学者使用“非文民统治型政军关系”一词表述日本战前的政军关系②。

1. 明治初期的政军关系

1868 年明治政府成立时，处于内外交困状态：对外，与西方列强处于不平等地位，而且随时可能被进一步蚕食；对内，各藩拥兵自重，政敌负隅顽抗。上述“安全、发展与声誉”的国家目标无一不是其追求。为此，除了加强中央集权③外，消除封建藩阀割据、垄断暴力、增强武装力量而不受外侮是新的明治政权急需解决的问题。1871 年日本建立了第一支国军“御亲兵”。

---

① 此处所言明治初期，截至 1878 年参谋本部设立。

② 李炯喆：《軍部の昭和史（上）——日本型政軍関係の絶頂と終焉》，日本放送出版協会，1987 年。

③ 作为外源后发型现代化国家，日本为了应付现代化启动时期可能产生的内部危机，更有效地推行各种新政举措，就有必要建立一个强有力的政治中心，克服改革阻力以确保现代化顺利启动。

这一时期，不存在政、军二者的对立。第一，政、军分离并不彻底，实际的政治和军事权力均属于藩阀。军队、文官政府、市民社会三者均处于初生阶段，其角色和功能远没有分离开来。比起“文官”“武官”“文民”这些标签，事实上藩阀更具有识别功能，因为藩阀实际掌控着明治新政权的权力。甚至支撑明治政权的御亲兵（以及之后的近卫兵）虽然对天皇宣示忠诚，但是由于脱胎于藩兵，具有强烈的封建割据色彩，其对强藩领导人个人的忠诚高于对太政官政府的忠诚。第二，军事内部也具有一元化的特点，陆海军军务没有区分军事行政和军事命令[①]，而是由从属于太政官的兵部省、后来的陆军省和海军省实施一元化控制。军事和政治一元主义、军事行政和军事命令一元主义的采用被认为是受到了法国军事制度的影响，这种制度设计确保了国家政治的一元性[②]，满足了转型过渡期国家对集权的强大需求。

2. 统帅权独立初期[③]的政军关系

统帅权的独立，简而言之，是指本来隶属于政治机构的军事机构从政治机构里分离出来，取得与政治机构并列和对等的位置，从而形成政治和军事彼此不同的机构。日本的统帅权独立制确立于 1878 年 12 月，参谋本部从陆军省独立出来，由此军事行政和军事命令分离了。不仅如此，参谋本部长还拥有“帷幄上奏权”，不经政府直属天皇，可直接上奏天皇并获得亲裁。军事命令不再属于政府（陆军卿）的权限之内。从而导致作为军事机关的参谋本部和作为政治机关的太政官处于并列的位置。统帅权的独立，并不意味着军队立刻要与政府发生冲突，日本统帅权独立伊始的历史也证明了这一点。但是毫无疑问的是，它使军队具有了与政府分庭抗礼的资格和能力，使政军冲突成为只是迟早的事，事实上它的确为日本战前的政军关系带来了根本性转型。

关于为何要设立参谋本部、确立统帅权独立制，学界大致有以下讨论。第一，为了追求军事合理性（军事效率），需要把军事命令机构和军事行政机构分离。第二，明治初年，大村益次郎等陆军军制的主导人模仿的是当时被认为是世界上陆军

① 日文中将“军事行政”称作“軍政”，将“军事命令”称作“軍令”，简洁工整。但是中文中“军政”有多个含义，所以尽管颇为繁琐，为了对仗和避免混淆，本文采用“军事行政”和“军事命令”的说法。

② 西川吉光：《明治国家体制における政治と軍事》，《国際地域学研究》第 5 号，2002 年 3 月。

③ 本节的时间段是从 1878 年到日俄战争结束。

最强的法国的国防制度——军事行政和军事命令的国务大臣一元责任制。但是之后陆军的领导人山县有朋和桂太郎模仿的是普法战争中获胜的普鲁士的军事行政和军事命令二元制度。第三，政府不希望军队卷入到政治运动中，统帅权独立可防止军人受自由民权运动的影响而政治化[①]。第四，将统帅权直属天皇可以防止"既是政府领导人又是军队领导人的特定人物握有兵权"[②]，防止军队被某个人用作政治斗争的"私兵"[③]。第五，自"王政复古"开始，"天皇亲裁"是合法性的主要依据。按照"天皇亲裁"的理念，天皇有时不经过政府而直接掌握兵权[④]。

如果说统帅权独立只能避免军队受到政府控制的话，那么军部大臣现役武官制则可以保证军队控制政府。所谓"军部大臣武官制"，顾名思义，军部大臣（陆军大臣、海军大臣）由现役武官（军人）担任，而文官以及预备役、后备役、退役的武官不具有担任资格。在明治宪法体制下，内阁总理大臣只是"同辈内的主席"，军部握有确定陆海军大臣的主导权[⑤]。因此，军部可以阻碍组阁，即便组阁之后也可以通过让军部大臣辞职而不指定新的军部大臣的方式迫使内阁总辞职，实施合法倒阁。

尽管统帅权独立制和军部大臣现役武官制为政、军二者的对立提供了可能，二者之间孕育着紧张，但是在日俄战争结束之前，政军双方依然保持了良好的关系，这为甲午战争、日俄战争等一系列日本的对外扩张做出了"贡献"。二者保持良好关系的原因大致有以下几个。第一，与明治初期相同，政治和军事权力主体依然是藩阀势力，有的领导人既是文官又是军官[⑥]。政军关系往往以军内关系的形式体现

---

① 戸部良一:《戦前日本の政軍関係——最近の研究動向から——》,《防衛学研究》第 33 号, 2005 年 10 月。

② 戸部良一:《逆説の軍隊》, 中央公論社, 1998 年, 第 75 頁。

③ 中国古代君主为防止军权旁落，亦使用过"分割军事行政权和军事统领权"的方法。参见陈明明:《所有的子弹都有归宿：发展中国家军人政治研究》, 天津人民出版社, 2003 年, 第 124 页。

④ 寺村安道:《明治国家の政軍関係——政治的理念と政軍関係——》,《政策科学 10－1》, 2002 年 10 月; 永井和:《太政官文書にみる天皇万機親裁の成立》,《京都大学文学部研究紀要》, 2002 年, 第 41 頁。

⑤ 陆军一般由三长官会议（陆相、参谋总长、教育总监）推举出新的陆相。

⑥ 比如，即便宪法实施以后，作为中日甲午战争时的首相，伊藤博文参与指挥作战，而且后来被任命为韩国统监，拥有韩国守备军的统帅权。第二代统监曾祢荒助也继承了这种文人兼军人的二重职责。长州阀陆军的领导者山县有朋的权力所辖不仅陆军，还包括内务省、司法省、贵族院、枢密院甚至宫中，兼具文人和军人的职责。

出来[①]。第二，军官和文官各自的团体意识尚不强烈，还意识不到二者之间是“军事与政治”的关系。第三，维新伊始日本国力微弱，在列强面前，政治外交比军事更具迫切性[②]。第四，战争时，元老[③]在统合方面发挥了重要作用。日俄战争时，承担国务的内阁与承担作战的大本营在伊藤博文、山县有朋、松方正义、井上馨、大山严五位元老组成的元老会议的统合下，成功完成战争指挥[④]。

总之，政军协调的因素大大多于政军冲突的因素，使得该时期尽管制度上具有政军关系冲突的可能，但在实际中二者依然保持了良好的关系。

3. 日俄战争后的政军关系

1905 年日俄战争结束之后，政治和军事出现明显分野，真正进入军事和政治“二元统治”时期，政军关系发生了很大变化。此种变化分为两个阶段，20 世纪 30 年代之前是“文人优位”期，20 世纪 30 年代之后是“军人优位”期。此处讨论第一段。

日俄战争后政军关系之间的紧张开始出现并加剧，突出表现在两个师团增设问题[⑤]和西伯利亚出兵问题[⑥]。导致政军关系发生大变化的原因有三个。第一，军部走上历史前台，日本国内政治版图由“政党对藩阀”转变为“政党对军部”。政党的崛起导致藩阀的相对式微，之前靠藩阀庇护由藩阀控制的军队逐渐独立于藩阀而形成独立的政治力量。日本在中日甲午战争和日俄战争中的胜利提高了军队的威信和

① 日本政治学会編：《近代化過程における政軍関係》，岩波書店，1989 年，“前言”，第Ⅴ－Ⅵ頁。

② 西川吉光：《明治国家体制における政治と軍事》，《国際地域学研究》第 5 号。

③ 元老是指“从明治维新开始，为通过日本帝国宪法的制定而基本完成的国家体制做出贡献，权力基础确定后，担任天皇非正式编制的政治顾问，回答天皇垂询，对天皇的大权行使施加强大影响力的政治家（集团）”。明治时期的元老集团包括伊藤博文、黑田清隆、山县有朋、松方正义、井上馨、西乡从道、大山严七人，大正时期的元老有桂太郎和西园寺公望两人。

④ 西川吉光：《明治国家体制における政治と軍事》，《国際地域学研究》第 5 号。

⑤ 1912 年西园寺公望接任首相后，陆军一直施加压力，要内阁拨款增加至少两个师团的预算。这原是 1906 年扩军纲要中的规定，内阁当时也同意，但是西园寺考虑到财政紧张，因此拒绝增加军费。陆军大臣因此辞职，军方利用军部大臣现役武官制的规定，通过拒绝提出陆军大臣的后继人选，迫使西园寺无法组阁。

⑥ 西伯利亚出兵指 1918 年至 1922 年间日本、英国、美国、法国、意大利等国出兵西伯利亚，针对俄国革命的干涉战争。日本共投入兵力 73000 人，死亡数千人。西伯利亚出兵是日本在第一次世界大战后的首次军事行动，但是此次出兵不仅仅是军事问题，而且涉及与欧美各国的关系，因此也是外交政治问题。在首相原敬为代表的政治方面和以陆军大臣田中义一所代表的军事方面之间，原敬首相虽然成功地主导了政治和战争领导，实现了政略指导下的政战两略的统一，但是军部因为以原敬为中心的政治势力主导了从出兵到撤兵的整个过程，而对政党政治产生了警觉和反抗，为日后军部干预政治埋下了伏笔。

政治影响力。日俄战争和第一次世界大战使日本成为列强之一，殖民地政策和大陆政策的制定和执行提高了陆军的影响力。第一次世界大战产生的“总体战”概念，扩大了国防的范围，也提高了陆海军的发言权。第二，战前日本军队和政党是天然的敌人。“明治国家的军队尚未脱掉浓厚的封建色彩便登上历史舞台，但是政党却是带着英法的自由主义、立宪主义思想和色彩成立起来的”[①]，“名义上直属天皇的军队对待政党政治，像法国军队对法兰西第三共和国一样，拒绝承认其合法性”[②]。欧美现代国家的军队经由市民革命，因而具有“市民军”或者“国民军”的性质，易与政党协调，但日本战前的军队没有经过市民革命，而是由藩兵发展而来，而且与天皇有着密切的联系，对封建制的克服并不彻底。“这是产生（军队）与模仿欧美模式的近代政党产生龃龉的主要原因”[③]。亨廷顿认为现代意义上的职业军人应该具有三大特征：“专业性”“团体性”和“责任感”[④]。尽管此时日本军人的职业主义（professionalism）在提高（自我意识和团体性也在增强），但是在“责任感”方面，封建色彩浓厚的帝国军人显然很难与以欧美民主国家为模板的政党政治相协调。这注定了军队与政党这两大日本现代化的权力主体在性格上具有冲突的一面。第三，军部对政党抱有警惕感，他们担心政党会为了迎合舆论和民众或为了一党之私而介入军事，也担心欧美式的政党和资本主义的展开会带来日本国体的变革[⑤]。政党的一系列压缩军部权力范围和限制军部行使权力的行为进一步令军部感到威胁：政党为了缩小军部的权力，将军部大臣任用资格由现役大、中将扩大到预备役和后备役；改革殖民地总督武官制，使文官也可以担任；华盛顿裁军会议的时候，海军大臣不在国内，文官首相原敬管理海军大臣事务；原内阁的藏相高桥是清批判参谋本部妨碍了西伯利亚撤兵的政府方针，抛出“参谋本部废止论”；西伯利亚出兵时，外交调查会限定作战目的、作战地区、作战兵力等，虽受到军部批评但依然不改。

① 纐纈厚：《日本型政軍関係の展開と国家戦略の不在性——多元的連合国家の帰結——》，戦略研究学会：《戦略研究第 4 号 戦略文化》，芙蓉書房，2006 年，第 5 頁。

② 三宅正樹著：《政軍関係研究》，芦書房，2001 年，第 74 頁。

③ 纐纈厚：《日本型政軍関係の展開と国家戦略の不在性——多元的連合国家の帰結——》，戦略研究学会《戦略研究第 4 号　戦略文化》，芙蓉書房，2006 年，第 6 頁。

④ Samuel P. Huntington, *The Soldier and the State: the Theory and Politics of Civil-military Relations*, Harvard University Press, 1957：11-17.

⑤ 纐纈厚：《近代日本政軍関係の研究》，岩波書店，2005 年，第 45 ~ 46 頁。

尽管日俄战争后，政军关系趋于紧张，但是其冲突程度较低[①]。导致政军协调的原因大致有以下几个。第一，战前日本军队和政党先天性格中亦有协调的一面。二者都是承担日本现代化的主力，具有重合的目标；军队随着现代战争经验的增多，以及为了应对总体战的要求，提高了自身的现代化，其身上的现代性在增加。第二，二者的关系进展不仅取决二者的先天性格，还取决于二者采用的态度和方法。起初，军部激烈反对政党挤压军部的行为[②]，但后来军部采取更为灵活的对策，与政党不仅有对抗也有合作[③]。政党有时候也采取与军部协调的政策以避免扩大冲突[④]。第三，第一次世界大战后，总体战的国家目标要求政治和军事必须取得一定程度的协调。

4. 20 世纪 30 年代之后的政军关系

1930 年后政军关系进入激烈对抗期，特别是 1931 年九一八事变之后，政军关系进入“军人优位”期。统帅权侵犯问题是 20 世纪 30 年代军事激烈对抗政治的先声[⑤]，本来作为军事专业主义的意识形态具有防御政治干预功能的统帅权独立制，以此为转折点变成了具有攻击性的意识形态[⑥]。亨廷顿所言的“客观文人控制”的困难性可见一斑。统帅权侵犯的问题引起很大影响，部分军人、民间右翼和政界复

---

① 虽然日本经常被与德国相提并论，但是在 1930 年之前，军部的影响力并不大，至少部分确立了文人控制。这与在第一次世界大战之前军部影响力持续增加的德国不同。

② 比如面对军部大臣任用资格扩大，陆军通过变更陆军省和参谋本部的职责加以对应，即把原来诸多陆军大臣承担的职权交给参谋总长，如此一来，即便陆军大臣由政党色彩浓厚的非现役军人担任，对统帅权的影响也能够降到最低。

③ 比如，在西伯利亚撤兵问题上，陆军大臣田中义一支持了首相原敬。在宇垣裁军中，陆军也没有进行统帅权的争论，而是趁机推进了军备现代化。陆军在此期间完成了三次裁军：在加藤友三郎内阁内，由时任陆军大臣山梨半造前后进行过两次裁军，史称“山梨军缩”；在 1925 年加藤高明任首相、宇垣一成任陆军大臣任内又进行了一次裁军。

④ 陆军大臣宇垣生病无法履职时，总理大臣浜口雄幸没有负责陆军大臣事务，而是任命现役中将为陆军大臣临时代理，以避免与陆军之间的冲突。

⑤ 1930 年，围绕伦敦海军裁军条约问题，军令部长加藤反对浜口雄幸内阁的裁军政策，引发了“统帅权侵犯”问题。立宪民政党的浜口雄幸内阁认为与兵力有关的条约签署是属于宪法第 12 条所讲的军事行政问题，裁军问题在军事命令事项之外。海军强硬派认为内阁没有经过军令部的同意而签署条约是“侵犯统帅权”。本来应该与政府、执政党（立宪民主党）共同对抗军部的在野党立宪政友会（犬养毅总裁）与枢密院、海军强硬派联合，批评政府。

⑥ 日本政治学会編：《近代化過程における政軍関係》，岩波書店，1989 年，“前言”，第Ⅶ頁。

古的一部分人横向联合起来。之后陆续发生浜口首相遇袭事件[1]、血盟团事件[2]等恐怖事件，及三月事件、十月事件[3]等政变未遂事件。

九一八事变拉开了军部针对政党政治和协调外交的“陆军政变的序幕”[4]。从事件的发生和处理来看，与之前出兵西伯利亚和出兵山东时由政府主导撤退不同，是一次“从头至尾由军部主导的划时代的事变”[5]。尽管事前没有得到正式批准，关东军的行为却得到了军部高层、日本舆论甚至政府的默认和支持。面对军部的失控，政府既没有严肃军纪，也没有改变国家的外交方向。尽管元老、犬养首相、高桥藏相等牵制军部介入政治的力量依然存在，军部内部亦有分歧[6]，但是军部已经掌握了政治博弈的主导权，政党内阁遭受重创。1932 年 5 月发生“五一五事件”[7]后，由海军大将斋藤实继任首相，15 名阁僚中仅有 5 人是政党出身，而其他 10 人来自军方高层或者官僚。整个 20 世纪 30 年代，尽管民政党和政友会两政党在历次选举中总得票率从未低于 90%，两党在国会的议席亦未低于九成，但是政党的影响力节节下降，1932 年到 1937 年间的 5 个首相都不属于任何政党。因为负责推荐首相人选的元老们知道，只有军方领袖才能制衡军队中下层的狂热分子。

---

① 1930 年 11 月，民政党首相滨口雄幸被一右翼青年枪击，次年 8 月去世。

② 1932 年日本血盟团进行的暗杀事件。日本发动九一八事变后，国内右翼势力企图利用恐怖手段废除“政党政治”，确立法西斯统治。在此背景下，以井上日召为首的血盟团，于 1932 年 2 月 9 日和 3 月 5 日，接连刺杀前大藏大臣井上准之助和三井财阀团琢磨。警视厅查获并逮捕了血盟团全部成员，于翌年 6 月开始审判，1934 年 11 月判处井上日召、小沼正、菱沼五郎无期徒刑，其余分别判处 3～15 年有期徒刑。但日本政府旋即在 1940 年 11 月将他们全部释放。

③ 参谋本部俄国班长桥本欣五郎等樱会成员计划通过近卫师团和第一师团动员兵力，袭击主要阁僚和宫中重臣，以教育总监部本部长荒木贞夫为首相，成立军事政权，但是事前败露，1931 年 10 月 17 日主谋者被逮捕。

④ 1931 年 9 月 18 日，日本关东军参谋板垣征四郎大佐和石原莞尔中佐策划了九一八事变。石原部下炸毁南满铁路在沈阳以北的一个路段，并声称是中国军队所为。以此为借口，关东军全面进攻东北地区的中国军队。

⑤ 神田文人：《“満州事変”と日本の政軍関係——統帥権と天皇制——》，《敬愛大学国際研究》第 3 号，1999 年 3 月。

⑥ 政府和军部均可以细分：政府可以分为政府、执政党、在野党、民间团体；军部可以分为陆军（陆军省、参谋本部、军、师团等）和海军（海军省、海军军令部、联合舰队、支那方面舰队，舰队等）。陆军在 1925 年宇垣裁军之后分裂为皇道派和统制派。皇道派认为为了对抗苏联应该确保满洲为桥头堡，阻止共产主义的侵袭，改正因为裁军而引起的人员减少和待遇恶化。后者的目的在于，重建政治和经济体制、使军备现代化以确立总体战体制。皇道派行动直率，统制派较为理性。

⑦ 海军青年军官冲入首相官邸暗杀了当时护宪运动的领导人首相犬养毅，结束了政党内阁。策划者希望通过暴力手段，迫使政府颁布戒严法及实行“革新”政策。

“二二六事件”[①]后，以石原莞尔为代表的陆军骨干幕僚强行介入政治。1936年5月18日，广田弘毅内阁复活了军部大臣的现役武官制。1937年1月因“剖腹问答”而被激怒的陆相寺内寿一逼迫广田弘毅内阁总辞职。之后军部以统帅权独立制和军部大臣现役武官制为武器，阻止宇垣内阁的成立。作为广田的后任，接受组阁大命的宇垣一成由于陆军的反对而无法组阁。之后才有了林铣十郎内阁。1937年发生卢沟桥事变。1940年畑俊六陆相为实现三国同盟，通过单独辞职逼迫米内光政内阁总辞职。

1941年陆相东条英机迫使第三次近卫文麿内阁总辞职，自己组阁，实现了“军部统治”。作为陆军现役大将，东条兼任首相、陆相和参谋总长，权力空前集中。

塞缪尔•芬纳把军人干政的程度分为四个等级[②]，认为日本军人干政的程度大致属于第二级，保持了第二层级的“发达”文化。其理由是，日本存在多元政治主体（文官、资本家、政党等），军部不可能依靠自身力量破坏明治体制进行独裁[③]。但是日本的学者大多认为，20世纪30年代后日本的军人干政，比如日本陆军拒绝吉田茂作为外相加入广田内阁、阻碍宇垣一成组阁、推翻米内光政内阁成立第二次近卫内阁等，超越了塞缪尔•芬纳所分类的第二级（压力、讹诈）而接近于第三级（更换）。[④]甚至东条内阁的上台是否接近于第四级，也值得讨论[⑤]。另外，就当时很多国民认为政党政治腐败，希望军部介入而言，日本的政治文化很难称得上“发达”[⑥]。

---

① 1936年发生“二二六事件”，受陆军派阀皇道派影响的部分青年军官杀害内大臣斋藤实、教育总监渡边锭太郎和大藏大臣高桥是清。

② 第一级，军人通过讲道理或者诉诸感情的方式影响文官政府；第二级，军人通过威胁或者制裁的方式向文官政府施加压力；第三级，军人使用暴力或者威胁的方式用一个文官政府替换另一个文官政府；第四级，军人以军人政权代替文官政府。

③ Samuel Finer, The Man on Horseback: *The Role of the Military in Politics*, Penguin Books Ltd.,1975,p77-78.

④ 李炯喆：《軍部の昭和史（下）——日本型政軍関係の絶頂と終焉》，日本放送出版協会，1987年，第2002頁；永井和：《近代日本の軍部と政治》，思文閣，1993年，第239～260頁。

⑤ 三宅正樹：《政軍関係研究》，芦書房2001年，第58頁；永井和：《近代日本の軍部と政治》，第239～260頁。

⑥ 山田邦夫：《文民統制の論点》，《シリーズ憲法の論点⑬》，国立国会図書館調査及び立法考査局，2007年，第30頁。

（二）战前日本军人干政的原因

为什么 20 世纪 30 年代后军人如此强烈地介入政治？如果从军部的角度出发，其原因大致可以分为两部分：客观原因和主观原因。

1. 客观原因

第一，统帅权独立制、帷幄上奏权、军部大臣武官制等制度使得军人可以不接受政府的领导和控制，在与政府的斗争中不落下风，甚至在战争等非常时期比政府更强大，这为军人干政提供了根本保障。第二，在制度上，只有天皇是遏制军部介入政治的力量，但现实中，天皇很少使用其政治权力，只有在“二二六事件”“终战”等极少场合下使用过。第三，辅弼是明治体制的特点之一，辅弼天皇的总理大臣与其他国务大臣（如军部大臣）相比，权限并没有多出太多，总理大臣没有能力控制军部大臣，反倒会被军部大臣以军部大臣现役武官制胁迫①。所以，在元老政治消失之后，再没有其他非制度性统合机构来统合政府和军部、防止军部暴走。第四，军队干政得到了很多民众和舆论的支持。政党势力衰落，民众缺少了政治参与的途径，同时政党竞争给人以“分裂国家”的印象，合法性受到质疑，这导致国民将支持转向进行对外战争的军部。很多日本国民陶醉于军事发展的成功，支持军国主义的意识形态。体制的意识形态吸收了国民的能量，从而具备了强大的政治功能。作为日本现代化的含义之一，公民社会有了一定程度的发展。但是这种发展并不成熟，不仅没有妨碍反而促进了国家动员体制的建立。②现代化是一个综合性工程，不仅要求其中的每一个构成部分实现现代化，而且要求每个部分的现代化必须是成熟的。夹生的现代化在特定的环境下可能带来相反的后果。第五，“状况性原因”（即时代的、环境的原因，与“结构性原因”相对）③。比如，始于 1929 年的世界经济危机就是当时的“历史情境”之一。如果当时的世界性经济危机没有波及日本，那么政友会和民政党两大政党的统治可能会持续下去。纐纈厚在李炯喆提出“结构

---

① 1885 年（明治 18 年）内阁制取代太政官制的时候，曾经采用首相权高于其他大臣而居于顶点的“大宰相主义”，但是四年之后首相便成为仅仅比其他大臣略高的主持人，尽管首相具有阁僚的任命权，但是政权运营遵循“全会一致”的原则。而且，首相不具有罢免阁僚的权限。首相在任命阁僚之前处于强势，但是内阁成立后，阁僚可以通过辞职来对首相形成掣肘。

② 李炯喆：《軍部の昭和史（下）——日本型政軍関係の絶頂と終焉》，日本放送出版版協会，1987 年，第 220 頁。

③ 李炯喆：《軍部の昭和史（上）——日本型政軍関係の絶頂と終焉》，日本放送出版版協会，1987 年，第 22 ~ 53 頁。

性原因”和“状况性原因”的基础上，进一步明确了二者之间的关系：“结构性原因”决定“状况性原因”[①]。如果做此理解，“状况性原因”是直接原因，而“结构性原因”既有直接原因的成分，也有间接原因的成分。不能忽视的是，“结构性原因”也在不停变化，“状况性原因”也是导致“结构性原因”产生和变动的因素之一。

2. 主观原因

第一，亨廷顿认为战前的日本军队是“最缺乏专业精神者”[②]。战前日军“团体性”和“专业性”很强，只不过“责任感”指向的不是文人政府，而是天皇。第二，帕尔玛特注意到职业化军人容易向“执政官主义”转化[③]。日本军人忠诚于天皇，他们具有把自己的利益和天皇的利益同一化，把对自己利益的侵害当成是对天皇利益的侵害的倾向。如果他们认为政府已经不能维护天皇了，那么便会产生打倒政府的冲动[④]。不仅日本军人，被“国体意识形态”灌输的那些日本国民中同样具有这样的思想倾向。第三，军人面临内外部危机[⑤]，易通过干政化解危机。

尽管军部介入政治，但是又没有达到军部独裁的水平，所谓的“军部独裁”只是一种比方。一般认为，“独裁制”的成立条件之一是，反对独裁的力量被独裁力量打倒。但是，即便是军人干政程度最高的时候，明治宪法及各种文武组织构成的多元联合体制至少在形式上是保留的，军人与政府也必须取得一定的妥协。军部没

---

① 纐纐厚：《近代日本政軍関係の研究》，岩波書店，2005 年，第 394 ~ 395 頁。

② 塞缪尔·亨廷顿著：《军人与国家——文武关系的理论与历史》，洪陆训等译，时英出版社，2006 年，第 175 页。

③ Amos Perlmutter，*The military and politics in modern times: on professionals,praetorians,and revolutionary soldiers*. New Haven ,Conn: Yale Univ Press,1977,praface XV. 他把近代以来的军队形态分为三种类型，即“专业化职业军人的古典类型”（18 世纪的普鲁士和法国以及 20 世纪的日本和（前）苏联）、“具有执政官主义团体性的职业主义第 2 类型”（20 世纪的拉丁美洲、1970 年以后的中东及非洲）、“由不具有团体性的革命军人所主张的职业主义第 3 类型”（中国和以色列）。

④ Amos Perlmutter，*The military and politics in modern times: on professionals,praetorians,and revolutionary soldiers*. New Haven ,Conn: Yale Univ Press,1977,p.73.

⑤ 第一，政党内阁上台后，军人便感受到来自政党的压制。加藤友三郎海相参加华盛顿海军裁军会议时，作为文官的首相原敬任海相的临时代理，再加上海军裁军条约的签署，军部内部预感到军部大臣文官制的趋势。1924 年护宪三派的联合政权公布政务次官制，试图通过政务次官的职位扩大对军队的影响力。第二，军人看到政党政治的腐败以及政党合法性的丧失，担心政党政治会断送日本的前程，感到有责任干政以改变现状。这一原因与军部“执政官主义”可以相互补充。第三，第一次世界大战后反战自由主义高扬，舆论认为军人是恶的存在。自视甚高的军人理所当然感到愤怒。第四，军人认为日本的总体战准备已经落后于欧美，担心日本不能很好地应对总体战，因此涉足总体战所需要的政治、经济、教育、文化等所有领域，而不仅仅是军事领域。第五，中国民族主义的兴起挑战日本的既得利益。前三条是内部危机，后两条是外部危机。

有将对抗势力非合法化，而是在多元联合体制下的框架下，利用战争的理由占据优势，但没有发展到军部独裁的程度。东条陆军内阁时，即便东条集首相、陆相和参谋总长于一身，当战况恶化危机加重时，内阁也不得不垮台。因此李炯喆称之为“军部的合法、间接统治”[①]。之所以没有达到军部独裁，大致有以下原因。第一，明治体制的分权性和多元性既决定了体制内部不可避免的分裂、统一战略的缺失，也保证了任何一个权力主体都很难完成一元独裁统治，大多数政策都是各方妥协的结果。日本的体制就像没有定点的“圆锥台”[②]。第二，日本文化忌讳一个权力主体不同其他权力主体取得协商一致就做出决定，不鼓励一方独裁。[③]第三，军部认为如果独霸权力会引起内争，这在残酷的国际环境下不合时宜。

三、战后日本政军关系的重建

（一）战后“文官统制”型政军关系的逐步确立

1945 年 8 月，日本接受波茨坦公告宣布投降，日本帝国陆海军被解除武装。美国为日本制定了民主化和非军事化的方针，除了留下一部分人员和装备负责复原工作和扫雷工作外，帝国陆海军解体。1946 年 11 月公布的新宪法加入了放弃战争和非武装的条款。在 1950 年 8 月“警察预备队令”公布和实施并开始招募队员之前，没有创设负责日本防卫的军事组织。但是随着朝鲜战争的爆发，美国开始转换方针，要求日本重新军备，建设防卫力量。当然也要确立新的政军关系。

1. 警察预备队的创设与政军关系

日本战后重整军备的起点是警察预备队的创设。在创设警察预备队时，GHQ 要求日本建立能够确保“文民统制（Civilian Control）”的制度。但日本方面对“文民统制”这一概念不甚了解，再加上翻译不畅，他们将“文民统制”误解为“文官

① 李炯喆:《軍部の昭和史（下）——日本型政軍関係の絶頂と終焉》，第 204 頁。
② 李炯喆:《軍部の昭和史（下）——日本型政軍関係の絶頂と終焉》，第 210 頁。
③ 李炯喆:《軍部の昭和史（下）——日本型政軍関係の絶頂と終焉》，第 203 頁。

统制制服组的制度”[①]（习惯上，将文官官僚称为“西服组”，将自卫官和警察官称为“制服组”）。于是，日本在警察预备队本部长官和本部次长之下设置了两个系统：行政监督部门（警察预备队本部，内部部局的前身）和部队指挥部门（总队总监部，陆上幕僚监部的前身）。并规定文官（警察预备队本部）和制服组（总监部）并非并列关系而是上下关系（警察预备队为上，总监部为下）[②]。

2. 保安厅的成立与政军关系

《保安厅法案》1952年5月10日提交国会，7月31日获通过。总监部改为“幕僚监部”，本部改为“官房及各局”，虽然二者都作为“内部部局”处于并列的位置，但是明确规定了内局不能录用制服组。而且，内局具有审议幕僚监部（制服组）制定的法令案的权力。《保安厅法》第10条关于“长官官房和各局的任务”的规定[③]加上第16条对内局不得录用制服组的规定，事实上确立了内部部局处于制服组的上位[④]。因此，实际上与警察预备队时期一样，“文官优位”体制得到延续。

由此可见，日本的文民统制在自卫队正式建立之前的警察预备队和保安厅时代便不是由国民选举的国会议员等文民政治家控制军队，而是由并不直接对国民负责的防卫官僚（文官）进行控制。“文官统制”和“文民统制”不是一回事，这一点一直饱受诟病（尤其来自制服组）。美国国防部内部也有文官职员负责行政，日本之所以被认为是独特的，是因为日本的官僚不负政治责任而且“文官统制”在文民统制的体系里一直占有很高的地位[⑤]。与此相对，也有观点肯定文官统制的意义：防卫官僚在形式上是遵守法律义务的国民的公仆，是国民选出的国会议员的支持者；文官属于文民；文官统制的制度可以让文民统制更加具有有效性[⑥]。

3. 防卫厅的成立与政军关系

① 宫崎弘毅：《防衛二法と文民統制について一防衛法シリーズ（3）》，《国防》第26卷5号，1975年。

② 中島信吾：《戦後日本の防衛政策——「吉田路線」をめぐる政治・外交・軍事——》，慶応義塾大学出版会，2006年，第25～28頁。

③ 保安厅法第10条规定：官房和各局的任务是“辅佐长官就保安队和警备队的各种方针和基本的实施计划的制定等，对第一幕僚长和第二幕僚长做出指示。长官就保安队和警备队的管理和运营制定基本方针，并指示第一幕僚长和第二幕僚长，各幕僚长基于上述方针制定方针以及具体的实施计划，但是，长官官房以及各局制定上述长官的指示”。

④ 佐道明広：《戦後政治と自衛隊》，吉川弘文館，2006年，第41頁。

⑤ 山田邦夫：《文民統制の論点》，《シリーズ憲法の論点⑬》，第37頁。

⑥ 纐纈厚：《文民統制——自衛隊はどこへ行くのか》，第17頁。

1954年7月，《自卫队法》《防卫厅设置法》（防卫二法）出台，陆海空三自卫队成立。在成立防卫厅时引入了在创设警察预备队时使用的文官统制的制度。保安厅时代内局干部不能由制服组担任的规定在防卫二法制定时取消了。《防卫厅设置法》第15条规定："长官在必要的时候，可在内部部局任用陆上幕僚监部、海上幕僚监部、航空幕僚监部或者第29条所规定的部队和机构的自卫官。"但是因为内局掌握人事权，所以事实上，内局干部没有任用自卫官。而且，内局干部通过"官房长和局长在下述事项上辅佐长官"的规定，获得了广泛的权限。内局还能够干预制服组本来应该拥有的"部队的运用问题"（即军事命令事项）。另外，内局还导入了参事官制度。所谓参事官制度，是指官房长和防卫局长等一共10名防卫参事官辅佐防卫厅长官控制制服组的制度。《防卫厅设置法》第9条第2项规定："防卫参事官接受长官的命令，在防卫厅所管事务的基本方针的制定上辅佐长官。"

旧军人方面同意"文民统制"是必要的，他们也认为军队的最高指挥监督权属于内阁总理大臣，他们也不主张设立战前的统帅权独立的制度。他们认为在践行文民统制理念的西方发达国家，军事专门事项的负责人是武官（制服组，与文官相对），但是在日本的保安厅，文官实际上拥有对这些事项的权限，这是"文官统制"而不是"文人统制"。

内局方面并不否认"文官优位"的存在，对"文民统制"概念的解释也与旧军人相同，他们也意识到"文官优位"和"文民统制"的不同。但是内局依然坚持"文官优位"。因为，文官官僚对旧军人充满了不信任感，认为旧军人作为专业人员是失败的[①]。同时内局官僚有一种不能重蹈旧军人横暴覆辙的使命感[②]。为了防止发生旧军部控制政治的现象，内局尽量避免扩大在制服组中占据主导地位的旧军人的权限。如果仅仅防卫厅长官一人为文人，则难以达到"文民统制"的效果，过去的历史已经证明了这一点。因此，"文官优位"是保障"文民统制"得以实现的工具。另外，对自身既得权益的保护，也是内局坚持"文官统制"的原因之一。内局官僚还找到了有利于己方的理论，即拉斯维尔的"兵营国家"（garrison state）论。该理论认为军人比文人更加好战，即便在自由国家也面临军事化的危险。1937年的日本接近于拉斯维尔所谈到的"兵营国家"。经历过战争和军人专横的内局官僚非常

① 中島信吾：《戦後日本の防衛政策——「吉田路線」をめぐる政治・外交・軍事——》，第35～38頁。

② 佐道明広：《戦後政治と自衛隊》，吉川弘文館，2006年，第45頁。

赞成该理论。尽管现在看来，拉斯维尔夸大了军人的作用，军人未必比文人好战，但是当时却成为内局官僚的重要理论武器[①]。

（二）"文民统制"的主体

按照宪法、自卫队法等法律的设计以及"文民统制"的原则，战后日本的"文民统制"应体现于四个层面。第一，在防卫厅（2007 年 1 月升格为防卫省）层面，防卫厅长官管理自卫队，政务次官以及事务次官辅佐防卫厅长官，设置文官参事官在基本方针的制定方面辅佐防卫厅长官。以官房长、防卫、教育训练、人事、经理、装备各局长等为中心设置的参事官会议，对三自卫队的队务的基本方针和实施计划做出指示，对陆海空幕僚长制定的方针和实施计划作出承认，对统合幕僚会议所管事项作出指示和承认等。第二，在内阁层面，与国家防卫相关的事务作为普通行政事务归属内阁的行政权，构成内阁的内阁总理大臣和其他国务大臣在宪法上都必须是文人。《日本国宪法》（1946 年 11 月公布，1947 年 5 月实施）第 66 条第 2 项对"文民统制"做出专门规定，内阁总理大臣及其他大臣必须是"文民"（civilians）[②]。自卫队是首相"指挥监督"的"行政各部"（宪法第 72 条）之一，"具有自卫队最高指挥权"的是"代表内阁"的首相，"统括自卫队事务"的是防卫大臣（自卫队法第 7、8 条）。防卫大臣具有自卫官的人事权（《自卫队法》第 31 条）。内阁设置安全保障会议"作为审议与国防相关的重要事项和处理重大紧急事态相关的重要事项的机关"（《安全保障会议设置法》第 1 条），其构成成员包括首相（议长），总务、外务、财务、经济产业、国土交通、防卫各大臣及其他阁僚（《安全保障会议设置法》第 4、5 条），"可以让统合幕僚长以及其他相关者出席会议、表达意见"（《安全保障会议设置法》第 7 条）。第三，在国会层面，除了宪法第 66 条第 2 项，宪法的一般性规定将自卫队置于国会和政府的控制之下。宪法规定了国会的立法权、预算承认权、条约承认权以及政治调查权（宪法第 41 条、60 ~ 62 条等），与防卫有关的事项也在这些权力之内。《自卫队法》等法律完善了"文民统制"的制度。自

① 佐道明広：《戦後政治と自衛隊》，吉川弘文館，2006 年，第 26 頁。

② 本来日语中没有 civilian 对应的词语，"文民"是为此而新创的词语。按照日本政府的解释，"文民"是指以下两种人之外的人，第一，具有旧陆海军职业军人经历、深染军国主义思想的人；第二，自卫官。

卫队的防卫出动和治安出动必须经过法律获得国会的承认（《自卫队法》第76、78条）。防卫省所管事务和安全保障会议所管事务，在众议院有安全保障会员会、在参议院有外交防卫委员会等作为常任委员会监督。另外，现役自卫官不能作为国会议员等公职的候选人（《自卫队法》第61条第2项）。第四，在社会层面，国民通过舆论、选举国会议员等形式控制军队。

但事实上，战后日本政军关系的展开空间主要被限制在防卫厅层面，由文官构成的防卫厅内局是文民统制的主体，因此日本战后的“文民统制”可以用“文官优位”和“文官统制”两个词概括。“文官优位”，指防卫厅内局优于各幕僚监部；“文官统制”，指防卫厅内局官僚代替政治家统制制服组。换言之，政治家将控制的权力委任给官僚，通过官僚对军队实行间接控制，可以称为“委任型控制”“间接控制”。文官优位制度的具体含义如下。第一，防卫厅内局辅佐防卫厅长官处理各幕僚长和统合幕僚会议（2006年3月再编为统合幕僚监部）的全部自卫队事务。防卫厅官房长和各局局长担任防卫参事官，即内局官僚。内局辅佐防卫厅长官，并不直接控制自卫队。第二，尽管法律上没有规定，但是习惯上内局不录用制服组。第三，制服组如果没有得到内局的许可，不得与其他省厅、国会等接触。

当然，内局对自卫队的控制不是无限的，尤其政策的实施是内局没有能力完全掌控的[①]。

（三）“文官统制”的方式与目的

从控制的内容上来看，可以将“文民统制”分为两大部分：文人控制军队的状态，包括控制军队的能力和性格；文人控制军队的行为。因为一旦军事行为开始后便很难实现文民统制，所以诸多论者都将关注点置于如何控制军队的状态（能力和性格）上。亨廷顿所倡导的客观文人控制（objective civilian control）是通过扩大军队的专业主义达到既控制军队性格又不减弱军队能力的目的。控制了军队的性格，可避免来自本国军队的威胁（protection from the military）；不减弱军队能力，则可通过使用本国军队强大的能力实现应对来自国家外部的威胁（protection by the military）的目的。

① 廣瀬克哉：《官僚と軍人——文民統制の限界》，岩波書店，1989年，第118頁。

战后日本的文人控制，不仅控制军队的性格，还控制军队的能力。不仅控制军队干政的能力，也控制军人维护安全的能力，这两种能力经常是无法分开的。通过这种控制，可以实现避免来自本国军队的威胁的目的，但是影响了通过使用军队应对国家外部威胁的目的的实现。可称之为“抑制能力、消极使用型控制”。

为何形成这种抑制军队能力并且消极使用军队的政军关系？第一，出于对战前历史的反省。战前日本军部控制政府，是日本帝国衰亡的重要原因之一。日本战后重整军备在很多日本人看来是危险的事情。“和平=非军事”“军人是恶的，不允许他们接触政治”的社会意识极为强烈。为了避免来自本国军队的威胁，弱化军队能力、谨慎使用军队合乎情理。第二，为日本提供安全的不仅有自卫队，还有日美安全保障体制。第三，质疑自卫队存在合宪性、认为弱化自卫队能力便是“文人控制”的政治势力强于寻求积极使用自卫队的意义的政治势力①。第四，执政党讨论防卫问题往往受到在野党激烈的抨击。

四、冷战后日本的普通国家化与政军关系的转型

冷战后日本的政军关系没有发生根本变化，但是出现一些新的趋势。为了追求安全和增强在世界上的影响力，文人对自卫队的态度从“养兵”（作る自衛隊）向“用兵”（働く自衛隊）②转变。为此，政军关系出现由 “抑制”“间接”控制转向“积极使用”“直接”控制的趋势。制度的变化在客观上保障了这一转变的发生。

（一）“用兵”：由“抑制”到“积极使用”

冷战时，东西方对立，国际政治的结构相对明确，各国军队的任务、编制等较为稳定。冷战后，国际秩序更加复杂，地区对立、内战、非国家行为体之间的战争

① 彦谷貴子：《冷戦後日本の政軍関係》，添谷芳秀、田所昌幸：《日本の東アジア構想》，慶応義塾大学出版会，2004 年，第 313 頁。

② 日文的表述是从“作る自衛隊”向“働く自衛隊”转变，两个短语都是名词短语，是对“被控制方”自卫队动作的描述。中文中“养兵”和“用兵”都是动词短语。尽管词性不同，但是笔者认为从“控制方”的立场出发，用“养兵”和“用兵”两个词语比较符合汉语的表达习惯。

等大大增加。很多国家的军队任务范围在扩大，增加了非传统任务的部分，比如国际维和活动和人道救援活动等。在这些活动以及作战中，各国军人直接接触，军队因而也具有了外交的职能。换言之，冷战结束后，军队对于国家的意义不但没有减少，反而在增加。非传统任务的扩大不仅给军队带来变革，在政治上也带来了重新思考“何时、为何、如何使用军队”等问题的契机[①]。

日本开始思考“用兵”的问题，基于以下三个现实原因。第一，安全方面。1993年朝鲜半岛危机、1996年台海危机、1998年朝鲜发射导弹、1999年能登海域可疑船只事件等让很多日本人认识到周边的不安全因素。1995年阪神淡路大地震、地铁沙林事件等让很多日本人意识到国内也存在安全威胁。2001年“9・11”恐怖事件让日本人感受到危机管理的必要性。如何有效地让自卫队提供安全，是很多人开始思考的问题。第二，国际贡献方面。日本认为海湾战争时其对国际社会的贡献远远不够，尤其与自己的经济大国地位不相符，很多人开始思考如何有效使用自卫队在国际贡献中大有作为。第三，加强日美同盟方面。加强日美同盟的主要手段之一便是派自卫队协助美军遂行任务。

除了国内外安全形势的要求，以下三个因素也是导致首相和防卫厅长官倾向于越过内局直接控制和积极使用自卫队的原因。第一，没有经历过战争的年轻中坚政治家在冷战后崛起，他们没有痛苦的战争经历，而且关心安全问题，所以容易对军官持同情态度。第二，在诸多军事领域，内局文官的确不如军官更为专业。由非军事专业的文官制定与训练和作战相关的政策容易违反军事的合理性。第三，自卫队出身的官僚逐渐进入内局，他们对军官抱有亲切感，容易采取与军官一致而非对立的立场。

结果，政治方面（包括国会议员、首相、内阁、防卫厅、外务省等）由“抑制自卫队”向“积极使用自卫队”转变。政军双方的利益部分重合。作为被控制的对象，自卫队的影响力在上升。规定防卫厅内局和制服组关系并禁止制服组接触中央省厅、官邸、国会议员的保安厅训令第9号，在1997年被桥本龙太郎内阁取消。统幕议长和各幕僚长开始参加防卫参事官会议、内阁官房会议等。这使得官僚和制服组之间进一步融合[②]。

---

① 彦谷貴子：《冷戦後日本の政軍関係》，添谷芳秀、田所昌幸：《日本の東アジア構想》，第308頁。

② 武蔵勝広：《冷戦後日本のシビリアン・コントロールの研究》，成文堂，2009年，第317頁。

冷战后，日本“用兵”最主要体现在海外派兵方面。自卫队的海外派兵始于1991年向波斯湾派遣扫雷艇。1992年6月日本国会通过《国际和平协力法》。1992年9月至1993年9月，日本参加柬埔寨维和行动。1994年,《国际紧急援助队派遣法》修改，自卫队被派往洪都拉斯和印度救灾。1995年11月修改《防卫大纲》，国际贡献与“国家安全确保”“对应大规模灾害等事态”并列，成为自卫队三大功能之一。1996年2月，开始参加戈兰高地维和行动。2001年9月11日之后，基于《反恐特别措置法》，自卫队实施了向印度洋派遣海上自卫队舰艇、派航空自卫队对美国进行航空支援等活动。2002年2月至2004年6月参加东帝汶维和行动。2003年7月26日通过了《伊拉克人道复兴支援特别措置法》，自卫队的国际贡献业务进一步扩大。2004年1月陆上自卫队派往伊拉克。2005年，三自卫队参与印尼海啸救灾。2009年，海上自卫队开赴索马里海域为商船护航。2010年2月自卫队参加海地维和行动。

（二）在统制主体方面“直接统制”的增加

冷战后控制自卫队的最主要的主体依然是防卫厅文官，但是政治家直接控制（政党、首相、内阁官房长官等为主体的控制）的成分在增加。

政治家更多地参与控制自卫队，不仅跟政治家本人的政治偏好、施政方针有关，还有选举制度改变的原因。中选举区制度改为小选举区和比例代表并立制，候选者必须通晓包括安全保障问题在内的所有政策。

政治家参与控制自卫队，还得到了20世纪90年代以来以“政治主导”为取向的改革的支持。第一，内阁职能得到强化。这可以提高“政官关系”中“政”的地位。内阁官房在《反恐特别措置法》《武力攻击事态对处法》《伊拉克复兴支援特别措置法》中发挥了主导作用，其对安全保障政策的话语权在增大。第二，各省厅大幅增加副大臣、大臣政务官，这可以提高政治家在防卫事务上的能力。第三，安全保障会议的功能得到强化，直至国家安全保障会议的建立。

（三）军队的地位和影响力日渐提升

近年来的防卫省改革试图改变之前防卫省内局文官和军官之间的纵向地位，扩大军官权限，使文官和军官“一体化”，共同帮助政治家做出决策。2009 年 6 月 3 日，日本国会审议通过最新版《防卫省设置法修正案》，象征文官优位制度的防卫参事官制度被废除。此举旨在削弱文官权力，提升军官地位，对各职能部门进行文军混编，从而使军官能够在国家安全事务、防卫战略以及一线部队军事行动等三个层面均参与决策。

五、“理想的政军关系”模型与日本政军关系对国运的影响

（一）“理想的政军关系”模型

本文认为，在政、军二者分离相对成熟的现代国家，“理想的政军关系”需满足三个维度的要求。

第一，政军关系是一致的（换言之，一方处于另一方控制之下），以避免二者之间发生冲突。

第二，政军关系中，一方控制另一方的方式和程度是合理的，既有利于政、军二者各自发挥应有的作用，也有利于二者结合在一起共同发挥作用。文人领军并不意味着“无兵”和“弱兵”，如同徐勇所言，“平衡而健康的兵力发展”“足兵”是大国绩效所需[①]。

第三，政军关系是正当的，其制度与伦理符合现代政治的民主和宪政精神。出于防止军人干政的考虑，“文人控制军人”向来被认为是现代民主制度必要的组成部分。但并非所有的“文人控制军人”都是民主的。理查德•科恩说，“不民主的文人控制是可能的，但是缺少了文人控制则肯定不是民主的”[②]。路易斯•史密斯曾经提出民主的“文人控制军人”必须满足以下 5 个条件。（1）政府首脑是文人，并且代表国民的多数派。政府对国民负责，通过法律或者政治程序更迭。（2）军队领导人是职业军人，无论在宪法上还是现实中，处于政府文人的指挥控制之下。（3）军事机构（比如国防部等）的运营必须置于能够调整军队计划所有阶段的文人（比如国防部长等）的指示之下。做出这些指示的文人必须是政府成员。第四，国民选出

① 徐勇：《近代中国军政关系与“军阀”话语研究》，第 4 页。

② Richard Kohn, “How Democracies Control the Military”,*Journal of Democracy*,8-4(October 1997),p.142.

的代表者就战争、军事目的的人员、资金等做出表决，决定各种政策，并对负责实施政策的人实施监督。第五，法院使军队负有保护国民基本的民主权利的责任[①]。

（二）日本政军关系对国运的影响

1. 战前日本政军关系与国家兴亡

第一，战前日本的政军关系不符合民主和宪政原则。由于明治宪法的缺陷，以及统帅权独立制和军部大臣现役武官制的建立，日本在战前自始至终没有建立民主的“文人控制”。

第二，如本文第二部分之考察，很长时间内政军关系体现出一致性的特点。战前日本盛极一时，政军关系的一致性一度成为推动日本追求安全、发展与声誉甚至扩张的主要动力和保障。军部政治也并非乏善可陈。同政党一样，军部也有整合社会的目标，只是方式不同。军部推动总体战，在战争动员方面的确达到了一定效果，取得了一定程度的成功[②]。

第三，政军关系后来体现出明显的不一致性（不可整合性），这是导致日本迅速衰亡的重要原因之一。其一，陆海军统合的缺失。陆海军之间的对立在任何国家都多少存在，所以问题不在于陆海军的分立，而在于统合二者的组织和机制的缺乏。如果政治能够统领军事，那么可能由政府来承担起陆海军统合的职责。其二，政战两略的冲突。统帅权的独立使战略制定者和政略制定者处于平等的位置，因而政略无法统合战略。其实，即使军事领导人和政治领导人在地位上是平等的，但只要存在凌驾于二者之上的第三者的力量的存在，二者的整合将不是不可能。本来在制度上，天皇具有统合一切的权力，但是天皇较少使用政治权力。作为非制度的元老，仅在一定时期内具有足够的统合能力。政府没有在与军部的协调中统合军部的战略，军部试图以战争需要的名义通过人事改革来完成政战两略的统合也归于失败。东条英机首相同时兼任陆军大臣和参谋总长，但仅仅是个人兼任而缺乏权限的下部

① Louis Smith,*American Democracy and Military Power:A Study of Control of the Military Power in the United States*,Chicago:University of Chicago Press,1951,pp.14–15.转引自武蔵勝広：《冷戦後日本のシビリアン・コントロールの研究》，第 317 頁。

② 纐纈厚：《日本型政軍関係の展開と国家戦略の不在性——多元的連合国家の帰結——》，戦略研究学会《戦略研究第 4 号　戦略文化》，第 11 頁。

委任，而仅靠个人是无法完成政略和战略的整合的。总之，统帅权独立制和军部大臣现役武官制成为政战两略统合难以突破的桎梏。

2. 战后日本“文官统制”型政军关系与国家的复兴

第一，由文民选出的政治家通过文官对军队施以控制，就此而言，战后日本的政军关系是基本满足正当性要求的。

第二，战后虽然发生了几例违反文民统制原则的事件，但是政军关系基本保持了一致。

第三，日本降低军队和军事在国家大战略（“重经济、轻军备”）中的地位，避免政党论争和国家分裂，不仅达成国内的相对团结和稳定，而且得以使用国家的大部分资源重点发展经济和社会。这样的政军关系成功地配合了该时期内日本的复兴战略。为了弥补军队安全职能的不足，日本通过外交手段（日美安全保障体制等）获取安全，即以部分自由和声誉换取安全。

3. 冷战后日本政军关系转型与普通国家化

第一，冷战后日本政军关系转型是对战后文官统制型政军关系的调整，但没有违反文民统制的大框架，仍然满足了一致性和正当性要求。

第二，日本执政精英认为普通国家化这一国家目标对军队的作用提出了更高的要求。军队不仅要为日本的“安全和发展”、还要为日本的“声誉”做出贡献。军队在国家大战略的地位逐渐得到提升。政军关系体现出“积极使用”和“直接控制”的倾向，原因之一便在此。

日本政权更替机制析论

乔林生

内容摘要　当代日本政权的特征是执政时间较短，更迭频繁，且多是同一政党内部不同派阀的“虚拟政权更替”。其原因不单是表面上的经济形势、舆论导向或党首任期问题，而是存在着深层的体制性弊病，即构成西方议会内阁制三大支柱的政党制度、国会制度和选举制度在日本的政治实践中分别“扭曲变形”。原本政党间的轮流执政异化为政党内部的派阀政治，本是立法审议机构的国会“空洞化”，扭曲为朝野政党争权夺利的角斗场，看似自由平等的选举蜕变为“世袭议员”合法性的护身符。派阀、国会与议员三个变量的不同作用或共同合力的机制，实际上制约着政权更迭的时机与频率。

关 键 词　政权更替　派阀政治　扭曲国会　世袭议员

基金项目　国家社科基金项目“日本潜在核武装研究”（编号 15BGJ006）

作者简介　乔林生，南开大学日本研究院副教授从 20 世纪 90 年代的“十年九相”到 21 世纪初小泉政权以来的“六年七相”，日本政权的频繁更迭被戏称为“旋转木马”，成为国际舆论的笑谈。无须说当今日本政治正处于一个“迷茫”的转型期。随着政权的频繁更迭，日本式议会内阁制的研究成为引人注目的课题。那么，日本政权更替的根本性机制原因究竟何在？研究者从国际环境、经济形势、政党体制、社会舆论乃至文化传统等方面给出过不同答案。[①]然而，就其内在的根本性政治机制而言，国内外仍缺乏系统深入的研究，尚未做出令人信服的解释。本文拟在阐明日本政权更替特征的基础上，从构成日本议会内阁制三大支柱的政党制度、议会制度和选举制度入手，深入分析由派阀、国会和议员三个互动性变量组成的日本政权更替机制，以探讨当代日本政局动荡、政权更迭频仍的根本性体制原因，认识日本式议会民主中存在的非民主性与不成熟性的内涵。

一、日本政权更替的特征

在当代西方主要发达国家中，日本的政权更替表现出两个明显的特色：政权频繁更迭和“虚拟政权更替”。第二次世界大战结束后的半个多世纪以来，日本内阁更迭频仍，执政时间普遍较短；其中的政权更替基本上可以说是虚拟的政权更替。

（一）政权更迭频繁

纵览百年政治史，日本内阁普遍执政时间较短，更换频率较快。从 1885 年日本创建内阁制到 2012 年的 120 余年间，共产生 62 位首相，其中战前 29 位，战后以来 33 位，平均执政时期约为 2 年。在战后政党政治的恢复期，10 年间更换了 5 位首相，产生了三个“短命内阁”。但在自民党一党独大的“55 年体制”下，政权

① 如李阁楠：《日本政权变革原因探析》，《外国问题研究》1993 年第 4 期；金熙德：《日本“一年一相”的机制、影响与趋势》，《当代亚太》，2008 年第 6 期；王振锁：《战后日本政党政治》，人民出版社，2004 年；徐万胜：《冷战后日本政党体制转型研究》，社会科学文献出版社，2009 年；草野厚：《政権交代の法则：派閥の正体とその変遷》，角川書店，2008 年；柿崎明二：《次の首相はこうして決まる》，講談社，2008 年；山口二郎：《政権交代論》，岩波書店，2009 年；山口二郎：《政権交代とは何だったのか》，岩波書店，2012 年；小林良彰：《政権交代》，中央公論新社，2012 年等。

普遍较稳，除了猝死在任上的大平正芳外，执政大都超过两年。

随着冷战体制的崩溃，“55 年体制”宣告终结，日本政权更迭加快。从 1989 到 1994 年这 5 年间，先后有 7 位首相登场，20 世纪 90 年代也被称为“十年九相”的时代。纵览冷战结束后的日本政坛，从自民党的宫泽喜一到民主党的野田佳彦，20 年间共更换了 14 位首相，平均任期约为一年半。除了小泉纯一郎和桥本龙太郎之外，其他 12 位任期都未达到两年，特别是任期刚满一年或不到一年的“短命政权”达到 7 个。小泉下台以来的“六年七相”的乱象，愈加凸显了这一特征。

相较而言，在发达国家中，日本首相的平均任期最短，欧美等国政权则普遍比较稳定，执政时间较长。从第二次世界大战结束到 2012 年，除意大利（25 位）之外，各国首相（或总统、总理）更换的人数，英国和加拿大均为 13 位，美国为 12 位，法国和德国分别为 8 位，平均任期约为 5 到 8 年，是日本首相平均任期的两倍半到四倍。

（二）虚拟政权更替

政治学意义上的“政权更替”，是指政权在不同政党间的轮流执掌，间或一党连续执政，另一政党的上台亦可预期。战后美国连续执政最长的是共和党的里根、布什政府时期，共三届 12 年；英国连续执政最长的是保守党的撒切尔和梅杰政府，共 18 年。然而，日本从 1955 年建立自民党一党独大体制后，38 年间自民党一党单独执政，被称为“万年执政党”，最大的在野党社会党则始终被排斥在政权之外，成为名副其实的“万年在野党”。[①]1993 年“55 年体制”解体，自民党在短暂下野 10 个月后，依然联合其他小党，继续执掌政权约 16 年，直到 2009 年众议院大选失败下台。这一联合执政时期也被称为“后自民党时代”或“后 55 年体制”时期。[②]自民党作为主要执政党，前后连续执政长达半个多世纪。

半个世纪期间，日本政坛基本上没有发生过真正意义上的政权更替，而通常所谓的政权更替，不过是自民党内部不同派阀间的权力轮换而已，是没有政权更替的“内阁更替”，这种现象可称为“虚拟政权更替”。20 世纪五六十年代，政权主要

① 山口二郎：《政権交代論》，岩波書店，2009 年，第 119 頁；伊藤惇夫：《永田町「悪魔の辞典」》，文藝春秋，2004 年，第 26 頁。

② 王振锁、徐万胜：《日本近现代政治史》，世界知识出版社，2010 年，第 23 页。

是在自民党“八大师团”[①]的较量中产生。进入70年代，“三角大福中”[②]五大派阀激烈纷争，70年代末到80年代中期则是田中（角荣）派独领风骚的时期，各届政权都是在田中派的支持下登台的。冷战结束后的20世纪90年代，继承田中派衣钵的竹下派（小渊惠三派）主导着日本政局的变迁。迈入新世纪，政权的接力棒转移到了森派手中，森喜朗、小泉纯一郎、安倍晋三和福田康夫均出自森派。2009年民主党建政后，这种“虚拟政权更替”的政治剧再次在民主党内不同集团间上演，三年间政权由鸠山由纪夫先后转到菅直人、野田佳彦手中。

二、日本政权更替的机制

作为一个现代议会民主制国家，日本缘何出现首相频繁更迭的“乱象”？固然可以从政治、经济、舆论、文化等诸方面做出解释，然而，毋庸置疑政治体制是最重要的决定性因素。从政治角度来看，根本问题还是源于日本不健全的议会内阁制，即构成议会民主制的三大支柱：政党制度、议会制度和选举制度在日本的政治实践中分别“扭曲变形”。换言之，日本政权内部运营机制、外部协调机制和人才选拔机制分别发生了功能性障碍。原本政党间的轮流执政异化为政党内部的派阀政治，立法审议的国会“空洞化”“扭曲化”，演变为朝野政党争权夺利的角斗场，看似自由平等的选举蜕变为“世袭议员”合法性的护身符。即派阀、国会与议员，三个变量组成的机制的分别作用或共同合力，制约着政权更迭的时机和频度。

（一）派阀政治与轮流坐庄

原本是政党间力量对比决定着政权更替，然而在“55年体制”下自民党一党掌控参众两院，扭曲国会现象还未凸显，战前或战后初期成长起来的政治家执掌着最高权柄，世袭政治家仍未成为操纵“日本丸”的舵手，因此，该时期日本政权更替主要取决于执政党自民党内部的派阀政治。派阀政治具有表里一体的两面性，表

① “八大师团”，即1956年自民党总裁选举后形成的八大派阀，分别为池田勇人派、佐藤荣作派、石井光次郎派、大野伴睦派、石桥湛三派、河野一郎派、岸信介派和三木武夫•松村谦三派。

② “三角大福中”，指三木武夫、田中角荣、大平正芳、福田赳夫和中曾根康弘五大派阀首领。

面上通过主张不同的派阀“博弈”，交替上台，维持了自民党一党独大的长期政权。反之，其轮流坐庄的特性，从内部不断“制造”和“淘汰”着最高领导人，产生了诸多“虚拟政权更替”，是造成日本内阁缺乏长期性和稳定性的根本原因。

第一，派阀政治是一种协商式政治，其推出的协调性人物，往往具有先天的“脆弱性”和“过渡性”特征。

派阀政治崇尚私下“对话协商”，这是日本政治的一大特色。根据《日本国宪法》第 67 条规定，日本首相不是国民直选，而是由国会参众两院议员推选。即首相人选表面上取决于各党国会议员的人数，也就是众议院多数党的领袖出任，政党总裁往往就是首相。然而，自民党总裁的产生，实际上是内部派阀利益平衡的产物，是派阀首领们在“密室”里博弈后决定的。虽然自民党《党章》和《总裁公选规程》规定，总裁由国会议员、党员和党友等推选，但结果不少情况下并没有举行选举。迄今为止，自民党总裁有 4 次是由前总裁或副总裁指定的，有 11 次是未经投票选出的，其中从 1972 年到 1989 年的 17 年间，都是在各种名义下派阀协商或由首脑人物指定的。即使多数情况下经过党内选举，往往也是先“协商”后投票，即通过派阀协商，或敲定候选人，或确定合作关系，或就“下次轮我干”及职位的人事安排达成“密约”，在估计票数、搞清结果的基础上再投票。[①]如被誉为“日本政坛教父”的竹下派会长金丸信，曾经就是著名的“首相制造商”。进入 21 世纪，在总裁选任上，原森派掌门人森喜朗，多年来一直是具有举足轻重作用的幕后政界大佬。

选择首相考虑的因素，往往是出身派阀的大小、资历的深浅，权力意识或协调能力，甚至是是否容易操控等，推出的多是“权力追求型”的协调性人选，而少有真才实干的领袖人物，这就决定了日本首相先天的“脆弱性”或“过渡性”，客观上无形中加速了日本政权的“流动性”。如前首相宫泽喜一所言：“日本首相就跟火车司机一样，谁来驾驶都没关系。”[②]

第二，派阀政治是一种“轮流坐庄”式的权力分割机制，挨个上场、机会共享的特性加速了日本政权的流动性。

这种权力分割、机会共享的机制，也是自民党（或民主党）体制的一大特征。日本政党体制下的总裁选举，可以说是派阀政治最重要的功能。从 1956 年到 2012 年的 50 余年间，自民党共进行了 40 次总裁选举，平均不到一年半举行一次。首相

① 永森誠一：《派閥》，筑摩書房，2002 年，第 94 ~ 95 頁。

② 杨栋梁、乔林生：《日本首相评传》，天津古籍出版社，2012 年，第 352 页。

没有任期规定，而自民党总裁有任期，一般是 2 年，从 2003 年起改为一届任期 3 年。[①]其间，1980 年自民党制订了“最多连任两届”的规定，从制度层面上进一步加速了政权更迭的速度，亦使得“你方唱罢我登场”的预期变得更为现实。然而，实际上自民党总裁连任两届的很少，先前有“池田连任三届”“佐藤连任四届”的例子，“禁止连任三届”的规定实施后，仅有中曾根康弘和小泉纯一郎干满两届。

党首任期较短，表面上看是造成政权频繁更迭的一个原因，更重要的是派阀政治的“逻辑”决定首相不能恋栈久留。在没有朝野政党更替的条件下，派阀间要“轮流坐庄”。往往是任期未到，诸如选举失败、政策失误或个人政治丑闻、桃色新闻等等，都会成为其他派阀逼其让位的借口或理由。即使你拥有高国民支持率，那也不行。出自小派阀河本派的“雄辩天才”海部俊树就是在 56.7%的高支持率下，因失去最大派阀竹下派的支持被迫挂冠而去。

（二）“扭曲国会”与政治停滞

战后日本议会制度实行两院制，“55 年体制”下自民党占据着国会参众两院的多数席位，参议院拥有强大、对等权力的事实被掩盖，被称为“众议院拷贝版”或“众议院第二院”，存在意义备受质疑，长期以来一直有“参议院无用论”的论调。[②]随着冷战体制的瓦解，自民党一党独大体制走向崩溃，在野党势力迅速崛起，“扭曲国会”频繁化、长期化。因国会朝野政党间缺乏基本的外部协调机制，参众两院从“55 年体制下”的全面一致走向另一个极端的全面对抗，政党间的“恶斗”，常常造成无法正常审议法案，加之执政党粗暴的“强行表决”、在野党无原则的权力问责等，直接造成“国会空转”、“政治停滞”，严重制约了政权运营和政策制定，阻滞了政府的顺利施政，加剧了政权的更迭速度，成为日本政权“短命化”的重要原因。

第一，“扭曲国会”下的政党争斗，严重影响了立法决策，阻滞了政权正常运营

政府提交的法案，一般需要众参两院共同批准。扭曲状态下的国会，原本有利于在野党利用参议院的阵地积极参与立法，制衡执政党占多数的众议院，然而，事实上“扭曲国会”并没有成为政党间真正的政策讨论场所。“扭曲国会”，是指执政

① 自民党总裁的任期到 1972 年为 2 年，1972 年改为 3 年，1978 年又改为 2 年，2003 年改回 3 年。若前任总裁中途辞职，继任者的任期期限则为前任剩下的任期。

② 真鍋一：《参議院制度論》，東京図書出版会，2004 年，第 3 ~ 4 頁。

党占众议院半数以上议席，而在野党占参议院半数以上议席的状况。其中“扭曲国会”又可分为执政党占众议院半数以上和三分之二以上两种情况。若占三分之二以上，根据宪法第 59 条规定，众议院有权再次表决通过被参议院否决的法案；若只是占据半数以上议席，则失去此种权利。

迄今为止，日本先后于 1989 年、1998 年、2007 年和 2010 年产生过 4 次“扭曲国会”。2007 年第三次“扭曲国会”产生后，围绕《恐怖对策特别措施法》，自民党控制三分之二以上议席的众议院和民主党控制的参议院严重对立，造成国会多次空转。反恐法案受阻国会，可以说是安倍晋三决定辞职的主要原因。福田康夫上台后，于 2008 年 1 月在众议院连续强行通过了被参议院否决的《恐怖对策特别措施法》等 6 件法案。参议院否决的议案在众议院再次表决通过，这是继 1951 年《赛艇法》之后 57 年来第一次。在表决现场，民主党代表小泽一郎等人拂袖而去，放弃投票，以示抗议。整个福田和麻生政权期间，再次表决通过的法案达到 17 件。当然因强行再次表决有损参议院独立性之虞，不得不慎重行使。法案屡屡受阻国会，同样成为福田辞职、麻生下台的重要原因之一。

2010 年第四次“扭曲国会”产生，民主党只占众议院半数以上议席，自民党等在野党依仗参议院优势，以其人之道还治其人之身，相继拒绝有关议案审议，民主党政府提交法案的通过率跌到 10 年来的最低点，仅为 37.8%[①]。最终迫使菅直人不得不以辞职为条件换取第二次补充预算案等三个法案的通过。继任的野田政权同样举步维艰，苦无良策，2011 年国会的法案通过率仅为 34%，再创 20 年来新低[②]。面对“扭曲国会”下困顿的政局，2012 年 8 月野田痛下决心，以在“不久的将来”解散众议院即等同于宣布民主党下台为条件，换取在野党自民党和公明党的合作，以通过增加消费税法案。

第二，“扭曲国会”下无原则的行政监督，严重阻碍了政府的顺利施政

日本国会参众两院拥有行政监督权，包括调查权、人事承认权、问责权等。在“扭曲国会”下，原本有利于在野党有效监督政府的施政，发挥国会真正的行政监督职能，然而结果上行政监督往往沦为打击政治对手的工具。福田上台后不久，在野党民主党根据国政调查权，以涉嫌受贿事件为由，在参众两院分别传唤了前防卫省事务次官守屋武昌等人，还牵出了原防卫大臣久间章生和时任财务大臣额贺福志

① 《臨時国会法案成立率 37.8%、過去 10 年で最低に》，《産経新聞》2010 年 12 月 4 日。

② 《法案成立率 34%止まり、過去 20 年間で最低》，《読売新聞》2011 年 12 月 10 日。

郎等政治家，使刚起航的福田内阁陷入巨大漩涡。紧接着，在日本银行总裁人事任命上，民主党先后两次否决福田政府的人事提案，使得总裁空缺达三周之久，造成战后史上前所未有的事态，福田政府在国民心目中成为“不作为”政府。在国会临近结束的 2008 年 6 月，民主党又向参议院提交对首相福田的问责决议案，在日本宪政史上，首开首相问责决议案在参议院通过的先例。尽管不像众议院不信任案那样具有法律效力，但仍具重击对手的政治效果。福田苦于无法打开“扭曲国会”局面，三个月后无奈去职。当时国会被称为政治动荡的“真空国会”，①国会状况亦被批为“国会崩溃”。②

民主党当政后，在野党自民党如法炮制，以参议院为“出击”阵地，先后对菅直人内阁的官房长官兼法务大臣仙谷由人和国土交通大臣马渊澄夫提出问责案，重挫菅直人内阁的根基；随后又发起对野田内阁的轮番“攻击”，先是对野田内阁的防卫大臣、国土交通大臣和国家公安委员长兼消费食品安全大臣等 4 人提出问责，迫使其相继退职；2012 年 8 月又在参议院通过野田首相的问责案，还史无前例地拒绝了野田在参议院发表施政方针演说。两个多月后，野田在进退维谷中做出解散众议院的苦涩抉择。

（三）“世袭化”选举与低能首相

日本“世袭化”的选举造就了大批能力平庸的“世袭议员”③，从基础上劣化了政治领导人的选拔机制，是造成日本政权更迭的深层性机制原因。新世纪前后相继登台的数位“世袭议员”出身的低能首相，缺乏有效的决策能力，难以胜任转型期日本改革的大任，进一步加快了日本政权更迭的频率。诚如日本政治评论家们所言，世袭政治的横行，是造成当今日本政治贫困、政治劣化和国家“动荡”的根本原因之一④。

第一，“世袭化”选举阻塞了人才选拔渠道，扭曲了民主精神和价值观，造就

① 読売新聞政治部：《真空国会：福田漂流政権の深層》，新潮社，2008 年，第 14 頁。

② 平野貞夫：《国会崩壊》，講談社，2008 年，第 9 頁。

③ “世袭议员”，一般指接替三代以内亲属的选举地盘或借助其影响当选为国会议员的政治家。

④ 伊藤惇夫：《国家漂流——そしてリーダーは消えた》，中央公論社，2012 年，第 190 頁；森田實：《政治大恐慌　悪夢の政権交替》，ビジネス社，2009 年，第 145 頁。

了大批平庸政治家

战后日本长期实行中选区制度，1994 年改为小选区比例代表制，但选举的“世袭体制”并没有改变，反倒增加了普通人的准入难度。在候选人选拔阶段，世袭子弟可以凭借长辈或亲属关系，轻而易举地得到政党推荐，获胜机会远远高于普通候选人。据市川太一的调查，“世袭议员”在初次参选时就得到政党提名的高达 82.5%。[①]进入正式竞选阶段后，世袭子弟继承前辈的“政治家业”，即日本政坛常说的三大法宝：“脸盘”“钱盘”和“地盘”，占据了选举的优势地位。“脸盘”是招牌，代表知名度；“钱盘”是候选人经济实力的象征，是竞选获胜的重要保证，包括政治资金和家庭财产，特别是无税继承的大量政治资金，实际上已异化为政治家私人“家产”；“地盘”即票田，是国会议员在选区组建的个人后援会组织，成为选举拉票的重要机器。而对于那些“三无”人员（指无地盘、无知名度、无经济实力）来说，能跳跃国会这个“龙门”，实属凤毛麟角。从 1996 年小选区比例代表制实施以来，众议院当选率基本保持在 30%～40%之间，而世袭子弟的当选率则平均高达近 80%[②]，两者相差悬殊。

“世袭议员”中固然不乏年轻有为者，但在没有经过激烈竞争的“世袭体制”条件下，往往会产生不少养尊处优、意志薄弱、优柔寡断之人。2007 年执政刚一年的战后最年轻的首相、第三代世袭议员安倍以所谓“肚子疼”的健康原因突然辞职；一年后的“世袭首相”福田康夫高喊着“和你不一样”还是撂了挑子；第五代世袭的“大嘴”首相麻生太郎，在执政不到一年的情况下，在内外交困中，黯然挂冠而去，成为毁掉自民党的“短期罪人”。对这些禁不起挫折的“草莓族”或曰“温室花朵”而言，政权得来全不费工夫，弃之也就毫不珍惜了。

第二，世袭议员出身的首相不知民生、漠视民意，囿于既得利益，难以担负改革大任，无形中加剧了政权更迭频率

大多数世袭议员出生的首相生长在东京优裕的环境中，而选区却在地方或农村，即使通过调查，了解到一些现实差距，可对民众疾苦鲜有切肤之感，更难以提出卓有成效的方策。安倍“美丽的日本”构想很快化为泡影，福田“背水一战内阁”也未能提出实现“希望与安心”社会的具体措施，装扮为“懂经济的麻生”更是难

① 市川太一：《“世襲”代議士の研究》，日本経済新聞社，1990 年，第 273 頁。

② 笔者依据日外アソシエーツ編集：《新訂政治家人名事典》（日外アソシエーツ，2005 年）、日本政経新聞社編：《国会便覧》（日本政経新聞社各年版）统计计算。

以体会到普通民众的疾苦。这些长期“生活在云端上的人”与国民的隔阂日渐加深，著名评论家堺屋太一称这种现象为日本政治的“凡尔赛化”。[①]

世袭者与后援会“特权与票源”的互惠关系，实际上也是“权力交换选票，国民税金兑换个人政治资金”的过程。这种“兔死狐悲”的危机意识和相互依存的“利益绑定”，僵化了决策体制，使世袭出身的首相们往往囿于后援会的意向，局限于部门或地区局部利益，很难独立提出高瞻远瞩、富有创见的政策，而哗众取宠、小恩小惠的短期行为，实则损害了普通国民的整体利益，牺牲了国家的长远战略。

如上所述，日本政权更替机制，是由派阀、国会与议员三个变量组成的“三位一体”的互动体系。派阀政治反映出政党内部的斗争，国会政治表现出政党间的外部压力，议员的“世袭政治”属性则反映了选举的政党政治家个人的素质及能力。可以说，首相的选任和去留，取决于这三个变量不同时期的相异作用或同一时期的共同合力。即不同时期、不同场合，三个量不一定同时发挥作用，作用大小也未尽相同，而三个变量的交互作用、共同合力往往制约着政权更迭的时机与频率。“55年体制”时期，政党内部的派阀政治，成为政权更替的根本逻辑。冷战结束后，派阀功能相对下降，朝野政党对立的“扭曲国会”频繁出现且长期化，“世袭化”选举的世袭议员纷纷登台拜相，“扭曲国会”和“世袭议员”两个因素的作用凸显，加剧了政局的不稳定性和政权更迭的频度，而社会舆论、经济环境、文化传统等因素都是通过以上三个变量表现出来并间接发挥着作用。

三、日本政权更替机制的完善

21 世纪的日本，为了摆脱政治混沌、政局动荡的状况，重要的核心问题无疑是要实现由“虚拟政权交替”转变为“真正的政权交替”。然而，实现真正的政权交替的关键，在于摆脱派阀政治，回归真正的政党政治。因此，需要加强政党自身建设，在实现由“利益型的议员政党”向“理念型的组织政党”转型的基础上，逐步完善政党之间的关系，建立日本式的多党制；也需要充实国会功能，加强内部协调机制，实现由官僚内阁制到议会内阁制的转型；还需要改革完善选举制度，扩大

① 堺屋太一:《日本を劣化させた政治の‘ベルサイユ化’》,《中央公論》2007 年 10 月号。

政治参与程度，在竞争性选举的基础上，实现由“世袭体制”向民主体制的转型。

（一）完善政党自身建设和政党制度

欲改变“虚拟的政权交替”，实现“真正的政权交替”，第一，需要完善政党制度，建立一套两党或多党间轮流执政的体制。战后以来，自民党之所以一党独大长期垄断政权，一个重要原因就是在野党社会党实力弱小，缺乏一个有执政能力的、强有力的竞争对手。“55 年体制”崩溃后，日本的政党政治进入“联合政权时代”，除了自民党、民主党之外，其他小党诸如社民党、公明党等相继成为执政联盟之一，得到了参政机会，增加了执政经验。特别是 1994 年政治改革，引入以小选区为主的小选区比例代表制。根据迪维尔热法则，小选区制有利于形成两党制。可以说，选举制度改革为第二大政党的形成营造了制度环境，也为日本政权更替提供了有利条件。同时，政治改革中颁布了《政党助成法》，修改了《政治资金规正法》，促使政党补助金在各政党收入中所占比重越来越大，占到自民党、社民党总收入的一半以上，民主党总收入的 80%以上。[①]各党从国家财政上得到了稳定的财源支持，为政党开展活动创造了必不可少的条件。经过政界的分化组合，十余年来民主党由一个在野小党逐渐成长为执政大党，最终于 2009 年取代自民党执掌政权，实现了所谓的“真正的政权交替”，虽 2012 年大选惨败、实力锐减，但仍一度开创了以民主、自民两大政党为首分庭抗礼的日本政坛新格局。需要指出的是，两党制不是医治日本政治病灶的灵丹妙药，也未必符合世界潮流，在现有选举制度下，多党化或将是日本政党政治的发展趋势。

第二，统一政党内部认识，完善政党自身建设，实现政策理念上的政权交替。真正的政权交替意义，不是单纯为了获得政权，而在于政党所代表的不同政策理念的转换。日本的主要政党自民党和民主党，基本上都是“利益型政党”、“全方位型政党”。自民党是不同派阀组成的联合体，同一派阀成员的政策理念也未必一致。同样，民主党的每一次发展壮大也都是数量上的整合，而非政策理念上的“志同道合”。尽管两党于 2003 年分别推出所谓“政策纲领”，但党内并没有形成一致认识和明确固定的政策构想。结果如日本国民所见，民主党与自民党犹如“咖喱米饭”

① 参见総務省：《政治資金収支報告書及び政党交付金使途等報告書》，2012 年 11 月 30 日，http://www.soumu.go.jp/senkyo/seiji_s/seijishikin/。

和“米饭咖喱”，并没有什么区别。2009 年政权更替后上台主政的民主党，不仅在基本的内外政策上左右摇摆，而且在重要政策上内部不同集团、不同议员之间亦存在严重分歧，最终导致政党分裂、选举惨败。“卷土重来”的自民党，同样面临着如何统一思想、弥合内部分歧，构建统一明确的政权构想的问题。

第三，加强基层政党组织建设，完善党首选举制，消除派阀政治，避免同一政党内无意义的虚拟政权更替。日本的政权更替，实际上是派阀首领之间的轮替。一个重要原因在于，日本保守政党不是党员组织化形成的组织性政党，而是国会议员松散联合的议员政党。自民党基层组织薄弱，被称为“无足之党”。自民党支持者，与其说是支持自民党，莫如说是议员的支持者；自民党的地方基层组织，就是国会议员的个人后援会。小选区比例代表制实施后，各地确实建立了一些政党支部，但实际上大部分不过是过去后援会换个招牌而已。其中正式的自民党党员更少，以东京都党员最多的葛饰区为例，1989—1996 年党员约为两三千人，仅占该区总人口的 0.5%[①]。国会议员的“效忠”对象也不是自民党和总裁，而是以钱支持其参选、为其谋取职位的派阀领袖。因此，普通党友、党员，包括国会议员在内，自然对党首缺乏认同感，是造成党首频繁更换、政权反复更迭的原因之一。现在，虽然派阀提供政治资金、分配职位的功能下降，向心力减弱，但依然是自民党政治的核心。

第四，完善党首选举制，加强党内民主，强化领袖对全党的权威。自民党总裁表面上由党代会或议员大会选举，但在不少情况下是由权威人物指定或未经投票产生的。即使经过投票选举，也是派阀首领事先协商后再投票，选举流于形式。参与投票选举总裁的主要是国会议员，多是按照派阀决定投票，并非个人的自主选择。经过这样程序选出的总裁，对全党来说缺乏权威性。欧美各国政党则多实行包含广泛党员资格，甚至是非党员的普通民众也都参与的党首选举制度。英国保守党改变原先只是议员选举领袖的规定，先由议员投票将领袖人选缩减到两位，然后全体党员根据一人一票的原则投票决定。英国工党则是由议员、附属工会和个体党员分别各占三分之一的选票选出党首。英国自由民主党是由所有党员通过单轮投票选出党首[②]。法国社会党更是由全体国民来选出党首，然后去参加总统竞选。2001 年小泉政权以来，鉴于自民党的生存危机，由国会议员票和普通党员的地方票合计选举总裁的形式才固定下来，即一般情况下党代会选举总裁，国会议员一人一票，加上地

① 朴喆熙：《代議士のつくられ方》，文藝春秋，2010 年，第 73 頁。

② 比尔•考克瑟等著：《当代英国政治》，孔新峰、蒋鲲译，北京大学出版社，2009 年，第 202 页。

方 300 票（每个都道府县各 3 票计 141 票，还有根据党员、党友的数量分配的 159 票）；临时情况下由议员大会选举总裁时，则是国会议员票数加上分配给每个都道府县各 3 票的 141 票。通过这样的措施维系普通党员与自民党的关系。

（二）强化国会协调机制与制度改革

随着自民党一党独大体制的终结，在野党势力迅速崛起，加之参众两院改选期和任期的不同，"扭曲国会"已成为日本政治中的一种必然现象，相当程度上左右着政权命运，成为日本政权更替的风向标。因此，如何处理"扭曲国会"下的国会运营问题，避免出现"政治停滞"、政权频繁更迭的现象，不仅是现政权的当务之急，也是日本政治面临的中长期课题。

第一，当务之急是充实国会审议功能，还国会以本来面目。"55 年体制"下日本的决策实际上不是在国会，而是在自民党内部进行的。当法案提交国会后，作为对抗势力的在野党也只能是尽量拖延时间，以迫使其成为废案。同时，国会大量的时间不是用在议案的具体审议上，而是花费在议程的协调上。所以，恢复国会真正的审议决策功能势在必行。

第二，完善两院协议会或建立国会内部协商机制。日本参众两院之间缺乏相互协调的经验和机制。"55 年体制"下，自民党掌控参众两院，两院不存在意见对立问题。作为参众两院间的非常设协调机构两院协议会，从 1953 年第 17 届国会到 1989 年第 116 届国会的 36 年间一次也没有召开过[①]。1989 年"扭曲国会"产生后，两院协议会也曾发挥过一定作用。2007 年"扭曲国会"形成后，围绕预算案、条约和首相选举问题，两院意见严重分歧，依法召开两院协议会后仍未达成一致，结果依照众议院优先的原则，众议院决议最终生效，实际上协议会没有发生实质性作用。关于普通法案，朝野政党都没有提出通过两院协议会或下设相关委员会的制度设计。在自民党联合政权时代，对于朝野政党意见严重分歧的法案，两院协议会往往难以发挥功能。法案一旦在参议院被在野党否决，执政党便依仗众议院三分之二以上的多数强行再次表决。这里本身存在一个是否"尊重参议院审议权"的问题。进而言之，如果执政党在众议院占不到三分之二以上多数时，法案成立就难以保证，

① 大山礼子：《国会学入門》，三省堂，2003 年，第 153 ~ 154 頁。

"扭曲国会"最大的问题就产生了。民主党政权期间面临的就是此种问题。因此，可以借鉴德国经验，在德国基督教民主同盟和社会民主党分别把持上下两院的情况下，共同在两院协议会设立工作委员会，朝野政党每月一次集中公开各自意见，然后通过舆论调查，半年内得出最终结论。

第三，发挥国会内第三党居间的协调作用。在朝野两大政党对立的情况下，第三党可以从中斡旋，发挥桥梁作用。政见不同的德国基督教民主同盟与社会民主党之所以能够妥协的背景在于，作为第三党的自由民主党经常提出折中方案，这种桥梁作用，有效地促进了"扭曲国会"下的政策执行。在日本，可以考虑由公明党发挥第三党的桥梁作用，积极引导民主党与自民党的论争，促使双方达成妥协，以顺利推进政策实施。

第四，推进国会制度改革，明确两院权限，实行职能分工。除了上述协商、妥协的思路之外，其他解决方案就是制度改革。鉴于现有宪法下参众两院权能几乎对等的状况，一是通过制度改革，调整两院权限，即可以将再行表决的条件由众议院三分之二以上的多数降为过半数，代之以对参议院否决的议案在一定期限内众议院不得再行表决，而且再行表决前需要实行委员会审议；二是实行职能分工，各司其职。即由众议院负责预算和决策以及执行，参议院则负责决算和行政监督[①]；三是鉴于参议院定位不明的状况，推进包括间接选举在内的制度改革，逐渐明确参议院作为第二院的地位，同时实行完全的小选区制，以强化众议院的优越性。进而，考虑到将来如果日本导入道州制，可以将参议院改为由道州的代表组成的机构。当然，两院代表性和职能的根本性改变，都涉及修改宪法的问题。

（三）改革选举制度

如何从根本上减少世袭议员数量，改良日本政治土壤，培育、塑造有能力的政治家，需要一个完善的制度对有志于从政者的资质和能力进行甄别。参照欧美各国做法，改革选举制度，选拔政治精英，无须说是日本政治需要解决的重大课题。

第一，改变内定方式，引进预选制度，公开、公正、公平地广募英才。在选举的起点上，对志在从政、欲获得政党提名的候选人进行必要的公开测验，通过笔试、

① 野中尚人：《自民党政治の終わり》，筑摩書房，2008 年，第 237 頁。

面试、演讲和投票，严格地落实公募制，吸纳、选拔有能力、高资质的人加入候选队伍，而不是以出身门第、人际关系为主要标准，给每个人以公平的政党提名机会。在候选人遴选上，美国采用预选制，英国则是公募制，实质上都是在充分竞争的基础上选拔人才。以英国保守党候选人选拔为例，某选区希望参选者超过200人，党支部经过书面考试筛选出18位合格者；然后第一次面试缩减到8位；接着党干部面试确定4位；紧跟着就是在选区千人党员大会上进行演讲辩论会，最后由200名党员秘密投票确定一名公认候选人[①]。前首相布莱尔也曾经过此种程序，先后进行过5次投票，才最终被选拔为候选人。

第二，修改《公职选举法》，大幅减少或取消候选保证金，允许参选失败的候选人恢复原职。降低选举准入的门槛，减小参选的风险和成本，是保证人才输送渠道畅通的重要保证。日本的高额保证金制度可以说在当今世界上绝无仅有，参选者必须事先交纳300万（众议院小选区和参议院选举区）或600万日元（参众两院比例选区）保证金。根据日本国立国会图书馆调查，英国、加拿大的选举保证金分别仅为10万、8万日元，而美法德意则根本不设保证金制度[②]。对于平均月薪30多万日元的日本工薪阶层来说，这些保证金也不是个小数目。况且，胜算不高的普通参选者，不仅数百万的保证金可能由于得票数太低被没收，特别是还得面对为了参选而辞职后的失业窘境。因此，可以参照法国的做法，保留参选者的职位，允许落选者或离开政界者回到原来岗位。

第三，定期调整选区，禁止继承政治资金团体，摆脱后援会体制。后援会被认为是产生世袭政治的最大问题。因此，为了隔断世袭议员与后援会长期“互利共生”的固定利益关系，可以仿效英国，通过修改或制定法律，根据选民人数的变化，定期调整选区区划；定期更换候选人的选区，禁止政治家在本地，甚至是限制同一个政治家在相同选区连续候选；或者可以考虑一定时期内（最低20年）禁止候选人在与直系亲属选区同样的都道府县选区内参选。当然，还包括禁止世袭子弟对政治资金团体的继承，尽量创造一个公平的选举竞争环境。

第四，改革选举的投票方式，变自书式为记号式。日本著名政治学者山口二郎认为，欲排除无能的世袭政治家，可以进行简单的制度改革，那就是改变选票用纸。只要将选票由书写名字改为记号式，就会降低无名新人的障碍，阻遏政治

---

① 上杉隆：《世襲議員のからくり》，文藝春秋，2009年，第126頁。

② 《世界に例のない高額供託金》，《しんぶん赤旗》2005年8月2日。

家世袭[1]。真正效果会有多大，有待现实检验，但至少这也是一个可以改善世袭政治的直接途径。

结 语

日本政权更替机制，并非是一个表面上的经济形势、舆论导向或党首任期长短的问题，而是国会、政党、政治家“三位一体”、有机互动的制度体系。即代表政党间关系的国会、代表政党内部关系的派阀和代表政党政治家的议员三个变量，或不同时期分别作用，抑或同一时期共同合力，制约着政权更迭的时机与频率。换言之，一些充分反映民意、有能力的政治家而非政治家族繁衍的“世袭议员”的产生，是政权有效运作的基础要件；基于相同政策理念而非派阀利益组建的成熟的现代性政党，是政权运作的载体；进而，基于民意及政策合理性而非单纯党利的国会运营，是政权是否稳固的标杆。当今日本政治的问题，恰恰是因囿于个人、派阀内部和一党私利本身，才造成政治体制在各自方向或效果上出现严重偏差，表现为“扭曲国会”“扭曲政党”（派阀纷争）和“扭曲政治家”（世袭议员），直接导致了体系性的制度综合征，造成日本政权频繁更迭。

从政治体制角度看，仅有半个多世纪普选历史的日本，可谓属于发达国家中的“发展中国家”，政党体制尚未成熟，政党间的政权更迭模式尚未定型，在可预见的将来，日本政权频繁更迭的现象，还将持续下去。毋庸置疑，处于 21 世纪初期转型期的日本，欲摆脱政治漂流状态，实现真正的政权更替，需要回归现代民主的内涵，厉行改革，从基础上进一步推动选举的自由平等化、政党现代化、党内民主化以及国会功能化，才有可能实现由“夹生民主”向成熟民主的转型。

---

① 山口二郎：《政治のしくみがわかる本》，岩波書店，2009 年，第 72 頁。

日本对东南亚的军政统治到经济重返

毕世鸿

内容摘要 日本自明治维新后成功地实现了初始现代化转型的目标，但在对外关系方面，却一步步走上对外扩张、侵略东南亚并实行军政统治的不归路，使日本的初始现代化归于失败。第二次世界大战后，日本以和平的方式重返东南亚，并以赔偿、援助、投资和贸易等为抓手，不断深化与东南亚国家的合作，为日本第二次世界大战后的经济社会快速发展和现代化转型提供了良好的周边环境。这证明一个国家在现代化转型以及崛起的过程中，试图以武力和侵略改变地区国际秩序的方式行不通，需要与周边各国一道实现互利共赢和共同发展。

关 键 词 日本 现代化转型 对外关系 东南亚

作者简介 毕世鸿，云南大学国际关系研究院教授现代化是世界各国的必经之路，如何认识和处理其对外关系，也会影响到该国现代化的进程。众所周知，近代亚洲只有日本摆脱了沦为欧美列强殖民地与半殖民地的命运，走上了资本主义的发展道路，初始现代化取得明显成功，并跻身于世界五大国行列。但日本是个资源比较贫乏的国家，所生产的绝大部分产品要销往国外，既要依赖外部资源又要依靠国外市场，而资源丰富、疆域广阔的东南亚即成为日本垂涎的重要对象。在军部独揽大权以后，日本走上了侵略东南亚并实施军政统治的道路，结果在侵略战争中一败涂地，初始现代化取得的成果也耗费殆尽。第二次世界大战后，日本转而以和平的方式重返东南亚，实现了其现代化转型在对外关系上的一个新的跨越。日本与东南亚关系的前后巨变，对日本的现代化转型产生了不小的影响。本文以日本自太平洋战争期间对东南亚的军政统治至战后全面重返东南亚为研究对象，试图探究其经验和教训，以部分阐述日本现代化转型所带来的启示。

一、日本对东南亚的军政统治

自明治维新以后，日本逐渐成为东亚强国，成功地实现了初始现代化转型。明治维新推动了日本资本主义经济的迅速发展，但是日本急于“脱亚入欧”的考量并无长期的资本积累作为其经济基础，更无资产阶级议会政治的传统为依托，仓促间发展起来的资本主义带有浓厚的封建色彩，在国际竞争中不能不依赖军事力量扩张市场，这就使军国主义得以迅速形成和发展，对外侵略扩张成为近代日本谋求发展的国策。日本明治维新后开始的初始现代化的过程，就是对内强化专制和对外侵略扩张的过程。

在对外关系方面，日本很早就产生了对外扩张的思想，并仿效西方，准备对包括东南亚在内的东亚邻国下手，试图把该地区构建成日本与列强对峙的缓冲区和物资供应基地以及产品倾销市场。而对于如何制定和实施南进政策，日本自明治初期开始就进行了长期的探索和准备，先是“处分琉球”，进而殖民中国台湾，并在第一次世界大战期间篡取德属南洋群岛，构建了南进基地。1936 年 8 月，日本明确了向“南方海洋扩张”的新国策。作为国策的南进政策，其正式确立的标志，是 1936 年 8 月广田弘毅内阁确定的《国策基准》。而 1940 年夏季近卫文麿内阁提出的“大东亚共荣圈”构想，则是日本南进政策的综合性表述，并为之后的南进鸣锣开道。这说明，随着日本对外扩张的不断扩大，东南亚对日本也越来越重要。1941年12月8日，日本海军联合舰队偷袭珍珠港，陆军在马来半岛登陆，日本发动了太平洋战争。在不到半年的时间内，日本就把拥有1.5亿人口和380万平方公里的东南亚变成“南方共荣圈”，并纳入“大东亚共荣圈”之内（如图1所示）。随后，日军在所有占领区均建立起军政统治体系。

从日本对东南亚实施军政统治所追求的目标来看，日本企图在东亚地区建立以日本为核心的所谓“大东亚新秩序”。这表明，日本企图在东亚地区建立以日本为塔顶的金字塔式统治秩序。日本统治集团打出“大东亚新秩序”，只能暴露出其继承幕末思想家“统一世界”的野心，妄图实现大日本帝国的迷梦，同时也是为了把他国的财富变成日本的财富。“亲善”是手段，“扩张和掠夺”才是目的。日本占领东南亚各地并实施军政统治之后，“大东亚共荣圈”中的“日元经济圈”轮廓初步形成。这个“日元经济圈”包括五个级次，以日本本土为核心，日本直接统治的殖民地中国台湾和朝鲜为两翼，日本实际统治的伪满洲国为辅翼，中国关内占领区是借助当地傀儡政权实施的第一层经济“补给圈”，东南亚各地则是日本军政统治下的第二层经济“补给圈”（其结构如图2所示）。无论是有关东南亚各占领区的政策，

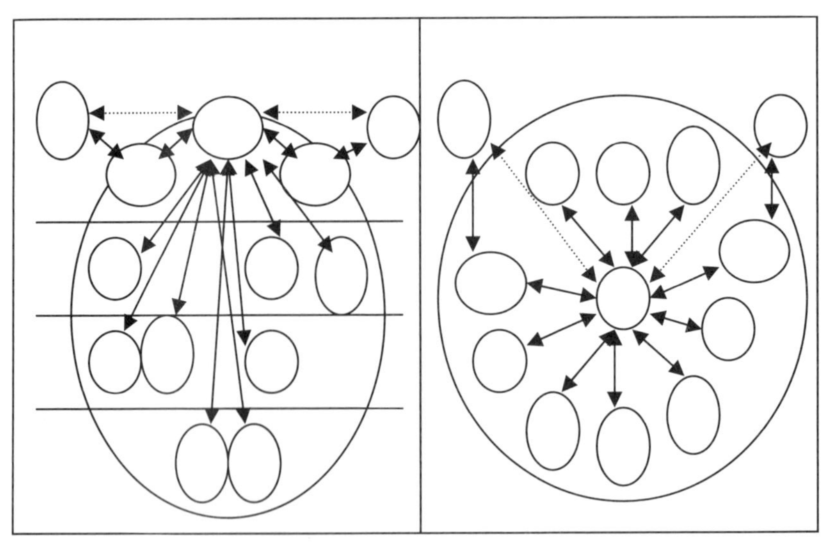

图1　日本对“大东亚共荣圈”的统治结构

资料来源：后藤乾一：《近代日本和东南亚——南进的“冲击”和“遗产”》，岩波书店，1986年，第188页。

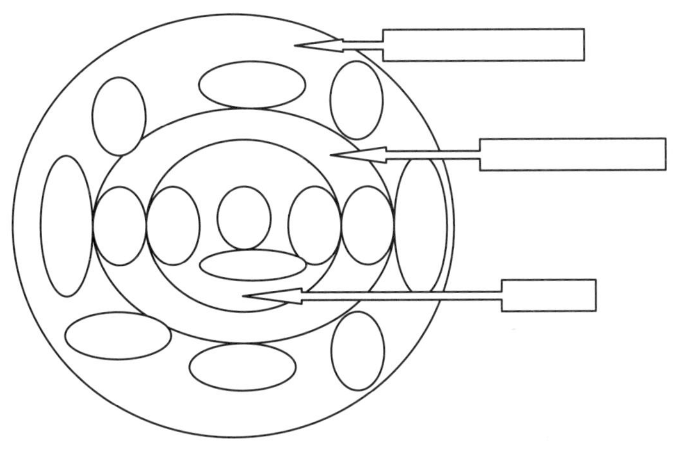

图 2 “日元经济圈”结构

资料来源：杨栋梁：《日本近现代经济史》，世界知识出版社，2010 年，第 196 页。

还是有关法属印支和泰国的决策，日本都是要以武力为后盾，在政治上控制、经济上掠夺。可见，日本所谓建设“大东亚新秩序”的实质，绝不是什么“新秩序”，也不是所谓的“共荣”，而是要确立日本在东南亚的霸权地位，并借此实行长期的统治和经济掠夺。

日本统治集团对东南亚国家要求独立的呼声表面同情，但一直拖延不决。直到战争中后期，在日本渐显败势甚至败局已定的情况下，才不得不做出让步。除了 1943 年承认缅甸、菲律宾“独立”外，1944 年 9 月，日本宣布同意东印度“近期内独立”，但直到 1945 年 7 月，日本才决定成立“印度尼西亚独立筹备委员会”。在法属印度支那，日本为维护自己的地位，于 1945 年 3 月发动军事政变，推翻法国在印支的殖民政权，宣布承认越南、老挝和柬埔寨“独立”。日本对东南亚占领区军政统治政策的调整与让步，并非要东南亚各国获得真正的独立，其用意在于争取东南亚各政权继续支持日本，并对付日益高涨的东南亚抗日民族解放斗争。然而，这不过是日本军国主义的垂死挣扎，挽救不了它必然灭亡的命运[①]。

太平洋战争时期日本对东南亚的军政统制，即期目标是“自给自足”“以战养战”，远期目的是构建以日本为核心的排他性“大东亚共荣圈”及“日元经济圈”，

① 梁志明主编：《殖民主义史——东南亚卷》，北京大学出版社，1999 年，第 488 页。

即通过严厉的军政统治和经济统制，把东南亚纳入日本资本主义经济圈，充当日本军需物资的供应地和日本商品的倾销市场，进而实现东南亚经济的对日附属化，成为其“日元经济圈”的第二层经济“补给圈”。无论是与日本在中国台湾、朝鲜的殖民统治相比，还是与战前欧美诸国对东南亚的殖民统治相比，太平洋战争时期日本对东南亚的军政统治更具有强制性、短期性和残酷性，特别是进入战争中后期，日本不顾当地人民死活，政治上残暴统治、经济上竭泽而渔的疯狂掠夺，给东南亚各国人民带来深重灾难，彻底撕下了日本侵略者自我粉饰的“解放者”伪装，暴露了其“共存共荣”不过是掠夺东南亚各国资源的幌子，“大东亚共荣圈”不过是日本军国主义的殖民圈。

应当承认，东南亚国家的不少民族主义者曾认为，“敌人的敌人就是我们的朋友”，幻想借助日本来推翻欧美殖民者。在占领初期，日本利用殖民地人民的民族主义思想，以欺骗的诺言吸引各地的民族独立运动领导人，以获取其支持日本军政统治和经济统制政策。这些领导人与日本合作，甚至组织军队，配合日军作战。但当日本建立军政统治机构，进行残暴的法西斯统治，推行野蛮的经济统制与民族同化奴役政策的时候，他们便幡然醒悟[①]。日本在东南亚占领区的所作所为比欧美殖民者有过之而无不及，日本是将东南亚从英、美、荷兰帝国主义的殖民地解放出来的“解放者”的谎言很快被拆穿，东南亚人民意识到与日本人合作无异于“前门驱狼，后门进虎”，而日本这个强盗更残暴、更凶狠。日本对东南亚的残酷统治、掠夺和奴役从反面唤醒了东南亚各阶层人民，拿起武器，奋起反抗，从而掀起了抗日武装斗争的高潮。

太平洋战争期间，日本在东南亚各国的残暴统治和疯狂掠夺，给东南亚各国人民带来了深重的灾难。劫后余生的东南亚人民对日本军国主义的罪行印象极深。巨大的人员、资产损失以及惨痛的心理创伤，使东南亚各国在战后相当长的时间内对日本保持高度警惕[②]。

---

① 日本历史研究会编：《太平洋战争史》第4卷，金锋等译，商务印书馆，1962年，第57页。

② 宋成友、李寒梅等：《战后日本外交史：1945—1994》，世界知识出版社，1995年，第242页。

二、日本对东南亚军政统治的遗产

1945年8月15日，日本战败投降。至此，日本对东南亚3年又8个月的军政统治宣告终结。日本的军政统治使东南亚人民遭受巨大苦难，产生了前述消极的破坏性影响，加剧了日本帝国主义与东南亚人民之间的民族矛盾，激起了各国人民抗日民族解放斗争的高涨。同时，日本的单一统治打破了长期统治东南亚的欧美殖民统治，摧毁了它们的统治机构。战争初期，美、英、荷殖民军队在日军进攻面前狼狈逃窜，大批殖民地官员和军人成为日军的俘虏，被关进集中营。这是西方殖民者自近代入侵东南亚以来的第一次大溃败，它打破了殖民者不可战胜的神话。东南亚人民亲眼看见了昔日不可一世的殖民者卑怯贪生的真面目，认清了他们的脆弱本质，从而增强了东南亚人民争取民族独立的信心，并促进了东南亚民族民主革命力量的大发展。

日本占领东南亚各地之后，当地原有的殖民统治机构受到破坏，占领区严重缺乏经验丰富的行政官员，日本军政当局不得不大量采用和提拔当地居民。在欧美殖民统治时期，东南亚人在政府机构大多担任基层职务，日本占领后，地方官员也有机会填补高级职位的空缺。日本军政当局还利用各种渠道培养当地年轻人担任公职。例如在马来亚，一些有能力的年轻人被送往马六甲和新加坡的昆仑书院培训，或参加诸如“并补”和“比特”（马来语中的“祖国卫士”之意）一类的准军事组织，或被送往更遥远的日本本土深造[①]。以昂山为首的缅甸国民军的核心领导层“三十志士”更是由日军在中国海南岛组织训练，缅甸独立之后，“三十志士”的成员掌握了缅甸的军政大权。多数缅甸领导人，不是在战争期间接受过日本的军事训练，就是留学日本并在日本军校就读[②]。日本的上述举措，不仅为东南亚各国培养了诸多行政管理和军事人才，也为培育战后成为东南亚国家领导人的对日亲近感起到了一定作用。

---

①［新西兰］尼古拉斯•塔林主编：《剑桥东南亚史》第2卷，贺圣达等译，云南人民出版社，2003年，第268页。

② Saito Teruko, Japan’s Inconsistent Approach to Burma, *Japan Quarterly*, Vol. 39, January–March 1992, p.24.

为尽快掌握东南亚各占领区的民族、劳动力、气象、风俗习惯、教育卫生、矿业、工商业、农林水产、交通、财政金融等各领域情况，军政当局接收了英、荷等国调查研究机构及其相关调查材料。1943 年 1 月，南方军军政总监部专门成立了调查部，以负责指挥对各占领区的经济调查，并完成了众多调查报告。同时，经各地军政当局的委托，日本当时最具有权威的研究机构还向东南亚各地派遣调查团，以协助军政当局对各占领区情况进行调查①。这些调查机构在抵达各地以后，完成了诸多调查资料或调查报告，对日本的军政统治发挥了重要作用。战争期间，日本企业也在东南亚各地所开展的投资和开发以及研究调查工作，积累了大量的数据和资料，为战后日本企业重返东南亚、并同东南亚各国“精准”地开展各种经济活动奠定了非常重要且坚实的基础。

日本对东南亚各占领区的军政统治，客观上也促成了东南亚各国民族工业的萌芽。战争初期，欧美诸国殖民当局在撤退时对各地工厂进行了大规模破坏，欧美诸国的技术人员以及熟练工大量逃离当地。为补充技术人员和熟练劳工的不足，军政当局不得不采取培养当地技术人员的方针。但由于各种各样的因素，占领区居民并未能完全填补因原殖民国家技术人员撤退而留下来的缝隙，培养技术人员和熟练工并非一朝一夕的工作。但尽管在数量和技术上尚属于少数，军政当局毕竟为占领区培养了部分承担发展其工业的中坚力量。1943 年 6 月以后，为加强当地生产能力，培育战争力量，军政当局采取了发展加工业和中小型工业，以提高当地自给自足能力的经济统制方针，并提倡占领区居民积极参加各种工业生产。例如，军政当局以当地占领区居民为对象，就电力、肥皂、鞣酸、机械、木工、橡胶、液化石油生产等领域开展短期技术培训活动，并在各占领区开展了各种工业试验和研究，这在一定程度上奠定了战后东南亚各国新兴民族工业的基础②。日本为延长自身统治而采取的上述措施，客观上为东南亚各国战后发展本国的民族工业播下了一些种子。

当然，日本在制定和实施对东南亚军政统治政策的过程中，是不会想到为其统治下的东南亚人民造福的，这是一个动机和结果无法对应的特例。虽然日本在太平洋战争初期是将东南亚占领区作为“永久性殖民地”来看待的，也将东南亚视为日本领土的一部分，惨淡经营建设。但至战争中后期时，为维持日本的战争力量和战时经济，日本加强了对东南亚占领区的残酷统治和经济压榨。日本对东南亚占领区

① 防衛庁防衛研究所戦史部編著:《史料集—南方の軍政》，朝雲新聞社，1985 年，第 499 頁。

② J. Russell Andrus, *Burmese Economic Life*, Palo Alto: Stanford University Press, 1956, pp. 157–158.

的军政统治一方面是侵略，另一方面是掠夺。而要掠夺就必须建设公路、铁路、机场、港口等基础设施，也需要建设一些工业设施。这些设施客观上促进了东南亚经济的发展，但其根本目的是为了更好地掠夺东南亚的资源，因此决不能以此为据来美化日本的军政统治。

总之，日本的军政统治，取代了欧美殖民者在东南亚的地位，它结束了欧美殖民统治东南亚的旧格局，建立的是日本独占东南亚的新统治秩序，但它并没有开创东南亚历史的新篇章。日本在东南亚的所作所为证明，所谓"大东亚共荣圈"是日本军国主义取代欧美诸国而建立的法西斯军政统治体制，日本鼓吹的"大东亚共荣圈"完全是彻头彻尾的"共贫独富圈"。它残酷地奴役、压迫、掠夺从欧美诸国手中夺取的占领区，其经济统制的严酷程度远远超过欧美殖民者。而反法西斯战争的胜利，日本在东南亚军政统治的崩溃，才真正为第二次世界大战后日本现代化转型过程中与东南亚国家建立平等的互利合作关系奠定了基础。

三、二战后日本对东南亚的经济重返

日本战败后，东南亚各国民族独立运动以前所未有的规模发展起来，东南亚各地相继出现了一批新兴的民族国家。为了代替美国用经济手段去填补东南亚各国由于殖民统治的衰落而出现的真空，美国在日本战后赔偿问题上加以变通，在 1951 年 9 月的《旧金山和约》中，"承认日本应对其在战争中所引起的损害及痛苦给盟国以赔偿"[①]。从 1954 年到 1959 年，日本先后同缅甸、菲律宾、印尼、越南签订了赔偿协议以及中、长期贷款。代替赔偿，向新加坡、马来西亚支付血债 2450 万美元，向老挝、泰国、韩国提供无偿经济合作 3.3 亿美元。赔偿与血债合计 11.7 亿美元[②]。然而，日本的赔偿或准赔偿大多是以产品和劳务形式提供的。即日本政府先把赔偿金支付给日本企业，再由这些日本企业向索赔国提供产品或劳务。从日缅达成协议并生效起，到 1976 年最后一笔赔偿支付完毕止，持续 21 年之久，跨越了日本战后恢复时期和高速增长时期。这种把赔偿与经济合作合二为一的方式，使日本既避免了支付外汇的负担，为日本国内滞销商品打开了销路，促进了国内各产业

① 鹿島平和研究所編：《日本外交史》第 30 卷，鹿島研究所出版会，1972 年，第 122 ~ 123 頁。
② 丸山静雄等著：《东南亚与日本》，石宇译，上海人民出版社，1974 年，第 58 页。

的发展，起到了难以替代的促进日本腾飞的一大助力的作用[①]。同时，日本还巧妙地利用赔偿重建了与东南亚各国的政治与经济关系，既减少了因以往的军政统治所造成的与东南亚各国之间的对立情绪，又重新占据了东南亚这一广大的市场和原料来源地，为日本经济重返东南亚创造了有利条件[②]。战后赔偿为第二次世界大战后日本整体外交的发展积累了经验，它是日本经济外交的开始，也是战后日本出口至上的国际经济战略的发端，还为日本实行多边自主外交奠定了基础。可以说，战后赔偿为日本现代化转型打下了坚实的基础。

在对东南亚各国进行赔偿的同时，日本还与东南亚国家实行资金合作，其中包含日本的政府开发援助（ODA），它开始于 1954 年 10 月的“科伦坡计划”，以日本的资金与计划来实施对外技术援助与合作。1968 年，日本成为资本主义世界的第二经济大国。然而，日本对东南亚进行大举经济扩张的做法引起了东南亚国家新的戒心和不满。为此，1977 年，日本首相福田赳夫在马尼拉发表了被后人称为“福田主义”的演说。福田保证，日本不做军事大国，要为东南亚和世界和平做出贡献；日本与东南亚各国在政治、经济、文化等广泛领域积极合作，建立“心心相印”的关系；日本以对等、合作者的身份支援东南亚。“福田主义”的出台，首次规定了日本与东南亚双边关系的政治原则，确定了日本对东南亚外交的基调。标志着日本与东南亚关系从前一阶段的赔偿转入经济合作，又逐步进入政治、安全合作领域，并使日本赢得了良好的周边环境，从而促使日本的经济快速发展。为扩大日本在国际上的政治影响，日本历届政府无一例外地将东南亚国家作为日本经济、政治、安全保障的重点地区，而主要的方式就是通过经援外交。1975—1989 年，日本对东南亚各国的 ODA 从 4.26 亿美元猛增到 22.26 亿美元，超过美国成为亚洲地区的第一大援助国。东南亚各国也乐得其所，日本在东南亚各国心目中的地位日益上升，这凸显了日本以经济促政治的外交路线的胜利。冷战结束后，东盟各国经济的迅速发展及东盟本身的扩大，使得东盟作为一个整体在地区乃至国际政治中的地位日益突出。日本首相对东南亚进行了多次访问，先后提出了“海部主义”“宫泽主义”“桥本主义”[③]和“新福田主义”“安倍主义”等，这些“主义”反映了日本对东盟

① 徐康明、张勤：《赔偿外交：二战后日本重返东南亚市场的策略》，《思想战线》2001 年第 1 期。

② 湛贵成：《关于日本赔偿问题与战后经济》，《世界历史》1995 年第 4 期。

③ 彭文平：《从“国际经济政治化”角度看日本对东盟的经济援助》，《东北亚论坛》2004 年第 1 期。

的重视。日本政府在 1992 年通过了《ODA 大纲》，也规定了日本 ODA 施行的优先地区是亚洲尤其是东南亚地区。

表 1　西方主要援助国对东南亚国家 ODA（2009 年）

（单位：百万美元，%）

援助国	东盟整体	柬埔寨	印尼	老挝	马来西亚	缅甸	菲律宾	泰国	越南
日本	879.81（24.03%）	127.49	-512.79	92.36	91.78	48.28	-8.36	-150.31	1191.36
澳大利亚	602.62（16.46%）	48.50	342.14	29.61	1.46	17.89	94.77	4.13	64.12
美国	440.01（12.02%）	68.56	121.29	7.44	16.26	35.22	89.50	23.60	78.14
法国	361.92（ 9.89%）	29.78	187.13	19.09	-0.05	2.06	-7.29	-11.71	142.91
英国	266.79（ 7.29%）	32.31	68.76	0.30	4.18	53.14	4.39	9.92	93.79
德国	205.59（ 5.62%）	37.90	-34.84	27.36	10.98	9.72	40.13	1.86	112.48
韩国	154.89（ 4.23%）	17.05	27.76	25.14	1.07	1.95	22.07	2.32	57.53
荷兰	138.29（ 3.78%）	0.08	81.09	—	0.05	5.77	2.24	3.62	45.44
丹麦	112.99（ 3.09%）	16.45	10.37	1.01	5.09	9.78	-0.20	2.91	67.58
瑞典	111.50（ 3.05%）	23.92	11.58	18.16	0.70	17.71	9.52	8.08	21.83

注：表中的负数表示该金额为偿还给援助国的贷款。

资料来源：*International Development Statistics*（Website of the Organization for Economic Co-operation and Development, accessed in Dec. 2011）。

如此，第二次世界大战结束特别是旧金山对日媾和条约签署后至今，日本按照赔偿、援助、投资、贸易相结合的方针，大力开展与东南亚国家的经济合作，成功地实现了经济重返东南亚的目标，确保了工业原料和海外市场，增强了日本自身的经济实力，提升了日本在东亚地区的政治影响力，实现了其在太平洋战争期间依靠武力而无法实现的目标，更为日本的现代化转型提供了良好的周边环境。自 20 世纪 70 年代后，随着日本经济的高速发展以及东南亚国家吸引外资政策的实施，日本又以贸易和直接投资为手段，大力进军东南亚国家。80 年代以后特别是冷战结束后，受日元升值、经济全球化和区域一体化等影响，日本企业更出现了投资东南亚的“热潮”，并一直保持至今。为强化与东盟的关系，日本把与东盟的合作关系作为主导东亚各国经济合作的核心。

（单位：%）

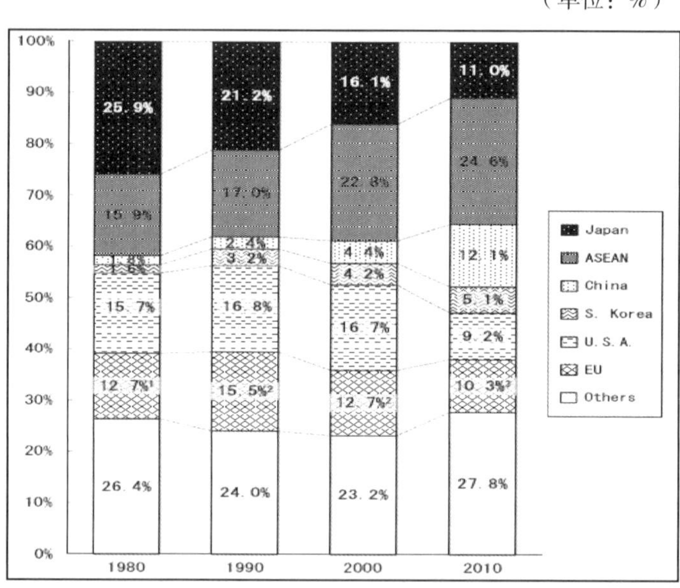

图 3 东盟主要贸易伙伴

资料来源：*Direction of Trade Statistics Yearbook 1987*, 1997 and 2004 （International Monetary Fund）；*Direction of Trade Statistics* （Website of the International Monetary Fund, accessed in Dec. 2011）。

1997 年东南亚金融危机爆发后，日本进一步加强了对东南亚的经济渗透和扩张，促使日本与东南亚各国的经济关系在广度和深度方面都得到提升，发展成为“全面经济伙伴关系”[①]。进入 21 世纪以来，日本推行更加重视东盟的外交战略，谋求

① 曹云华：《金融危机以来东盟—日本关系的变化》，《当代亚太》2003 年第 11 期。

深化同东盟的全面合作关系。由于东南亚各国与日本存在发展阶段的差距，日本的直接投资不是纯粹的竞争关系，而是谋求一种更广范围的国际分工与合作关系。在日本对东南亚各国的贸易方面，工业制成品的相互出口不断增加，生产资料出口扩大，而从东南亚各国进口的消费品和工业品均有增加①。此外，日本与东盟大力建设自由贸易区，力推建立东亚全面经济伙伴关系（CEPEA），并与东南亚各国积极签订"经济合作伙伴关系协定"（EPA），还与东南亚各国推动建立东亚金融安全机制。日本对东亚地区安全合作积极提建议，力图扩大日本的影响，东盟也欢迎日本在地区安全事务中发挥积极的作用。如表 1、图 3 和图 4 所示，目前，日本是东南亚各国最主要的外国投资者、最大的援助国和最重要的贸易伙伴之一。东南亚各国对日本资金、技术和市场的依赖继续增加。日本在东南亚的长期投资已经开始在政治和其他领域得到巨大回报，在东南亚的政治与安全事务中发挥了越来越重要的作用。

（单位：百万美元）

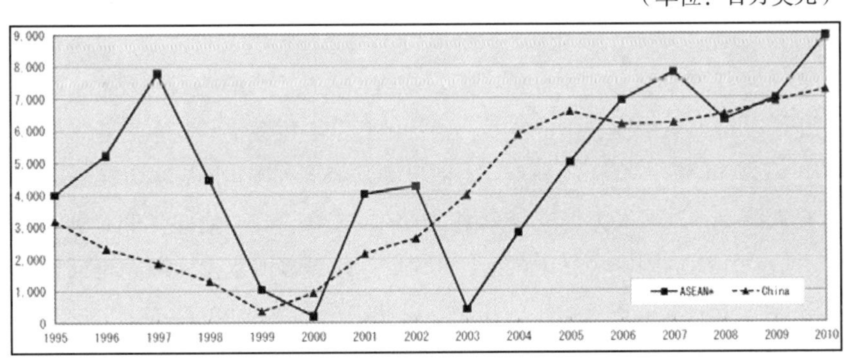

图 4　日本对东盟和中国 FDI 的推移（1995–2010 年）

资料来源：日本貿易振興機構:『日本の国・地域別対外直接投資』, 2012 年。

结　论

历史证明，日本自明治维新以来，实行资本主义改革，把一个落后的封建国家

① 孙明贵:《日本对东南亚投资和贸易的战略变化》,《现代日本经济》2004 年第 3 期。

迅速建成亚洲近代化强国，实行了初始现代化转型，这对于日本人民来说，是一件具有历史意义的好事。但该时期日本的现代化转型是非常不彻底的，近代日本贪婪而肆无忌惮地对东南亚进行侵略扩张，妄图重新瓜分世界，称霸亚太地区，最终被世界反法西斯力量打败，日本的初始现代化转型以失败告终。第二次世界大战后，日本改以和平的方式，以赔偿、ODA、投资和贸易等为抓手，不仅实现了经济重返东南亚的夙愿，与东南亚国家的关系更扩展至安全保障、环保等领域，为日本第二次世界大战后的现代化转型提供了一个良好的周边环境，也使日本经济和社会进入高速发展时期，成为资本主义世界第二经济大国。

当前，东亚地区一体化进程逐渐加快，东南亚 10 国构建“大东盟”的构想已成现实，东盟在全球事务中的地位日益上升，日本已不满足于对东南亚的经济重返。为此，日本与东南亚国家全方位、深层次地推进双方在政治、经济和安保等领域的合作。目前，日本与东盟建立起了“日本—东盟首脑会议”“日本—东盟外长会议”“日本—东盟经济部长会议”“日本—东盟论坛”“日本—东盟经济产业合作委员会”等多边合作机制，与东南亚国家之间的双边合作机制更是不胜枚举。日本—东南亚关系在经济、政治和安全保障等领域都取得了突破性进展。政治上，日本在争当联合国安理会常任理事国和谴责朝鲜绑架日本人以及应对气候变化、反恐、网络安全等问题上，都得到东南亚各国的支持。经济上，日本积极推动与东南亚各国的双边或区域经济合作，抢占合作制高点，力图巩固其经济大国地位，主导东亚一体化进程。安全保障上，日本大力促进与东南亚国家的安保合作，借此降低对美国的依赖程度，并鼓动东南亚国家牵制中国。近年来，越来越多的东南亚国家也期望日本在政治与安全等方面发挥更加重要的作用，以便制衡正在崛起的其他地区大国。

总之，从日本和东南亚关系的演变与日本现代化转型的关联来看，证明一个国家在现代化转型以及崛起的过程中，试图以武力和侵略改变地区国际秩序的方式行不通。一个国家的现代化转型发展道路，首先在于自强不息，同时在于和各国相互尊重国家主权、相互平等、和平共处、互利共赢。每个国家都有自己的主权和利益，每个国家也都有自己的传统和习惯，但不能将本国的意志强加于人，更不能动辄使用武力，通过战争来强加于人。未来东亚地区的新秩序应该是一种合作、开放与和谐的新秩序，必须以和平、友好、合作为理念，目的是实现互利共赢和共同发展。

治理视域下的日本行政改革

——以日本地方分权改革为中心

淳于淼泠　冯箫頵　周兴艳

内容摘要　与传统政府行政管理的科层制不同的是，治理理论在公共事务管理的主体、管理方式上都强调多中心治理，即包括政府、企业、第三部门、公民组成的互动网络治理，以此共同谋求公共利益的最大化。而多中心治理的形成和发展，首先需要转变政府的行政职能，调整中央、地方的行政职权。日本的地方分权改革，在改革的理念、内容及其方式上都呈现出治理的诸多特点。

关 键 词　日本　治理　行政改革　地方自治

作者简介　淳于淼泠，西南政法大学日本研究中心教授；冯箫頵，美国华盛顿大学法学院研究生；周兴艳 西南政法大学日本研究中心兼职助理

一、治理与地方政府的行政改革

自从 1989 年世界银行针对非洲的社会问题而首次使用了“治理危机”（crisis in governance）之后，治理就被赋予了时代的新元素，在全球广泛使用，如公司治理、社区治理、公共治理、全球治理等，频繁出现在各个领域。治理为人们研究复杂多变的社会现象提供了开放的分析框架，获得学者们的普遍青睐，产生了强大的生命力。

在公共管理领域，治理被赋予了善治的价值理性和导入了更民主、更灵活的工具理性。善治的基本要素包括：合法性、法治、透明性、责任性、回应性、有效性、参与、稳定、廉洁、公正[①]。在公共治理中，善治强调的是，“如何在日益多样化的政府组织形式下保护公共利益，如何在有限的财政资源下以灵活的手段回应社会的公共需求”[②]。这些公共治理的理论是对西方国家行政改革实践的积极回应，它高度概括了西方社会及其政府为了适应经济全球化、社会网络化的需要而逐步形成的一种新的公共事务模式，并在此基础上构建了辐射面大、规范性强的理论框架。善治是公共治理的最高哲学命题；多元化则是该理论所倡导的公共管理的基本运行模式。为此，在运行机制与管理方式上，公共治理力求减少传统行政管理科层制的局限性，除了政府行政管理法定的行政手段、行政程序外，更多的是强调各级行政机构、各种组织、团体之间的自愿、平等的合作，以此提升政府公共行政管理的公正性、透明性、灵活性和回应性。另外，公共治理还将企业管理的理念、竞争机制引入公共管理，强调非政府组织和个人对公共事务的参与，并形成社会“多中心治理”的自主自治的网络。这一网络理想的状态是各个治理主体放弃自己的部分权利并凭借各自的优势和资源，以对话、协商的方式来彼此增进理解，最终建立处理公共事务的联合体。

事实上，公共管理的实践也不断表明公共治理理论相对于地方政府公共管理来说指导性更强，可操作的空间更大。因为，随着社会福利和公共需求的不断增加，地方政府几乎长期处于一种结构与功能紧张的状态中。也就是说，地方政府行政职

① 俞可平：《全球化：全球治理》，社会科学文献出版社，2003 年，第 6 ~ 13 页。

② 陈振明、薛澜：《中国公共管理理论研究的重点领域和主题》，《中国社会科学》2007 年第 3 期。

能的扩大需要公共财政支撑，而公共财政却总是有限的，以及科层制自身的弱点，使得公共服务供需的矛盾、社会对政府公共服务供给的不满都更多地指向了地方政府。地方政府要缓解和解决这些矛盾，跟上社会公共服务发展的需要，公共治理、尤其是多中心治理便成为一种有效的途径。同时，地方政府直接面对社会各种组织和公民，在公共服务供给、维护公民权利等方面具有直接性、具体性、事务性，是形成和发展公共治理、多中心治理不可或缺的平台。也就是说："20 世纪 90 年代早期兴起的治理理论已经成为公共管理领域最核心的论点之一，它是地方政府研究的起点。"①

二、日本行政改革的轴心：地方分权

日本的地方自治体是一个相对稳定、成熟的行政体系。根据西尾胜的研究，其主要特点有：第一，集权式分散体系，即构成政府体系的各级政府向民众提供行政服务，如果上级政府保留程度越强，就越是集中式的体制，相反，就是分散式的体制；第二，集权融合型=地方制度，即集权、融合和融合、分离两个轴线组合而成的类型区分，也就是说，被分类为"国家事务"的行政服务提供业务越多，集权型特点越强，被分类为"自治事务"的行政提供业务越多，越属于分权型；第三，财政转移支付，即国家主要通过一般财源、地方交付税和特定财源国库补助负担金向地方自治体实施财政转移，其结果是，在岁入方面，国税约占六成，地方税约占四成，而在岁出方面，国家的约占四成，自治体约占六成；第四，市町村优先原则和市町村平等原则，即在事务转让或事务委托给自治体时，尽可能地向基础自治体市町村进行转让或委托，同时，在向市町村转让或委托事务时，要对所有市町村平等实施。②

事实上，第二次世界大战后日本地方自治体的财政，长期以来主要依赖于来自中央政府的财政转移支付，地方自治体的权限与财源都非常有限。日本中央政府则利用"机关委任事务制度"及其衍生的"预算经费"等调控手段，控制地方自治体，

① [英] 杰瑞•斯托克著：《地方治理研究：范式、理论与启示》，楼苏萍译，《浙江大学学报》2007 年第 2 期。

② 西尾胜著：《日本地方分权改革》，张青松、刁榴译，社会科学文献出版社，2013 年，第 1 ~ 8 页。

限制其权限，使“自治体政策朝着自身期待的方向发展”。[①]所以，日本的地方自治有“三成自治”之说。第二次世界大战后日本的行政体制在促进日本经济高速增长、增强国力上曾经发挥了极大的作用，振兴了战后日本的产业，充实和完善了基础公共物品如福利、教育、社会保障等，显示了其行政体制的诸多优越性。

但是，随着战后日本经济的高速发展，人们的价值观在追求量的同时，更加偏向于追求质的完善。日本地方社会的发展也更加强调地方自治与地方特性，因而呈现出多样性的发展特征。同时，日本基于全国划一的中央集权型体制不断表现出不适合社会发展的诸多弊端。尤其是权力、财源、人才和信息等一如既往地向中央过度集中的体制，越加受到社会各界、特别是地方的反对，认为其剥夺了地方的资源与活力。而此前曾经受到高度评价的作为日本经济高度增长秘密的中央集权的行政体制，在这个时候已经成为国外资本进入日本国内市场的一大障碍，外部压力纷纷要求日本开放封闭的国内市场，取消或削弱政府对私人企业、跨国公司的政策约束。当然，推动日本地方自治改革更为直接的原因是日本经济的长期不景气，以及少子高龄化日趋严峻，对日本的社会保障，如医疗、福利、养老金等方面都造成了危机。在这样的时代背景下，日本以“地方分权改革”为轴心，开始了第二次世界大战以来对地方自治行政体系最为广泛而深远的改革。现将历次改革的重点阐述如下。[②]

（一）第一次地方分权改革（1995—2001年）

第一次地方分权改革的重点主要有以下几个方面：

第一，明确中央与地方自治体各自应当承担的责任。基本原则为尽可能地将贴近于居民的行政交由地方自治体负责，而中央政府只是重点负责在国际社会关系中关系国家存立的相关事务及适宜在全国进行统一规制的事务等。

第二，废除机关委任事务制度并重构随之而来的事务区分。地方分权推进委员

---

① 西尾胜著：《日本地方分权改革》，张青松、刁榴译，社会科学文献出版社，2013年，第7页。

② 2009年政权交替前自民党政权下的地方分权改革主要有三个阶段。第一阶段，从1995年5月15日《地方分权推进法》的通过，及同年7月3日所设立的“地方分权推进委员会”为开端，至2001年4月26日地方分权推进委员会提出最终报告为止。第二阶段，从2001年4月26日小泉内阁成立起至2006年为止，所进行的“三位一体改革”。第三阶段，从2006年12月8日到2007年4月由内阁府设立“地方分权改革推进委员会”为开端，到2009年11月9日提出第4次劝告为止。2009年政权交替后民主党政权下的地域主权改革。2012年8月31日，日本自民党重返政坛，继续地方分权改革。

会（“分权委”）在第一次劝告（1996 年 12 月）中，具体提出了废除机关委任事务制度：“为了将国家与地方公共团体的关系由上下和主从的关系转换为对等和协作的新型关系，应当果断废除机关委任事务制度。”在废除机关委任事务制度的基础上，又将存续的事务重新划分为“自治事务”与“法定受托事务”两大类。

第三，重新审视国家（中央）对地方的干预。例如规定了国家干预的基本原则、在各新事务中干预的基本类型、干预的程序及有关干预的争执处理程序，同时还规定对个别法的干预应限定在与基本类型相应的必要最小范围等。

第四，推进权限移交。主要从三个方面推进：一是通过个别法的修改来推进权限的移交；二是通过创设特例市制度来推进权限的移交；三是根据条例的事务处理的特例来推进权限的移交。

第五，重新审视必置规制。通过修改个别法，在尊重地方自治体的自主组织权的同时，为了提高行政效率，废除或放宽了所谓“必置规制”。[①]针对“必置规制”，“分权委”主要是从对自主组织权的尊重以及行政的综合化和效率化的视点来对其进行废除或者缓和。尽量将“必置规制”限制在最小必要限度，要求其基本内容必须在法律或政令中有所规定。关于这方面的努力有很多，例如废除了医疗监视员的资格限制和公立图书馆馆长的图书管理员资格限制，还废除了儿童咨询所等设施，以及职员的有关名称规定等。

日本第一次地方分权改革最大的成果，当属机关委任事务制度的废除，并由此进一步使地方自治体的自治行政权得以扩大。但是，后来针对自治事权的法令却对地方自治体赋予相应的义务和框框，从而使实际上的自治行政权的扩充受到限制。

（二）第二次“三位一体改革”（2001—2006 年）

2001 年 4 月 26 日，小泉纯一郎担任日本首相，成立了以其为召集人的“经济财政咨询会议”，作为小泉内阁改革的协商、推进机构。同年 6 月 26 日通过了阁议《今后的经济财政运营及经济社会的结构改革的基本方针》。该方针被认为是在日本泡沫经济崩溃后，为了重建日本的经济和金融，提出“地方的事务交由地方、民间的事务交由民间”的结构改革，对日本政府后来的方针政策具有极大的影响力。

① 所谓必置规则，是指国家将设置特定行政机构和设置拥有特别资格或职务的职员、或者附属机关等规定为自治体的义务，这些制约自治体的人事权和组织编制权的规定，称作“必置规则”。

“三位一体改革”是基于小泉强有力的领导，通过采取与之前的改革不同的手法，将缓慢的改革向前推进。但由于当初改革的动机主要是财政再建而非强化地方自治，其改革成效也是有限的，遗留的课题也不少。

表 1　日本“三位一体改革”的主要内容

依据的法律	地方分权一揽子法
主要举措	改革财、税源，从财政再建的立场出发，废止和削减国库补助负担金→税源移交、地方交付税改革
主要成果	国库负担金改革约 4.7 万亿日元 税源移交约 3 万亿日元 地方交付税改革约 5.1 万亿日元 从财政再建的观点来看，取得了一定的成果，但不一定就是有助于地方分权改革。补助负担金改革和税源移交都还有待深入改革。交付税的大幅度削减引发了地方团体的不满。
主要的博弈方	支持财政再建方：小泉首相、经济财政咨询会议 反对财政再建和税源移交：财务省 支持地方分权改革：总务省、地方六团体 希望维持现状：各省厅、族议员
经济财政的状况	公共事业的追加和减税而产生的危机性财政以及岁出削减的压力增大

第三次地方分权改革（2007—2009 年）

2007 年 4 月，根据《地方分权改革推进法》，设置了地方分权改革推进委员会（以下简称“改革委”）。“改革委”虽然竭尽全力对重新审视中央与地方的职责分担、完善地方税财政制度等方面进行了具体性提议，但以税财源问题为中心的问题还是有不少没有得到解决，其主要内容如下表所示。

表 2　日本第三次地方分权改革的主要内容

依据的法律	地方分权改革推进法（2006 年 12 月 8 日成立）
主要的努力	重新审视附加义务、附加框框，改组派出机关，重新审视直辖事业负担金
主要的成果	接受劝告由本届政府进行调整
主要的博弈方	地方分权改革推进委员会和总务省　各省厅 地方分权改革推进委员会并不直接与各省厅进行交涉，并且接受劝告后的实质性交涉也是在当时新执政的民主党政权下的总务省与各省厅之间进行的。
经济财政状况	税收骤减以及因政权交替支出的增加所带来的财政危机快速严重化，财政再建的目标并没有达到。

民主党政权下的“地域主权改革”（2009–2012 年）

所谓“地域主权改革”，是指“在日本国宪法的理念下，将贴近居民的行政，由地方公共团体自主且综合地加以全面承担，使地方居民能够基于自我判断和责任而致力于地方的各种课题的改革”。改革的目标主要是应对社会经济的变化、革新日本国家形式、居民的选择和责任等。

表 3　日本“地域主权改革”的主要内容

改革的课题	改革的理念	取得的成果
重新审视附加义务和框框 向基础自治体移交权限	事务的实施及方法根据地方议会确定的条例来决定，地方自治体的结构改革变为通过自我的判断和责任来实现	第 1 次一览法（2011 年 4 月 28 日成立） 第 2 次一览法（2011 年 8 月 26 日成立） 第 3 次一览法案（2012 年 3 月 9 日国会提出）
补助金等的一揽子交付	废除中央与地方的“附带条件的补助金”，基本上改为地方能自由使用的一揽子交付金	创设“地域主权战略交付金” 2011 年：5120 亿日元（包含冲绳振兴自主战略交付金在内） 2012 年：6745 亿日元（若包含冲绳振兴一揽子交付金在内则为 8329 亿日元）
派出机关的原则性废除	事务和权限等移交给了地方自治体，使地方自治体能够自主且全面实施地域行政	2010 年 12 月 28 日的“行动计划” 2012 年 11 月 15 日的《有关国家特定地方行政机关事务等的移交法案》（自民党阁议通过）

三、日本地方分权与多中心治理的形成

多中心治理即在社会公共事务的管理过程中，并非只有政府一个主体，而是存在着包括中央政府单位、地方政府单位、政府派生实体、非政府组织、私人机构以及公民个人在内的许多决策中心，它们在一定的规则约束下，以多种形式共同行使主体性权力。这种主体多元、方式多样的公共事务管理体制就是多中心体制。[①]公共治理的发展必然导致开放的、多元的公共事务运行模式，并能提供良好的公共服务；而开放的、多元的公共事务运行的基本要件就是公共权力、行政权力的分散化、透明化。集权行政体制、科层制都存在着权力监督无力、容易滋生腐败、行政成本高、难以满足社会公共利益需求等弊端。因此，改革优化行政权力的结构功能，转变各级政府职能是形成公共治理的必要环节。当代日本着力于地方分权改革，在三个方面都有利于逐渐形成多中心的社会治理格局。

（一）简政放权扩大地方自治

在治理的结构中，公共权力、行政权力是其逻辑起点。日本通过地方分权改革，力图将中央政府与地方政府之间的关系从过去的“上下、主从”转变为“平等、合作”的关系，为形成多中心治理提供了基本的行政体制保障。例如，通过个别法的修改来推进权限的移交。将国家的权限移交给都道府县，将都道府县的权限移交给市町村。这方面改革的事例特别多，有中央向都道府县移交权限的公共下水道事业计划的批准权限等；有都道府县向政令指定都市移交权限的都道府县的城市规划决定权限等；有都道府县向核心市移交权限的核心市的县经费负担、教职员研修的权限等；有都道府县向特例市移交权限的开发行为的许可权限等；有都道府县向市一级移交权限的商业街振兴公会和商业街振兴公会联合会的设立认可等；还有都道府县向市町村移交权限的市町村立高等学校通学区域的指定等；以及都道府县向其它特别区等移交权限的关于温泉的公共浴用、饮用的许可等。这些权限移交所涉及的

① 陈广胜：《走向善治》，浙江大学出版社，2008年，第99页。

修改相关法律主要有《狂犬病预防法》《儿童抚养补贴法》《森林法》《城市规划法》等，共涉及 34 部法律的修改。另外还有重新审视中央对地方的干预权限，废除了全面指挥监督权，并对干预的法定主义、干预的基本原则、干预的类型进行文明规定，创建干预的程序规则。这些简政放权的举措，优化了日本行政体制的结构，扩大了地方自治体的行政权，增强了地方自治体的自治功能，使日本的地方自治体朝着多中心治理的方向发展。

（二）构建中央地方的协作关系

2010 年 6 月 22 日，日本内阁决议通过了《地域主权战略大纲》（以下简称“战略大纲”）。按照该“战略大纲”的描述，地域主权改革的意义在于，它是“摆脱明治维新以来的中央集权型行政体制，将国家理想的应有状态进行大转变的改革。必须是将中央与地方公共团体的关系，由中央对于地方占优越性的上下关系，根本性地向中央和地方能够站在平等的立场进行对话的新的伙伴关系转变”。

“地域主权改革”强调中央与地方之间是平等、协作的伙伴关系，摒弃之前由中央单方面决定且强加给地方的方式，取而代之的是在尊重地方的自主性判断的同时，由中央和地方共同决定国家事务。诸如“要认真听取地方的声音，将中央和地方的协议法制化，并且建立地方的独自财源。废除中央向地方的附带条件的补助金，将基本上能够自由使用的一揽子交付金交给地方。废除中央直辖事业中的负担金制度”。这相对于中央与地方之间的上下、主从关系无疑是向公共治理迈出了一大步。

在构建中央与地方协作伙伴关系的同时，“地域主权改革”还重视基础自治体的作用，贴近居民的基础自治体要担负起地方行政的中心职责，承担广泛的事务和事业。基础自治体不能承担的事务和事业由“广域自治体”承担，中央则通过承担广域自治体不能承担的事务和事业，来担负起国家重点应该承担的行政职责。

（三）增强公民的自治能力

多中心治理是西方公民社会发展到某一程度的社会自我管理的形态，是其社会高度自治的结果。而社会自治离不开具有公民意识、社会责任感及其相应的行为能力的公民。对此，《地域主权战略大纲》明确强调居民的选择和责任，指出国民作为地区的居民，能够自主地考虑自己所生活地区的应有状态，并积极地展开行动，同时以对其行动和选择负责的居民占主体的想法为基础来推进的改革。这一点对于多中心治理的形成和发展尤为重要。多中心治理需要在公共事务领域中政府和市场、政府和公民共同参与，结成合作协商的伙伴关系，形成一个互动的网络自治；公民参与其中不仅是公共服务的对象，也是公共服务的提议人，只有公民才最了解自身对公共服务的需求。不过，作为后发的现代化国家，日本不仅社会自治功能落后于西方国家，日本文化、日本人的个性都存在着不利于发展公共治理的一些因素。所以，如果地域主权改革继续得以进展，自然而然地会使地方公共团体之间的行政服务产生差异。而地区居民选举地方公共团体的首长和议会的议员的判断和责任变得十分重大。地域主权改革并不是单纯的制度改革，而是要创造地方居民自己承担所居住地区的责任的“责任改革”，居民和首长、议会的应有状态需要改变，并强化其公民社会的责任。

四、日本强化公共治理的方向

2012 年 8 月 31 日，日本政坛迎来了又一次历史性时刻，自民党重新从民主党手中夺回执政大权，使日本的“地方分权改革”重新进入一个新的时代。自民党上台便一改民主党时期的“地域主权改革”，重归“地方分权改革”。日本首相安倍晋三是积极的“道州制推进论者”， 所以，“道州制”也是日本社会各方讨论的焦点之一。

不论日本政府的行政改革以何为内容，当今政府的治理变革都以实现善治为基本目标，这要求政府要比以往更加具有合法性、透明性、责任性、有效性和回应性。为此，日本的公共管理在治理理论的影响下，首先应明确公共利益的边界，避免因多中心治理不善而造成政府责任缺失、公共资源流失，确保公民公平享有公共服务的基本权利。其次，在扩大地方自治体、企业、非营利组织提供公共服务的同时，保证公共设施、公共收入服务于民众。再有，减少非营利组织对公共财政的依赖性，通步改善非营利组织产出公共物品、最后由政府购买的公共服务供给模式，充分释放市场竞争的活力。

冷战结束后日本社会“中国威胁论”的形成

田庆立

内容摘要 随着中国崛起态势的日渐明朗，日本学界开始呼应美国方面的所谓“中国威胁论”，旨在将美国打压和遏制日本的矛头转向中国。中国通过核试验震慑“台独”势力的举措，给日本政界人士进一步鼓吹“中国军事威胁论”提供了“口实”，“中国威胁论”也由学界的学理性探讨逐步向政界的战略性防范意识方向转化。“中国威胁论”已经成为日本政界人士对华战略认知的核心词汇，将中国想象为“破坏地区稳定”的存在，从而为进一步强化日美同盟寻找借口。日本在处理对华关系时，除继续在经济和政治层面进行合作外，增强了在政治和安全层面的对华“战略性防范”意识。

关键词 “中国威胁论” 中日关系 对华认知 战略性防范

基金项目 国家社科基金项目“战后日本建构国家认同的思想资源研究”（15BSS012）

作者简介 田庆立，天津社会科学院日本研究所副研究员冷战结束后，中国经济获得蓬勃发展，中国崛起的趋势引起了美国和日本的警觉，日美同盟遂将“潜在敌人”指向了中国。“中国威胁论”开始在美国和日本大肆蔓延。中国通过核试验震慑“台独”势力的举措，给日本政界人士进一步鼓吹“中国军事威胁论”提供了“口实”。日本各界将中国想象成为“破坏地区稳定”的存在，从而为进一步强化日美同盟寻找借口。这一时期，“中国威胁论”成为日本政界人士对华战略认知的核心词汇。日本在处理对华关系时，除继续在经济和政治层面进行合作外，增强了在政治和安全层面的对华“战略性防范”意识。

一、“中国威胁论”在日本的产生

随着中国综合国力的增强，从 20 世纪 90 年代初开始，日本国内就出现了视中国为潜在对手的论调，并最终演化为“中国威胁论”。1990 年 5 月，日本防卫大学副教授村井友秀发表《新的中国“威胁”论》[①]一文，从国力角度把中国视为一个潜在的敌人，成为“中国威胁论”的始作俑者。该文指出，“甲午战争加剧了日本人蔑视中国的倾向，侵华战争失败并受到谴责，但没有改变日本人对中国人的优越感。今天，日本人那种‘先进的日本和落后的中国’的观念，进一步发展成‘富裕的日本和贫穷的中国’的意识。日本人的优越感越来越强烈。由于意识形态的根本对立和中国巨大的发展潜能，中国仍是对日本形成威胁的重要国家”。他还从地缘政治的角度分析中国对日本可能形成的威胁，认为如同 19 世纪一般，日本与中国将在 21 世纪为争夺东亚地区的主导权而不惜兵戎相见。不过，当时这篇文章并未引起舆论的充分注意。其后不久，防卫大学的另一位教授川岛弘三亦著书提出，中国发展海权，企图向海洋方向扩张，并直言日本将成为核武装后的中国的主要敌人。川岛呼吁应抛弃对中国的天真幻想，正视现实中的中国，因为中国将极可能成为日本疑惧的威胁。[②]

---

① 中国学界普遍认为，村井友秀的这篇文章是“中国威胁论”的“嚆矢”。但大多数学者在引述村井的这篇文章时，将这篇论文译为《论中国这个潜在的威胁》(《诸君》1990 年 8 月号)，实际上，这篇文章发表在《诸君》1990 年 5 月号上，日文原文为「新•中国「脅威」論」(第 186～197 頁)，因此，笔者参照原文，将标题译为《新的“中国威胁论”》。

② 转引自赵建民、何思慎：《近年日本外交中有关中国或美国优先的争论》，《问题与研究》2004 年第 1 期。

1992年8月29日和30日，《产经新闻》连载了该报记者山本秀也的《中国的海洋霸权》的文章。该文宣称：“中国为争夺海洋霸权开始进行不懈的努力”，“中国已经进入南中国海，继而将进入东中国海。”9月初，《产经新闻》刊发了《韩国出现中国经济威胁论》一文，第一次明确地将中国与“威胁”一词联系起来。此后，“中国威胁论”的论调越唱越高，逐渐成为日本政府制定对华政策的关注点。《朝日新闻》载文称：“中国企图实现现代化，而日本则谋图从经济大国发展为政治大国。这两个邻邦的不对称现象可能越来越明显。”①

1995年1月，村井友秀又在《外交时报》上总结2000年以来的中日关系史时指出：“现在的中国已经摆脱了19世纪至20世纪前半期混乱的半殖民地状态，并以‘富国强兵’及‘振兴中华’为口号，逐步恢复了国力。最近中国经济的年增长率都超过10%，持续增长的中国经济对世界的影响力正在增强。原来已在政治上和军事上具有重大影响力的大国中国，很可能在21世纪跨越区域大国的范畴跃升为超级大国。曾经支配东亚世界大部分地区长达两千年的中华帝国，通过某种方式日益复兴的条件正在形成。”②

面对中国的迅速崛起，日本在希望中国社会稳定发展的同时，也担心随着中国综合国力的不断增强，可能会超越日本。因而感到，“中国既是新的对手，同时又是新的威胁”③，认为随着中国崛起，将会构成与日本争夺“地区主导权”的挑战。1992年，世界和平研究所副所长佐伯喜一在一篇未公开的论文中写道：“要警惕经济发展起来的中国不断强化军事、加强权威主义和霸权主义的倾向。”佐伯认为，“由于中国拥有众多人口和广阔的国土面积，因此具有巨大潜力，有可能发挥比其真实实力更为强大的国际影响力”，“即便中国没有扩张主义的意图，但为实现国家统一、恢复过去版图而采取的行动，也有可能对周边国家带来扩张主义、强权主义的威胁”。日本右翼学者中西辉政曾预测，在2010年前后形成亚洲新格局的时候，中国将超级大国化，并在军事和政治上采取与过去超级大国一样的态度，从而成为亚洲的“威胁”。④

①《朝日新闻》1992年7月25日。
② 村井友秀：《歴史的中華帝国の拡大と縮小》，《外交時報》1995年1月号。
③《エコノミスト》，1994年9月6日。
④ 中西辉政：《2010年のアジアの新秩序》，《諸君》1995年1月号。

二、“中国威胁论”的表现形态

冷战结束后，中国经济迅猛发展，但在政治体制方面，并未像部分日本人所期待的那样自然地向西方自由民主体制演进，给日本以“输出民主”改造中国的“理想主义”以一定程度的打击。日本国际问题研究所中居良文的看法很有代表性，他认为：“中国和亚洲四小龙等不同，即使经济继续发展，政治体制上也未必会向民主化转变……这种权威主义的排外主义政权，存在着潜在的对外扩张倾向，是对自由主义体制的一种持续威胁。”①

日本一些颇有影响的右翼人士甚至公然声称强大的中国是日本潜在的威胁，主张日本防卫体制要由针对北方（苏联）转向针对西部（中国）。中西辉政和国际经济评论家长谷川庆太郎认为，强大的中国是日本潜在的威胁，因此要推行“控制中国”的大战略②。军事评论家山崎太喜男则为“中国威胁论”赋予了“依据”。山崎认为，1992 年 2 月 25 日中国人大通过并颁布的《领海法》，“包含着中国的称霸海洋战略”。中国欲乘俄罗斯从金兰湾撤走海军、美国也从菲律宾撤走军队之际，来填补亚太地区的“力量真空”。

“中国威胁论”的产生是冷战思维的典型表现，野村综合研究所主任研究员森本敏认为：“无论中国的发展成功还是失败，对周边地区来说都将是极为不稳定的因素。”③2000 年 7 月 28 日，日本内阁会议通过的 2000 年度防卫白皮书运用“冷战语言”声称要“警惕中国的军事动向”，强调“日本在中国的导弹射程之内”。日本提出“中国威胁论”的主要论据是，中国搞核武器，在台湾海峡进行军事演习。庆应大学教授国分良成认为：“‘中国威胁论’的一些论据，如军费增加、核试验、军方政治影响力的抬头等都被说得有些夸张了。这种情况是由于苏联解体后，中国作为唯一的社会主义大国在经济上的惊人发展及中国在国际社会存在感增强所引起的。”④

① 王少普：《跨越两个时期三个阶段的中日关系》，《日本研究》1997 年第 3 期。

②《Voice》1990 年 8 月号。

③《世界週報》1995 年 12 月 26 日。

④ 国分良成編：《日本•アメリカ•中国——強調へのシナリオ》，TBSブリタニカ，1997 年，第 28 頁。

20 世纪 80 年代是中国改革开放的初期阶段，也是日本经济实力进一步增强的时期。此时，日本曾一度要同美国争夺世界经济的第一把交椅，美国被当成日本的头号竞争对手，社会上也曾一度风行“嫌（厌）美”论。相比之下，日本认为中国要成为日本的竞争对手，至少也要在 50 年或 100 年以后，他们最喜欢听的一句话是“今天的中国相当于明治时代的日本”，因此在这一时期很少听到“中国威胁”的论调。根据读卖新闻社的调查显示，视中国为“威胁”的比率由 1969 年的 15%、1978 年的 10.5%骤降至 1981 年的 1.7%①。然而，进入 20 世纪 90 年代以后，由于泡沫经济的崩溃，日本经济一蹶不振，日本已意识到无法同美国一争高低，回过头来想主宰亚洲时，又发现中国正在崛起。日本于是萌发了一种危机感，逐渐不再视中国为发展中国家，而是把中国看作潜在的乃至现实的竞争对手。某些日本人认为，中国在成为经济大国之后，势必走向军事大国。尤其当他们看到中国在台湾问题上展现的强硬姿态时，加深了对中国走向军事大国的担心和疑虑，于是，“中国威胁论”在日本兴起，并且越来越有市场。

根据读卖新闻社和美国盖洛普公司 1995 年进行的一项调查结果显示，日本人认为中国是其今后最强大经济对手的比率为 33.5%，超过了美国的 32.1%②。认为正在追求政治大国目标的日本将难以同日渐强大的中国保持像以往那样的友好关系，日中两国关系将进入摩擦时代③，“中国威胁论”在日本各界日益泛滥。日本富士电视台于 1996 年 1 月 4 日进行的舆论调查，认为中国是“今后对日本最有威胁的国家”的比率为 45.6%，超出第二位的朝鲜一倍多（22.2%）。④另据 1997 年 4 月在日本全国开展的舆论调查显示，认为“中国军事力量的增强是亚洲和平的威胁”的比率为 54%⑤。2002 年 9 月，朝日新闻社和中国社会科学院联合进行了舆论调查，针对“10 年后，中国经济会不会成为日本威胁”的询问中，回答“威胁”和“已经是威胁”的为 78%，认为中国不是威胁的仅占 18%，前者远远超过后者。从年龄段来看，35～49 岁选择“中国成为威胁”的达到六成，20～35 岁选择“不会成为威胁”的达到二成。针对“你认为是什么样的威胁”的提问，回答“经济威胁”的为

① 読売新聞社世論調査室編：《日本人の意見 150》，至誠堂選書，1982 年，第 85 頁。
②《读卖新闻》1995 年 12 月 7 日。
③《時事解説》1993 年 6 月 15 日。
④《产经新闻》1996 年 1 月 8 日。
⑤ 内閣府総理大臣官房広報室編：《世論調査年鑑》，1998 年。

55.1%，“军事威胁”的为20.2%，“两方面都是威胁”的为19. 1%[①]。由于缺乏对中国现状和政策的了解所导致的对中国的恐慌，形成日本国民对华认知的底流，对推动日本政界人士制定强硬的对华政策起到了推波助澜的作用，从而给中日关系带来了消极影响。

日本一位中国问题专家曾一针见血地指出：“与其说‘中国威胁论’有什么现实根据，不如说很大程度上是出于战略上的需要”。“所谓威胁，有历史形成的，但同时往往是有意制造和人为操纵的”。[②]

基于臆测和误解而滋生的“中国威胁论”，具有煽动相互不信任、引起日中两国政治摩擦的可能性。特别是日本国内存在的“中国威胁论”，对于中国综合国力超出预料的发展，比泡沫经济崩溃、经济萧条以及政局不稳给普通国民心理上产生的刺激还要大，原因即在于没有正确地认识中国的现实。

三、日本政界人士对“中国威胁论”的认识

对于日本而言，中国的崛起是自明治维新以来，首次面对一个蒸蒸日上、国力迅速增强的东亚邻国，如何妥善处理相互关系，是一个无法回避的重要课题。日本政界的部分保守势力出于某种战略上的需要，大肆宣扬“中国威胁论”，促使日本对华决策中更多地增添了防范与牵制中国的成分。

1996年，在日本新制订的《防卫大纲》中强调：“在我国周边依然存在着包括核武器在内的大规模军事力量，许多国家以经济发展为后盾，致力于扩充军备和军事现代化。因此，还不能排除在我国周围发生对我国安全产生重大影响事态的可能性。而我国周围海域已经出现了不安定因素。根据本防卫大纲进行的防卫努力，与其说是为了直接对抗对我国的军事威胁，还不如说是为了不使该地区出现真空。”[③]

日本某些人一方面视中国为不安定因素，另一方面又公开表示要填补真空，其潜在逻辑是要由日本自身或盟国美国去填补苏联解体造成的真空，至少要防止中国去“填补这个真空”。这一观点已成为日本加强国防力量、强化日美同盟的主要依

① 《朝日新闻》2002年9月27日。

② 《世界》1996年3月号。

③ 朝日新聞社編：《1997年防衛パンフレット》，朝日新聞社，1997年。

据。外务省人士称，使冷战后空心化的日美同盟重新恢复活力，意味着“从现在起到 21 世纪初，亚太国际新秩序的轴心不是美中，而是日美”[①]。1997 年 3 月，日本国防政策调查会、冈崎研究所和美国泛太平洋论坛国际战略研究中心，在向日美两国政府首脑呈交的报告中称：面对冷战后的世界形势，尤其是东亚形势，日美两国必须巩固同盟关系，并且要“密切协调对华政策”，在必要时“联手对抗中国”。1997 年，桥本首相助理冈本行夫在一次演讲中宣称，一旦今后台湾海峡有事，“日本将是冲突的准当事国”，根据《日美安全条约》，日本“有最大限度地支援美国的义务”。[②]冈本还在题为“日本面临的外交课题”的演讲中称，“中国与俄罗斯、中亚搞边界信任措施，将腾出来的兵力转移到南方和东方。因此，无论如何也不能放松对中国军事动向的警惕”[③]。日本一些财团还向美国多家政策研究机构捐款施加影响，并重金收买美国大报主编、知名记者，将美国媒体批评重点引向中国，转移美方对美日贸易摩擦等问题的关注，以此为反华浪潮推波助澜，加强日美战略合作，联手制华。

日本前防卫厅长官松野赖三曾回顾道：“新《日美防卫合作指针》是以中国为对象的，是设定为对付中国的，其中包括中国台湾和朝鲜半岛北方。这是外务省退职官员和前议员、前首相中曾根的亲戚平泉涉告诉我的，可以说这是外务省的真实意图。”“‘亲台派’之所以主张强化日美同盟围堵中国，还有如下考虑：日本采纳这一政策（强化日美同盟），与过去的历史也有关系。日本在战争中攻陷了北京、南京和上海，在南京杀害了 30 万人。中国没有忘记这一切。毫无疑问，中国总是要让日本为此付出代价。所以，中国必定要扩充军备。”[④]

自民党安保调查会整理的《日美安保联合宣言与今后的安全保障》以很大篇幅描述中国和俄罗斯的核力量、中国的军队建设、中国军队在台湾海峡的军事演习，在此基础上声称“对这一动向有必要引起注意”，煽动对中国的警惕情绪。

1996 年 6 月，日本某智囊机构发表的一份研究报告称：“种种迹象表明，中国在谋求超级大国的地位和霸权，这是很危险的。”据称该报告的观点“反映了日本

① 《日本经济新闻》1997 年 9 月 25 日。
② 《世界週報》1997 年 6 月 3 日。
③ 沙奇光：《对西方媒体散布“中国威胁论”的评析》，《国际政治研究》2000 年第 3 期。
④ 本泽二郎著：《日本政界的“台湾帮”》，吴寄南译，上海译文出版社，2000 年，第 145 ~ 146 页。

政界要人和经济界领导人的观点和看法”，“在日本领导层引起共鸣”[①]。

日本新生代政治家、岸信介的外孙安倍晋三在接受《政界》杂志采访时，关于旨在遏制中国的《新日美防卫合作指针》做出如下表态：“在谈到周边地区范围时，必须以《日美安保条约》为基础，所以，这一地区就是指菲律宾以北，理所当然地包括台湾海峡在内，这是常识。因为没有必要特意去刺激中国，所以就不对具体包括哪些地区作限定。但是，要把这一用词包括中国台湾在内的意思转达给中国。”“由于 1972 年的日中邦交正常化，中国方面认为，台湾地区已经排除在外了。但是，这是错误的。把台湾海峡从适用范围中排除出去，这是非常危险的行为。因为中国没有承诺不使用武力。如果从《新日美防卫合作指针》中排除台湾地区，就有发生武装入侵的危险。”“美国的航空母舰从日本的基地出发驶向台湾海峡，就可以对中国的武装入侵防患于未然。”[②]

针对“中国威胁论”给日本外交防卫带来的影响，部分日本政界人士、防卫官僚及高等院校和科研机构的研究人员有着如下看法和认识：

有关“中国威胁论”的调查

（单位：%）

问　题	回　答
1.中国作为未来区域乃至全球的建设性力量，你认为下列哪一因素最重要？	
（1）中国继续发展经济，加强与外部的经济联系；	15
（2）采取新的有关贸易的法律（规则）和立法措施，促进中国的政治制度靠近其他工业化民主国家；	▲50
（3）中国未来的成功，在于发展与其他邻国的多边合作；	5
（4）中国正在区域冲突中，起到一个重要制衡者的作用；	0
（5）中国的成功，在于避免和消除同区域内其他国家的冲突。	30
2.认为中国是一个潜在的威胁，在下面的观点中，你认为哪一项最为可能？	
（1）中国实现现代化的同时，将会增强军事力量；	45
（2）中国的经济和技术能力，可以在一些领域赶上 OECD 国家；	15
（3）中国对其领土主权，会显示出强硬态度；	35
（4）中国政府会增强对人权的压制。	5
3.你认为下面哪一种观点，对于“中国威胁”具有有效的回应？	

① 法新社 1996 年 6 月 5 日电讯。

② 《政界》1997 年 11 月号。

问 题	回 答
（1）威慑；	20
（2）依靠联盟；	0
（3）遏制；	5
（4）接触；	55
（5）集体安全。	20
4.假设中国或许已经具有威胁，同中国谈判是否可能？	
（1）可能，虽然中国显示出威胁，但中国领导人会趋于实际和协调；	10
（2）可能，尽可能在平等的前提下，中国领导人选择对话而不是冲突；	15
（3）可能，从有利的方面来说，可以确信同中国谈判是最好的选择；	45
（4）不可能，中国不会接受谈判，因为中国必然会认为任何方面的妥协，是一种软弱的象征，因此难以与任何方面达成妥协；	0
（5）不可能，中国准备修正对历史上所受屈辱的观点，并且会在战略水平充分考虑长期战略目标的前提下，妥协解决问题。	30

资料来源：根据“Great-Power Strategy：Japan”, *Asia-Pacific Strategic Relations: Seeking Convergence Security*, New York：Cambridge University Press,2001, pp.71-72 整理。

调查结果显示，日本政界人士和防卫问题有关专家、学者，基本上持有一些共同认识：①中国在获得经济蓬勃发展的同时，必然要增强军事力量，“中国威胁”或许成为可能；②通过加强与中国的经济合作，进而可以影响中国政治制度的发展，向“民主制度”方向演进；③在安全问题方面，与中国进行接触和谈判是较好的战略选择。

归结起来，20 世纪 90 年代以来在日本各界广泛流布的“中国威胁论”及“中国霸权论”，主要“依据”如下：①中国在实现国防现代化的过程中，军费增长过快，导弹与核力量不断增长，军事发展严重缺少透明度；②为实现统一，中国不断对台湾地区进行武力威胁，拒绝承诺放弃使用武力，这种做法可能对日本的“海上生命线”构成严重威胁；③中国在许多问题上打压日本，其中最令日本耿耿于怀的莫过于中国对日本要求成为联合国安理会常任理事国所持的“暧昧态度”，中国力图阻止日本在地区和国际事务中发挥更大作用；④中国崛起将挑战现存国际秩序，与美日争夺对亚太地区的主导权。

小渊惠三内阁时期的防卫厅长官额贺福志郎认为，“虽然目前日本在经济实力方面优于中国，但 5 年或 10 年后，中国无论是在军事方面，还是在经济和政治方面都会占据绝对优势。在此过程中，日本若不辜负亚洲各国的期望，就只有与美国联手”[①]。日本前首相中曾根康弘指出：“中国每年的财富增量已经超过日本。毋庸置疑，中国的经济规模迟早要超过日本。因此日本有一种潜在的不安——日本会掉入‘美中的夹缝中’。”[②]

2002年11月，日本驻华大使阿南惟茂在中日关系史学会上的演讲中指出，日本流行的所谓“中国威胁论”，其存在的主要理由为：首先，中国经济飞速发展，特别是在一些产业领域，国际竞争能力有所提高。随着中国加入世贸组织，这种倾向还会长期持续下去。其次，随着军事力量的增强，具体表现就是军费增加、武器现代化等，从而不免引发对未来可能成为军事大国的担心。但是，从最近几年的趋势来看，对近邻国家来讲，与中国在安全方面的威胁相比较，实际更担心的则是中国成为强大经济竞争对手的威胁。再次，在过去香港、澳门回归以及申奥成功等时候，显著高涨的民族主义情绪不能不给人以一种排外主义及对外扩张的印象。最后，中国依旧是社会主义国家，所以和西方国家在思想、价值观方面存在差异，让人有一种模糊的不透明感。总而言之，所谓“中国威胁论”可以说是对中国重要性认识的反面反映。[③]

冷战结束后，“日本国内出现了对华夷秩序观的恐惧和异质文明论的病态扩展的理解导致了‘中国威胁论’，这是对中国国家角色的畸形认同。在这种角色、身份认同下，日本对中国军费的些许增长也自然怀有深深的恐惧。在特定情势下，这种恐惧也就转化为敌意的出现并导致相应的敌意行为”[④]。“中国威胁论”的提出是日本某些人士出于政治、经济利益考虑及意识形态的需要，“试图以冷战思维，采取冷战的语言和手法，目的在于在亚太地区挑动新的冷战”[⑤]。对日益强大的中国的恐慌和警惕，是“中国威胁论”在日本各界泛滥的心理认知基础，由于缺乏对中国现状和政策的切实了解，是造成日本部分政界人士对华认知出现偏差和导致“中国威胁论”甚嚣尘上的又一重要因素。

---

① 冈崎久彦：《战后50年的总结与日本的国家战略》，载历史研究委员会编：《大东亚战争的总结》，东英译，新华出版社，1997年，第501页。

②《朝日新闻》2001年1月19日。

③ 阿南惟茂：《建立更加开朗的日中关系——30年的回顾与展望》，《中日关系史研究》2003年第1期。

④ 杨丹志：《东亚安全困境及其出路》，《国际政治月刊》2004年第1期。

⑤《人民日报》1995年12月28日。

日本历史研究

中日关系史中的“倭”

田以仁

内容摘要 古代的日本，以“倭”相称，其实，其缘起于中国。“倭”作为族群，作为方国，它早已存在于我国境内，有属苗夷说。历经远古至秦汉，“倭”族群为躲避战争灾害，躲避政治迫害，为了寻求能够满足族群繁衍生息的生存条件，从我国大陆沿着一定的通道，先后迁徙到了朝鲜半岛，迁徙到了日本列岛。他们在那里定居了下来，并通过长期的与当地土著之间的混血融合，繁衍发展，逐渐演变成了当地人，最终成为构成现今日本人共同祖先弥生人的一部分。已经成为弥生人的“倭”，虽然在日本列岛长期生存，但是他们的衣食住行保持了许多祖先继承下来的习俗，他们的生活情形也逐渐进入大陆倭人与列岛倭人的口耳相传之中，并一代接一代地被传承了下来。

自然而然，提到东方列岛上的族群和国家，我国先人便称之为“倭”，逐渐地，“倭”就成为对日本人及其国家的称呼。

关 键 词 倭 此倭 日本 中日关系 古代

作者简介 田以仁，苏州锦佳中日经济文化工作室工作人员、中日关系史研究爱好者日本江户时代，生活在九州志贺岛的农民在田间耕作时，偶然发现了一枚金印——“汉倭奴国王”印。1931年，这枚金印被日本政府认定为“重要文化财”，开始为世人所知。

对于金印的出土，有学者怀疑其真实性。及至1956年，我国云南省晋宁县出土“滇王之印”、1981年江苏省扬州市出土“广陵王玺”后，中日学者从制造年代的政治文化背景、金印形制和铸造工艺等角度，对“汉倭奴国王”印、“滇王之印”和“广陵王玺”这三枚金印进行了比较研究，提出了“汉倭奴国王”印非假造的见解，得到广泛的支持。

中国史籍之所记，也为“汉倭奴国王”印的真实性提供了证据。

《后汉书•光武帝本纪》和《后汉书•东夷传》说，汉光武帝“建武中元二年（公元57年），倭奴国奉贡朝贺，使人自称大夫，光武赐以印绶”。《三国志•魏志•倭人传》记载，魏明帝时曾封邪马台国王卑弥呼“亲魏委王，假金印紫绶”。

“汉倭奴国王”印是古代中日两国往来的重要见证。

一、土著人种与外来人种的融合

“倭”之研究，离不开对日本列岛人类社会发展过程的研究。列岛上的日本人是由土著人一脉相承地逐渐发展演变而来？还是经过土著与外来人混血融合而来？这对研究的展开有着方向性的意义。

（一）岩宿遗址

岩宿遗址是位于群马县新田郡岩宿的先土器时期，也就是通常所说的旧石器时代的遗址。1946年，日本人相泽忠洋在这一遗址的洪积层中发现了打制石器碎片。1949年，明治大学考古队不仅从下层的垆坶土层中发掘出打制石器，还从上层的腐殖土层中发掘出了陶器，从而推翻了垆坶层无遗物层的观点，确定了日本旧石器（先土器）时代的存在。该遗址的发现，成为日本研究先土器文化的开端。

这一考古发现，推翻了曾经长期存在的绳文文化是日本最古老文化，日本不存在早于绳文文化之文化的学说，也支持了日本学者关于距今 3 ~ 4 万年前，具有农耕技术等先进生活方式的新蒙古利亚人种（new mongoloid race）即黄色人种来到日本列岛，通过与列岛土著的绳文人混血融合，成为后来的弥生人祖先的学说。

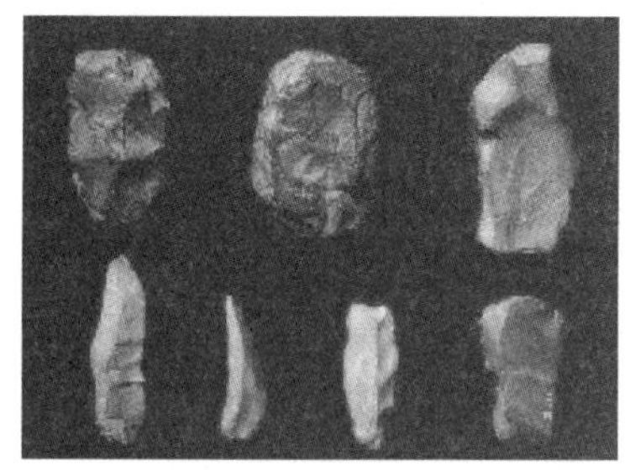
图 1　岩宿石器 1（约 3 万年前）

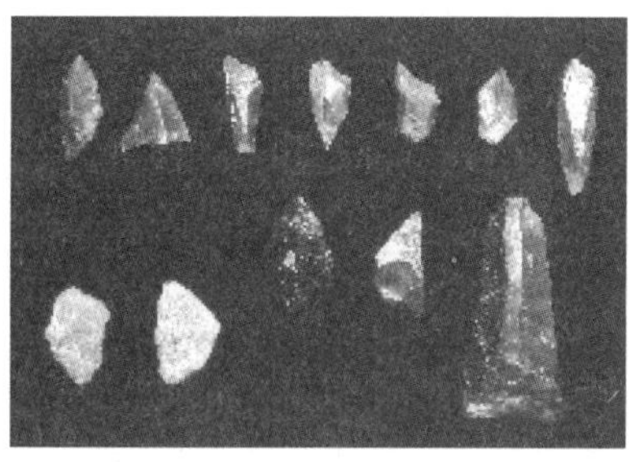
图 2　岩宿石器 2（约 2 万年前）

岩宿遗址发掘以来至今，日本全国已经发现了 1 万多处先土器文化遗址，关于这些遗址的考古发现的评估一直在进行。

本文特别提及考古实证日本列岛的人类活动已经延续了几万年，是因为本文主张日本列岛的弥生人是当地土著人群与外来人群经过长期复杂的混血和文化融合而形成。这也是本文展开的基础性依据。

（二）新蒙古利亚人种与弥生人

日本列岛原来与东亚大陆连接，在地质学的洪积世后期形成了朝鲜海峡，在大约 1 万年以前的洪积世末期和冲积世初期，因海平面不断上升，整个日本列岛与大陆分离，形成本州、九州、四国、北海道四个岛屿。现今日本列岛的地理特征形成之前后，特别是中国进入农耕时代以后，新蒙古利亚人种（new mongoloid race）陆续地迁徙到了岛上，定居下来。

日本本身缺乏对于本民族社会历史的文字记载，现有考古成果也还没有完整地揭示现今日本列岛上生活的人们的祖先的生活形态，《古事记》和《日本书纪》神话般的记述，也只能让人们从一些侧面窥见古代日本社会情形的片断。

弥生时代之前，绳文时代及其以前的历史时代里，日本列岛上的先住民们生活在怎样的方式之下，当时的社会形态如何，生产力发展水平如何等等，众说纷呈，但是缺少证据支撑，特别是考古学意义的证据。

有日本学者说，在外来的农耕文化传入日本之前，日本还处在后土器（新石器）文化时代。代表先进农耕文化的新蒙古利亚人陆续来到日本后，与原居住在这里的先住民（包括现今已经认识了的绳文人）进行了长期和复杂的人种混血结合与文化的融合，引导日本社会逐渐进入了弥生时代。这段话大致说出了主张“混血人种论”的日本学者对日本由新石器时代进入农耕时代的社会发展的认知。

综合分析日本学者对现今日本人的祖先——弥生人形成的研究，以下观点似乎得到了比较多的支持：

第一，距今三四万年前，地球处在冰河期，那时的日本列岛，北接萨哈林群岛，西南连接朝鲜半岛，是与大陆连接在一起的。从那时开始，蒙古利亚人经过北路和南路来到了列岛。也是从那个时候开始，列岛上展开了土著人与外来人之间绵长而复杂的混血融合成长过程。虽然目前还不能完整地描述这些古人类在日本列岛生活的情况，但是日本现存上万处旧石器时代遗址发掘成果可以证明那些人类活动基本事实的存在（虽然现有考古成果还不能清晰地描绘出这些古人类社会群居生活的基本形态）。

第二，从距今三四千年前开始，新蒙古利亚人迁徙到日本列岛，他们带来了农桑、金属冶炼锻造、建筑技术，带来了农耕时代的文化。先前来到这里的古人类与这些后来的外来人，在长期的生活生产活动中，发生了混血和文化的融合，正是这种融合，形成了后来的弥生人，构成了现今日本人的共同的祖先。

需要指出的是，萨哈林岛（库页岛）上从很久远的时代起就居住着大量的阿伊努人。阿伊努人从何处来本文不提，从面相上看，他们不会是现今的“和人”，更不是“汉人”。 萨哈林岛（库页岛）处在新蒙古利亚人向日本列岛迁徙的通道上，在弥生人形成的过程中，或许这些阿伊努人也夹杂在来自大陆中原的新蒙古利亚人中间，一起南下来到同样有阿伊努人居住的北海道，进而延展到日本列岛。

对于这些生活在日本列岛上的人类族群（包括北海道的阿伊努人），我国史书一直称之为“倭”人。

（三）日本列岛上的人种混血

许多日本学者主张，日本列岛上的人种是从旧石器以前的时代开始至今，一脉相承地逐渐发展演变而来的。也有一些学者主张，绳纹文化以前，上溯至旧石器时代，列岛住民经历了自己独特的发展道路，有着自己独特的演变脉络。在这个脉络上面，可以看到外来人与岛上土著人之间混血结合的一些情况，尽管这些学说尚没有得到考古学意义证据的充分证实。

日本学者清野谦次在他所著《日本民族生成论》中，提出关于日本列岛住民经历过与渡来人混血的发展历程的学说。他在此书的绪言部分指出：“我们相信，日本人是日本初始以来的住民。日本人从石器时代的远古开始居住在日本，逐渐地提升文化，进入金石并用时期，最终到达金属时代……在这个长久的岁月里，不间断地发生来自周围民族的混血，体质发生变化，并向着新文化变化和提升。”①

他还在该书中引用自己1938年时研究古坟人骨的论文的观点，指出：“日本国始有人类渡来，产生了石器时代住民……从那以后，日本国有了一种被称作石器时代人种的独特人种生存。其后，随着时代延伸，从南洋从大陆有各种人渡来、混血，一举让日本石器时代人发生体质上变化，这样的体质上的变化未曾有过。”②

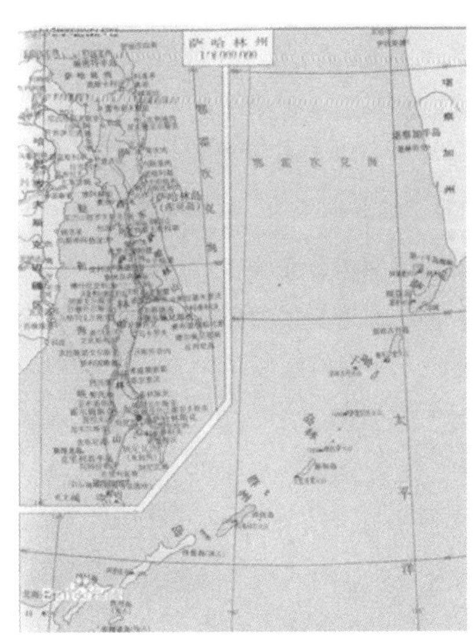
图3　萨哈林岛的地理位置

日本学者小山修三使用统计历史学的方法分析了绳文遗迹，按照时期与地域，对古代日本人口情况进行了推算。他在论述疫病传播对绳文时代后期人口减少的影响时提到，绳文时代后期末尾阶段，“各种各样的文化从大陆传播到九州，那是随着人口移动，是大陆移民来到这里吧”③。

日本自然人类学者埴原和郎在他的著作《日本人的起源》中，在回答日本人是什么

① 清野谦次：《日本民族生成论》，日本评论社，1946年，第3～4页。
② 清野谦次：《日本民族生成论》，日本评论社，1946年，第443页。
③ 小山修三：《绳文时代》，中央公论社，1984年，第195页。

时候从哪里来到日本列岛的问题时说，“日本列岛位于亚洲大陆的东端，四周环海，西边有朝鲜半岛，像是与大陆之间的渡桥，北边仅隔着狭窄的鞑靼海峡，有萨哈林岛。我们的祖先从亚洲大陆，经过这两个路径来到列岛是确实无误的”[①]。

持有相同学术观点的日本学者不在少数。有证据显示，弥生以来，从中国大陆迁徙到日本的外来人的数量也呈现了大幅度增加的景象。上智大学经济学部教授鬼头宏在他的著作《从人口角度阅读日本历史》的第二章“稻作农耕国家的成立与人口”中说：“《日本书纪》记载，大和朝廷进一步在国家统一程度更高的钦明天皇元年（532 年，中国处在五胡十六国历史时代）8 月，集中安置来自秦、汉的渡来人，制定了户籍。当时秦人的户数为 7053 户。”[②]按照鬼头宏“根据 3 ~ 5 世纪居住遗迹推算的住户规模，取每户十人的标准”[③]来推算，秦氏人口大约为 7 万人。西晋时，汉献帝玄孙刘阿知率刘氏及其亲族共计 2040 人东渡日本。阿知使主在日本做了大官，安逸的生活应该让刘氏家族有较快的繁衍。2000 多人的集团发展到钦明天皇年代有 200 多年，其人口总数亦会相当可观。

众所周知，更新世晚期，距今约两万年前，现代人类从亚洲大陆通过白令海峡进入美洲。在向东迁徙的人群中，有一部分人群，在现今俄罗斯哈巴罗夫斯克东渡鞑靼海峡到萨哈林岛（库页岛），并南下越过宗谷海峡登陆现今日本的北海道。这是一条新蒙古利亚人向日本列岛迁徙的重要途径。从日本已经出土的石器及古代遗址等考古成果看，这种来自亚洲大陆的人口迁徙应该具有相当规模，对当时日本列岛居民总人数的占比应该相当大。

综合上述，距今五六千年前，大陆与日本列岛之间已经有了人类族群的往来，并已经开始了文化的交流与融合，也有了血缘上的混合。研究中日古代人文交流，离不开对掌握了先进农耕技术的新蒙古利亚人与日本列岛土著人混血融合状况的研究。这样的研究和学术观察角度具有人类发展史学意义的合理性，也越来越多地得到了考古研究成果的支持。

---

① 埴原和郎：《日本人的起源》，朝日新闻社，1994 年，第 4 頁。

② 鬼頭宏：《人口から読む日本の歴史》，講談社，2000 年，第 49 頁。

③ 鬼頭宏：《人口から読む日本の歴史》，講談社，2000 年，第 52 頁。

二、“倭”称缘起何处?

(一)中国古书记载之“倭”

阅览古籍,尚未发现对我国史家为什么将日本列岛上生活的人以及他们的国家称之为“倭”的准确交代。及至近代,也未考究“倭”者为何,直接认定“倭”即日本的学者也不在少数。

究竟我国史书何时开始和因怎样的缘起,将日本列岛上生活的人以及他们的国家称之为“倭”,这是本文的研究课题。

在我国已经出土的甲骨文和金文中,尚未见“倭”字之用例。

“倭”,用如形容词,最早出自大约成书于公元前6世纪的《诗经》。其中有“四牡騑騑,周道倭迟”的诗句。这里的“倭迟”是对迂回遥远的“周道”状况的描述。

“倭”,用来指谓人类族群和国家,比较早的可以查到清华简《系年》[①]《竹书纪年》《山海经》《论衡》等古代著作。

1.《山海经》之“倭”

先秦的《山海经·海内北经》中有“盖国在钜燕南,倭北。倭属燕。朝鲜在列阳东,海北山南。列阳属燕”的语句。意思是盖国(盖国,商代地处我国东部之大国,周人称其国君为盖侯)在燕国之南,倭国之北。倭国与燕国相关联(注:此关联者,非地理意义上的连接)。朝鲜在列阳之东,海之北山之南。列阳与燕国关联。

图4 山海经地图[②]

“属”字何意?《说文解字》云:“属,连也。”倭属燕,未必是地理意义上相连接的意思,可以理解为倭与北方的燕有连

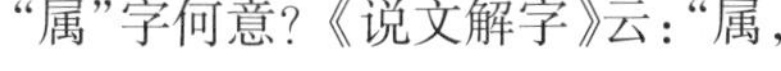

① 即清华大学藏战国竹简《系年》。

② 选自百度百科“长山石”条。

属关系。又有《增修互注礼部韵略》说，属，“隶也，系属也，官寮也”，这可以理解为，从地缘政治关系角度看，“倭”系属于燕国，或曰“倭”在古燕国的影响之下。

国家的历史，有考古发现和文字记载的信史时代，也有人民口耳相传的传说历史时代。传说历史是研究历史的重要对象，是我们了解信史时代之前社会历史的重要媒介和途径。

《山海经》这部书，因其所记载历史事件和情况有的难以清晰考证确认（也可以说，《山海经》是半信史时代的著作），故学界对其内容有许多认识上的分歧。然而书中也有不少内容，如对山河方国氏族习俗之描写清晰可证，因此或可以说，这部书描述的内容的确为后人研究我国先秦时期甚至更早时期的自然人文情况，提供了珍贵的文献资料。

“倭”之入《山海经》，说明在《山海经》成书之前，我国古人对“倭”早已经有了一定的认知，从时间角度看，这种认知所对应的历史时期有可能是商周，甚或更早。从传说历史研究的角度看，“倭属燕”之说，清晰地说明我国可能早在商周以前，就认识到古燕国系属或影响之下，有名为“倭”的方国，地理的和地缘政治的概念比较清晰。

《山海经》说的“钜燕”在哪里？《山海经》之山河方国氏族习俗说的是哪个地方的事情呢？

查阅史书所记可见，“钜燕”大约在现今黄河中下游岸北，山西、河北、辽宁，以及向东到海的广阔地域。燕的地理位置大致不错。但是，“盖国”的地理位置却未必如现今文献资料之多数所指，即其处在现今朝鲜半岛的北部（照此说推理，“倭”应该存在于朝鲜半岛的南部），因为，我国古籍记载之“盖”，其地理方位并不在现今的朝鲜半岛。

如上所述，古书对“倭”称现今的日本，记述未详，而现代许多文献又以“倭”称日本却少问其所以然，这给为什么“倭”称日本的研究造成了不便。本文略举我国其他古籍对“盖”之记载，试图对《山海经》所谓“盖”做一下对比，希望对“倭”之所在之研究有所帮助。

2. 禽簋铭文之“盖”

考究古“盖国”的地理位置，是为了考究“倭”。

簋是盛器，青铜铸造。

图 5　国家博物馆藏禽簋

禽簋是周公旦赐予其长子伯禽的礼物。现为中国国家博物馆收藏。

本文谈及禽簋，是因为禽簋的内壁铭文中的“盖”字。

先说铭文，共 23 字：“王伐奄侯，周公谋禽祝，禽有脤祝，王赐金百寽。禽用作宝彝。”意思是成王征讨奄侯之前，周公旦训导其子大祝伯禽，伯禽以脤器致祭，成王赏赐大祝伯禽金百寽，禽用作宝彝以资纪念。

我国古代文字较少，通假常见，“盖”与“奄”，会意通假，“盖侯”即“奄侯”。铭文“王伐奄侯”就是“王伐盖侯”。

图 6　禽簋内壁铭文

奄国是商代存在于我国现今山东西南一带的方国，都城在曲阜。

西周初，武王死后，成王（姬诵）继位。因当时成王年少，武王弟周公旦摄政。成王即位不久，原分封于殷商旧地的管叔、蔡叔及殷纣之子武庚禄父起兵叛乱，史称“三监之乱”。这次叛乱还得到相邻的徐国、奄国、薄姑等东方小国的支持。为平叛乱，周公受命调军东征，期“一年救乱，二年克殷，三年践奄”。周公平叛成功，武庚被杀，管叔自杀，蔡叔被俘，奄国被灭。奄国破灭之后，奄国人民有的被驱赶到了淮河以南江苏一带。

这段历史涉及了古“奄国”。古奄国主要分布于现今山东曲阜一带，曾是商朝有实力的方国之一。商中期，商王南庚、阳甲均曾定都于奄。盘庚迁殷后，保留了大量商朝子民的奄国不断发展壮大。因与殷商关系密切，史有“商奄”之称。

古奄国即古盖国在现今山东曲阜。《山海经》之“盖”若如一些文献所指在现今朝鲜北部，那么其与禽簋铭文之“盖”相去很远。

3. 清华简《系年》和《竹书纪年》中的“盖”

考究古“盖国”的地理位置，是为了考究“倭”。

《系年》中记述周公东征的内容主要是：“周武王既克殷，乃设三监于殷。武王陟，商邑兴反，杀三监而立彔子耿。成王屎（践）伐商邑，杀彔子耿，飞廉东逃于商盖氏，成王伐商盖，杀飞廉，西迁商盖之民于邾吾，以御奴且之戎，是秦之先，世作周危（卫）。周室既卑，平王东迁，止于成周，秦仲焉东居周地，以守周之坟墓，秦以始大。”

成王伐商盖，即讨伐商时以现今山东曲阜为都的方国。

《竹书纪年》成书在《系年》之后，内容与《系年》相似。

与《山海经》不同，“躲”过了秦始皇“焚书”的这两部著作，其贡献给现代历史研究工作的价值空前巨大，可以让我们了解到先秦以至商周的真实的历史情况。

这里记述的“周公东征”与上述“禽簋”时提到的“王伐盖侯”，同样是说周成王时，周公旦受命东征，讨伐位于现今山东一带的作乱的方国，包括“奄国”，即“盖国”。此当不假。问题是，它也与《山海经》之“盖”相去甚远。那么，何者为真?

本文无法动摇现今一些文献指认《山海经》之“盖”位于现今朝鲜半岛北部，进而推理“倭”即在半岛之南部的论述。但是从清华简《系年》和《竹书纪年》对周公阀商盖的记述看，“盖”，作为一个方国，明确位于现今的山东曲阜。据此，我们或可以认为，《山海经》所谓之“倭”系指现今日本列岛上生活的族群，系指日本这一说法亦未必准确。

4.《论衡》

东汉王充所撰《论衡》，其“恢国篇”记载，“成王之时，越常献雉，倭人贡畅”；其“儒增篇”记载，“夫金之性，物也，用远方之贡为美，铸以为鼎，用象百物之奇，安能入山泽不逢恶物，辟除神奸乎？周时天下太平，越裳献白雉，倭人献鬯草，不能除凶，金鼎之器，安能辟奸”？

商虽居中原，但其四围存在许多非炎黄部族的族群方国，比如东夷部落遗后，比如古三苗部落之后裔。它们均与中原的炎黄部族保持着交往甚至朝贡关系。

所谓“畅”即鬯，为古时祭祀用的酒，此酒用鬯草（现今称为“郁金草”）和黄米（黍之一种）酿制。郁金草，俗名含羞草，原产于南美热带地区，由于易于生长成活，现我国各地均有栽培，无明显地理分布分区，华东、华南、西南等省区较为常见。而黍，产于我国北方，尤以现在山西一带产品为优。贡畅之倭，作为与强大的周保持着外交关系的方国，其地理位置在哪里？《论衡》并未明确，而从物产的产地，特别是从黄米酿酒的这一情况看，贡畅之“倭”，并未特指“日本”。

上文的论述，意在以《山海经》的“盖国在钜燕南，倭北”为线索，探寻古代盖国的地理位置，进而找到倭族方国存在的位置。

从列举的情况看，《山海经》之“盖”既在现今朝鲜半岛北部，其“倭”便在朝鲜半岛南部；“禽簋铭文”和清华简《系年》和《竹书纪年》之“盖”既在现今山东曲阜，其“倭”便在山东以南的江淮一带。而《论衡》所谓之“倭”，从鬯草和黍的产地，特别是黄米酿酒的物产方式看，其并未明确指向现今的日本。

当我们设定所列举的各种记述或学说相互不否定为条件时，则“倭”或在大陆的山东以南江淮一带，或在隔海相望的朝鲜半岛南部，或在我国由西向东的长江流域广大地区。

究竟是“倭”本就分落各地，还是其原本就发源于日本列岛，这尚需考证。只是，与《山海经》相比较，清华简《系年》和《竹书纪年》之记载更加清晰而可证可信；而与《论衡》相对照，清华简《系年》和《竹书纪年》之记载地理方位则更加明确。

古文字记载时有偏颇做作，自不待言，但文字记载历史，特别是较早的著作，其史料来源于本地人民长期口耳相传，这却是不争的事实。这也就是说，在古代作者将“盖国在钜燕南，倭北。倭属燕”、“王伐奄侯”、“倭人贡畅”这些概念，用文字写入史书的时候，这些概念中的事儿，早已经口耳相传与民众之间了。

日本使用文字比中国晚很多，逻辑上应该是汉人迁居日本之后。《古事记》所载 248 年，朝鲜儒学者王仁从百济渡日，献论语十卷……也是从这时起，日本开始引入使用汉字。在此以前，日本没有使用文字的记载。那么“倭”字见诸史书应该是我国古代为先，日本在后。由此，我们似可推而论之，即“倭”的概念先存于我国，而后用及日本。也就是说，我国古代先民建立起了对生活在我国的具有某一种人文特征的人民及其方国的认识，名之曰“倭”，而后发现日本列岛上生活的人种及其国家与本国之“倭”相似，于是判断并称呼那里的人种及其国家为“倭”种类人民和国家。

（二）“倭”之相隔，一衣带水

迄今，中日许多学者对“倭人”“倭国”从何而来，何以如此命名有过很精彩的辨析和论述。各家之言对“倭”的研究都具有其参考价值。

先学们的研究大都是辨析我国和日本现成的历史记载，进而做人文常识性的逻辑论证；或是从语言学、地理学、人类学、地缘政治学等角度探究历史记载中“倭”的地理位置，观察倭名之方国或国家与商周以来统治华夏大地的国家的地缘政治关系；或是凭据迄今的考古发现，探索各色历史故事，各家历史观点之间的逻辑关系各有其角度。

既然是各有其角度，自然也有可能各有其顾及不到的方面，而考古发现的成果，虽然值得信赖和期待，但要揭开规模宏大色彩斑斓的中日关系历史的真实面貌，还有许多路要走。

日本关于自己民族、国家的历史记载少得可怜，仅有的也充满了神奇，有的内容甚至扑朔迷离，令人费解。《古事记》和《日本书纪》这两部日本最古老的历史书籍都成书于 8 世纪。在这样的情形之下，我国的古籍就成了两国学者研究古代日本和古代中日关系的主要参考。

如前所述，我国史书记载“倭”，从记载先秦历史的《系年》《竹书纪年》《山海经》开始，晋隋之前，主要是《论衡》《汉书》《三国志》(《魏志•倭人传》)《后汉书》等。这些史书中，时代较靠后的比如《魏志•倭人传》，其所记载的“倭”明确指向现今日本列岛上的日本，而时代较靠前的史书中的“倭”，其大多并不排斥对繁衍生息在我国大陆的“倭”的认知。

关于繁衍生息在我国的“倭”，有日本学者鸟越宪三郎在所著《古代中国与倭族》中的记述，也有我国日本史研究大家、中国日本史学会名誉会长沈仁安先生。沈先生在其所著《日本起源考》中谈到，“至于这个倭人是什么地方的倭人，我认为，它也是居住在日本列岛上的倭人，而不是中国江南地方的倭人”[①]。我国还有许多研究资料谈及和中日两国的话题相关联的“倭”，在此不再赘述。

中日学者关于生活在我国的“倭”的记述，生活在我国的“倭”和生活在日本列岛的“倭”是怎样的关系，其承袭发展的情形怎样，这自然受到学界的关注。

（三）由此“倭”而及彼“传”的逻辑关系

《史记・淮南衡山列伝》传记载，秦始皇遣徐福赴东海寻求长生不老的神药，

① 沈仁安:《日本起源考》，昆仑出版社，2004 年，第 22 页。

并就徐福此行的结果说，徐福“得平原广泽，止王不来”。

既为传说，其真实性自然不能确信。不过，古时候，历史事件由口耳相传形成传说历史，而后见诸文字，这已经成为常识。传说中徐福所往之“平原广泽”，被人们称作“倭”的现今日本的某一个地方，也有的认为是现今朝鲜半岛南部的济州岛。

徐福渡日，传说之史实似乎不假，然迄今未见定论，本文不以为据。

那么燕属之倭，或沈仁安先生所谓“江南之倭”（在此称之为“此倭”）和特指现今日本人和日本国的“倭”（在此称之为“彼倭”）之间有何联系呢？

通常，认定彼此，一是对“此”有清晰稳定的概念，二是发现并认为“彼”与“此”类似，甚至同一。这是基本的条件和模式。

按照这样的逻辑思考，在认定生活在日本列岛的彼倭为“倭人”，认定他们的国家是“倭国”的时候，认定者头脑里一定存在对已经存在的“倭”，即此倭的清晰稳定的在先认知。基于这个在先认知，把认为和此倭特征类似甚或同一，生活在日本列岛上的人认定为倭人，即彼倭。也就是说，生活在日本列岛上的人民，因其相貌习俗特征与我国的“倭”相似，甚至同一，所以，自古被我国称之为“倭”。

从这个思考链条上看，完成了与日本土著人混血融合，形成现在日本人共同祖先——弥生人的，包括了来自中国大陆的新蒙古利亚人，而中国的“倭”，不管其为古老中国东夷族集团的倭，还是三苗族集团的倭（见后述），他们都属于新蒙古利亚人。

生活在中国大陆的属于新蒙古利亚人的“倭”人族群中，有的部落迁徙到了东方大海之外的地方，并且这种迁徙经朝历代一直传续，这一生活经历被同族人口耳相传了下来。时间久远了，我国人民的历史记忆中自然形成东方大海之外亦有同族之人的概念。这或许就是我国称谓东方大海之外列岛上生活的人民及其国家为“倭”的原始的因由。

而当有往来之人讲述东方大海之外列岛之上的人民及其国家的情形之后，更加确认那里的人民与我国的“倭”同类，进而干脆便称其为“倭”。

人类社会的发展，从经济的和政治的角度看，先发展发达地区的经济和政治影响后发展后发达地区，这样的事例比比皆是，事情也似乎合乎历史规律。反之却不合常理。

当然，此倭几千年来在我国的生存情况，此倭渐入彼倭的历史事实、原因、方式和规模，这些还有待于进一步的研究。

另有语言学者从语言文字的角度，论述“倭”称之缘起，主张古代日本人称呼自己或自己的族人时使用“わ”（发音为“WA”），在两国人民交往中，大陆中原的涉外官吏使节综合考虑了语言发音和人种习俗等因素，给日文“わ”配上了与中文发音相近的“倭”这个汉字，并沿用至今。

我国古代将和本国倭族生活习性相像的日本人称为倭人，将他们自称之“WA”译配上读音与内涵相近的汉字“倭”（读音“WO”），这也从其侧面提示人们注意，来自中国大陆的倭对日本人生活影响之巨大。

类似例子，在语言学者的著作里比比皆是。古代阿伊努语言与日本语言也有相似的字词。例如，古代阿伊努人称自然界神圣的事物（用西文标音）为“Kamuy”，现今日语将自然神圣的精神偶像称为“KAMI”，从发音上看，似乎缘于“Kamuy”。日本引入汉字后，给“KAMI”配上了汉语会意字“神”，并被日本人使用至今。如此，日本土著给自己本身用声音传达的意思配上外来的文字符号，这已经是日本民族语言发展的一大特征，其具有语言演化发展意义上的合理性。

当然，日本语从何而来？属于哪一种类语言，这在语言学界还是个饶有兴趣的研究课题，此非本文议题，不做论述。

（四）鸟越宪三郎笔下的“倭”

从目前读到的书籍资料看，日本学者鸟越宪三郎在所著《古代中国与倭族》第二章“长江文明查证”、第三节“长江上游流域的王国”的第一小节“倭族王国的形成与灭亡”中所记，有助于人们窥“此倭而彼倭”于一斑。

鸟越先生指出：“长江之称呼止于重庆，自此向上则改称为金沙江。金沙江有多条支流注入，沿其主流和支流，包括其以南的北盘江，存在被称为西南夷的许多王国。它们属于倭族……其中属于四川省的有冉駹、蜀、巴、徙、筰、嶲、邛都国，属于云南省的有滇和昆明，属于贵州省的有夜郎和且兰。”[①]这里，鸟越宪三郎认定“它们属于倭族”，并以我国东汉时期思想家王充所著《论衡》第58篇《恢国篇》中“武王伐纣，庸、蜀之夷，佐战牧野。成王之时，越常献雉，倭人

① 鸟越宪三郎：《古代中国与倭族》，中央公论新社，2000年，第144页。

贡畅”作为佐证。

作者在描述了秦汉三国时期、魏晋南北朝以至隋唐时期，我国这些所谓“倭族”王国的兴衰之后指出，“这些倭族，因多次战乱沦落为亡国之民，逃避到山岳地带的偏僻地区……其中有的沿澜沧江或怒江南下，经印度支那半岛逃到印度尼西亚岛屿，有的沿红河逃到安南、越南，也有的利用水路迁徙到中国东南海岸，进而有的经由朝鲜半岛来到了日本”[①]。

这是日本学者对中国倭族人流落日本的最明确的分析记述。

在我国，考古发掘事业方兴未艾，一个个新发现发掘的古代遗迹不断地向现存文献记载的历史发起有力挑战。抛开构成我国汉人共同祖先的先民是谁这个复杂问题不谈，仅就“倭”而言，日本列岛上的先民，在与列岛外完全封闭状态下，一代接一代地自我繁衍发展至今的说法难以服众，而不问其出处及其所以，人云亦云地论断倭即日本，这也缺乏研究精神。

鸟越宪三郎的记述，在我国学者研究苗族历史的文献中也得到了一些印证，但也远未为学界普遍接受。

（五）“倭”称日本人及其国家缘起于中国之“倭”

从强者较多地影响弱者（不管是强者主动扩张所致，还是弱者被迫逃避所致）这一社会经济政治发展的一般规律角度看，我国古籍和传说比较支持祖居我国之倭大量东迁日本列岛居住的学说，即我国之倭，为了追求更多更好的生活资源，或为了躲避战乱谋求生路，有的从云贵川沿长江水路一路东迁定居，其中到达我国东南沿海的一部分人群又经我国近海水路北上，辗转至朝鲜半岛，再由朝鲜半岛陆路南下至半岛南端，而后渡日（登陆地点在日本九州岛）。也有的从我国东部沿海乘洋流直接乘船渡日，比如人口数量不少的“外越”集团。而这些来自中国大陆的“倭”，因其掌握了较先进的农耕桑织铸铁等技术，在到达日本列岛后，快速带动了当地的经济社会的发展，并逐渐给当地社会文化打上了源于中国大陆的“倭”的印记，以至于后人直接将生活在日本列岛的人民和国家整体称呼为“倭”。

在我国古代传说中，以华夏为中国，其东为夷，南为蛮，西为戎，北为狄。在

① 鸟越宪三郎：《古代中国的倭族》，第156页。

所谓华夏族获得统治地位之前，炎黄集团、东夷集团、三苗集团同时繁衍生息在黄河、长江流域的广大土地上，是后来的汉民族的共同祖先。东西南北中的民族融合发展，已经为我国民族或历史学界认知。而倭为九夷之一部，“九夷来朝”明确地记载了倭族与中原华夏族之间的社会交往。

夷苗民族和居于中原的炎黄族一样，都是中华大地上伟大的民族。华夏主宰中国后，在几千年的社会发展过程中，夷苗族群部落生死起伏，为求生存，有的与华夏族融合，有的避居长江中游两岸山谷，有的向南向东迁出大陆。本文认为，我国对于“倭”的记载，其为民族，其为方国，始称均为中国大陆之民之国，而非日本列岛古代之民之国；而称呼日本列岛的住民为“倭”，缘于那里的人民，其人种特征和生活方式都与生存在我国大陆的“倭”比较相像。归纳起来，大致如下。

第一，一如我国史书记载，在称呼现今的日本之前，我国早已有“倭”，是一些族群，是一些由这一族群的人们建立的方国，它们或为东夷族群之一部，生活在我国东南沿海地区，或为三苗族群之一支，千百年征战避难，自强不息，生活于我国南方长江中游两岸之山谷地区。

第二，我国的“倭”曾经相当强大，但是经历了长期和反复的战乱，方国和族群赖以生活的自然资源和社会资源枯竭。不得已，有的被取得霸权地位的周秦汉吸收，有的逃避至我国偏僻的山区，隐姓埋名，黥面文身，谋求生存，也有的经水路或陆路辗转迁徙到现今的日本列岛，参与了当地的经济与社会发展。

关于生活在中国大陆的人的渡日，作为史书记载，既有周以来国内战乱迫使部分“倭族”人东迁，也有《史记•淮南衡山列传》中关于徐福入海求神异物，“得平原广泽，止王不来”的记述；既有春秋战国时期吴越人亡国后赴日逃避灾难，也有《后汉书•东夷列传》所记“灵帝末，韩、濊并盛，郡县不能制，百姓苦乱，多流亡入韩者”。所谓“入韩”，自然包括定居在韩的部分，也包括经韩渡日的部分。

第三，由于流落于日本列岛的倭族人与我国倭族人民族习俗相近甚至相同，所以，或在往来于两地人民的口耳相传当中，或在往来两地之间的使驿回国后的追述当中，朝廷命官文人认定，介绍中的日本列岛上的人民，其相貌习俗生活方式特征与我国倭人近，遂称呼并记述为“倭”。

基于这种认知，我国古代人认定，带方郡（现朝鲜半岛北部）以南、会稽（我国古代东南长江下游地区到海）以东浩瀚的大海外，生活在海岛上的人民中有与我国倭族人特征相同的族群，并称其人为“倭人”，其国为“倭国”，后人沿袭使用至今。

结 语

如此说来，中国大陆与日本列岛两地之间“倭”的往来，岂止是两千年的事情！一是这种往来不能以古籍的成书时间作为起始，因为，古籍成书之前，不知有多少口耳相传历史故事中的人类社会活动存在。古籍也许正是吸收了这些民间口耳相传的历史故事而成立。二是如果从弥生人形成的角度看，所谓迁徙到日本列岛的新蒙古里亚人包括了本文论述的原本生活在我国东南部地区的“倭”，那么两地之间的“倭人”的往来历史更加久远。

人类发展总是遵循着一定的规律，在一定的物质条件支持下实现的。

日本迄今获得了距今三四万年之久远的古代遗存物的考古发现，但是尚没有基于这些考古发现，建立起列岛古人类由石器时代人而绳纹人，进而弥生人，进而古坟人……这样一种人类学考古学意义上脉络清晰的学术理论之链条。而日本社会发展受到来自中国大陆农耕文化的影响却清晰而深刻。

中日两地数千年来持续不断的人文往来，带动了两地经济、政治和文化的发展，对两地社会发展前进起到了决定性的作用。后土器（新石器）时代到农耕时代的跨越式发展（有日本学者提出，日本绳文人已经开始农耕生活，但是没有起码的考古成果证实），对日本列岛社会发展意义重大；而两地出现国家间交往之后，成规模进行的两地和双方族群之间经济、政治、文化交往，更是大大促进了日本列岛的社会发展。

阿苏神社与阿苏十二神考

管 宁

内容摘要 阿苏神社是日本著名的地方国社之一。本文在探讨阿苏神社的历史演变、阐述神社各时代概况的基础上，运用阴阳五行学说，指出“阿苏大明神”兼具“太岁十二神”的真实性质，并解析了围绕阿苏神社的四大谜团。

关 键 词 阿苏山 阿苏神社 阿苏大明神

作者简介 管宁，中国国家博物馆研究馆员，原日本大东文化大学教授

阿苏神社与阿苏十二神考

阿苏神社属地方国社，位于日本九州岛熊本县阿苏郡（市），俗称“阿苏一宫”[①]，祭祀以健磐龙命为首的十二神祇，统称“阿苏大明神”。笔者曾以“阿苏卯祭考”为题，考察阿苏神社每年春季举行的“阿苏卯祭”与中国古代农耕祭祀（社祭）的文化传承关系[②]。本文乃其姊妹篇，重点探讨阿苏神社本身的历史传承以及“阿苏大明神”（阿苏十二神）的真实性质，错谬之处，敬请先学师友批评教正。

一、阿苏山、传说、大宫司

阿苏山旧名“阏宗岳”，又号“寿安镇国山”。《隋书•倭国传》载：“有阿苏山，其石无故火起而接天者。俗以为异，因行祷祭。”

日本奈良朝所撰《筑紫风土记》[③]轶文载“肥后国•阏宗岳”条曰：“肥后国阏宗县，县坤廿余里，有一秃山，曰阏宗岳。顶有灵沼，石壁为垣（计可纵五十丈、横百丈、深或廿丈或十五丈），清潭百寻，铺白绿而为质；彩浪五色，絙黄金以分间。天下灵奇，出兹华矣。时时水满，从南溢出，入于白川，众鱼醉死，土人号苦水。其岳之为势也，中半天而杰峙，包四县而开基。触石兴云，为五岳之最首；滥觞分水，寔群川之巨源。大德巍巍，谅人间之有一；奇形杳杳，伊天下之无双。居在地心，故曰中岳。所谓阏宗神宫是也。”

古阿苏山形成于距今约 30 万年前海底熔岩爆发，其时山体巨大。后因中央火口塌陷，形成宏大火口原，其外轮山体周遭约 200 千米，内围 128 千米。后中央火口又多次喷发，更突起五座火山碓，称中央五岳，东西连立，将火口原分为南北两部：南部称南乡谷，北部称阿苏谷。中央五岳主峰中岳山顶有喷火口，阔约百米，深可十数丈，巨石嶙峋，绿水成潭，即《风土记•逸文》所谓“灵沼”者，今名“神

① 阿苏神社属下有末社、摄社约 300 座，为一大神社集团。日本国内类似国社尚有出云大社（宫司：千家家）、宗象大社（宫司：宗象家）、诹访大社等。

② 管宁：《阿苏卯祭考》，大东文化大学外国言语文化学部编：《外国言语文化研究》2012 年。本文后出凡与“阿苏卯祭”相关论述，均仿此，不另注。

③ 参见《日本古典文学大系 风土记 逸文》，岩波书店，1958 年。713 年（和铜 6），元明天皇下诏，命诸国撰进本地郡乡由来、地形、物产、传说等，定名《风土记》，后散逸，现存较完整者仅《出云风土记》。另《常陆风土记》《播磨风土记》有部分缺失，《丰后风土记》《肥前风土记》仅为残本。其余各国《风土记》均散逸。江户时代幕府将散逸部分收集成书，称《风土记 逸文》。

灵池”，池畔建有祭祀火山神健磐龙命神社，称“山上神社”，又称“天宫”“上宫”。本文所论阿苏神社则位于阿苏中央五岳北侧阿苏谷内，称“下宫”，又称“阿苏一宫”，传为健磐龙命子孙所建。

据阿苏神话传说：古阿苏山火口塌陷，因受外轮山阻围，火口原久而成一泥水大湖，有大鲶水怪霸生湖中，人莫能治。神武天皇东征之际，遣长子日子（彦）八井命留守九州故土。后因土贼作乱，彦八井命势孤难治，天皇又命次子神八井耳命[①]之子皇孙健磐龙命返归九州，平定叛乱，开拓阿苏。

健磐龙命奉敕命，先至日向，平定叛乱。旋自延岗沿五濑川出三井田，经马见原入阿苏外轮山东南草部之地，寻见伯父彦八井命（又名草部吉见神、国龙明神），娶其女阿苏都（津）比咩为妻。健磐龙命得草部吉见神之助，携妻拽子，率众登阿苏外轮山顶，但见火口原内波光粼粼，浊水汹涌，遂沿湖逡巡至外轮山西，审度山水高低走势，运神力，一脚踹破外轮山脊，顿时湖水奔泻，泥沙俱下，土石飞溅，落地而成今菊池、熊本平野之地。待湖水泻尽，健磐龙命又斩杀大鲶水怪，疏通水道，开垦良田，耕耘播种，教民稻作。

万事甫定，健磐龙命择阿苏谷吉地，构筑宫室，聚族而居，繁衍生息，护国安民。故健磐龙命既为阿苏火山之神，又以其开拓之功，被尊为阿苏农耕之祖，群神之首。其子孙族人于阿苏谷原健磐龙命宫室所在之地，建阿苏神社，祭祀有加。

日本学者相关研究认为，阿苏神社始建于平安朝初中期[②]。据《延喜式 神名账》[③]载：“阿苏郡三座（大一座、小二座）：健磐龙命神社、阿苏都比咩神社、国

①《古事记》中卷、神武记载：神武天皇立伊须气余理比卖为后，生子三人：长子日子（彦）八井命、次子神八井耳命、三子神沼河耳命。神武死，欲立次子神八井耳命为新皇。时当艺志美美命欲蒸皇后伊须气余理比卖，神沼河耳命杀死当艺志美美命，神八井耳命遂让位于神沼河耳命，称绥靖天皇。“（次子）神八井耳命者，意当臣小子部连、阪命部连、火君、大分君、阿苏君……等之祖”。

② 森田诚一：《熊本県の歴史》，山川出版社，1972年，第58頁。

③《延喜式》是日本平安朝中期继弘仁式、贞观式之后编纂的律令实施细则，汉文，50卷。主要记述平安初期各种宫廷仪式制度、年中行事等。自905年（延喜5年）起，由藤原时平（时平死后由藤原忠平继任）、纪长谷雄、三善清行等奉敕编纂，927年编成撰进，967年颁布施行。其“神名账”主要记载全国重要神社祀神名位。

造神社。”阿苏神社主祭神健磐龙命神格颇高，经历代追赠，至神位正一位[①]。“至晚在镰仓初期，阿苏神社已作为下宫社存在于今宫地之地，社家组织也得整备”[②]。

阿苏神社由阿苏氏家族世袭管理，家主称“大宫司”。据传说，健磐龙命之子速瓶玉命（国造大明神）承袭父业，奖励农事，平定土贼，治国有方，崇神朝时由天皇朝廷任命为阿苏首任国造[③]。景行朝间，速瓶玉命之子惟人命承袭父职，奉敕命创建阿苏神社，厚祀健磐龙命等阿苏十二神，称“阿苏大明神”。又于阿苏谷北部手野之地建国造神社，祀乃父速瓶玉命，称“国造大明神”，请祀于阿苏神社第十一宫（国造宫）。惟人命自任阿苏神社大宫司，政教合一，世袭罔替。惟人命死后，受祭于甲佐神社，为阿苏大宫司之祖。

“大化改新”前，阿苏地区隶属筑紫国，后属肥后国。每 33 年，肥后国衙以正税翻建阿苏神社一次。平安时代，阿苏大宫司以郡领、评督、总管等职，赐爵正五位，掌控阿苏、益城二郡祭政大权。醍醐天皇延喜年间（901—922），朝廷整顿全国神宫礼典，阿苏神社被列为式内社，社领广大，威名远播。平安后期，阿苏氏以阿苏谷宫地（今阿苏市）为根据地，自诩武士，筑建浜城，拥兵自重。日本古代历史上如“源平之争”“建武中兴”等著名事件中，均可见到阿苏大宫司武士团身影，阿苏史称“大宫司时代”。至战国后期，因内忧外患，阿苏大宫司家逐渐衰落，先臣服于萨摩藩岛津氏，后被丰臣秀吉罚没全部家领、神领，革除大宫司职位，逐出阿苏谷。秀吉死后，阿苏氏家主阿苏惟善得肥后藩主加藤清正之助，乞于德川家康，获赠神领 1000 石，得复阿苏大宫司之位，专一神职，不理庶务。阿苏家族遂重返故地，召集散落旧社家，修葺社殿，整顿恢复祭祀神事。现存以阿苏神社为中心的一系列农耕祭祀神事，多为此时依照旧例恢复而成，祭主仍由阿苏家主担任。

中世以前，阿苏神社除大宫司外，尚有众多司祭成员，称“社家”，均为当地中小豪族。明治维新前有社家 21 家，分别担任阿苏神社神官、权官之职。计有：

①《阿苏风土记》载：“皇灵天皇九年六月，敕速瓶玉命祀大神。景行天皇御代，诏惟人命特加崇敬，用祀不怠。承和七年四月丙寅，授肥后国，升叙勋五等健磐龙命从四位下，秋，更授从三位。嘉永三年十月，授赠正三位；仁寿元年，授赠从二位；贞观元年正月二十七日，授赠正二位。建仁二年顷，授正一位。有如左纶旨明邑（通畅），惟追赠叙位年号不明。其纶旨略曰‘阿苏正一位健磐龙命’云云。”又，此段文字不见《日本古典文学大系》所收《风土记》，转引自荒木精之：《阿苏》，第 4 回熊本县文化祭阿苏实行委员会发行，熊本出版文化会馆，1991 年，第 70～71 页。

② 杉本尚雄：《中世の神社と社領——阿蘇社の研究》，吉川弘文館，1959 年，第 307～398 頁。

③ 国造为日本律令制实行前统辖各国地方事务的地方官，原则上由地方有力豪族世袭担任。《隋书•倭国传》训为“军尼”（国）。

左座神官 12 名，担任阿苏十二宫祝：一至六宫祝称“某大夫”，七至十宫祝称“某祝”，十一宫祝称“国造社祝”，十二宫称“金凝社祝”。右座权官 9 名，管理阿苏神社社务，并兼任各级摄社、末社社祝（如岁弥祝、天宫祝、北宫祝等）。神官职务为递升制，权官世袭，父死子继。更下级社家尚有神人、巫、伶人等级别，俨然一庞大社家集团。

明治维新后，新政府于 1871 年（明治 4 年）废除神社社家制，阿苏神社也成立社务所，管理神社事务。阿苏神社今存旧社家 14 家（全部以农耕为主业），如遇神事活动而神职人员不足时，则由社务所人员充当其任。阿苏大宫司依旧由阿苏家世袭担任。现任宫司阿苏惟之，乃阿苏家第 91 代宫司。

二、神社、十二神概况

据相关资料，阿苏神社创建初期，规模宏大，神殿十二，作十二宫，祭祀以健磐龙命、阿苏比咩命为首的阿苏十二神，一神一宫[①]。曾对阿苏神社的历史沿革有过深厚研究的神道学者阿苏品保夫依据社藏中世绘卷《阿苏社社殿绘卷》和《阿苏社缘起绘卷断简写》（又称《阿苏社头绘图写》）[②]成功恢复绘制了一幅中世以前神社社殿的位置示意图，从中或可稍窥中世以前阿苏神社的概貌（见图 1）。

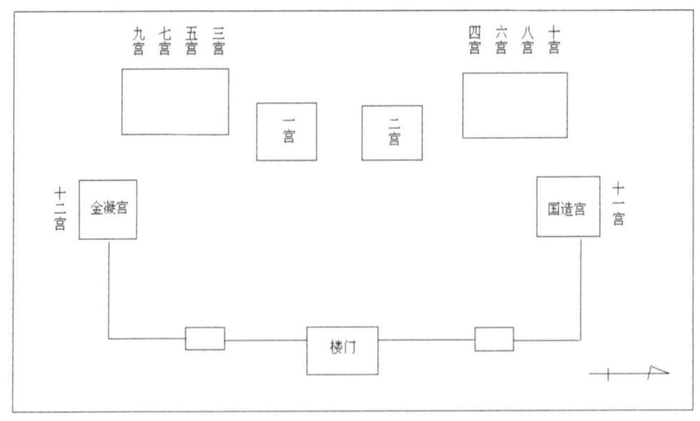

图 1 中世以前阿苏神社社殿示意图

① 村崎真智子：《阿蘇神社祭祀の研究》，法政大学出版局，1993 年，第 24 頁。

② 原图绘于日本永亨（1429—1441）年间。

如图 1 示，中世以前的阿苏神社整体坐西朝东，东侧为正门，有中央“楼门”和左右仪门。社域内设有六殿十二宫：一宫居中右，二宫居中左，皆独立成殿。一宫右侧偏殿，为三、五、七、九宫，二宫左侧偏殿，为四、六、八、十宫；左（北）配殿坐北面南，为十一宫，称“国造宫”；右（南）配殿坐南面北，为十二宫，称“金凝宫”。

至中世时期，阿苏氏势力大长，曾卷入朝廷南北朝之争，阿苏神社因之于天文年间（1532—1555）毁于战火。至战国时代末期，阿苏氏势力衰颓，阿苏神社亦随之荒废。江户初，阿苏氏家主惟善重返阿苏谷，整修社殿，恢复祭祀。但因财力有限，只在原址搭建临时社殿，增加了中央拜殿、诸神社（西后）、直会殿等新设施，并将神社南侧的第十一宫与北侧的第十二宫位置对调，形成第十一宫（国造宫）坐南面北，第十二宫座北面南的新格局（见图 2）。

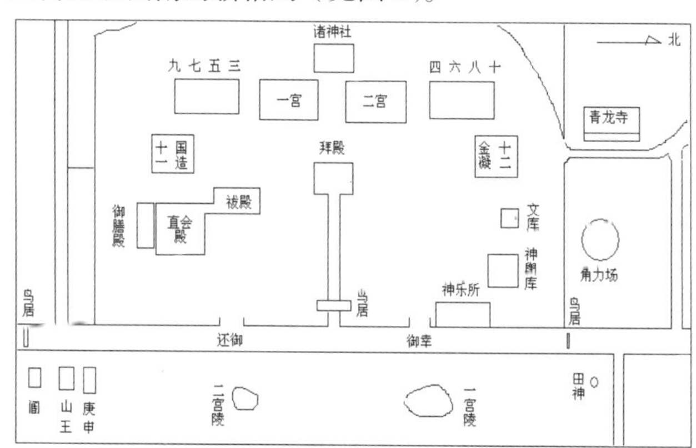

图 2　近世阿苏神社临时社殿布局示意图

阿苏神社曾于江户天保年间（1829—1843）再建，基本保持临建格局。战后于 1975 年再度改建，扩建拜殿，称“大拜殿”。又将第十一宫（国造宫）与第十二宫（金凝宫）移至西后侧原诸神宫处，集两宫为一殿，称“别殿”（或三殿）。十一宫居殿内右（南）侧，十二宫居殿内左（北）侧。

现存阿苏神社整体坐西朝东，前有三门，正门为三间双檐式“大楼门”，斗拱勾连，庄严肃穆；左右各有一侧门，左称“神幸门”，右称“还御门”。门前南北参道，南口正对阿苏山中岳火口神灵池，北口可通北外轮山大观峰，其南北入口处，各有石鸟居（牌楼）一座、门守社一间。进入大楼门，迎面即为大拜殿，殿后为“神域”，用木栏围挡，内有三座神殿，前二后一，呈倒品字形排列，南殿（右殿）称

“一本殿”，北殿（左殿）称“二本殿”，中后殿称“别殿”。两本殿较大，殿脊饰樫鱼木（又称胜男木）各八根。别殿略小，殿脊饰樫鱼木四根。三神殿通分为十二宫，一殿为一、三、五、七、九宫，祀健磐龙命为首五男神；二殿为二、四、六、八、十宫，祀阿苏都比咩命为首五女神。别殿内右祀国造神=速瓶玉命，为十一宫；左祀金凝神=绥靖天皇，为十二宫（如图3）。

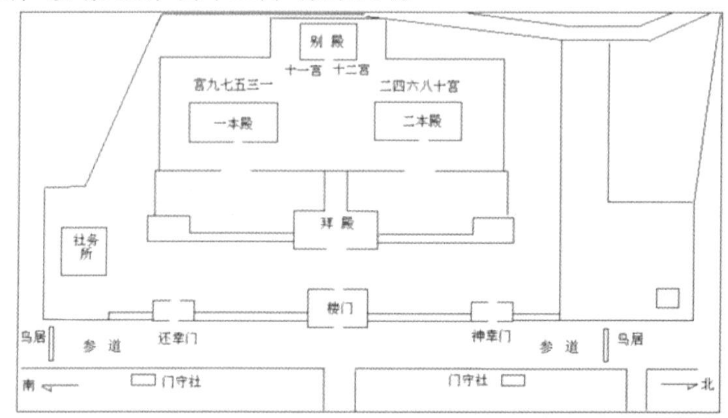

图3 现存阿苏神社殿布局示意图：①

阿苏神社所祀以健磐龙命、阿苏都比咩（媛）命为首“阿苏大明神”，亦称“阿苏十二神”，分居十二宫，详如下：

一宫：健磐龙命，阿苏神社主祀神，又名阿苏都彦命。阿苏火山之神、农耕开拓之神。传其乃神武天皇之孙；

二宫：阿苏都比咩命，又名阿苏都媛命。健磐龙命之妃，国龙明神之女；

三宫：国龙明神，名日子（彦）八井命。神武天皇长子，留守阿苏，为草部吉见神社主祀神；

四宫：比咩御子神，国龙明神之妃；

五宫：彦御子神，又名惟人命、八井耳玉命，健磐龙命之孙、阿苏大宫司之祖；

六宫：若比咩神，彦御子神之妃；

七宫：新彦命，国龙明神之子，助健磐龙命开拓阿苏；

八宫：新比咩神，若彦命之妃；

九宫：若彦命，新彦命之子；

① 三幅阿苏社殿示意图均根据村崎真智子的《阿蘇神社祭祀の研究》第22～25頁略图绘制，略有改动。

十宫：弥比咩神，新彦命之妃；

十一宫：速瓶玉命，健磐龙命之子，阿苏首任国造，国造神社主神；

十二宫：金凝神，名神沼名川耳命，绥靖天皇。

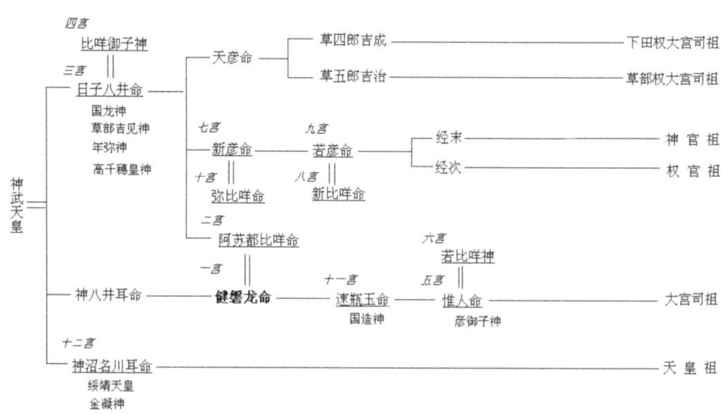

图 4　阿苏神社神系示意图

阿苏神社自创立以来，其神社规模及社殿数量曾多次增减变动，如平安时代——12 殿 12 宫；中世—— 6 殿 12 宫，近世—— 6 殿 12 宫，现在—— 3 殿 12 宫等，然以下三点从未有变：

（1）神社东向，参道南北，从未有变；

（2）十二宫配祀十二神顺序，即一宫祀阿苏主神健磐龙命，二宫祀阿苏都比咩命……第十一宫祀国造明神速瓶玉命，第十二宫祀金凝神 = 绥靖天皇，从未有变；

（3）男神宫数阳而配殿阴，如一、三、五、七、九宫祀五男神配右殿，右为阴。女神宫数阴而配殿阳，如二、四、六、八宫祀五女神配左殿，左为阳，从未有变。

阿苏神社作为阿苏国社，通过“卯祭”等各种农耕祭祀神事，祭祀本土社稷土谷，祈祷五谷丰登、风调雨顺。今人考察阿苏神社，多重火山崇拜、祖先崇拜、农耕祭祀等项，然未解者疑问有四：

其一，第十一宫（国造宫）与第十二宫（金凝宫）之位置变动。中世期间，第十一国造宫为男神居左配殿，位阳而地处社北，第十二金凝宫为男神居右配殿，位阴而地处社南。至近世临建期，改为国造宫居右配殿，位阴而地处社南，金凝宫居左配殿，位阳而地处社北。而至战后（1975 年）改建时，则又将第十一、十二两宫合为一殿，称别殿，移至神社西后侧原诸神宫处，延续至今。国造宫与金凝宫，自古至今，两易方位，终合一殿，且今更称别殿，规模明显小于一、二两本殿。如此变动，其意何在？

其二，中国古礼尚左，日本亦以左为上，左阳右阴，男左女右。何阿苏神社十二宫神，除第十二宫外，皆男神居右（阴），女神居左（阳）。阴阳背反，其意何在？

其三，阿苏神社号称“阿苏一宫”，所行诸祭祀活动均应以“阿苏大明神”为主祭神。然以阿苏地区最重要祭祀活动“阿苏卯祭”为例，其活动场所虽以阿苏神社为中心，然在长达13天的祭祀神事（如巳日“横筵神事”、巳日——戌日“宅祭神事”、申日“神婚振火神事”、亥日“田作神事”等）中，登坛受祭者并非以健磐龙命为首的阿苏十二大明神，而是从年弥神社抬来的“年弥神”，整个祭祀过程，“阿苏大明神”似仅作壁上观而已，岂非咄咄怪事！

其四，阿苏神社第十二宫名“金凝宫”，拟神绥靖天皇。绥靖天皇在日本神道系列中属天神系列，阿苏神社乃地方国社，阿苏十二神皆属“国神”（即地方神）。阿苏神社何以敢冒“僭越”之大不韪，将天神绥靖天皇配列本土国神之位末？此“金凝神”者，究为何神？

三、社、岁星、太岁

考之中国古礼，社者，尊土之所也。

班固《白虎通•社稷》云：“王者所以有社稷何？为天下求福报功。人非土不立，非谷不食。土地广博，不可遍敬也；五谷众多，不可一一祭也。故封土立社示有土尊。稷，五谷之长，故立稷而祭之也。”

隋萧吉《五行大义》所引《孝经•援神契》云：“社者，土地之主也。稷者，五谷之长也。”

中国古代天子五祀：禘、郊、祖、宗、报[①]，更以立春后第五戊日（戊为土）

① 五祀：禘：殷商宗庙之祭。《礼记・王制》：“天子诸侯宗庙之祭，春曰礿（yue），夏曰禘，秋曰尝，冬曰蒸。”郊：古代帝王于国都近郊祀天地之礼。韩愈《原道》：“郊焉而天神假（来），庙焉而人鬼飨。”祖、宗：皆宗庙义。古代禘祭配祖，郊祭配宗。《国语・鲁语上》：“故有虞氏（舜）禘黄帝而祖颛顼，郊尧而宗舜。”报：腊祭，年终祭百神曰腊。柳宗元《腊说》：“将腊，进有司以问腊之说，则曰：合百神于南郊以为岁报也。”（腊音 zhɑ）。

立大社祭土谷，当二月春分之候，称春社，祈谷礼天，以求神佑；以立秋后第五戊日为秋社，当八月秋分之候，报答神恩。春祈秋报，其礼简于五祀，专重农事。《诗经•小雅•甫田》云："以我齐明，与我牺羊，以社以方"。唐王驾《社日》诗："鹅湖山下稻梁肥，豚栅鸡栖半掩扉。桑柘影斜春社散，家家扶得醉人归。"皆咏春社也。

中国古代社分五等：大社、王社、国社、侯社、置社。《礼记•祭法》云："王为群姓立社，曰大社。王自为立社，曰王社。诸侯为百姓立社，曰国社。诸侯自为立社，曰侯社。大夫以下为群立社，曰置社。"

以此考之，阿苏神社者，诸侯（豪族阿苏氏）为百姓所立之社，国社也。其北部手野地区为祭祀阿苏首任国造速瓶玉命之国造神社，乃阿苏氏自为立社，"侯社"也。《礼记•郊特牲》云："社，所以神地之道也。……家主中中霤而国主社，示本也。"阿苏神社即阿苏氏显示"国本"之"神地"。

又，社必有神，以受祈报。中国社神名句龙，稷神（五谷神）名柱。《国语》云："共工氏之子曰句龙，为后土官，能平九土，故祀以为社。烈山氏之子曰柱，能植百谷蔬，自夏以上祀以为稷。"又，古者各代官有人功者，可配食社稷之神。

以此考之，"阿苏卯祭"之"田作神事"中所出"五谷神"者，稷神也。

祭社必先礼天。《礼记•郊特牲》云："地载万物，天垂象取财于地，取法于天。是以尊天而亲地也。故教民美报焉。"

祭社所礼之天，太岁也。隋萧吉《五行大义》引《黄帝经》云："太岁为百神之统，俗谓之中天子。"

太岁者，岁星之阴也，又称太阴。

中国古代以木星十二年东行一周天，分为黄道十二星次，木星岁逆一次，称岁星。星次为：

星纪（夏历十一月）、玄枵（十二月）、诹訾（正月）、降娄（二月）、大梁（三月）、实沉（四月）、鹑首（五月）、鹑火（六月）、鹑尾（七月）、寿星（八月）、大火（九月）、析木（十月）[①]。

为历法计，与木星相对，更虚设一星，称岁阴，即太岁也。太岁起于东方青龙

①《汉书•律历志第一》下。

七宿之角宿三星，称摄提格，斗建也[①]。与岁星相对，十二年西行一周天。星右行而岁左转，年出一岁，以当十二月之辰，称太岁巡幸黄道十二宫。北魏道武帝曾立太岁十二神名，后又有“青龙行十二辰”之说[②]。

太岁合则为一，分则十二，各有岁名：

摄提格岁：夏历正月岁首，岁阴左行在寅，岁星右行居丑；

单阏岁：二月，岁阴在卯，星居子；

执徐岁：三月，岁阴在卯，星居子；

大荒骆岁：四月，岁阴在巳，星居戌；

敦牂岁：五月，岁阴在午，星居酉；

叶洽岁：六月，岁阴在未，星居申；

涒滩岁：七月，岁阴在申，星居未；

作鄂岁：八月，岁阴在酉，星居午；

阉茂岁：九月，岁阴在戌，星居巳；

大渊献岁：十月，岁阴在亥，星居辰；

困敦岁：十一月，岁阴在子，星居卯；

赤奋若岁：十二月，岁阴在丑，星居寅。[③]

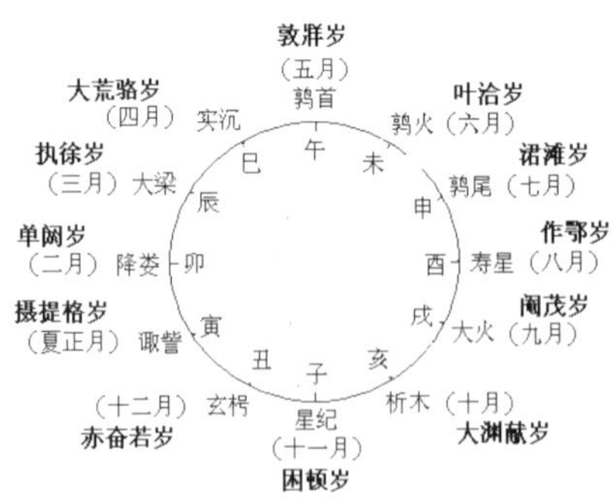

图5　岁星十二星次与太岁巡幸黄道十二辰宫示意图

---

①《史记·天官书第五》云：“大角者，天王帝廷。其两旁各有三星，鼎足句之，曰摄提。摄提者，直斗杓所指，以建时节，故曰摄提格。”

② 萧吉《五行大义·论诸神》曰：“又别有青龙行十二辰，即太岁之名也。古者名岁曰青龙，此神主福庆。太阴三岁一徙，右行十二辰，即太岁之陰神也，后妃之象，主水雨、阴私。害气右行四孟，一岁一移。以其所至为害，故曰害气。合为十二神，九宫之所用也。”

③ 司马迁：《史记·天官书·第五》。

四、阿苏太岁十二神

以此考之阿苏大明神（十二神）者，太岁也。阿苏神社者，社而太岁殿也。阿苏阿十二神总名“阿苏大明神”者，总一太岁之名也。其为十二神居十二宫者，效太岁巡幸黄道十二宫，分值十二年，各为值年太岁也。

以阿苏十二神匹配太岁巡幸黄道十二宫（太岁十二神），见图6：

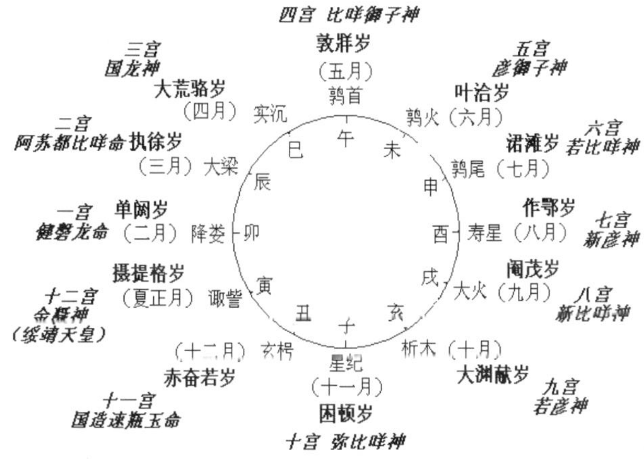

图6　太岁十二神与阿苏十二神匹配示意图

详释如下：

〇一宫：阿苏首神健磐龙命，当卯宫单阏之岁，主二月卯。《尔雅•释天》云：“（太岁）在卯曰单阏”。单，尽也；阏，止也。言阳气推万物而起，阴气尽止也。健磐龙命乃阿苏火山之神，农耕开拓之祖。其居卯宫，得木气帝旺之所。卯为阴支，健磐龙命以男神居阴位，示其乃国神之身，于阿苏氏又为赘婿。阿苏山在阿苏神社之南，健磐龙命以一宫据右殿而近中岳火口神灵池山上神宫，宜。

〇二宫：阿苏都比咩命，当辰宫执徐之岁，主三月辰。太岁在辰曰执徐。执，蛰也；徐，舒也。言蛰伏之物，皆散舒而出也。阿苏都比咩命乃主神健磐龙命之妃，居辰宫执徐位。辰者，木衰，水土之墓。阿苏都比咩命祀于二宫，一示木气（健磐龙命）将衰，夫衰而妇侍其侧；二示阿苏都比咩命乃阿苏氏本家，故以女神而居左阳（土）位，守土也。其以二宫据左殿而近阿苏氏发迹之阿苏谷手野之地，阴居阳位，宜。

○三宫：国龙明神，当太岁大荒骆岁，主四月巳。太岁在巳曰大荒落。荒，大也。言万物炽盛而大，落落而布散也。国龙明神乃首神健磐龙命岳丈、阿苏都比咩命之父，其时老矣。以老男居阴位，示木病之所，祀于右殿三宫，老阳居阴位，衰颓将隐，宜。

按：国龙明神又名日子（彦）八井命，神武天皇长子，神武东征后留守九州，居阿苏外轮山东南高原草部之地，跨日向、丰后、肥后三国而据九州中心。草部训为"草壁"，意为以草为壁之居。国龙明神乃阿苏农耕第一创始者，祀于草部吉见神社。健磐龙命开拓阿苏，多得国龙明神之助。新王登场，老王隐退，故今草部吉见神社建于高原深谷之中，以示退隐之意。然国龙明神虽为退隐之神，尤掌水火二珠，可致晴雨，以利农耕。故于"阿苏卯祭"诸神事中得与年弥神合体受祭。

○四宫：比咩御子神，当敦牂之岁，主五月午。太岁在午曰敦牂。敦牂，"言万物盛庄也"。比咩御子神乃国龙明神之妃，老女也。其居午位，守夫死之所。以四宫祀于左殿，阴居阳位，宜。

○五宫：彦御子神，当叶洽之岁，主六月未。太岁在未曰叶洽（又曰协洽）。协，和也；洽，合也。言万物和合也。彦御子神又名惟人命，国造大明神速瓶玉命之子，阿苏大明神健磐龙命之孙，阿苏大宫司之祖。其居未宫，未为木墓，有王土。大宫司者，祭主也，故得居土王之所，守木王之墓。孙守其祖，男居阴位，以五宫祀于右殿，宜。

○六宫：若比咩神，当涒滩之岁，主七月申。太岁在申曰涒滩。滩，大修也。言万物皆循其精气也而动。若比咩神乃彦御子神之妃。其居申宫，木气绝也。若母腹空空，以候新神之来"神婚受气"。以六宫祀于左殿，女居阳位，得木气之先，示神气不绝，宜。又，若比咩神乃大宫司惟人命之妃，其居木气"受气"之所，更示大宫司家乃阿苏氏嫡传正宗也。

○七宫：新彦神，当作鄂之岁，主八月酉。太岁在酉曰作鄂。作鄂，零落也。言万物皆堕落也。新彦神即国龙明神之子新彦命，曾助健磐龙命开拓阿苏，新神也。其居酉宫，男居阴位，示木气成胎，尚在腹中，以七宫祀于右殿，宜。

○八宫：新比咩神，当阉茂之岁，主九月戌。太岁在戌曰阉茂。阉，大也；茂，置也。言万物皆大置（成）。新比咩神乃新彦神之女。其居戌宫，女居阳位，示木气之养，如胎儿在母腹之长大。以八宫祀于左殿，宜。

〇九宫：若彦神，当大渊献岁，主十月亥。太岁在亥曰大渊献。渊，藏也；献，迎也。言万物终于亥，藏窟伏，以迎阳也。若彦神乃新彦神之子，其居亥宫，阳居阴位，配木气之生所，神孙，新新也。以九宫祀于右殿，宜。

〇十宫：祀弥比咩命，当困顿岁，主十一月子。太岁在子曰困顿。困，混也；敦，沌也。言阳气混沌，万物垂孽也。弥比咩神乃新彦神之妃。其居子宫，木气沐浴之所，示新神诞生，母为沐浴，“三日洗儿”。其女居阳位，母以子贵，以十宫居左殿，宜。

〇十一宫：祀速瓶玉命，当赤奋若岁，主十二月丑。太岁在丑曰赤奋若。赤，阳色也；奋，起也；若，从也。言阳气奋讯而起，万物无不顺其性也。速瓶玉命乃健磐龙命之子，阿苏国造之祖，国造大明神。其居丑宫，有国之位也。丑为土，中有衰土[①]。国造明神者，阿苏地主，土王也。丑又为木气冠带之所，成人也，渐趋木气之旺。其居阿苏第十一宫，位于金凝神=绥靖天皇之右，示阿苏家主，守君臣之道也，宜。

〇十二宫：金凝神=绥靖天皇，当摄提格岁，主正月寅。太岁之首也。格，起也。此言万物承阳而起。绥靖天皇乃天孙之后，于阿苏有监国之利。斗建寅，为一岁之正。阿苏神社乃地方国社，不得用正，故阿苏首神健磐龙命虽为众神之领，不敢居寅正太岁首位。绥靖天皇配祀第十二宫，在阿苏神社位虽居末位，而于太岁之位则为寅正，岁首也，以示绥靖天皇有天神之尊。

又，寅，阳木也，寅德在未，以金为夫。未中有冠带金。《五行大义•论德》云：“《五行书》曰：‘若有一德，能禳百灾。’凡阴阳用事，遇德为善，谓之福德。为有救助，万事皆吉，灾害消亡。”未金居少阴之位，西方成物之所。物成则凝强，少阴则清冷，故金以强冷为体，从革为性。金凝而强，强则克木，故可制国神健磐龙命木气之王也。是绥靖天皇又称“金凝神”者，木气之德也。金凝为水，水养木荣，更可助木气之旺。故以绥靖天皇配居地十二宫，寅正之位，太岁之首，一示天皇家于阿苏国有监国之利，二示阿苏诸神与皇室有“血缘”之亲。阿苏十二神配位木气寄生十二宫，唯绥靖天皇得阳神阳位，居寅正岁首，示尊也。

---

① 土居中央，以主四季，成四时。未辰丑戌，土之位也。未为王土，辰为死土，丑为衰土，戌为壮土。

结 语

以上述解析，可解阿苏神社四大谜团：

其一，绥靖天皇何以配祀第十二宫？

解曰：得寅正而居太岁之首也。金凝者，木德也。

其二，阿苏十二神何以男女祀宫阴阳背反？

解曰：一为使健磐龙命居右殿而近“山上神宫”神灵池，二为虚寅正岁首之位，以待绥靖天皇之尊也。此乃阿苏神社创建者巧妙运用阴阳五行原理，精心设计，故作外呈阴阳位反、男女交错之状，而内得恪守君臣之道，又不失本土国神木王之位也。一显一隐，诚用心良苦之至。

其三，第十一宫（国造宫）与第十二宫（金凝宫）何以近世再建时作南北对调，而战后终合祀于西后别殿？

解曰：《日本书纪》平安朝至中世前期间，阿苏氏乃阿苏地方豪族之首，称霸一方。其与天皇朝廷关系，亦属若即若离，相对独立。阿苏氏始祖（即三宫国龙明神彦八井命）自称神武天皇长子、而阿苏首神健磐龙命又号称神武天皇之孙，且得天皇朝廷认可[①]（载《日本书纪》），可推而觉知当年阿苏氏之地方霸主之威。故阿苏神社创建之初，祀神配宫虽遵循木气十二生死所及太岁巡幸黄道十二辰宫之制，并将绥靖天皇祀为第十二宫，以当寅正太岁之首，然究其真正用意，如此作法，不过只为拉近阿苏氏与天皇皇室的血缘关系，利用当时天皇朝廷的政治宗教权威，以张大自家政教一体的地方统治而已。以其祀健磐龙命为阿苏大明神之首且居“阿苏一宫”，便可知。而寅位第十二宫之金凝神=绥靖天皇者，实有名无实，绝非阿苏氏承认天皇朝廷对阿苏地方真有“监国”实权。故其于社殿布局，将阿苏国造之祖速瓶玉命（第十一宫）置于神社北配殿，位北而面南，此君王之位也，足以显示只有阿苏氏才是阿苏地方的真正统治者。而绥靖天皇（第十二宫）则被放在了表示臣子之位的南配殿（见图一），虽居太岁之首而无监国之位，僭乎？僭也。阿苏氏公然不惧。

---

① 村崎真智子：《阿蘇神社祭祀の研究》，法政大学出版局，1993 年，第 24 頁。

至中世后期，阿苏氏势力逐渐衰落，最终被逐出阿苏谷，家败国亡，沦落四方。阿苏神社亦随之湮废。到近世中期，阿苏氏得德川家康恩赐，重返阿苏谷，再建阿苏社。此其时也，阿苏氏被剥夺了一切世俗权力，只能专一神职，经营阿苏神社。故其搭建临时社殿时，不得不应时顺势，将第十一宫与第十二宫的位置南北对调，使金凝宫=绥靖天皇不仅在月辰上居太岁之首，而且从方位上亦具有了“南面而治”的君王之位。而作为阿苏氏之祖的国造大明神则回归了“北面而臣”的诸侯之位，示尊皇也。

到了战后，天皇亦从“现人神”的地位跌落了下来。故 1975 年改建时，又将第十一、第十二两宫一并迁移至阿苏神社西后方，合祀于别殿，居于西金之位。金者，木德也，金能克木。《白虎通》曰：“金克木者，刚胜柔。”《春秋繁露》云：“木者，农也。农人不顺如叛，司徒诛其率正（或作止）矣。故金胜木。”故西方者，监国之位也。今第十一宫国造明神与第十二宫金凝神=绥靖天皇并祀于西别殿，乃示两宫对阿苏地方仍有监国之利。而其殿内位置终露真相：金凝神=绥靖天皇第十二宫居殿左，左为阳，上位也，以象君；国造明神=速瓶玉命第十一宫居殿右，右为阴，下位也，以象臣。

其四：“年弥神”者，究为何神？

解曰：太岁者，凶神也，不可犯。“阿苏卯祭”巳日之“横筵神事”、巳日至亥日七日六夜之“宅祭”、申日之“迎御前神事”、亥日之“田作神事”，其所出“年弥神”者，本年值年太岁也，又称年神、岁神。年弥神年年值太岁，太岁神岁岁换年弥，十二年一轮回，流转不息。而木气寄生十二宫，年年有“气绝”之所。为保神气不断，年弥神只得年年“迎御前”，娶新妇，作“神婚”。累是累点儿，倒也欢喜、热闹。因太岁十二神中本为六男六女（六阴六阳），“阿苏卯祭”所行神婚仪礼多有不便说明处，久之，便将值年太岁但作一神，另居别社，只于祭祀神事时方抬来阿苏神社受祭，即今“年弥神”也。

补记：阿苏神话以天女下凡沐浴、新彦命盗羽衣留截新妇、新妇复得羽衣归天事而喻年弥神年年娶新妇[①]者，盖木气十二生死所有“沐浴”之节，阿苏十二神特置新彦神之妃弥比咩命于子宫，更喻阳起木气生发，春情动也。

① 村崎真智子：《阿蘇神社祭祀の研究》，法政大学出版局，1993 年，第 117 ~ 138 頁。

1855年前的日俄两国关系

李　凡

内容提要　1855年,《日俄友好条约》缔结前的一个多世纪里，俄国采取和平手段努力与日本建立通商关系。伴随美英法等国向日本周边地区扩张，俄国又要求日俄两国划分边界，力图阻止外国势力插手。日本的特殊战略地位，使得俄国希望日本成为向东西伯利亚及远东地区、并继续向北美扩张的物资提供地。同时，为与西方列强竞争，俄国也不敢轻易采取武力处理对日关系。

关 键 词　日俄友好条约、日俄关系、领土问题

基金项目　国家社会科学基金“日俄领土问题历史渊源研究”(14BSS033)

作者简介　李凡，南开大学历史学院教授

有关早期日俄关系史研究，在日俄两国已发表了很多研究成果，而我国对此研究成果很少。本文所指早期日俄关系，是 1855 年日俄两国缔结《日俄友好条约》截至之前的两国关系史，该条约开启了两国正式交往的历史。该历史问题研究，对于我们深入认识这两大邻国之间关系具有重大意义。

一、俄国南下主动探寻日本建立通商关系

俄国人在近代向东方扩张时，也把目光投向岛国日本。1697 年，俄国远征队在堪察加半岛发现遭遇海难的日本人传兵卫[①]，这是俄国人第一次见到日本人。1702 年 1 月，沙皇彼得一世亲自接见了传兵卫。1716 年 7 月 12 日，西伯利亚总督向下属转达彼得一世指示："遇到日本人时询问有关日本事情，如果可能派遣有能力者交涉通商适宜。"[②]此时，俄国极力接近日本，力图与其建立通商贸易关系的原因如下。

首先，西方人最早获知日本，是通过《马可波罗游记》，其中描绘日本为"金银岛"，引起极大兴趣。1670 年，荷兰学者默卡特撰写的《宇宙志》被译成俄文，该书介绍日本"是一大岛，位于中国以东 700 俄里，盛产金银和其他财宝"[③]。这种物质刺激无疑具有极大诱惑力，促使沙皇俄国政府极力想要与日本接触。

其次，俄国在近代对外扩张中有三条路线：即由波罗的海通往大西洋、由日本海通往太平洋和由黑海通往地中海，俄国要极力确保三条海上通道畅通无阻。在俄国由日本海向太平洋扩张战略中，日本的地理位置非常重要，必然成为俄国垂涎的目标之一。

最后，在俄国向东方扩张过程中，遇到最大的困难是后勤供给问题。俄国派遣的所谓"探险队"的后勤供给，多数是来源于欧洲地区提供，俄国急需在远东地区寻找到后勤供应地，以便于长期立足生存。俄国统治者急于寻找日本开展通商贸易，就是该因素决定的。

① 平川新監修、寺山恭輔等編:《ロシア史料にみる 18—19 世紀の日露関係》第 3 集，東北アジア研究センター叢書第 31 号，2008 年，第 24 頁。

② 平川新監修、寺山恭輔等編:《ロシア史料にみる 18—19 世紀の日露関係》第 3 集，第 42 頁。

③ Э.Я.Файнберг:《Русско-японские отношения в 1697—1875 гг.》, Москва, "Издательство Восточной Литературы"1960 г., стр.18.

1732年12月，俄国政府正式任命白令为探险队总队长，同时任命白令的助手什潘别尔格兼任日本探险队队长。经过几年准备后，1738年6月18日，什潘别尔格率领3艘船，离开鄂霍次克港，7月4日，达到博利舍列茨克要塞，7月15日，船队沿千岛群岛南下第一次驶往日本。船队航行途中遇到大雾，导致各船只之间联系无法正常进行，被迫独自航行。什潘别尔格指挥船只到达择捉岛，8月18日，他率领船只返回到博利舍列茨克要塞。

1739年5月21日，什潘别尔格率领4艘船离港，开启第二次探询日本航路征程。6月15日，船队航行途中遭遇风暴而吹散，6月16日，什潘别尔格率领余下3艘船航行，第一次看到日本的本州东海岸。沿海岸航行两天后，从船甲板看到许多村落、田野、森林及小船。日本人驾驶小船接近俄国人船只，什潘别尔格担心会遭日方袭击，命令起锚继续向南下航行。6月22日，到达北纬37度附近距离岸边1俄里处下锚[①]。岸上的日本人发现俄国人并无恶意，于是双方展开易货交易。俄国舰队到来，日本岛民向当地仙台藩府报告，官府派出代表登船会晤，由于双方语言不通而使得交流活动无法展开，俄国船员与日本岛民进行了简单的物资交换活动后返航。什潘别尔格经过两年努力终于探明了日本的方位，开辟了通往日本的航路。

根据俄国著名博物学者埃里克•拉克斯曼教授的建议，俄国政府任命其子阿达姆•拉克斯曼为赴日使节团团长。1792年9月25日，第一次派遣赴日使节团出发，为了博取日方好感，俄方送还几名日本遇险漂流者[②]。10月17日，俄国船靠近虾夷本岛（北海道）北岸抛锚。阿达姆•拉克斯曼转交给松前藩主说明来意的书信，与此同时，他提出等待日方答复前，在海岸附近构筑小屋，船员转移到陆地修养，获得日方允许。

12月13日，松前藩府高级官员接见了阿达姆•拉克斯曼等人，并且当面宣读日方答复信函："阁下递交的书信已经收到了。该信函与本藩报告书，同时递交江户幕府。本官根据上级指示通告，为了避免阁下等人受到当地人的伤害，特派遣护卫人员负责警戒。"[③]

1793年1月，日本幕府派遣高官向阿达姆•拉克斯曼递交答复书，并接受送还

① 平川新監修、寺山恭輔等編：《ロシア史料にみる18—19世紀の日露関係》第3集，東北アジア研究センター叢書第31号，2008年，第148頁。

② 平川新監修、寺山恭輔等編：《ロシア史料にみる18—19世紀の日露関係》第2集，東北アジア研究センター叢書第26号，2007年，第172頁。

③平岡雅英：《日露交涉史話》，筑摩原書房，昭和19年1月20日発行，第87頁。

的日本人。幕府答复信中指出："禁止外国人与日本交流，外国人登陆日本港口，将实施逮捕入狱，考虑到阿达姆•拉克斯曼等人只是为赴长崎进行贸易，并且带来遇险的日本人，所以允许进入日本港口。但是，如俄国人不经允许前往日本航行，将是危险行为。幕府代表接受送还的日本人，为了能够与当地官员进行交流，请接受赴长崎的信牌（准许贸易的凭证），江户行程将完全是题外之事。"[①]

7 月 20 日，阿达姆•拉克斯曼与日方代表会面，日方代表解释说：松前藩无权审议条约问题，与外国人交涉的特别官员（外国奉行）在长崎，并向俄罗斯人发放赴长崎的信牌。阿达姆•拉克斯曼提出感谢松前藩主的款待，希望能访问藩主。对此日方表示拒绝，不允许俄国人与松前藩单独建立关系。俄国人企图绕过幕府直接与地方政府建立关系的愿望也破灭了。8 月 11 日，在日方催促下，俄国人起航回国。

1803 年 7 月 10 日，沙皇亚历山大一世颁布敕令，任命俄美公司负责人列扎诺夫为访日使节团团长[②]。1804 年 8 月 26 日，列扎诺夫乘船离开彼得罗巴甫洛夫斯克后，9 月 26 日，船进入长崎港。日方官员乘坐一艘小船出来迎接，官员命令在外围海域投锚停泊。列扎诺夫几次提出，希望提供陆地场地，让船员们登陆休息，船只需要修理，货物也需要晾晒，日方满足了俄方请求。

1805 年 3 月 23 日，列扎诺夫与幕府代表远山金四郎在长崎奉行所举行会谈。远山表示，幕府首脑不会接见列扎诺夫，早前拉克斯曼提出希望建立日俄通商关系，在日本法律上是禁止的，并且劝说列扎诺夫此刻应离开日本了。列扎诺夫完全没有想到，日方如此清楚地答复而结束会谈。为了避免远道而来俄罗斯客人尴尬，长崎奉行肥田赖常提议，再次举行会议。

3 月 24 日，双方代表在长崎奉行所举行第二次会议，日方代表让列扎诺夫阅读了幕府将军德川家齐的答复信、长崎奉行肥田赖常的说明信。德川家齐的答复信里，就日本拒绝开港问题解释说：以前日本与许多国家交易，大约 200 年前，禁止本国出国，也禁止外国人进入。对中国人、朝鲜人、荷兰人是按照以往传统特殊处理，这不涉及任何商业利益。但与俄国人没有这样的关系。最近俄国人将日本人送回松前，要求建立外交通商关系，现在又以同样目的来到长崎。但俄国人固执的愿

---

① Э.Я.Файнберг:《Русско-японские отношения в 1697 — 1875 гг.》, Москва, "Издательство Восточной Литературы"1960 г., стр.59.

② 平川新監修、寺山恭輔等編:《ロシア史料にみる 18—19 世紀の日露関係》第 4 集，東北アジア研究センター叢書第 36 号，2009 年，第 67 頁。

望是无法满足的。日本与其他各国相距遥远，法律、习惯不同，将成为不稳定因素，所以禁止与其往来。对于近邻大国携带贵重礼品来访，日方也不能派遣使节回访答谢。日本的国境警戒的目的及对外政策的指导原则，不能为俄罗斯一个国家而改变。商品交换，对于双方相互有利，日本不接受无益的外国商品，流失自己的必需品和贵金属，被认为是无能的统治者。外国商人善于利用竞争与价格，搅乱日本国民的良好风俗、感情。由于通商扩大，下层民众不断出现违法事情，使统治民众变得困难，容易引起无秩序，因此断然拒绝俄罗斯人要求，俄罗斯人应该立即离开，今后不要浪费精力到访日本沿海地区了。[①]长崎奉行肥田赖常的说明书里进一步提出：日本虽然发给俄国人信牌，但是俄国人法律、习惯与日本人完全不同，不能理解这是警告之意。今后有遇险漂流到俄罗斯的日本人，请用荷兰船只运送回来[②]。

双方会谈毫无结果，3 月 27 日，列扎诺夫正式向日方送还遇险日本人。4 月 5 日，日方官员将幕府将军和长崎奉行的答复信递交给列扎诺夫。4 月 6 日，列扎诺夫等人在滞留半年后离开了长崎港。

二、日本加强北方控制对策

日本作为岛国，1868 年明治维新之前，是一个比较封闭落后、自给自足、自然经济的封建农业国家。日本人长期生活于海岛上，几乎没有遇到外来民族的入侵威胁。但是，从 16 世纪中叶以后，随着航海大发现，西班牙人、葡萄牙人、荷兰人先后登陆列岛，使日本社会发生了新的变化。不仅西方人的洋货使日本人大开眼界，而且西方人带来的天主教也在日本一些沿海地区迅速传播。西方人这种物质与精神方面的双重渗透，使幕府统治者感到统治危机。于是从 1635 年起，德川幕府下令严禁日本人出国，禁止海外日本人回国，同时也对入境的外国人做出严格限制。除了信奉新教的荷兰人可以在长崎一地开展有限的贸易活动之外，对其他西方国家人员入境一概拒绝，形成了所谓“锁国”局面。

俄国人不断南下探寻对日通商问题，引起日本人对北方边界问题重视。明治时

---

① Э.Я.Файнберг：《Русско-японские отношения в 1697—1875 гг.》，Москва，“Издательство Восточной Литературы”1960 г.，стр.85.

② Э.Я.Файнберг：《Русско-японские отношения в 1697—1875 гг.》，Москва，“Издательство Восточной Литературы”1960 г.，стр.86.

代以前，日本北方地区称为“虾夷地”。所谓虾夷地，因居住“虾夷人”而得名，是与“和人”居住“和人地”相对应的称呼。所谓虾夷人，就是指现在的阿伊努人，他们是从何处来到这里的，至今也没有搞清楚[①]。有关“虾夷地”地理范围，大体指以北海道（虾夷本岛）为核心，向外扩展涉及千岛群岛及库页岛。据日本方面解释，江户时代初期，日方将北海道太平洋侧与千岛称为“东虾夷地”、将北海道日本海侧与库页岛称为“西虾夷地”。先后于 1799 年将“东虾夷地”、1807 年将“西虾夷地”作为幕府的直辖地。1809 年，把库页岛正式定名为“北虾夷地”。1821 年，虾夷地重新划归为松前藩的领地，1855 年又纳入幕府直辖地。1869 年 8 月 15 日，“虾夷本岛”改称为“北海道”，“北虾夷地”改称为“桦太岛”，延续至今。

“和人”最早移居“虾夷本岛”是镰仓幕府时期[②]。据松前藩的《新罗之记录》记载，被源赖朝打败的藤原泰衡余党多数逃亡虾夷地[③]。实际上，罪犯和逃兵成为和人赴虾夷地的先驱者。源赖朝打败藤原泰衡后，将御家人分配到各地任职，本州岛津轻地区豪族安东氏被任命为虾夷地管带，而且世代承袭该职位。随后本州地区的富豪们前往虾夷地的人员逐渐增加，不断征服虾夷地，并形成各自的领地。

在德川幕府时期，松前藩统治者，将虾夷人居住的一定区域称为“场所”，允许町人承包这样的区域进行交易。每个“场所”设置各类交易所，大的交易所称为“运上屋”，小的交易所称为“藩屋”，在“运上屋”设置支配人，在“藩屋”设置番人。“场所”的承包人，一般是松前藩的豪商，在“夷人介抱”[④]名义下，向松前藩府上交被称为“运上金”的交易税，每个承包“场所”，都要派遣支配人、番人、翻译等。他们将米、酒、烟草、衣服、杂货等通过大船运送到“场所”，交换虾夷人手中物产，将这些货物集中运送到松前藩，卖给从日本各地来的商船。“场所”承包人为了获得更大利润，往往采取愚弄虾夷人的不正当手段，为此松前藩府不得不实施监管，每年派遣家臣前往各主要“场所”实施检查活动。[⑤]

松前藩，作为虾夷地的岛主，仅是君临而已，实际上经营渔场，开发岛屿是“场所”的承包人。这些承包人一方面从事贸易，另一方面从事渔业，是真正的开拓者。

---

① 丸山國雄：《日本北方発展史》，水產社，1942 年，第 1 頁。
② 榎本守惠：《北海道の歷史》，北海道新聞社，1981 年，第 51 頁。
③ 榎本守惠、君尹彦：《北海道の歷史》，山川出版社，昭和 44 年 12 月 1 日第 1 次発行，第 34 頁。
④ “夷人介抱”：“介抱”意为服侍、照顾，“夷人介抱”即帮助虾夷人之意。
⑤ 平岡雅英：《日露交涉史話》，筑摩書房，1944 年，第 50 頁。

松前藩仅从这些“场所”承包人手中获取“运上金”，完全不负责这些承包人的人身安全。与“虾夷本岛”（即北海道）地区“场所”承包人相比，在千岛群岛地区的国后岛、择捉岛以及库页岛的“场所”承包人更加艰难，他们不仅从事渔业开发活动，而且面对外来势力的威胁。当然这些豪商即承包人们，尽量选择在危险比较少的地方设置“场所”，争取获得更多利益。松前藩的统治权力不仅涉及“虾夷本岛”（北海道）全境，而且发展到努纳地方[①]和宗谷方面的虾夷人地区，与“东虾夷地”（千岛群岛）和“北虾夷地”（库页岛）的虾夷人进行贸易活动。

这时期，居住在择捉岛的虾夷人带来自己捕获的北千岛的物产，运到在国后岛或努纳地区，与松前藩来的人进行商品交换。随着双方交易不断扩大，1624—1647年间，松前藩每年派遣交易船到北海道地区东北的厚岸，这里集结着附近的虾夷人，他们将本地物产与其他地区运来的生活必需品进行交换。

17世纪末，松前藩又在北海道地区的雾多布设置“场所”。1754年，松前藩又在国后岛上设置“场所”。伴随着交易量增加，以厚岸、国后岛为根据地的虾夷人酋长们，每年率领船赴择捉岛、得抚岛等岛屿进行交易活动。

松前藩在择捉岛以北设置“场所”比较迟，原因是千岛群岛是暖流与寒流交汇处，海浪高，容易出现浓雾，特别是国后岛与择捉岛之间水道潮流急，航行经常遇到危险。虾夷人的船体型小，容易驾驶；而和人船体型大，航行危险性也大。另外，渔业最盛期是从春季到夏季，冬季大雪覆盖无法作业，设置“场所”时，冬季必须留下藩府人员值守过冬，必须储藏大量粮食和燃料。松前藩在库页岛开展交易活动，是通过宗谷虾夷人进行的。在宗谷地区设置“场所”大致是1684—1687年间[②]。

1759年，松前藩从择捉岛和国后岛的乙名（虾夷人酋长）处获得俄罗斯南下的消息，“穿红色衣服的外国人正在千岛构筑据点”[③]，当时并未报告给幕府。其原因：第一，松前藩最初未考虑俄国多么可怕，在防备方面未投入力量；第二，松前藩内政混乱，财政匮乏，缺少兵力，没有大船。松前藩考虑，如将俄国南下情况报告幕府，藩府肯定要求加强防备，藩府没有这样实力。如果幕府的要求无法实施，松前藩权限就会受到削减，故最佳选择就是将此事秘不上报。

1781—1788年间，有关俄国南下告急，加强海防在日本国内喧闹一时，被幕

① 努纳是阿伊努人语言，意识为东方，指北海道的东方，现在的根室目梨地方为中心的广阔地区。

② 渡瀬修吉：《北辺国境交渉史》，回天発行所，1976年，第59頁。

③ 渡瀬修吉：《北辺国境交渉史》，回天発行所，1976年，第46頁。

府要人们尊称“音羽先生”的本多利明发表《虾夷地开发愚存之大概意》，其中警告世人：“如果俄罗斯插手开发的话，虾夷地不得不成为俄罗斯的。”“领土，只有开发后才属于你的。”[①]可以说，日本是在俄国南下告急的呼声下，才开始加强对北方地区控制脚步的。具体采取了以下措施：

首先，日本幕府派遣官员对虾夷地进行实地考察，掌握第一手资料。松前藩和人是随虾夷人足迹进入千岛群岛后，1754年在国后岛建设基地并着手进行渔业开发活动的。1785年，幕府派遣以山口铁五郎为首考察队对虾夷地展开实地调查。1798年，幕府官员近藤重藏赴择捉岛考察，并在此树立起“大日本惠登吕府”的标志[②]。1799年，幕府针对松前藩的无力现状，宣布对千岛群岛直接控制管辖。

其次，幕府采取措施，加强控制、安抚当地土著虾夷人。山口铁五郎考察队在虾夷地实地调查基础上，向幕府老中田沼意次递交报告书，提出虾夷地广，人口稀少，粮食匮乏，难于扩大贸易。因此要首先开垦虾夷地，并且提供农具、种子，带动农业发展。[③]长期以来，松前藩对虾夷人交易采取所谓“场所”承包人制度，和人往往利用本身优势，在交易活动采取欺诈手段，引起土著虾夷人极大不满，甚至不断出现暴乱。面对俄国人南下威胁，幕府安抚土著虾夷人措施之一，就是采取各种手段遏制这样欺诈行为，派遣官员监视双方开展公平贸易活动，目的就是遏制虾夷人在接触俄国人后，投向俄国人。

最后，幕府派遣军队守护边界地区。针对俄国人袭扰行为，幕府于1808年命令仙台藩出兵2000人，守护箱馆、国后岛、择捉岛，会津藩出兵1500人，守护福山、宗谷、利尻、库页岛，还派遣高官赴各地监视守护任务[④]。

三、日俄有关通商、划界交涉

列扎诺夫赴日进行对日通商交涉失败后，并未放弃打算，进而考虑采取施加压力的做法。1805年8月28日，列扎诺夫命令在俄美公司任职的赫沃斯托夫海军上

① 渡瀬修吉：《北辺国境交涉史》，回天発行所，1976年，第5頁。
② 丸山國雄：《日本北方発展史》，水産社，1942年，第124頁。
③ 渡瀬修吉：《北辺国境交涉史》，回天発行所，1976年，第75頁。
④ 渡瀬修吉：《北辺国境交涉史》，回天発行所，1976年，第106頁。

尉与达维多夫海军少尉为库页岛与千岛群岛探险船队指挥官。10 月 6 日，赫沃斯托夫到达库页岛阿尼瓦湾，将日本人仓库内的食品一部分发给虾夷人，放火烧毁日本人村落。赫沃斯托夫在阿尼瓦湾沿岸地区竖起俄罗斯舰队的旗子和俄美公司的旗子，命令水手们在名字叫斯穆内尼埃的部落酋长帐篷上悬挂写有“1806 年 10 月 10 日，俄国护卫舰尤诺娜号滞留此地”的铜牌。同样内容的铜牌也在留弗里耶托维部落的偶像堂门上悬挂。赫沃斯托夫向虾夷人宣布，库页岛从很久以前就归属俄国，岛民获得俄国沙皇保护[①]。

1807 年 5 月 2 日，赫沃斯托夫与达维多夫率领船队驶往千岛群岛。5 月 18 日在得抚岛登陆，从日本人处了解到，此前该船运送到得抚岛的两名俄国人已经不见了。他们根据一些遗留下的物证，认定两名俄国人已被日本人杀害[②]。于是他们抓捕 5 名日本人，将日本人的仓库的一部分食品分给虾夷人，对虾夷人宣布该地区属于俄国，并驱逐日本人。6 月 2 日，他们离开得抚岛，沿着库页岛东岸和千岛群岛沿岸航行，7 月 16 日到达鄂霍次克。鄂霍次克长官布哈林海军中校确认赫沃斯托夫、达维多夫两人上述行为是对日本采取了敌对行为，故将两人抓捕并交军事法庭审理[③]。

1811 年 7 月 5 日，俄国海军少校戈洛夫宁受命指挥“戴安娜”号船前往千岛群岛调查，船只停靠国后岛南岸。戈洛夫宁为获取淡水和食物，派小船向岸边驶去，遭受日方炮击阻截。日方通过虾夷人传话，约定 7 月 11 日，戈洛夫宁等人在与日方的警备队长奈佐濑左卫门会面时，能够获得淡水及食物。当天，戈洛夫宁等人没有携带任何武器，前往会面地点，结果被日方抓捕[④]。日方的行为显然是对此前赫沃斯托夫、达维多夫两人暴行的报复。

1812 年 4 月 9 日，俄国亚历山大一世批准“戴安娜”号副船长里科尔德指挥的和平援救计划。俄方为表达诚意，不仅写信给松前藩主说明来意，而且携带中川

① 平川新監修、寺山恭輔等編：《ロシア史料にみる 18—19 世紀の日露関係》第 5 集，東北アジア研究センター叢書第 39 号，2010 年，第 92～93 頁。

② 为加强控制得抚岛，1806 年 8 月，赫沃斯托夫曾将瓦西里·谢洛古拉索夫与伊万·威尔多基两人送到得抚岛。平川新監修、寺山恭輔等編：《ロシア史料にみる 18–19 世紀の日露関係》第 5 集，第 117 頁。

③ 平川新監修、寺山恭輔等編：《ロシア史料にみる 18—19 世紀の日露関係》第 5 集，東北アジア研究センター叢書第 39 号，2010 年，第 168 頁。

④ 平川新監修、寺山恭輔等編：《ロシア史料にみる 18—19 世紀の日露関係》第 1 集，東北アジア研究センター叢書第 39 号，2010 年，第 195 頁。

五郎次等7名日本人同行。8月28日，“戴安娜”号靠停国后岛，里科尔德让随行的日本人登陆。中川五郎次传回消息说，被抓捕的戈洛夫宁等人“已经死了”。9月8日，半信半疑的里科尔德在择捉岛附近扣押了日本船“观世丸”，从该船长高田屋嘉兵卫等人处得知，戈洛夫宁等人并没有死，而是扣押在虾夷地。9月11日，里科尔德将高田屋嘉兵卫等人带回堪察加。

1813年5月25日，里科尔德再次来到国后岛，将写给日本当地守备队长的信件委托高田屋嘉兵卫等人转交。在高田屋的斡旋下，双方进行谈判，俄国方面解释说，赫沃斯托夫、达维多夫两人的暴行属于个人所为，与俄国政府无关，对此俄国政府表示歉意。9月26日，日方正式释放了俄国船员[①]，此后双方关系进入相对平稳时期。

俄方在这次解救戈洛夫宁等人过程中，第一次向日方提出双方交涉有关划分两国边界问题。之所以提出两国边界问题，与美、英、法等国不断进行在该地区的扩张有关。

19世纪中期，在俄国加大联系日本通商贸易同时，太平洋地区国际形势出现根本变化。随着亚洲航线的开辟，美英法等国欲将落后的亚洲各国纳入世界贸易体系，尤其要将中日两国变成商品市场和原料供应地。他们为了获得亚洲市场，在太平洋获得有利的战略地位，决定派遣军舰。1848年，在日本沿岸已聚集了40艘欧洲武装船只。1849年，以美国为首的外国船只64艘通过对马海峡[②]。

沙俄政府对于美英法的行动表现出不安。东西伯利亚总督穆拉维耶夫向政府几次发出警告说，英国在中日两国确立统治权，占有堪察加、库页岛、黑龙江沿岸，俄国与太平洋将被分隔。在这样的形势下，1851年5月18日，沙皇尼古拉一世的批准侍从武官、海军中将艾菲姆•瓦西里耶维奇•普提雅廷为首的远征计划，指示他“对于日本人避免采取任何敌对行为，希望努力采取和平手段达成所希望的内容要求”[③]。1851年冬季，俄国考察队在库页岛西岸的托耶地方发现蕴藏大量煤炭资源。这些情报引起俄国领导层对库页岛的关心，担心将来远东地区煤炭能源基地丧失。

---

① 平川新監修、寺山恭輔等編:《ロシア史料にみる18—19世紀の日露関係》第5集，第92～93頁；第1集，第199頁。

② 渡瀬修吉:《北辺国境交涉史》，回天発行所，1976年，第156～157頁。

③ Э.Я.Файнберг:《Русско-японские отношения в 1697—1875 гг.》, Москва, “Издательство Восточной Литературы”1960 г.，стр.143

1853 年 6 月 26 日，美国的佩里率领 4 艘船组成的舰队闯入东京湾。7 月 2 日，佩里率领 370 人的队伍登陆，强迫日本代表接受了美国总统米勒德•菲尔莫尔的信件和佩里的信件。7 月 5 日，佩里率队离开日本水域，告知明年春季率领更多船只前来获得答复。

8 月 10 日，普提雅廷率领俄国舰队进入长崎港。日本当局利用各种借口拖延后，9 月 9 日，长崎奉行大泽安宅会见普提雅廷，普提雅廷递交了俄国宰相戈尔恰科夫的信件。普提雅廷提出俄国舰队要前往江户，大泽安宅则极力阻止。日本此时最担心美国强行去江户，如果俄国再去江户，两者勾结将对幕府造成极大压力。11 月 7 日，大泽安宅因担心俄国舰队驶往江户，告诉普提雅廷日方代表已经出发前往长崎。

1853 年 12 月 31 日，双方举行第一次会谈，俄方代表为普提雅廷，日方代表为简井政宪、川路圣谟。日方代表主要任务就是推延谈判，回避讨论实际内容，阻止普提雅廷率领舰队驶往江户。

1854 年 1 月 4 日，日方代表向普提雅廷递交了幕府老中对戈尔恰科夫的答复信件。老中同意在松前藩主调查千岛群岛和库页岛的地图与文献后，审议确定国境问题。有关通商问题，由于贸易是国家法律所禁止的，已经历几个世纪维持不变，但也认识到“现在世界形势变化，随着通商风气扩大，古来的规矩已很难坚守”[①]。日方虽然承认现实但并未接受俄方主张，明显是采取拖延战术。

在 1 月 6 日会谈上，普提雅廷提出审议国境问题。他主张，俄国对择捉岛和库页岛拥有历史的权利。简井、川路则主张，日本人比俄国人更早出现在择捉岛，虾夷人从“古代”就是“日本臣民”，因此日本对该岛屿拥有“权利”。日方代表提议在库页岛以 50 度纬线划定国境线。[②]普提雅廷答复说，库页岛居民与沿海州居民同样，从以前就在俄国沙皇的庇护下生活。简井、川路继续强调，对于国境线问题的讨论至少需要 2 ~ 3 年时间。普提雅廷提议，为了通航现在就要划定国境，日方代表则表示不了解库页岛地理位置，事先要派遣官员赴岛屿进行调查活动，所以完全否定该提议。

① Э.Я.Файнберг：《Русско-японские отношения в 1697—1875 гг.》，Москва，“Издательство Восточной Литературы”1960 г.，стр.156.

② 和田春樹：《北方領土——歴史と未来》，朝日新聞社，1999 年，第 5 頁。

在 1 月 20 日会谈上，普提雅廷向简井、川路提出，日本对其他列强国家赋予通商权等特权时，也应给俄国同样权利，要求他们签署协定予以确认。日方代表同意上述要求，并且表示："能够给其他国家提供的内容，我方当然也提供给你方。我们认为你方比其他方更早开始通商。此外，作为邻国，如果他国对我方采取不当压力时，希望你方能够对我方抵抗给予援助。"[①]普提雅廷对此声明表示满意，并表示俄国将协助日本处理与其他列强的关系，将准备充任斡旋者。1 月 23 日，双方代表签署上述协议内容确认书。1 月 24 日，俄国舰队离开长崎。

此时日方为何同意俄方这种要求呢？一是日本认为如果不答应俄国这一要求，俄国人就不会尽快离开日本。二是日本坚信自己不会与第三国缔结通商条约，所以他们才敢于满足俄国这一要求。然而俄日这次会谈，刺激了刚刚离去的美国舰队。美国政府十分担心俄国会抢先获得更大利益，所以 1854 年 2 月，佩里率领 7 艘炮舰组成的舰队来到日本。1854 年 3 月 19 日，缔结神奈川《日美和平友好条约》。该条约的缔结，为 1855 年 2 月 7 日《日俄友好条约》的缔结奠定了基础。

综上所述，俄国政府自 1738 年派遣什潘别尔格探寻日本航路起，至 1855 年双方缔结《日俄友好条约》止，双方交涉历程中明显表现出如下特征：

第一，俄国主动接近日本，进行建立双方通商关系的探索，日本则采取拒绝、拖延的对策。俄国在不断向东方扩张过程中遇到最大难点，就是物资供应不足，需要千里迢迢从俄国欧洲领土运送物资。另外，新占领的东西伯利亚及远东地区居民也需要物资供应。把日本作为物资供应地，是俄国梦寐以求的目标。日本当时处于"锁国"体制下，对于俄国的要求自然采取拒绝态度。

第二，主动联系日本的俄国，后期又增添划分国界的要求，日本同样采取拒绝、拖延的对策。俄国将势力深入到日本周边千岛群岛及库页岛后，为长久确定获得的领土，极力要求与日本划分国界。与此同时，伴随美英法势力深入该地区，俄国更加急于与日本确定国界，以避免其他国家插手。

第三，俄国在整个交涉过程中基本采取和平手段，日本基本也采取和平手段对应。早期日俄关系史，呈现出俄国登门主动联系日本通商、划界，日本守在家门对应的姿态。与俄国采取大规模军事侵占中国领土不同，对日基本采取和平手段。其

① Э.Я.Файнберг：《Русско-японские отношения в 1697—1875 гг.》，Москва，"Издательство Восточной Литературы"1960 г.，стр.158.

原因为，其一，俄国需要把日本变成物资供应地，物资供应是俄国稳定东西伯利亚及远东地区，进一步向北美地区扩张的基础条件；其二，俄国军事力量不足，日本为岛国，俄国海军此时牵制于欧洲战场，无暇多顾；其三，俄国善于利用西方列强创造的局面，获得利益最大化。正是利用美国、英国先期迫使日本缔结不平等条约，才顺利缔结《日俄友好条约》的。

试析日本近代教育改革的起点

臧佩红

内容摘要 从1868年明治政府建立到1872年8月《学制》颁布，是日本政府摸索教育发展方向的阶段。在该阶段内，教育政策中存在着“复古主义”与“开明主义”两种路线；在教育政策及实践中，复古的“皇道主义”、实用的“富国强兵”、先进的“文明开化”三方面因素与内容并存。因此，该阶段才是日本近代具有皇国主义、军国主义特征的资本主义教育改革的真正起点。

关 键 词 日本 教育改革 “学制” 皇道主义

基金项目 教育部人文社科研究项目：“‘历史和解’的症结——近代以来日本的历史教科书问题”（10YJAGJW022）

作者简介 臧佩红，南开大学日本研究院副教授学界追溯日本近代教育改革的开端，一般将目光投向1872年颁布的“学制”[①]。诚然，“学制”确立了日本近代国家发展教育的基本方针，实际指导了日本近代初年的教育发展，其中宣示的“个人本位”“机会均等”“普及教育”“实用内容”等教育理念，均为近代资本主义教育的根本原则[②]。然而，日本的近代教育，不仅具备上述近代资本主义教育的普遍原则，同时也具有“军国主义”“皇国主义”这两大显著特征，而且正是因为后两者，日本才走向了穷兵黩武的歧途，致使其近代发展资本主义的成果毁于一旦。但“军国”“皇国”的内容，却只字未见于“学制”，于是，我们不得不重新审视“学制”之前（1868—1872年）的教育发展，探索日本近代教育的三大“基因”，以揭示日本近代教育改革的真正起点。1868年明治政府建立到1872年8月《学制》颁布，是日本政府摸索教育改革与发展方向的阶段，此阶段“复古主义”与“开明主义”两种路线并存，教育改革的内容又可大致分为“皇道主义”“富国强兵”“文明开化”三个方面。

一、“皇道主义”的教育政策

明治维新是打着“王政复古”的旗号进行并取得胜利的，因此，新建立的明治政府也颇具“尊皇”色彩，教育政策也不例外。1868年4月，明治天皇率领公卿诸侯在紫宸殿祭祀天地神祇，宣布了明治新政府的“纲领”和“施政方针”《五条誓文》，其中有关教育的第五条为：“求知识于世界，大振皇基”[③]，即为日本近代教育发展的总方针，显然，“求知识于世界”为途径与方法，而“大振皇基”才是教育的宗旨与目的。

该时期，具体的教育政策与教育实践中也体表现着“皇道主义”特征。1868

① “学制”为日本近代初期（1872—1879年）教育政策的统称，包括三部分内容：（1）“学制布告”（1872年9月4日），确立了新教育的根本原则；（2）《学制》（1872年9月5日），共109章，分为“大中小学区”“学校”“教员”“学生及考试”“海外留学生规则”“学费”六部分，具体规定了学校制度、教育行政、教育内容与方法等内容；（3）《学制》追加，包括1873年公布的《学制二编 海外留学生规则 神官僧侣学校之事》（3月18日）、《学制追加 贷费生规则》（4月17日）、《学制二编追加》（4月28日，有关外语、兽医、商业等专门学校的规定）。

② 详见拙著：《日本近现代教育史》，世界知识出版社，2010年，第28页。

③ 教育史編纂会編：《明治以降教育制度発達史》第1卷，竜吟社，1938年，第86頁。

年 3 月，明治政府在京都设置“学校掛”（学校主管），任命宣扬“皇道主义”的玉松操、平田铁胤、矢野玄道等国学者为“学校取调”（学校调查员）；“学校掛”于同年 4 月提出了复古色彩的《学舍制》，建议恢复《大宝律令》中的大学寮。在《学舍制》中所列学舍设施之首即为“皇祖天神社”，并要求“于寮中奉请，大学别当为其祭主，四时一次，由全体长官及学生仕奉祭祀”。寮内设立寮长一人，称“大学别当”或“大学总领”，由亲王担任，负责皇祖天神宫祭祀等寮内事务；设置“大学头”一人，由公卿担任，执掌与别当相同。[①]案中建议的教学机构为“五宇七局”[②]，其中之首为“本教学一宇二局”，“由大学博士以下管辖之，上奉神圣之大道，教授学生修身齐家及显幽二分之徽旨、天地之大义”。所授之五科之首为“神典”、“皇籍”（其余为“杂史”“地志”“经传”）。[③]以古代的大学寮为基础，设置学黉五宇七局的计划改变了以往重视明经之道的传统，而是将神典、皇籍等列为首要内容。同时一改《大宝律令》（701 年）以后官立学寮祭奠孔子的惯例，建议祭祀皇祖天神社。1868 年 9 月，明治政府下令在京都设立皇学所和汉学所[④]，两学所的规则中规定“汉土西洋之学，共为皇道之羽翼”[⑤]，即“皇道”居于核心地位，皇学所内还设有“皇祖天神大宫”，用来合祭天照大神等 31 个神位。

1869 年 8 月，明治政府设立“大学校”，以国学、汉学为主导的昌平学校为本校，而近代意义的开成学校、医学校为分局。“大学校”的总原则为：“盖神典国典之要，在尊皇道、辨国体。即可谓皇国之目的、学者之先务。”[⑥]可见具有近代意义的大学校虽然综合各学派之所长，但仍以“皇道”为核心。同年 9 月，大学校举行祭奠活动“学神祭”时，专门祭拜皇祖大神等日本诸神。1870 年 8 月，由于国学与汉学之争，政府关闭了两者的“大本营”——大学本校。

在社会教化领域也体现着“皇道主义”特征。明治政府颇为重视有关天皇的节日，如 1868 年 10 月创设祝贺天皇生日的“天长节”，并恢复或创设了新尝祭、元

① 教育史編纂会编：《明治以降教育制度発達史》第 1 卷，竜吟社，1938 年，第 88 頁。

②“五宇七局”包括：本教学一宇二局、经世学一宇、辞章学一宇、方技学一宇、外蕃学一宇。教育史编纂会编《明治以降教育制度発達史》第 1 卷，竜吟社，1938 年，第 89 ~ 92 頁。

③ 教育史編纂会编：《明治以降教育制度発達史》第 1 卷，竜吟社，1938 年，第 89 ~ 90 頁。

④ 汉学所于 1868 年 9 月 18 日开讲，皇学所于 12 月 14 日开讲；1869 年 9 月 2 日，皇学所、汉学所关闭。

⑤ 教育史編纂会编：《明治以降教育制度発達史》第 1 卷，竜吟社，1938 年，第 95 ~ 96 頁。

⑥ 教育史編纂会编：《明治以降教育制度発達史》第 1 卷，竜吟社，1938 年，第 117 頁。

始祭、神武天皇祭等，意在国民日常生活中加强天皇的影响力。继而，从 1870 年 2 月开始在全国开展“大教宣布运动”，神祇省为此发布了《大教宣布诏书》：“朕恭惟天神、天祖立极垂统，列皇承之述之，祭政一致、亿兆同心，治教明于上、美风俗于下。而中世以后，时有污隆、道有显晦矣。今也天运循环、百度维新，宜明治教以宣扬惟神之大道也，因新命宣教使布教天下，汝群臣庶众体其斯旨。”[①]旨在向民众普及皇道思想，提高天皇权威。政府向各府藩县派遣了宣教使，同年 5 月的《宣教使须知》中明确要求：“真正昭明皇祖之大道，尊信皇祖之大教，生死不惑依赖神明，敬慎我之言行，志愿以身为天下众庶之先导，为紧要之第一义也。”[②]1872 年 4 月，明治政府发布《三条教宪》，内容为：“一、体敬神爱国之旨；二、明天理人道；三、奉戴皇上、遵守朝旨。”[③]

可见，在颁布《学制》之前，日本政府实施了以“皇道”为教育最终目的与核心内容、且试图将其“神”化的“皇道主义”教育政策。日本学者也指出：“明治教育史的初期，存在过皇道主义教育的时期。这一事实具有不可等闲视之的重要性。”[④]“维新后不久，也有一个皇国思想支配教育的时期，它成为后来国教主义、国家主义教育思想的源流”[⑤]。

二、“富国强兵”的教育发展

明治初年，无论是日本政要的政策建议，还是政府公布实施的教育施策，均将教育与“富国”紧密地联系在一起。

1868 年 12 月，时任明治政府副总裁[⑥]的岩仓具视提出《关于制度的意见书》，其中建议“调查研究学制之事”，称“皇国前途之根本在于兹，是为最大之事也”。[⑦]1870

① 教育史編纂会編：《明治以降教育制度発達史》第 1 卷，竜吟社，1938 年，第 137 頁。

② 教育史編纂会編：《明治以降教育制度発達史》第 1 卷，竜吟社，1938 年，第 154 頁。

③ 神田修、山住正己編：《史料 日本の教育》，学陽書房，1986 年，第 14 頁。

④ 玉城肇：《明治教育史》，季節社，1949 年，第 4 頁。

⑤ 武田清子、中内敏夫：《天皇制教育の体制化》，《岩波講座 现代教育学 5 日本近代教育史》，岩波書店，1962 年，第 65 頁。

⑥ 明治政府于 1868 年 1 月设立总裁 1 人（有栖川宫炽仁亲王）统领政府事务，同年 2 月设置总裁局，任命岩仓具视、三条实美任副总裁，辅佐总裁。

⑦ 香川敬三編：《岩倉公實記》中卷，岩倉公旧蹟保存会刊，1927 年，第 602～603 頁。

年 3 月，岩仓向太政官会议提交的《建国策》中强调："引导国家走向文明和富强，在于开发国民之智慧。欲天下无不学之人，非一朝可就之事。如今再不实施，则悔之晚矣。"①1871 年 8 月的《昭明国体确立政体意见书》中指出："国之富强安康者，全系于人智之明与不明。故今日尤应下手之急务，无甚于是也。"②

1868 年 12 月，"维新三杰"之一、时任政府参与③的木户孝允向政府提出《振兴普通教育建议案》，其中写道："国之富强本在于人民之富强，一般人民尚不能脱离无识贫弱之境时，则王政维新之美名终属空名，对峙世界富强各国之目的亦必失其实。故期一般人民之知识进步，取舍文明各国之规则，逐渐在全国振兴学校，大力普及教育，乃当今一大急务。"④木户孝允随岩仓使节团出访途中，于 1871 年 12 月致信文部官僚杉山孝敏谈道："国家久安之长策，唯贤才是举……欲人才千古不尽，唯教育耳。吾今日之国民，与欧美诸洲之人之异，唯学与不学也。"⑤木户参观美国的学校后在其日记中写道："实现我国真正之开化，启迪人民之智慧，保持国家之独立，最难者乃人才一事。故当务之急是先建学校。"⑥

1869 年 2 月，时任兵库县知事、后任明治政府第一任内阁首相的依藤博文向明治政府提出《国是纲目》（六条），其中第五条即针对教育问题："今乃我皇国一洗数百年沿袭之旧弊、开天下耳目之千载难逢之机。当此时机，倘不速使人人广受世界有用之学业，则终将使人人陷于无耳目之末俗。故此次不可不新设大学校，改变旧有之学风。应将大学校设于东西两京，府藩县至郡村设小学校，奉各大学之规则，无论都城偏僻，人人掌握知识。"⑦

政府的教育政策中也明确写着教育是为了国家。1869 年 6 月的"大学校"规则中写道："学校乃讲斯道、广知识、成才德，以奏实用于天下国家者也。"⑧1872 年 2 月，文部卿大木乔任提交的《关于制定〈学制〉的上奏》中开头指出："国家之所以富强安康，其源必在于世之文明、人才艺之大长进，是以学校之设（立）、

---

① 香川敬三編：《岩倉公實記》中卷，岩倉公旧蹟保存会刊，第 835 頁。
② 日本史籍協会编：《岩倉具視関係文書 一》，東京大学出版会，1983 年復刻版，第 360 頁。
③ 明治政府于 1868 年 1 月设立"三职"：总裁（1 人）、参与（10 人）、议定（20 人）。
④ 山住正己編：《日本近代思想大系 6 教育の体系》，岩波書店，1996 年，第 3 頁。
⑤ 日本史籍協会编：《木户孝允文書》第 4 卷，東京大学出版会，1971 年，第 320 頁。
⑥ 日本史籍協会编：《木户孝允文書》第 2 卷，東京大学出版会，1967 年，第 126 頁。
⑦ 山住正己編：《日本近代思想大系 6 教育の体系》，岩波書店，1996 年，第 11 ~ 12 頁。
⑧ 教育史编纂会编：《明治以降教育制度発達史》第 1 卷，竜吟社，1938 年，第 117 頁。

教育之法，不可不得其道。依之，今欲定学制学则，淘汰无用之杂学，建立大、中、小学之制例，开文艺进长之方向。”[①]地方政府也认识到教育的作用，明治初年的京都府认为：“方今地方之务，莫急于立学校”；筑摩县督促管内就学的《说谕》中言称：“夫，学校乃天下富强之基。……西洋各国之富，因在学校之盛。”[②]

上述教育建议及教育政策，表明教育对国家富强之重要性、政府发展教育事业之迫切性。与此同时，在政府的“强兵”[③]方针下，教育也与军事发展有着诸多的关联。

1868年4月的《学舍制》中所列“五宇七局”之二为“经世学二宇”，所教授的内容为“礼仪、律令、武政及治国安民之要务”[④]。

一是作为旧军人的武士参与到教育领域。明治维新后，政府将武士统称为士族，明治初期共有士族（旗本、御家人、藩士及官侍、寺侍等）189.2 万人，约占当时日本总人口的 1/16。[⑤]明治初年，新教育领域几乎被士族所独占。例如，在赴海外留学人员中，1870年被派往美、英、德等国的留学生全部为士族；1870年10月派往德国学习医学的7人中，士族占4人；同年12月5日派往美国学习法律的4人中，除1人身份不明外，其余3人均为士族。[⑥]除留学外，政府还设立学校对士族进行教育，1870年7月，东京府下令利用芝增上寺地方内的源流院等原有寺院开办6所小学，以教育府内的士族。

二是重视“兵学”。1868年9月，明治政府在京都所设皇学所、汉学所的方针之一即为“禁虚文空论，宜着实修行，文武一致”[⑦]。1869年6月的“大学校”规则中称：“汉土孝悌彝伦之教、治国平天下之道，西洋格物穷理、开化日新之学，亦皆斯道（皇道）之所在、学校之所宜讲究采择者也。且如兵学、医学，亦国之兴败、民之生死之所系，尤政务之当以为重者，虽外国之所长，亦当采之，以为吾国

---

① 明治文化資料叢書刊行会編：《明治文化資料叢書 第8卷 教育篇》，風間書房，1961年，第23頁。

② 宮原誠一：《教育史》，東洋経済新报社，1963年，第18、27頁。

③ 明治政府1869年8月改革官制，设置6省，其中包括兵部省；1870年10月宣布统一兵制，陆军采用法式，海军采用英式；1871年1月颁布《征兵规则》；1872年4月废除兵部省，设置陆军省、海军省。

④ 教育史編纂会編：《明治以降教育制度発達史》第1卷，竜吟社，1938年，第90頁。

⑤ 伊東多三郎：《日本封建制度史》，吉川弘文館，1950年，第38頁。

⑥ 福地重孝：《士族と士族意識》，春秋社，1967年，第163頁。

⑦ 教育史編纂会編：《明治以降教育制度発達史》第1卷，竜吟社，1938年，第95頁。

之所有，勿论而已。”[①]该规则规定大学校内下设三局，其中之一为兵学局，只是当时暂不开设，仅设军务官。[②]此外，学校教育中还加强了体操课，1872 年 4 月在大学南校设置运动所，教授学生体操，周一至周六 9 点至 9 点半为体操课。[③]

三是设立专门的军事学校。1868 年 8 月，明治政府在大阪伏见设立大阪兵学寮，教育内容有兵学、洋学、数学等，“日后士官学校之基础实成于此”[④]。1870 年 12 月，大阪兵学寮改称陆军兵学寮；1869 年 10 月，在筑地设立海军操练所（海军军校之源），该海军操练所于 1870 年 12 月改称海军兵学寮。

可见，在《学制》颁布实施之前，教育已经成为明治政府“富国强兵”的基本途径。

三、“文明开化”的教育实践

1868 年 4 月的《学舍制》中所列“五宇”之最后一项为“外藩学”，专门向学生教授“四海万国之形势时势及穷理、火技、航海、器械等”，所分七科为“汉土、俄国、英国、法国、荷兰、印度、三韩（含琉球）”[⑤]。

1868 年 12 月，明治政府任命洋学者箕作麟祥初步调查西方教育情况，翌年 5 月，启用箕作麟祥、神田孝平、森有礼、西周、津田真道、加藤弘之等洋学者，进一步研究欧美先进国家的教育制度。1871 年 12 月，文部省任命 12 名“学制取调掛”起草《学制》，其中洋学者 7 名、国汉学者 2 名、另外 3 名为行政事务专家，开明主义学者成为教育决策的主体，其制定的《学制》最终被政府采纳并推行。

在教育政策方面，明治政府早在 1869 年 5 月便命箕作麟祥等洋学者研究西方国家的教育制度，1870 年 3 月，洋学者们主持制定了《大学规则》及《中小学规则》，该规则废除按照国别编制课程的方式[⑥]，采用欧式科目编制方式，即规定大学

---

① 教育史編纂会編：《明治以降教育制度発達史》第 1 巻，竜吟社，1938 年，第 117 頁。

② 教育史編纂会編：《明治以降教育制度発達史》第 1 巻，竜吟社，1938 年，第 117、118 頁。

③ 教育史編纂会編：《明治以降教育制度発達史》第 1 巻，竜吟社，1938 年，第 202 ~ 203 頁。

④ 大山梓編：《山县有朋意見書》，原書房，1966 年，付録“陸軍省沿革史”第 31 頁。

⑤ 教育史編纂会編：《明治以降教育制度発達史》第 1 巻，竜吟社，1938 年，第 91 ~ 92 頁。

⑥“国别编制方式”即分别为神典国典尊皇道、辨国体的学问；根据汉籍的孝悌彝伦之教、学习治国平天下之道的学问；根据西洋书籍研究格物穷理、开化日新之学的学科及兵学与医学。

分为教科（神教学、修身学）、法科、理科、医科、文科共五科；小学 8～15 岁，学习普通学问，兼学大学专门五科之大意；中学 16～22 岁，课程与大学五科一致[①]。该课程设置以近代科学分科为基础，具备了近代学校课程设置的特点[②]。未待《大学规则》与《中小学规则》全面实施，政府便于 1871 年 12 月任命洋学者占多数（58%）的 12 名“学制取调掛”负责起草《学制》。1872 年 1 月，《学制》草案基本完成，同年 2 月提交太政官，3 月提交左院和正院审议，6 月 24 日被太政官批准。《学制》由洋学者主持制定，以西方近代教育制度为主要内容，它的制定与实施标志着日本政府文明开化教育政策方针的确立。

普及学校教育初步展开。在初等教育方面，1870 年 1 月，中央太政官下令在东京府设立小学，1872 年 2 月，文部省通知在东京府内设立 6 所共立小学、1 所洋学校；1868 年 11 月至 1869 年末，京都府在其府内共设立 64 所小学；[③]1871 年，大阪府设置 2 所小学。在中等教育方面，1868 年 5 月，新政府将长崎奉行设立的洋学所“济美馆”改称“广运馆”（该馆 1872 年 8 月成为第六大学区第一中学）；1869 年 6 月，福井藩将藩校“明道馆”改称“明新馆”，允许平民入学（1874 年 4 月改称福井明新中学）；1870 年 8 月，东京府在骏河台创立中学；1870 年 10 月，京都府创立中学，1871 年 1 月将原来的“大学校代”改编为中学（后来的京都府第一中学）。在高等教育方面，1868 年 8 月、10 月，明治政府先后将旧幕府的医学所、昌平黉及开成所分别改组为医学校、昌平学校、开成学校，1869 年 8 月以昌平学校为中心、开成学校与医学校为分局，将三校统称为“大学校”。1870 年 1 月进一步改革，“大学校”改称“大学”（通称“大学本校”），开成学校改称大学南校，医学校改称大学东校。1870 年 8 月，关闭国学派及汉学派主导的大学本校，1871 年 9 月，将大学南校、大学东校改称南校、东校，归文部省直辖。

新兴教育领域也开始萌芽。在职业教育方面，1870 年 4 月，政府恢复了横须贺制铁所附属的横须贺黉舍（1866 年设立，1868 年一度停校），该校成为日本近代最早的学校形态的技术教育机构。此外，政府各省也分别设立相应的职业教育机构，如外务省 1871 年 3 月设置洋语学所，民部省 1871 年 3 月设置农学校、1872 年 5 月在东京开设开拓使临时学校（1876 年改称札幌农学校），工部省 1871 年 9 月设置

① 教育史編纂会編：《明治以降教育制度発達史》第 1 巻，竜吟社，1938 年，第 140～142 頁。
② 玉城肇：《明治教育史》，季節社，1949 年，第 14 頁。
③ 伊ケ崎暁生、松島栄一編：《日本教育史年表》，三省堂，1990 年，第 4 頁。

培养技术官吏的工部寮、1872 年 4 月工部寮内设置工部学校，司法省 1871 年 11 月设置明法寮（1875 年改称司法省直辖的法律学校，1884 年改称文部省直辖的东京法律学校，1885 年合并为东京大学法学部）。在女子学校教育方面，文部省 1872 年 2 月开设其直辖的女子学校（同年 11 月改称东京女子学校），京都府 1872 年 5 月开设女红场（1874 年 6 月改称英女学校，1876 年 5 月改称京都府女子学校），北海道开拓使于 1871 年 12 月派遣 5 名少女随岩仓使节团一道赴美留学。在师范教育方面，文部省于 1872 年 5 月向正院提交《建立小学教师教导场之请示》，计划设立教师培养机构，同年 7 月在东京设立师范学校，成为日本第一所小学教师培养机构。在对外教育交流方面，《五条誓文》中明确宣布要“求知识于世界”，1871 年 2 月，太政官制定《海外留学生规则》，同年 10 月，天皇亲自召见华族并下发敕语鼓励其赴外国留学。据统计，1868 年至 1872 年的 5 年间，日本政府共向欧美国家派遣留学生 517 人①。

上述“文明开化”的教育方针与教育实践，为日本政府此后颁布实施《学制》、实施适应资本主义经济发展的教育改革奠定了基础。

综上所述，在“学制”前的日本教育改革与发展中，已经同时存在着复古的“皇道主义”、实用的“富国强兵”、先进的“文明开化”三方面因素与内容，这才是日本近代具有皇国主义、军国主义特征的资本主义教育的真正起点。

① 石附実:《近代日本の海外留学史》，ミネルヴァ書房，1972 年，第 154 頁。

战时平野义太郎的中国研究

周雨霏

内容摘要 20世纪30年代，日本左翼学者对中国社会经济结构和历史运动规律的探索，给日本的中国研究领域带来了一种新的学术范式。作为“讲座派”马克思主义者中唯一的中国问题专家，平野义太郎曾在30年代初期，提倡用唯物主义史观来客观地、科学地阐释中国历史的发展。然而在战时[①]激变的思想潮流中，平野被迫“转向”，并在之后的著作中逐渐转向对“大东亚共荣圈”意识形态的礼赞。本文主要考察平野从一名左翼进步知识分子转变为“大亚细亚主义者”这一过程中，他对中国社会所发表的言论之转变。

关 键 词 平野义太郎 马克思主义 日本 中国研究 亚洲停滞论 大东亚共荣圈

作者简介 周雨霏，日本大阪大学人间科学研究所博士研究生

① 本文中所指的“战时”广义上覆盖1931年至1945年这一时期。

一、背景与问题设定

20世纪20年代末，世界经济危机给日本带来的社会恐慌以及农村经济的疲软，使马克思主义理论一举成为日本社会科学中占绝对优势的学说①。这种社会科学的范式转变，也使历史唯物主义在同时期日本的中国研究领域得到了广泛普及。然而到了30年代末期，随着抗日战争的全面爆发和日本国内总力战体制的逐步形成，大批日本马克思主义者纷纷“转向”，不仅背离了无产阶级革命运动和他们最初的政治构想，甚至转而拥护“大东亚共荣圈”的意识形态。他们援引工具化、形式化的唯物史观，试图通过对日本及亚洲邻国社会经济结构的分析，诠释“大东亚共荣圈”构想的合法性和必然性。

平野义太郎（1897—1980）是诸多在战时经历了上述思想“转向”的理论家之一。他在1930年留欧归国之后，开始关注中国革命的进程及其历史根源，提倡将唯物主义作为重写中国历史的科学方法论。但战争爆发后，他的著述开始逐渐显现出大亚细亚主义的色彩。平野在此期间的言论，被竹内好当作战时思想变节的代表型事例，痛斥其“不配被看作思想或学问”②。此后，针对平野义太郎的思想变节，

① 关于昭和前期日本马克思主义发展的综述参见 Hoston, Germaine A. *Marxism and the Crisis of Development in Prewar Japan*, Princeton University Press, 1986；絲屋寿雄：《日本社会主義運動思想史》，法政大学出版局，1979年。

② 竹内好：《日本のアジア主義》，《竹内好評論集》，第3卷《日本とアジア》，筑摩書房，1966年，第262～269頁。

日本学界涌现出大量立场相异的看法和分析①。可以说在战时知识分子的意识形态转变研究中，平野义太郎是非常有代表性的人物。本文考察在战争总动员这一特定的思想和政治背景下，平野义太郎是如何选择性地使用唯物主义史观，完成了关于中国社会性质的话语构建，并在此基础上重新定义日本与中国及亚洲诸国的关系，实现将日本的大陆侵略正当化之目的的。

二、从民法研究到左翼运动

平野义太郎于 1897 年生在东京京桥区筑地的一个富裕家庭，外祖父为石川岛平野造船所的创始人平野富二。他在“一高”就读期间，日本国内接连爆发了米骚动（1918 年）、八幡制铁所熔矿炉熄火事件（1920 年）、川崎・三菱造船厂大罢工（1921 年）等多起工农抗议活动，一时间劳动运动的浪潮席卷全国。在回忆录中，平野写道，当时的青年学生们“感到世界正在发生巨变，一门心思为了探索普遍的

① 战后的日本学界，率先对平野在战时的言论提出批判的是竹内好（《日本とアジア》，筑摩書房，1966 年）。之后杉山光信在《日本社会科学の認識》一文中宏观考察了讲座派、大塚史学和宇野经济学在战时的作用。他指出，与宇野弘藏、山田盛次郎等“伪装转向”的左翼社会科学者不同，平野战时对“东洋乡土共同体社会”的赞颂明显带有大亚细亚主义的倾向（《日本社会科学の認識》，山之内靖編：《岩波講座・社会科学の方法 III・日本社会科学の思想》，岩波書店，1993 年）。秋定嘉禾从微观视点梳理了平野在战前和战中的思想变化轨迹，肯定了平野在中国社会经济和家族研究，以及农村法制研究方面的客观成就，但对平野在战后避谈战争责任持批判态度（《社会科学者の戦時下のアジア論》，古屋哲夫編：《近代日本のアジア認識》，京都大学人文科学研究所，1994 年）。持同一立场的还包括小仓利丸和盛田良治。前者认为，平野抛弃了马克思主义者的理论立场，并且引用皇国史观，礼赞明治维新以来的共同体社会，并立志使这个“共同体”覆盖亚洲诸国，来标榜一种伪装的和平（《社会科学者の転向》、池田浩士等編：《転向と翼賛の思想史》，社会評論社，1989 年）。盛田良治集中考察了平野在战中从“亚细亚停滞论”到东亚共同体思想的转变过程，指出战后日本的马克思主义者对“文革”的理想化与赞美，可看作一种在积极的语境下对“东亚共同体”思想的继承和展开（《平野義太郎とマルクス社会科学のアジア社会論——〈アジア的〉と〈共同体〉の狭間で》，石井知章、小林英夫、米谷匡史編：《一九三〇年代のアジア社会論——“東亜協同体”論を中心とする言説空間の諸相》，社会評論社，2012 年）。与此相反，也有学者主张平野在“转向”前后的思想一致性。平野的旧友守屋典郎通过个人回忆和多角度的文本分析，证明平野在战时的国粹主义言论仅是“伪装转向”，以便在高压的思想统制下仍能从事科学研究工作（《平野義太郎氏の中国研究》，平野文庫編：《平野義太郎著作についての書評集》，白石書店，1991 年）。武藤秀太郎则证明了平野义太郎“转向”前后，始终如一地抱有亚洲各国联盟的志向（《平野義太郎の大アジア主義論——中国華北農村慣行調査と家族観の変容》，《アジア研究》49 卷 4 号，2003 年）。

真理、正义与善而苦苦追寻”[①]。作为进步青年学生的一员，平野抱着建设公平、正义的新社会，建设日本新法学之目的，于 1918 年 4 月投入东京帝国大学法学部劳动法专家末弘严太郎（1888—1951）的门下，主要从事民法的研究。

平野义太郎凭早期著作《民法中的罗马思想与日耳曼思想》（有斐阁，1924 年）获得法学士学位，于 1924 年出任东大副教授。与此同时，他还积极参与柳岛学生公社、产业劳动调查所等左翼活动团体组织的劳农讲座，从马克思主义的立场出发，讲授劳动法、明治政治史和唯物史观等科目[②]。从平野的作品目录来看，直到 1930 年留欧归国之前，他在学术方面的关心主要集中于租佃纠纷、工会法案和民法中的一些判例研究。虽然 1925 年到 1927 年之间，中国第一次国共合作的高潮与破裂已引起日本共产主义者，以及满铁、东亚同文书院的相关学者对中国革命的走势、中国社会的性质展开了激烈的争论，但对当时尚耕耘在法学领域的平野义太郎来说，在他远赴欧洲、放眼世界范围内的无产阶级革命之前，中国问题尚在他的视野以外。

1927 年，平野受日本文部省之派遣赴欧洲留学。3 月启航，乘法国游轮 General Metzinger 号赴马赛。途中经停上海时，他曾通过内山完造的引荐，秘密会见了国民党左派人士。同年 4 月抵达马赛后，平野以日本左翼革命家的身份，参加了年底在巴黎举行的广州起义支持集会。留欧期间，住在法兰克福的平野还加入了远在柏林的左翼日本知识分子团体“柏林社会科学研究会”，与当时常驻柏林、建立德国共产党日本人支部的国崎定洞、千田是也，及其周边的留德进步日本学者如蜡山政道、有泽广已、土屋乔雄、蜷川虎三等保持着密切的联系。[③]

“唯物论研究会”的发起人之一、1931 年留学柏林的三枝博音在日后谈及留学生活对自己思想的冲击时说道，“在柏林渡过的半年留学生活，给我的世界观带来了决定性影响，这甚至可以看作是发起‘唯物论研究会’的契机”[④]。在平野义太郎的思想转变过程中，将近三年的欧洲留学生活同样是一个意义重大的环节。有关平野义太郎的先行研究，虽屡有提及他的旅欧经验，但均未梳理他在留学期间的见闻、

① 平野義太郎:《晩年の回想といくつかの提起》，1980 年，第 4 頁。

② 平野義太郎先生の社会科学 50 年を記念する会編:《平野義太郎著作目録——人と学問の歩み》，1977 年，第 3 ~ 4 頁。

③ 关于魏玛时代活跃在柏林的日本共产党人以及左翼知识分子，参见加藤哲郎:《ワイマール期ベルリンの日本人　洋行知識人のネットワーク》，岩波書店，2008 年。

④ 三枝博音:《唯物論哲学三十年》，《三枝博音著作集》，第 12 卷，中央公論社，1973 年，第 460 頁。

经历与其日后思想发展的关系。笔者认为，平野义太郎对中国时局的关心，与他的留学经历，特别是与他同德共的中国问题专家魏特夫（K. A. Wittfogel. 1896—1988）的交往密切相关。魏氏理论给平野观察中国社会时所采取的视点和角度带来了很大的启示。因此本文在整理平野针对中国所发表的言论时，将耗费一定笔墨来阐释魏氏理论，以揭示平野的中国论之源流系谱。

三、"科学的"中国研究：平野义太郎与魏特夫

1927 年夏天，平野在巴黎国立图书馆偶遇当时正在为撰写《中国的经济与社会》（*Wirtschaft und Gesellschaft Chinas*, 1931）一书查阅资料的魏特夫。平野这样描述他与魏氏的相识："在巴黎国立图书馆中，积满尘埃的故书堆里发现原著者（魏特夫）的时候，正是人们从本质上探索中国革命性质的 1927 年夏天。在那之后直到 1929 年秋天的两年里，我们私交甚好，在德国法兰克福的 Institut für Sozialforschung （社会研究所，原文如此）以及卫礼贤主导的中国学社不断地交换意见、进行讨论。"[①]

平野义太郎最初在学术层面接触中国研究，正是缘于监译魏特夫《中国的经济与社会》一书。这部长达 767 页的著作正是在平野留学法兰克福期间完成的。当时身为德共党员的魏特夫综合了马克思与韦伯二人的社会研究方法，发展出一套在 30 年代的西方汉学界颇受瞩目的中国社会论。魏特夫认为，中国的农业文明起源于西北的黄河河谷地区。当地冬季干旱，夏季多雨，黄河周期性的泛滥使得治水成为当地人类得以生存和繁衍的基本前提。他根据鲧禹治水等上古大洪水传说断定，跨区域的大型灌溉工程在夏朝就已经出现。[②]在治水工程的组织、管理和实施过程中，形成了职业官僚阶层统治的中央集权国家。[③]

魏特夫对比了欧洲与中国的前近代农业社会后指出，在欧洲封建时期，农奴与

① 平野義太郎：《監訳者跋》，ウィットフォーゲル著、平野義太郎監訳：《支那の經濟と社會》，中央公論社，1934 年，第 521 頁。

② K. A. Wittfogel, *Wirtschaft und Gesellschaft Chinas, Versuch der wissenschaftlichen Analyse einer großen asiatischen Agrargesellschaft, Vol. I.* (Leipzig: C. L. Hirschfeld Verlag, 1931), p. 126.

③ K. A. Wittfogel, *Wirtschaft und Gesellschaft Chinas, Versuch der wissenschaftlichen Analyse einer großen asiatischen Agrargesellschaft, Vol. I.* (Leipzig: C. L. Hirschfeld Verlag), p. 416–418.

封建领主之间是一种人身依附关系；但是在帝国时代的中国，土地的自由买卖使自由农民得以出现。但同时，中央集权政府通过限制商业资本对土地的大规模集中，有效地遏制了大商人、大土地所有者以及其他社会力量的崛起。与20世纪20年代后期围绕着“亚细亚生产方式”的大讨论中，坚持将中国社会归类为“亚细亚社会”的马扎尔、瓦尔加等苏联学者的见解一致，魏特夫指出：土地所有的零碎化和以家庭为单位的集约农业经营是帝制中国农业生产模式的两大特征①。从支配形态来看，地主、官僚、放贷人“三位一体”的乡绅阶层以税收、徭役、高利贷等手段对农民进行压榨，抑制了产业资本的自由发展，致使中国社会停留于亚细亚生产方式这一低级的社会形态，不断自我再生。②

《中国的经济与社会》一书于1931年出版时，平野已经结束了在法兰克福的留学生活（于1929年底离开欧洲）。但回到日本后不久，平野就因涉嫌资助日本共产党，被起诉违反治安维持法，被迫从东京帝大辞职，开始了在野知识分子的生涯。此时朝鲜京城大学经济史学者森谷克己提议将魏著《中国的经济与社会》译成日文，平野义太郎便于1931年开始着手这部书的统筹编译工作。译著于1934年由中央公论社出版，参与翻译工作的除了森谷和平野之外，还有太田守道、生沼曹喜和横川次郎。③

在平野义太郎对中国社会性质的探索过程中，魏特夫的理论起到了两点关键性作用。首先，在方法论的层面，魏氏提倡以唯物史观为基础的、社会科学导向化的中国历史研究引起了平野的极大共鸣。在1934年6月号的《唯物论研究》上，平野以魏氏1930年论文《论苏联的中国研究之成就》④为基础，发表了《支那研究的两条道路》一文，号召日本学界寻求一种更加“科学的、客观的”认识中国社会的方法论。平野将白鸟库吉代表的学院派东洋史学斥为“帝国主义中国研究”，批判白鸟库吉门下的中山久四郎、松井等人以及东洋史学者加藤繁和中田薰的研究是

---

① K. A. Wittfogel, *Wirtschaft und Gesellschaft Chinas, Versuch der wissenschaftlichen Analyse einer großen asiatischen Agrargesellschaft, Vol. I.* (Leipzig: C. L. Hirschfeld Verlag), p. 342f.

② K. A. Wittfogel, *Wirtschaft und Gesellschaft Chinas, Versuch der wissenschaftlichen Analyse einer großen asiatischen Agrargesellschaft, Vol. I.* (Leipzig: C. L. Hirschfeld Verlag), p. 680–685.

③ 守屋典郎：《平野義太郎氏の中国研究》，平野文庫：《平野義太郎著作についての書評集》，白石書店，1991年，第289頁。

④ K. A. Wittfogel, Die Verdienste der Sowjetunion um wissenschaftliche Chinaforschung, Das neue Rußland, Heft 7, 1930, p. 64–66.

“训诂的中国学、封建农本主义的抑或是布尔乔亚的中国学，包括所谓的支那史学，其根本缺陷在于无法从中国社会发展的规则、经济构造、生产方式和生产关系的方面来把握中国社会的本质”①。平野认为，传统的日本东洋史学仅仅满足于确定历史事实的精确性，再依时间的和空间的维度整理它们，以期达到历史的真实。这对于阐明中国这一巨大农业社会中经济生活与社会制度之间的辩证关系来说是远远不足的。

什么是“科学的”中国研究呢？平野认为，眼下最紧要的任务，就是要厘清“被欧洲的资本主义敲开了大门之后的中国，其经济结构是怎样的”，“对中国的封建官僚制进行更加具体、深化的历史分析”②。换言之，相对传统的东洋史学家专注于法律、政治、宗教、艺术、哲学等上层建筑领域，平野所谓真正意义上的“科学的”中国研究，必须发掘和理解那些曾经作用于中国历史的经济、社会力量相关的史料，以澄清经济和社会制度之间的相互作用，以及它们对政治和思想现象的暗示意义。

魏特夫对平野义太郎的第二个启示，在于他对中国社会“构造性停滞”的分析。平野在同年发表的《解体前旧支那的经济・社会》一文中写道：“旧中国，向来被看作是这世上最古老、最坚不可摧的天国。当今的东洋主义者所追寻的安民乐业、顺天安民、王道乐土的理想，亦源于此天国的社会理想。但马可波罗写于 1275 年的游记，同耶稣会传教士杜赫德写于 1735 年的见闻录对中国的描述，居然十分类似。”这意味着，在 18 世纪，“中国已经衰退至停滞的状态。生产力的低下，直接造成了赤贫、饥馑和内乱。天国也会遭饥荒，民安国泰之故里也会发生动乱，这实际上并不是神奇不可思议的谜”③。与魏特夫一样，平野也认为中国的统治阶级——地主、乡绅、官僚以及依附于他们的高利贷商人，是导致中国社会陷入停滞与赤贫的罪魁祸首。作为补充，平野在此论文中援用了亚当・斯密的理论，来解释为什么产业资本的发展在中国陷入了停滞。在斯密看来，只有以利润为目的的资本，才是促进生产力发展的原因。以英国为例，追逐剩余价值的产业资本催化了工业与农业的分离，增进了社会财富的增加。而在“亚细亚”的中国，剩余价值的一般形式

① 平野義太郎:《支那研究に対する 2 つの途——支那研究の史的現状に関する若干の評注》,《唯物論研究》1934 年 6 月号，第 5 頁。

② 平野義太郎:《支那研究に対する 2 つの途——支那研究の史的現状に関する若干の評注》,《唯物論研究》，1934 年 6 月号，第 14 页。

③ 平野義太郎:《解體を前にせる舊支那の經濟・社會——アダム・スミスの支那論》,《中央公論》49 巻 1 号，1934 年，第 15 頁。

反映为地租、土地税和徭役，统治阶级利用对各项国家事业——包括法律的制定与实施——的控制，将农民的收入压榨到“低于人道标准的程度”。由于这种剩余价值的榨取，带来的获益大于普通资本的利润，因此，在中国的手工业及商业领域，资本无法得到有效积累，工业劳动与农业劳动始终不能相互分离，致使中国的巨大农业社会恒久地陷入贫困、饥饿、腐败的停滞状态。[①]

虽然平野对魏特夫的实证主义手法十分推崇，但在关键的两个问题上，即中国社会的性质问题以及古代中国大一统官僚统治形成的原因，平野对魏氏观点提出了异议。在日文版《中国的经济与社会》的“监译者跋”中，平野明确地宣告他与持“亚细亚生产方式”论的魏特夫立场不同。平野写道，“关于各种生产方式出现的顺序，以及发展的必然法则，监译者与原著者的意见相左。监译者（平野）认为，低级社会向高级社会演变，经历的生产方式分别是：亚细亚的、古代奴隶制的、封建的和现代资本主义生产方式”，“在资本主义侵入中国之前，中国的社会处于封建制的解体时期，中国的半封建社会之所以呈现出与欧洲封建制不同的性格，恰恰因为‘亚细亚’遗制的残存”。[②]另外，关于中国古代社会如何形成了大一统结构这一问题，平野与当时大部分关注魏氏学说的日本学者一样，也认为其“治水”理论机械地强调“第一自然”，即气候、地理、地质条件对人类文明和生产方式产生的决定性作用，陷入了“地理决定论”的误区。他明确地指出，“将治水看作是中国官僚制产生的唯一物质基础，笔者是不能同意的。”[③]

综上所述，“转向”之前，平野义太郎的中国论具有以下两个特点：第一，与当时日本的论坛中大多数马克思主义者类似，都认为亚细亚生产方式是中国社会在历史初期曾经历的一种生产方式，强调其顽固的遗制是掣肘中国社会迟迟无法迈入工业文明的原因。第二，将平野对中国社会的分析作为一种言语行为来看的话，他的发言意图显然是建立在迫切的现实政治诉求之上的。安藤彦太郎曾将20世纪30年代日本从事当代中国学研究的人群为三类：第一类是服务于日本国策机关，如满铁调查部、太平洋学会的学者；第二类是新闻记者；第三类为左翼运动、

① 平野義太郎：《支那研究に対する2つの途——支那研究の史的現状に関する若干の評注》，《唯物論研究》，1934年6月号，第19頁。

② 平野義太郎：《監訳者跋》，ウィットフォーゲル著、平野義太郎監訳：《支那の經濟と社會》，第516頁。

③ 平野義太郎：《支那研究に対する2つの途——支那研究の史的現状に関する若干の評注》，《唯物論研究1934年6月号，第20～21頁。

劳动运动活动家[①]，平野义太郎显然属于第三类。与尾崎秀实、中江丑吉、橘樸等长期居住在中国的日本学人不同，后者在中国拥有广泛的人脉关系，对中国的命运有着切身的连带感，而平野始终以日本的社会前景和命运走向作为出发点。比如在他 1936 年写的《亚洲的农业社会与日本的农业》一文中，以孟德斯鸠对亚洲农业社会“饥饿的零细耕作”的描述作为基础，旨在强调德川幕府时期日本的“农民隶属于最高的地主，在经济上、政治上都毫无权利”[②]。可见平野的中国研究之目的，在于辨明中国社会落后和停滞的原因，映射日本社会中残存的前近代遗制，来寻求克服日本绝对主义国家体制的方法。

四、“转向”与大亚细亚思想的形成

1936 年 7 月 10 日破晓时分，警视厅特高课的志村警部带领 20 余名刑警来到位于东京芝区白金三光町的平野住所，将他押往高轮警察署[③]。平野在狱中表明“转向”态度后，于翌年 3 月被释放。根据他当时的“转向”手记，1936 年 12 月，当他在关押中得知岳母去世的消息时悲痛欲绝，因自己未能尽到孝道而感到非常悔恨，决定与革命运动断绝关系。[④]经过半年的狱中生活，平野究竟是放弃了左翼理论家的立场，还是在伪装“转向”的外衣下继续从事研究活动，日本学界至今尚存在各种推测。值得注意的是，平野在“转向”之后对中国问题的认识，开始背离早期的进步志向，逐步偏向对村落共同体的研究。

1940 年夏天，平野义太郎在他的远房亲戚、“太平洋协会”理事鹤见祐辅的介绍下，加入末弘严太郎带领的、由戒能通孝、仁井田陞、福岛正夫等东京大学法学部相关人员所组成的东亚研究所第六调查委员会学术部委员会班子，为了实地调查

① 安藤彦太郎：《戦時期日本の中国研究》，小島晋治、大里浩秋、並木頼寿：《20 世紀の中国研究——その遺産をどう生かすか》，研文出版，2001 年，第 158 頁。

② 平野義太郎：《アジア的農業社會と日本の農業——モンテスキューが論及せる日本、及び、モンタヌス、ケンペェルが觀察せるー》，《思想》第 169 号，1936 年，第 240 頁。

③ 平野義太郎先生の社会科学 50 年を記念する会編：《平野義太郎著作目録——人と学問の歩み》，第 8 頁。

④ 石堂清伦：《転向について》，運動史研究会編：《運動史研究》16，三一書房，1985 年，第 79 頁。

中国农村社会中的生活习俗奔赴华北。8月到9月，委员会成员走访了河北省顺义县（今顺义区）沙井村、牛栏山镇、通县（今通州区）、大兴县（今大兴区）新宫村等村镇，进行了实地考察。[①]当时就职于满铁调查部的旗田巍在战后回忆道，在调查中，"平野始终力图证明中国村落的共同体性格，甚至是怀着今天看来显得异样的热情。因为正是关于共同体的理解和阐释，奠定了平野当时对亚洲社会认识的基础，并由此构筑了他对'大亚细亚建设'的构想"[②]。

旗田巍所言"异样的热情"，其背景实际上是在此次调查中，平野与法学者戒能通孝围绕中国农村是否存在共同体这一问题，展开的一场激烈的论争。通过对河北省顺义县（今顺义区）沙井村的调查资料的分析，平野得出这样的结论：与按照县政府的命令建立的行政村不同，自清代以来，在中国的农村即存在着以村庙为中心的村公会，会首集中起来议事的"公会"正是自然村的自治机构。在会首们的"公会"背后存在着村落自然形成的生活协同形态。[③]他进一步追溯了村庙在漫长的历史过程中，在村民心中的精神地位："围绕着村庙，村落共同体的生活统一安定，世代绵延。对村民来说，村庙是他们共同生活的中心。他们前来祈愿烧香，因那些用以维持乡村生活秩序的道德与准则都来自村庙。村庙中居住着神灵，为他们的生产耕耘带来福兆，驱走灾祸。村庙是乡村生活最根基的向心力之源……是规制、指导乡村行政生活的自治机关之原型。"[④]

戒能通孝发表于同一卷书上的调查报告《支那土地法慣行序説——华北农村土地所有权及其具体性格》，针对平野田园诗般的描述进行了驳斥。基于对同一份材料的分析，戒能首先断定，"中国的村与村之间，不存在明显的界线"[⑤]，所以中国农村根本并没有稳定的村落共同体。另外，中国农村的"会"不是一种自主合作型组

---

① 福島正夫：《平野先生と中国農村慣行調査》，平野義太郎・人と学問編集委員会編：《平野義太郎・人と学問》，大月書店，1981年，第78～80頁。

② 旗田巍：《中国村落研究の方法——平野・戒能論争を中心にして》，福島正夫編：《現代アジアの革命と法——仁井田ノボル博士追悼論文集》第2巻，勁草書房，1966年，第10頁。

③ 平野義太郎：《会、会首、村長——支那村落の内部構造にかんする河北省順義県沙井村の報告を讀みて》，東亜研究所第六調査会学術部委員会編：《支那慣行調査彙報》，東亜研究所第六調査会学術部委員会，1941年，第6～22頁。

④ 平野義太郎：《北支村落の基礎要素としての宗族及び村廟》，《支那農村慣行調査報告書》第1輯，東亜研究所，1943年，第135頁。

⑤ 戒能通孝：《支那土地法慣行序説——北支農村に於ける土地所有権と其の具体的性格》，《支那農村慣行調査報告書》第1輯，第239頁。

织，会首也没有获得村民在感情上的支持，他们只是同官僚相互勾结的有闲地主阶层，是纯粹的统治阶层[1]。

平野为何如此迫切地要在华北农村寻找“自治的村落共同体”呢？在《太平洋圈——民族与文化》（1944）一书的序言中，平野简要叙述了村落共同体与东洋精神的关系：“以稻米农耕与米食生活为主的民族，构成了一个共通的文化圈。其地理范围从印度以东开始，包含中国的中部和南部、法属印度支那、马来半岛、日本和朝鲜南部，构成大东亚的主干部分……以水稻种植为主的灌溉农耕文化在此发祥，与欧美的旱地农业生活圈，从原理上有别。村落不是人们的随意集结，而是像一个大家族，村民们相互扶助。在这乡土社会中，人们过着亲和友爱的生活。公共精神发达、自治的亚细亚乡村共同体、社会由一个个大家族构成，这就是东洋社会一般的本质。”[2]由于序言的篇幅有限，平野在此并未展开论述“东洋精神”的物质基础与现实意义。这个主题，直至平野在战时出版的最后一部著述《大亚细亚主义的历史基础》（1945）中，才得到系统的论述。

这部长达四百余页的著述，从地理环境、农业生产模式、乡村社会的组织形式和伦理规范等诸方面，绵密地梳理了“东洋精神”的本质要素，宣扬以日本和中国为轴心的“大东亚共荣圈”的历史必然性。平野在第二编“中国社会的根基：乡党与其自治”中，试图寻找大东亚诸民族在历史发展过程中所显示出的共同特点。平野写道，“大亚细亚主义的政治、经济和文化的发展，须建立在共通的、具有东洋特点的客观物质基础之上。此东洋社会的根基，就是村落共同体”[3]。平野这时对中国乡村的认识与 1940 年中国农村社会调查时基本一致，认为中国的自然村与官僚国家机构所设置的行政保甲相脱离，是通过公会进行自治的村落共同体。[4]为了回应戒能通孝的批判，平野特地补充说明，“与日本常见的，以一村内的中坚自耕农为主的集聚，或者以名主、庄屋出头做代表所形成的紧密生活协同体不同，中国北方农村常见的，是在会首（专制地主）统治之下的部落。”[5]虽然中国农村的共同体不具民主色彩，但不能否认，通过“看青会”“青苗会”等协作组织的运作，中

① 戒能通孝：《支那土地法慣行序説——北支農村に於ける土地所有権と其の具体的性格》，《支那農村慣行調査報告書》第 1 輯，第 255 ~ 256 頁。

② 太平洋協会編：《太平洋圏——民族と文化》上巻，河出書房，1944 年，第 2 頁。

③ 平野義太郎：《大アジア主義の歴史的基礎》，河出書房，1945 年，第 137 頁。

④ 平野義太郎：《大アジア主義の歴史的基礎》，河出書房，1945 年，第 158 頁。

⑤ 平野義太郎：《大アジア主義の歴史的基礎》，河出書房，1945 年，第 149 ~ 150 頁。

国的农村社会形成了一套共同的行为规范，以及约束乡党和官吏的道德体系。

为了解释以村落共同体为基础的东洋社会在世界文明中的位置，平野在此书中介绍了旧友魏特夫于 1938 年发表的一系列论文。[①]魏氏新著的特点，在于提出了一个以经济生产方式为基准的世界文明构造论：根据农业生产中，灌溉工作的存在与否，世界文明可分为三大类——雨养农业、灌溉农业和游牧文明。在雨养农业的基础上，发展出了欧洲式的典型封建社会；而灌溉农业根据治水设施的规模，逐渐分化为建立在小型灌溉农业基础上的东方封建社会——如日本和古代墨西哥，和建立在跨区域大型治水工程基础上的"东方社会"——如埃及、中国。平野对魏氏的归类法抱有异议，他引用森谷克己的《东洋的生活圈》（1942 年出版），对东洋社会在世界史中的位置稍作调整："东洋社会的经济结构有别于欧洲社会，这是缘于东亚农业的特点。东亚农业以水稻种植为主，灌溉是其中不可或缺的劳作环节。东亚农业的特点——以家庭为单位，进行集约经营精细耕作——与欧洲的雨养农业有着原则性区别。"[②]值得注意的是，平野在此处明显地抹杀了自然条件与社会结构之间的辩证关系，将魏氏"东方社会"的概念变换内涵与外延，完全根据"大东亚共荣圈"论的需要置换为"东洋社会"，机械地将灌溉的有无作为区分文明类型的基准。

平野的共荣圈论的逻辑可分为两个层面：首先，他通过"证实"共同体在中国社会中起到的积极作用，标榜了一个足以与近代西洋文明相抗衡的东亚乡土共同体；其次，他企图在乡土共同体的基础上，构筑出共通的伦理基础——"东洋道义"。他宣称，在以东洋道义为根基的大东亚共荣圈中，"日本作为强者，或者作为家长应当携幼扶弱；后进民族应尊日本为强者，作为子国，要怀着侍奉双亲的感情信赖日本"[③]。由此可见，平野此时已经完全背离"讲座派"时期的政治立场和方法论，倒向大亚细亚主义的意识形态。

① 在战争爆发不久后，由平野与森谷克己、宇野美诚次合作，将魏氏关于中国的论文结集出版两本书：《东洋社会的理论》（日本評論社，1939 年）和《支那社会的科学研究》（岩波新書，1939 年）。

② 平野義太郎：《大アジア主義の歴史的基礎》，第 248 頁。

③ 平野義太郎：《民族政治の基本問題》，小山書店，1944 年，第 32 頁。

结 论

战争期间，除了平野义太郎之外，森谷克己、秋泽修二、相川春喜等大批马克思主义者也援引唯物史观，一方面完成了将中国作为“非欧洲的”“停滞社会”的表述，另一方面利用日本与亚洲诸国在经济基础方面的类似性，确立了日本作为亚洲盟主的合法性。

在平野义太郎的早期中国研究中，马克思主义史学这种蕴含着“发展—停滞”二元对立图式的直线历史观，对他构建中国社会发展史时所抱有的价值取向具有明显的导向作用：将西洋文明和欧洲社会的发展模式作为螺旋上升状的发展之唯一标准，于是中国社会的“非欧洲性”成为其“停滞性”的有力论据。随着战争的深化和“共荣圈”意识形态的抬头，“中国停滞论”在平野的著述中变得模糊，他转而鼓吹“亚洲是一体的”。不同于明治兴亚论者流于“精神论”的感召，平野试图运用“科学的”唯物论，确认“亚洲一体性”的物质基础和历史发展。显而易见，从处理历史问题的方式来看，即便是在最露骨的国策宣传著述中，平野的叙述逻辑仍然清楚地表明了对唯物主义史观的支持。值得注意的是，他的中心论点通常来源于马克思主义理论之外的领域。例如他在“转向”之前，引用古典经济学家的言论，断定中国社会的停滞性；在 1940 年后依据樽井藤吉等明治亚洲主义者的主张，并利用孙中山关于“大亚洲主义”的言论，奠定了大东亚共荣圈礼赞的基调。

关于平野义太郎究竟是“伪装转向”，以“八纮一宇”为掩护从事社会研究，还是在战争时期的国粹主义思潮中发生了思想变节这一问题，笔者基本赞同竹内好的观点，认为后一种更符合历史事实。平野义太郎的事例说明，来自学术领域以外的干扰，是使日本马克思主义者倒向共荣圈思想的主要因素。为了弘扬“东洋理想”，使日本的大陆政策正当化，他们常常断片化、工具化地运用唯物论，致使马克思主义史学作为一整套丰富的理论框架失去了其原有的系统结构和连续性，成为论证和宣传大亚细亚主义的辅助性工具。

日本社会研究

中日韩女子教育

——女教育家与女子学校的考察

周萍萍

内容摘要 在中日韩三国的教育史上，女子教育不仅是重要组成部分，而且推动了整个东亚地区教育的发展。女子教育的发展离不开女教育家。中日韩三国的女教育家们参与或独立创办许多初等、中等和高等女子学校，实施各具特色的教育方针，致力于本国的妇女解放运动，提升了整个东亚地区女性的知识和教养，并鲜明地提出了自己的教育思想和理念，在近代东亚地区的女子教育史上写下了重要的篇章。但是由于中日韩三国迥异的社会状况以及文化背景等因素，中日韩三国女教育家们参与或独立创办的女子学校的发展状况以及产生的社会影响存在着很大的差距。

关 键 词 女教育家 女子学校 考察

基金项目 教育部人文社会科学重点研究基地重大项目“女子教育与东亚国家的现代化”（10JJD770022）

作者简介 周萍萍，外交学院外语系副教授中日韩三国女子教育的兴起和发展，不仅提高了女性自身的知识水平，而且还提高了国民的整体素质，推动了东亚地区的社会发展。教育离不开教育者，中日韩三国女子教育的发展离不开女教育家以及她们的学校。女教育家的教育实践活动有力地推动了东亚地区女子教育的发展进程，而她们的教育思想在一定程度上也反映了这一时期的教育体制与理念，透视出三国社会性质及传统观念的差异。对近代中日韩三国女教育家及其女子学校的考察，不仅是东亚女子教育研究以及女性史研究的一个重要环节，亦可资我国发展女子教育镜鉴。

一、中日韩三国女教育家及其女子学校的产生

日本的女子教育在明治维新后取得了长足的发展，诞生了大批女子学校，涌现出了跡见花蹊、鸠山春子、三轮田真佐子、下田歌子、吉冈弥生、佐藤志津、津田梅子、大妻小鹰、安井哲子和羽仁元子等一批女教育家以及把一生都贡献于教育事业的女子教育工作者。

三轮田真佐子是近代日本唯一一位著书发表女子教育论的女性，她很早就提出了良妻贤母主义教育，开办了三轮田女子学校。吉冈弥生和佐藤志津分别开创了医学和美学的专业教育，对日本实学教育的发展功不可没。大妻小鹰创立的大妻女子裁缝学校，坚持家政学教育，最终发展成为具有自己教学特色的大妻女子大学，在日本家政教育史上写下了重要一页。安井哲子和羽仁元子带着她们的东京女子大学和自由学园在实现自由人格教育的征途上奋战终生，为战后民主体制下女子学校的重建奠定了基础。

近代中国也产生了一些优秀的女教育家，如叶璧华、张竹君、谢长达及女儿王季玉、金雅妹、秋瑾、唐群英、杨荫榆、吴贻芳等。叶璧华在 1900 年创办的懿德女校可谓是最早由中国女性创办的女子学校。金雅妹主办北洋女医学堂，为中国近代医学教育事业做出了突出贡献。留学归国后的秋瑾和唐群英，创办了多所女子学校，为振兴乡村教育树立了榜样。杨荫榆在 1924 年任国立女子师范大学校长，成为中国历史上第一位女性大学校长。吴贻芳于 1928 年出任金陵女子大学校长，先后主校 23 年，是中国近代教育史上一位杰出的女教育家和社会活动家。

韩国女教育家的数量相对较少，主要代表有车美理士、金贞蕙、李贞淑、鱼允

迪、黄信德、任永信、金活兰等，但是她们创办或管理的女子学校在韩国女子教育史上很有地位，其中一些女子学校成长为女子大学，一直延续至今。金贞蕙早在19 世纪 80 年代末就开始涉足女子教育，于 1909 年正式创办了贞和女校，并开设了幼儿园。她不仅是卓越的女子教育家，也是男女平等的践行者，把自己的毕生精力与财产全部献给韩国女子教育事业。李贞淑模仿日本华族学校——学习院模式，于 1906 年创办了淑明女校，成为韩国女子教育的先驱人物。鱼允迪是韩国第一所官办女校——汉城高等女学校（现京畿女子中高等学校的前身）的校长。黄信德、任永信、车美理士注重女子的实业教育，开办了家政、保育等旨在培养女性专门技能的学校。金活兰从 1939 年至 1961 年一直担任梨花女子大学（前身为梨花女专，1940 年更名）的校长，成为韩国实践女子高等教育的第一人。

二、中日韩女教育家的教育思想和理念之比较

从数量上来看，中日韩各国涌现的女教育家相差不多，但从教育思想和理念来看，近代日本的女教育家大都具体地、较为系统地提出了自己的教育思想和理念。下田歌子提出的良妻贤母主义女子教育思想融合了儒家传统的妇道伦理、兼顾了“欧化主义”的知识教养，并与国家主义相联系，成为近代良妻贤母主义教育的集大成者。三轮田真佐子从儒家理学的角度宣扬女子教育的重要性，出版多册论著，而且在日本女子教育还处于萌芽期之时，就提出了实施女子高等教育的必要性。安井哲子和羽仁元子在日本政府推行强化思想教育的压制政策之下，提出与之背驰而行的人格教育理念，坚持大正民主运动时期的民主主义和自由主义思想，为战后新体制下的女子教育的转型奠定了基础。此外，吉冈弥生的实学职业教育理念以及津田梅子的具有高等女子教育意义的英语专业教育理念都很有特色。

近代中国的女教育家中比较系统地提出了女子教育理念的要数吴贻芳。她在主持金陵女子大学时将“厚生”[①]定为金陵女子大学的校训，提出要培养为社会献身和服务的人才[②]，实施主辅修制度，以期实现女性文理相通，让女性能够迅速适应

① “厚生”的具体含义就是：“人生的目的，不是为了自己活着，而是要用自己的智慧和能力来帮助他人和社会。这样不但有利于别人，自己的生命也因之更为丰富。”

② 郑爽、闫广芬：《吴贻芳及“厚生”精神》，《中华女子学院学报》2003 年第 5 期。

社会需求。王季玉认为“提高女权，非重视女子中等教育不可”，提出了女子中等教育的必要性，由此开办了中学课程[①]。曾被孙中山誉为“民国贤母”的徐肃静也提出，自古皆因有贤母方有贤子，应倡兴女学[②]。但是这些女教育家的教育理念都显得较为单薄，有的仅仅是一种办学方法，在办学中缺乏理论主导性和连续性。

韩国方面较为系统地提出女子教育理念的有李贞淑、鱼允迪和金活兰。前两位是近代韩国提倡实施良妻贤母教育的代表。李贞淑认为作为女子应该具备纯洁、同情、宽恕等美德，以及科学知识和家务技能，女子学校应培养女子贤淑的品质。鱼允迪强调女性教育的传统美德——贤母良妻思想，并把汉城（今首尔）高等女校的教育目标设定为培养“妇德涵养”“率先垂范”和“贤母良妻”。金活兰积极推行女子高等教育，倡导扩大招生，旨在让更多的女性接受高等教育。她的教育理念集中表现为基督教式的女子教育，主张实施人生价值观教育和自律教育，充分发挥学生的自觉性和能动性。

三、中日韩女教育家创办的女子学校之比较

近代日本的女教育家们适时地把握女子学校的发展方向，使自己的女子学校不断得到壮大。吉冈弥生创办的东京女医学校一直占据着日本女医学校的领军位置，由它发展而成的东京女子医科大学更是独占今日女医界的鳌头。此外，跡见花蹊创办的跡见女子学校、下田歌子创办的实践女子学校、津田梅子创办的女子英学塾等都分别发展成为了今天真正意义上的女子大学。据统计，目前日本有 2 所国立女子大学、6 所公立女子大学、48 所私立女子大学和 200 多所短期女子大学[③]。这 48 所私立女子大学就有 10 多所是女性创办，都有着近百年的历史，这些女子学校在当今女子大学中的地位之重是不言而喻的。

近代中国女教育家创办的女子学校真正发展成为大学规模的几乎为零，除少数的几所或成为大学的附属学院，或转变成为男女共招的中学，其他的都由于各种原

① 苏州第十中学:《造育英才，振兴中华》,《苏州教育学院学报》1986 年第 3 期。

② 天津市地方志编修委员会办公室:《天津静海旧话》，天津古籍出版社，2007 年，第 462～465 页。

③ 桂智贞、孙晓梅:《日本女子教育考察笔录》,《中华女子学院学报》1994 年第 4 期。

因而夭折。吴贻芳管理的金陵女子大学是由美国教会在 1915 年创办的，她本身也是金陵女子大学的第一批毕业生。从这点来看，吴贻芳并不是严格意义上的金陵女大的创办者。1987 年，金陵女大成为南京师范大学的附属学院。女教育家谢长达创办的振华女学校和徐肃静创办的普育女子学堂分别发展成为了今天的苏州十中和天津第九中学。而秋瑾所办的女校随着秋瑾的牺牲后继无人。唐群英先后创办了 10 所女子学校，但是最后都走向了关闭的结局。

韩国女教育家创办的女子学校数量有限，但其中不少在第二次世界大战后升格为女子大学并发展至今。金活兰管理的梨花女子大学是现今世界上规模最大的女子大学，迄今已有 129 年历史，培养了近 20 万名学生。李贞淑创办的淑明女校在 1948 年正式升格为女子大学，目前是韩国第二大女子综合性大学，以培养女性领导力量而著称。任永信管理的中央保育学校在 1947 年升格为中央女子大学后，从 1948 年起采取男女共学制，校名更为中央大学。此外，车美理士创办的槿花女校成为今天的德成女子大学，鱼允迪管理的官立汉城（今首尔）高等女学校成为今天的京畿女子中高等学校，黄信德创办的京城家政女塾更名为中央女子商科学校，一直延续至今。

四、中日韩女教育家及其女子学校发展的差距性分析

近代中日韩三国女教育家们参与或独立创办的女子学校的发展状况以及产生的社会影响存在着很大的差距。这种差距的造成，在很大程度上，并不是因个人的能力不足，更不是她们的教育救国热情有所欠缺，而是交织着近代中日韩三国迥异的社会状况以及文化背景等因素。

中国是一个历史悠久的文明古国，有着引以为自豪的文化资本，所以一直不屑于学习外国先进的事物，在满足文化自尊心的同时，可能也错过了文明进化的绝好机遇。明治维新是邻邦日本吸收先进文明的标志性历史事件，而事实上，日本民族勇于自我否定，敢于接受异域先进文明有着悠久的历史和传统。在女子教育方面，日本江户时期女子就可以进入寺子屋和藩校等学校，出现了女子学校教育的萌芽。日本明治政府通过颁布《学制》《教育令》《中学校令》和《高等女学校令》等一系列政策和法规，逐步形成了较为完整的女子初等及中等教育体系，特别是明治政府还颁布了专门的私立学校令，使私立学校获得了国家承认的合法地位。而中国不仅

在制定颁布第一个近代化的学制就落后于日本，而且在实际操作层更缺乏良好的社会氛围。近代中国的第一个女学章程的出台整整比日本晚了 35 年，之后再也没有其他有关女子教育的法令出台过，由两国迥异的社会土壤所培植出的教育水平存在差距也就在所难免了。而且在中国传统社会，妇女地位低下，所受到的教诲完全是男尊女卑等儒家传统的妇德伦理观念。在这种意识形态下，男女的教育有了本质上的区别。《内训•序》中说："古者教必有方，男子八岁而小学，女子十年而听姆教"，[①]把女子教育固守于家庭教育。在漫长的封建社会，"女子无才便是德"这个道德标准一直禁锢着中国的女性，把女子从受教育中排斥出去，更不要说去创办女学，近代中国女性要发展女子教育举步艰难。

韩国从朝鲜时代起，儒教便成为王朝的统治思想，女性地位随之降低，女性教育被排除在社会决策之外。但随着 19 世纪 80 年代的门户开放，近代女性教育论开始出现，1886 年韩国近代最早的女子学校——梨花学堂的设立标志着韩国女子学校教育的开始。1895 年 7 月的《小学校令》首次提出了"至少在小学教育阶段实施男女平等的义务教育"等规定，这个时间是早于中国的。但是由于传统的儒教思想观念根深蒂固，女性的实际就学率仍然非常低。韩国真正实现女子教育制度化是在 1908 年，远远落后于同时期的日本。这年 4 月，《国立高级女子学校令》颁布，并设立了汉城（今首尔）高级女子学校。但是直到 1911 年，汉城（今首尔）高级女子学校的在校学生人数只有 175 人，毕业生也只不过 31 人。[②]由此可见，韩国女子教育虽然较早实现了制度的近代化，但并未像日本那样将近代化意识付诸实践，男女教育平等仅仅停留在表面上，形同虚设。

明治维新后的日本迅速走上了强国之路，致力于近代化的发展，社会趋于稳定，为办学创造了良好的条件。随着女子教育的普及和发展，特别是日本政府对女子师范教育的重视，使近代日本产生了大批女教员。1893 年，日本小学的女教员仅 311 名，占全体教员的 1.2%，而到大正时期，人数便突破 4 万人，所占比例达到了 27.4%，二战后的 1946 年，人数增至 151,079 人，比例为 49.9%，[③]呈现与男教员持平的局面。日本在 1879 年废止《学制》时，教育体制也由男女共学制转为男女别学制，

① 班昭等：《蒙养书集成（二）》，三秦出版社，1990 年，第 206 页。

② ［韩］李瑞洙：《韩国开化时期女性教育研究（以 1880—1910 为中心）》，《庆星大学教育大学院历史教育专业》，1994 年。

③ 日本女子大学女子教育研究所：《大正的女子教育》，国土社，1975 年，第 330 页。

这不仅是导致近代日本大量产生女子学校的直接原因，也为女教育家们的女子学校提供了生存空间。

而中国在鸦片战争后逐步沦为半殖民地半封建社会，反侵略和反封建成了中国近代社会斗争的中心目标。在这种趋势下，近代女子教育以解放妇女为目标，旨在让女子与男子一样接受教育，从而摆脱封建的束缚，并获得与男子平等的地位。所以在近代中国容易涌现出秋瑾这样的女革命家，而没能出现大量在女子教育方面有突出贡献的女性教育家。在近代中国妇女解放运动的推动下，女子教育朝着男女同校的方向发展。1920 年，以王兰、邓春兰等九名女生进入北大为开端，南京高师、北京高师也相继开始招收女生。1922 年《壬戌学制》的颁布标志着男女平等的不分性别的单轨学制的建立，从法律上保证了男女平等接受初、中、高等教育。随着新中国的诞生，女子与男子实现了在政治、经济以及教育等各方面的完全平等，女子学校也彻底走进了历史。

朝鲜于 1910 年沦为日本的殖民地后，长期遭受奴化和同化教育，女子教育也不例外。1911 年至 1943 年，当时的朝鲜总督府颁布了四次“朝鲜教育令”，逐步确立殖民地的女子教育方针，明确提出：“对女子实施普通教育，尤其是道德教育，努力培养贤母良妻的、忠良至醇的皇国女性”①，使得殖民地的女子学校类型、修业年限完全与日本国内的女子教育相一致。虽然日本殖民主义统治时期的韩国女性教育局限于培养效忠于日本天皇的贤母良妻，显示出浓厚的殖民地色彩，但是同时也为女子学校提供了存在的空间。当时朝鲜国立普通学校处于一种渐趋消亡的局面，而在日本殖民主义严密监视和管制下建立的私立女子学校和女子夜校，则发挥着国立学校的作用，发展较快，其中包括前述女教育家们创办的女子学校。第二次世界大战后的韩国仿照美国迅速建立新的教育体制，女子学校顺利完成了转型，其中女教育家创办或管理的学校适应社会发展和国际形势，逐渐成长为具有国际竞争力的女子大学。

在对近代中日韩三国的女教育家及其女子学校进行比较后发现，由于各国的历史文化中的不同传统以及在近代出现的不同的社会状况，导致了各国女教育家及其女子学校的不同发展趋向，产生了相异的结果。这就是中国进入现代后，单纯的女子学校不复存在，而日本和韩国近代女教育家创办的这些学校不仅生存至

① 李喜晶：《1920—1930 年代殖民地朝鲜女性教育的性质》，《韩国教育史学》2006 年第 4 期。

今，还发展成为了大学的主要原因。在现代化进程中，经济技术的发展是核心，人的现代化是主体，而占人口一半的女性的知识水平与教养是衡量一个国家现代化水平的重要标志。日本得以在亚洲国家率先实现现代化，韩国能够在 20 世纪 60 年代后成为“亚洲四小龙”之一，两国的国民形象在世界上都受到很好的评价，这与现代教育事业、尤其是女子教育的发展具有密切联系。随着改革开放，中国的经济建设速度明显加快，但国民素质偏低已经成为经济发展的瓶颈，道德水平低下化已饱受诟病，这也与中国教育上存在问题，尤其是女子教育的落后不无关系。因此，从比较研究的视野，探讨东亚国家女子教育的发展及其与东亚国家现代化进程的关系，强调发展女子教育事业对提高国民素质，加快现代化进程的重要作用将是一个长期的研究课题。

日本网络内容的治理模式及其现实困境

刘　轩

内容摘要　互联网时代内容传播模式的革命，使网络内容治理面临诸多理论和现实挑战。经过长期激烈博弈，日本确立了以《青少年网络规制法》为中心的网络内容共同治理模式，即依靠国家和地方政府的公共政策支持，网络服务相关企业的自律规制，监护人对青少年的适度管理，独立第三者机构不断提高过滤软件性能和普及利用的技术支持，实现共同治理，尽量减少青少年接触有害信息的机会，确保青少年享受安全健康的网络内容环境。

关 键 词　网络内容　自律规制　共同治理　均衡治理

基金项目　中央高校基本科研业务费专项资助项目（NKZXYY1110）

作者简介　刘轩，南开大学日本研究院副教授互联网作为人类社会在虚拟世界的自然延伸，虽然存在着各种不同于现实空间的特殊性，但互联网内容本身始终难以摆脱人为性的表现本质，因此，互联网世界并不存在所谓绝对自由的网络空间。围绕互联网内容的治理问题，自互联网产生之日，国际社会一直争论不休，始终未能达成共同认可的规制体系。在共同的技术框架和相互联通的网络世界，各国政府基于自身的法律制度体系，构建了各自不同的网络内容治理模式。

一、网络内容治理的挑战与探索

早期的网络缔造者们崇尚网络自由主义原则，强调网络的开发性、自由性、免费性，主张内部自律，反对信息封锁、信息过滤，反对来自政府等一切组织的各种管制。他们怀着自由梦想创设了网络结构和TCP/IP通信协议。1996年2月，巴洛发表《赛博空间独立宣言》，抨击一切来自政府和工业社会的干预，主张网络世界的自由思想和自由行动[①]。网络内容的自由主义思潮曾经主宰了早期互联网治理的思维空间。他们认为，“网络空间造就了现实空间绝对不允许的一种社会——自由而不混乱，有管理而无政府，有共识而无特权”[②]。美国国际伦理与信息技术学者斯皮内洛则认为“网络空间的终极管理者是道德价值，而不是工程师的代码”[③]。

随着信息网络技术的飞速发展和全球普及，互联网在带给人们丰富内容资源和快乐享受的同时，也变成了违法、不良信息泛滥的温床和盗版者的天堂。因此，加强网络内容治理的呼声日益强烈，有限规制主义日益成为网络内容治理的主流。为了遏制非法、有害信息传播，规范网络市场，一些国家政府或企业往往通过建设和改变网络架构，或直接通过过滤软件等手段实行网络内容规制。虚拟的网络空间不再是网络自由主义者所倡导的自由天堂，而是可以通过改变网络空间或代码来加以监控和规制。政府和企业都可能成为网络的监管者、规制者和操控者[④]。在现实的

① 高鸿钧:《清华法治论衡》第四辑，清华大学出版社，2004年，第126页。

② 劳伦斯·莱斯格著译:《代码——塑造网络空间的法律》，李旭等，中信出版社，2004年，第4页。

③ 劳伦斯·莱斯格著译:《代码——塑造网络空间的法律》，李旭等，第44页。

④ 劳伦斯·莱斯格著译:《代码——塑造网络空间的法律》，李旭等，第55～56页。

互联网世界中，绝大多数发展中国家奉行国家规制主义路线，他们虽然并不否定网络内容的自由表达价值，但却一般不承认自由表达权的不可超越性。

网络时代内容传播的自由蔓延，致使人们无限制地放纵自己潜意识中的自私和罪恶，由此可能形成汹涌的网络洪流，涤荡现存的社会伦理、权力和秩序。加之网络运营商、垄断企业基于自身价值追求而对互联网架构进行修正，驱使互联网越来越偏离最初设计的网络原则，严重威胁互联网的创新能力，并减少经济增长的刺激因素和降低网络的民主话语权功能，因此政府必须对互联网进行必要干涉，以保持传统网络的创新价值，确保曾经使互联网成功的核心功能[①]。“如果我们过分夸大网络民主的作用和功能，最终带来的只是民主的幻象和乌托邦。”[②]根据 2006 年互联网监视财团（Internet Watch Foundation: IWF）统计，在互联网关于儿童色情内容的流通中，美国占 51.1%，俄罗斯占 14.9%，日本占 11.7%，西班牙占 8.8%，泰国占 3.6%，韩国占 2.16%，其他占 7.5%[③]。针对互联网上违法内容和不良信息的传播问题，发达国家采取了许多相应的治理措施。

美国是互联网的诞生地，也是贯彻网络内容自由主义相对彻底的国家。1996 年，克林顿政府曾经出台《通信端正法》（CDA），试图借此净化互联网内容，保护未成年儿童不受互联网上淫秽语言和图片的侵害。但该法案最终被美国联邦最高法院裁定违反美国宪法第一修正案。尽管美国最高法院在 CDA 违宪判决中强调“欣赏国会立法管制网络有害言论的做法。但是，立法机关在制定法律保护特定少数人权利的同时，必须顾及社会其他人的权益，即不违反宪法有关人权保障的规定，此乃美国立国之根本”[④]。此后，美国国会推出的《儿童色情保护法》（CPPA）、《儿童在线保护法》（COPA）和《儿童互联网保护法》（CIPA）等 7 部法律，也都未能逃脱违宪裁决的命运。但是在司法实践中，美国联邦政府一直重视对网络内容、特别是对涉及儿童色情淫秽等有害信息的治理工作。美国联邦通信委员会（FCC）作为独立通信监管机构，一直致力于加强网络内容规制。美国司法部设立专门打击网络儿童色情犯罪机构，为各州和地方提供相关技术设备和人力支持，协助案件侦破。

---

① Barbara van Schewick，*Internet Architecture and Innovation*，MIT Press ，2012。

② 郭小安：《网络民主——媒介与民主关系的新形式》，《四川行政学院学报》2009 年第 1 期。

③ 渡辺真由子：《ネット上の性情報に対する規制とメディア・リテラシー教育の在り方の国際比較》，《慶応義塾大学メディア・コミュニケ-ション研究所紀要》第 61 期，2011 年。

④ 严茜：《美国互联网的内容管制与表达自由的冲突问题》，《新闻界》2009 年第 4 期。

联邦调查局设立专门项目，调查儿童色情相关网络内容和图像，加强对不法分子的法律震慑和制裁。一些 NGO 组织、电信运营商、服务商等也通过各种形式参与打击网络儿童色情信息。

德国的做法是在保障公民言论自由的前提下，强调“所有的权利要受到一般法律的限制，这些一般法律包括对未成年人的保护和对公民个人权利的尊重”。德国是发达国家中第一个成功对网络危害性言论进行专门立法的国家。1997 年，德国通过《信息和传播服务法》(ICSA)，明确规定了网络内容提供者、网络服务提供者、网络搜索服务提供者等对于非法信息、非法言论传播的法律责任[①]。在德国的司法实践中，当网络言论自由与其他利益发生均衡冲突时，德国政府往往采取措施，限制网络言论自由。依据《多媒体法》，德国设立特定网络警察，以监控危害性内容的传播，禁止制作或传播对儿童有害的网络内容。尤其是对于涉及儿童色情以及法西斯复兴的言论，政府一般会以“公共利益”名义抑制“个人的言论自由”。对于有关纳粹复兴的违法网络内容传播，相关机构或企业有义务进行技术性阻止。对于网络违法言论责任者，可以进行归罪处罚[②]。

二、日本网络内容治理的推进过程

在专门法出台之前，日本的网络内容治理主要是依据宪法、刑法及相关法律解释进行。一方面，日本宪法赋予国民表达自由权，“保障集会、结社、言论、出版及他一切表现的自由；不得进行检查，并不得侵犯通信的秘密”。与此同时，为维护正常的社会公序良俗，提倡健康的性风俗和性道德，针对带有淫秽、色情色彩的图书、录像、动漫等日益泛滥的现实，日本刑法相应扩大了规制范围。《刑法》第 175 条规定：对于发行、贩卖，或公开陈列淫秽文书、图片电磁性记录相关的记录媒体及其他物品者，处两年以下监禁或 250 万日元罚款。对于淫秽物的定义，日本最高法院认为：“所谓淫秽物，是指故意使性欲兴奋或刺激，且有害普通人正常的性羞耻心理，违反善良的性道义观念的物品。”

为保护儿童，打击针对儿童的性剥削、性虐待等违法行为，1999 年，日本制

① 魏小雨：《论侵权法中网络服务提供者的安全保障义务》，《国家行政学院学报》2013 年第 1 期。
② 邢璐：《德国网络言论自由保护与立法规制及其对我国的启示》，《德国研究》2006 年第 3 期。

定了《儿童色情禁止法》，禁止任何人从事儿童色情相关物品的提供、制造、发行、公开陈列、进出口等活动。2003 年，为保护儿童的健康成长，打击利用社交网站进行儿童卖淫及其他犯罪，日本政府推出《网络介绍异性行为规制法》，分别规定了社交网站的经营者、监护者的责任以及政府和地方自治体的责任，对于违反者规定了罚金等具体刑罚。

伴随着互联网的迅速普及，网络空间开始大量充斥各种淫秽、色情信息。这些信息虽然并不一定违反法律，但却违背正常的社会公序良俗，对青少年的健康成长构成了巨大威胁。为规范互联网环境和社会伦理秩序，日本各都道府县纷纷通过修改和完善《青少年健康成长条例》，以加强网络内容规制。日本互联网相关团体和企业也制定了许多行业自律规制，如电子网络协议会制定了《电子网络运营伦理纲要》，电信服务协会制定了《互联网信息自主运营指针》等，用以规范网络空间内容。然而，由于没有专门的网络内容立法，因而上述自律规制缺乏法律上的存在依据。在司法实践中，经常出现表达自由与网络内容规制之间的冲突。

1997 年，神户市发生的少年连续杀人事件（酒鬼蔷薇圣斗事件）引起日本社会巨大震动。主流媒体的大幅报道，互联网留言板上的广泛热议，加之人们对 1988—1989 年间发生于东京都和埼玉县的宫崎勤连续杀人事件的长期持续关注，日本社会形成了强烈要求加强互联网等媒体内容规制的舆论洪流。受此影响，自民党、民主党等相关团体开始探讨制定网络内容规制法律，政府机构及相关组织也积极参与了网络规制立法活动。2006 年，警察厅成立“防止虚拟社会危害儿童保护研究会”，要求媒体业界加强自主规制。2008 年 3 月 11 日，以陈美玲为召集人，日本联合国儿童基金会组织发起“儿童色情问题紧急请愿书”签名活动，呼吁日本政府和国会加强立法，对动漫、游戏等内容产品中的“准儿童色情”加以规制。日本《儿童色情禁止法》虽然对出版物中的淫秽性漫画、DVD 等作品中的露骨性描写有所规制，但是对于如何确认漫画、动画作品中的“非现实性少年”及其年龄身份认定问题，却无明确规定，因而往往造成事实上的“无从适法”或者“任意执法”等问题。2008 年 6 月，日本国会最后通过了《青少年网络规制法》。

三、《青少年网络规制法》的治理逻辑与治理结构

2009年4月1日，《青少年网络规制法》正式生效。该法又称《青少年安全安心利用网络环境整备法》或《青少年网络环境整备法》。该法包括6章31条以及附则，主体部分由总则、基本计划、教育活动推进、过滤服务提供义务、民间团体活动和杂则组成。颁布《青少年网络规制法》的目的在于："在保证青少年灵活利用网络能力的前提下，通过提高过滤软件性能和普及度，尽量减少青少年浏览有害信息的机会，使青少年能够安全安心利用网络，以资维护青少年的权利。"由此可以看出，《青少年网络规制法》的规制对象不是青少年本身，而是与网络内容服务相关的政府、企业、机构及监护人等。规制目标不是青少年的行为，而是网络上的有害信息；网络规制的基本理念不在于规制，而在于教育和启发青少年自立，使其能够自觉利用网络。

《青少年网络规制法》的治理逻辑在于实行共同规制，即动员各方面力量，包括中央政府、地方自治体、相关企业学校及监护人等，充分发挥治理主体的社会调节机能，通过网络安全教育、网络能力培养和普及过滤软件等手段，净化网络环境，确保青少年安全安心利用网络。基于上述治理逻辑，《青少年网络规制法》主要从四个方面落实其共同规制的治理理念。

首先，强调国家和公共机构的规制责任，要求中央政府统筹青少年网络环境整备计划，各级行政机关和地方政府积极支持企业的自律规制行动。依据法律，日本政府和地方公共团体必须采取必要措施，积极推进青少年有害信息过滤软件的利用和普及，并对民间团体和企业的自律规制给予必要的支援。为此，日本政府设立"互联网青少年有害信息对策与环境整备推进会议"，负责制定青少年网络环境整备基本计划及推进措施，并审议和决定相关重要事项。为落实"青少年网络环境整备基本计划"，内阁府成立"青少年培养支持推进本部"，以内阁总理大臣为中心，由文部科学省、总务省、经济产业省、警察厅等机构共同组织协调和实施网络环境整备计划。在日本IT战略本部之下，各省厅之间还设立了"安心IT会议""安心IT局长会议"，确保各行政机关之间的信息沟通和共同行动，具体落实网络违法和有害信息整备的政策措施。同时召集政府、企业、团体及专家学者召开"官民实务人员

圆桌会议”，推进官民之间的信息共享和协调行动，推进业界自主规制。各都道府县设立“供应商等联络协议会”，努力推动家庭过滤系统的宣传和普及工作。

其次，加强网络内容审查、评价等第三者机构建设，增加网络规制的中立性和公正性。根据《青少年网络规制法》，日本政府支持成立了“互联网内容审查监视机构”（I-ROI），作为独立于政府的第三者机关，I-ROI 负责对网络内容进行合法性审查。该机构主要通过设立网络健康认定标准，开展网络内容健康性教育活动，致力于解决手机和互联网中存在的有害信息泛滥问题。《青少年网络规制法》实施后，许多网站未能进行内容合法性整备。对于一般的企业、团体、医院、学校来说，有时无法准确判断或全面监控网络内容是否存在违法或有害信息，因此，《青少年网络规制法》在强调网络服务主体加强网络内容管理和监控的同时，在网络运营能力的教育、宣传以及资格认定等方面，要求 I-ROI 等机构给予必要的技术支持。I-ROI 融合新型网络社会中的国际规范、伦理、道德、人权等社会常识规范，确立了“I-规范”标准，以帮助企业等建立合法运营体制和进行网络内容自我评价。对于会员企业，I-ROI 负责进行内容健康性认定，并对其网络附加可视化安全标志。

面对智能手机等移动网络内容迅速扩大的客观情况，日本政府设立了“移动内容审查运用监视机构”（EMA），主要负责对青少年利用的移动网络进行审查、认定和运行监视业务，不断调整和完善过滤软件的性能，并从事 ICT（信息通信技术）运用能力的教育活动。为了确保基准和审查活动的中立性，作为民间第三者机关，EMA 制定了独立于理事会的“基准制定委员会制度”和“审查运用监视委员会制度”。所有委员由与相关企业没有利害关系的学者专家组成，理事会不能直接干预基准制定和审查内容。为了克服移动通信过滤过程中存在的同一性和非选择性等问题，确保自定义功能等过滤服务的多样化，EMA 不断改善网络访问限制的对象范围，并根据限制的对象范围制定了“社区网络经营管理体制认定制度”和“网络表现经营管理体制认定制度”，分别加以过滤规制。

再次，发挥家长、亲属、教师等监护人的监护责任，使其承担青少年有害信息的监管义务。依据《青少年网络规制法》，2009 年 4 月 1 日之后，对于未满 18 周岁的青少年在使用手机和 PHS 电话进行网络接续时，移动运营商必须提供过滤服务。但是，当青少年家长或合法监护人提出解除过滤的申请时，运营商可以为其解除过滤服务。

对于家长、教师或其他监护者来说，主要通过三个角度履行网络内容规制的监护责任：一是，合理规范青少年利用网络的环境，控制其上网的时间和频率，尽量不能使其养成过度依赖网络的习惯；二是，由家长等监护人制定家庭内部规则，对青少年施以必要的教育和管理；三是，通过在电脑、手机等网络相关产品中安装过滤软件，消除或屏蔽某些成人内容，并对一些不良信息加以必要规制。家长和监护人可以按照自己制定的教育培养理念，结合青少年的成长阶段，在确切把握青少年网络利用情况的基础上，通过有害信息过滤软件及其他方法，妥善管理青少年的网络利用，并积极培养青少年掌握合理利用网络的能力。监护人应该充分认识网络违法和有害信息对青少年的危害性，及时注意发现青少年在利用网络过程中出现的各种问题。当青少年利用网络过程中出现异常情况时，监护人应该特别留意是否发生了青少年卖春、受到犯罪侵害或遭遇欺凌等问题，并给予及时且适当的疏导和教育。

最后，依靠网络服务相关的企业和个人，包括电信网络服务企业、互联网信息服务公司、移动电话公司、电脑生产企业、网站管理者等，推动网络内容自律规制的落实。互联网企业在提供网络访问服务时，有义务对青少年提供网络过滤服务。青少年在购买手机等移动通信设备时，销售企业必须依法核实其实际年龄。对未满18 岁的利用者，移动通信企业有义务提供过滤服务。对于制造具有网络访问功能设备的企业，必须使其设备便利于安装和使用过滤软件服务。从事过滤软件服务开发的企业，必须确保过滤服务的便利性和实用性，努力使青少年不受有害信息侵扰。从事特定网络服务的管理者，则应该努力采取有效措施，防止青少年浏览有害信息。

《青少年网络规制法》虽然对网路服务相关企业分别做出了义务约束，但是，对于具体的责任承担和义务履行，主要是依靠民间企业和相关团体的自觉规制。日本电气通信企业协会成立了“青少年有害信息对策部会”，专门研究和制定通信网络服务相关的政策措施。互联网协会制定了业界行动指南，设立违法有害信息举报热线和咨询窗口，并通过举行演讲会、报告会等形式开展网络利用教育活动，提高利用者的网络内容识别能力。电子信息技术产业协会则基于《青少年网络规制法》的理念，针对社交电脑、数字电视、音像制品等开展相关数据调查。安心网络形成促进协议会则设立调查企划委员会、普及启发委员会等，对违法有害信息进行分类调查，并在各地举办多种形式的项目、宣传教育活动。NTT、DOCOMO、KDDI、软银等移动运营商则参与制定过滤普及企划案，并定期公布加入者人数。2010 年 6 月，签订过滤合同手机用户数达到 700 万台。

四、日本网络内容治理的现实困境

对于加强网络内容规制问题，日本社会各界反映不一。2008年，《青少年网络规制法》颁布之时，日本《GIGAZINE》宣称："青少年网络规制法一旦通过，日本网络将会全部死掉。"①日本互联网企业、动漫出版界、媒体行业等团体则组织了一系列反对和抗议活动。然而从日本社会现实诉求看，事实上绝大多数国民支持实施《青少年网络规制法》。因此对于如何在保障内容产业持续发展的前提下实现网络内容的有效治理，是摆在日本社会各界面前的一个重大课题。

根据2011年6月内阁府调查，在青少年利用的移动通信设备中，过滤软件的利用率分别为：小学生76%，初中生70%，高中生50%。《青少年网络规制法》实施两年后，过滤软件利用率虽然开始有所上升，但其增长态势缓慢。2012年以后，伴随着智能手机的普及利用，青少年利用网络的系统环境和传播模式发生了巨大变化，过滤软件的利用率开始呈现负增长趋势。今后，如何进一步提高过滤服务的科学性、中立性和有效性，如何进一步发挥家长、老师、监护人等的教育管理职能，如何重构数字时代网络内容规制的制度体系，将继续成为日本政府以及互联网企业着力研究和解决的重要课题。

首先，如何提高规制服务的科学性、中立性和实效性的问题。

日本现行法律将有害信息分为"诱发自杀或杀人的信息""淫秽信息""残虐信息"三类，由"过滤推进机构"等负责对有害信息的认定、审查和监管。作为独立的第三者机关，I-ROI、EMA等在依法履行网络内容的监管职能时，必须及时和广泛地获取、收集、分析网络内容相关信息，并依据科学、公正、公平的原则制定过滤标准。但是面对庞大而瞬息万变网络内容，日新月异的网络服务形式，第三者机关既难以制定出科学、合理的过滤标准，又很难有效监督网络服务企业或个人实际执行自律规制的情况。因为这不仅会对规制机构或第三者机构提出过大的成本要求，对规制人员、网络服务人员提出高度的道德要求、技术要求，同时还必须配以严厉的制度和机制保障。然而在现实的操作层面，名义上独立的"第

① Gigazine："青少年インターネット規制法案"が成立すると、日本のネットは完全に死ぬ http://gigazine.net/news/20080423_jp_internet_death、2008-04-23.

三者机关”往往成为日本政府等权力机构“官员下凡”的容留所。加之上述机关的成立和运营必须要获得国家的认定和支持，因此第三者机关很难摆脱来自政府或企业的各种干预。

其次，家长、监护人等如何有效行使监护职能问题。

青少年网络规制法虽然明确了监护人对青少年利用网络的管理责任，但是，随着青少年年龄增长、个人隐私意识的提高以及网络环境的变化，监护人监护能力不足的问题凸显。面对瞬息万变的网络内容和不断更新的传媒形式，一些监护人难以紧跟时代步伐，因而无法顺利实施法定的管理责任和监护职能。由于智能手机可以轻松访问无线网络，而目前尚无对提供无线 LAN 服务的 ISP 规定过滤义务，因此，现行规制模式仅仅可以对手机网络内容加以过滤，但却不能对无线网络和应用程序进行过滤，从而使青少年利用智能手机时可以轻松跨越过滤软件。加之有些监护人对加强网络环境规制必要性的认识不足和对安装过滤软件的疑虑，导致现实生活中简单卸载或不使用过滤软件的现象普遍存在。因此政府和企业必须进一步开发和创新网络过滤技术和过滤工具，采取能够灵活应对网络环境变化的管理方式和支持工具，探索和设计尽量规避监护人轻易卸载或不使用过滤软件的对策措施。

最后，如何实现内容产业成长和网络内容规制的均衡治理。

数字时代网络内容的创造与扩散，极大颠覆了传统媒体的传播方式和社会价值，深刻改变了人类信息交流方式、思维方式和生活方式，并将深刻影响人类社会的组织形式、社区结构和国家政策效果。一方面，网络空间的技术性、无国界性和代码性打破了传统媒体规制模式的治理秩序和生存空间，对传统社会结构和权力秩序提出了严峻挑战。另一方面，违法信息传播、有害信息泛滥和网络内容侵权蔓延，对网络内容规制的加强和改善提出了迫切要求，迫使各国政府和企业不得不重新思考数字时代网络内容规制的程度、方法和治理模式，重新思考表达自由的内涵和意义。

面对智能手机、在线游戏、社交网站、Facebook、Twitter 等新媒体和“微时代”爆炸性成长，青少年利用网络环境发生了颠覆性变化。对于贴吧、论坛、博客、推特等特定网络空间，管理者虽然可以设置过滤服务，但严格地网络内容管理不仅可能加重企业的运营成本，而且还可能直接扼杀人们的创造冲动和创新能力，直接影响未来互联网事业的发展。面对日新月异的网络世界，如何实现网络有害信息的即时反映，应该制定何种程度的网络内容规制，怎样评估网络内容规制的客观效果等各种现实问题，迫使各国政府、企业和社会组织必须重新审视现行的网络内容规制，探索有利于网络内容健康发展的共同治理体系，以期实现内容产业繁荣和网络内容有效规制的治理均衡。

日本国家创新系统支撑下的护理产业研究

田香兰

内容摘要 自 20 世纪 80 年代中期出现国家创新系统概念之后，日本就不断调整和完善其国家创新系统。动态的国家创新系统在提高护理产业竞争力及企业创新能力方面发挥着重要作用，护理产业已成为日本新经济增长动力。日本护理保险制度作为制度创新的典型案例，为护理产业的发展奠定了基础。厚生劳动省直接管辖的社团法人老龄产业振兴会主导了各地老龄产业的创新发展。在护理发产业展过程中，政府及立法机构、财政金融部门、教育培训机构及行业组织等行为主体间通过制度安排构建具有自组织机制的网络发挥了积极作用。可以说，日本护理产业从兴起到规模化发展离不开厚生劳动省、护理产业组织、护理企业共同支撑的国家创新系统。

关 键 词 国家创新系统 护理保险制度 护理产业 制度创新

基金项目 国家社科基金项目“日韩两国依托产官学研发展老龄服务产业机制研究”（14BGJ007）；国家社科基金项目“国家创新系统支撑下日本发展新兴产业制度安排研究”（13BGJ010）

作者简介 田香兰，天津社会科学院日本研究所副研究员在人口老龄化及经济长期停滞的背景下，日本政府从长远的视野出发，寻求新的增长动力。政府认识到大力发展护理产业，不仅能满足不断增加的老年人口的护理需求，还能扩大内需、增加就业、促进经济发展。2000年实施的《护理保险法》为护理产业的发展奠定了法律基础。实施护理保险制度后原先行政主导型的措施制度转变为契约制度。在契约制度下，利用者可以自主选择服务，而且鼓励各种民间企业和团体投入护理产业，从而在一定程度上满足了老年人多层次的护理需求，也实现了护理服务供给多元化。厚生劳动省在制定实施护理保险制度以及发展护理产业过程中发挥了主导作用。在动态的国家创新系统支撑下，日本实现了护理保险制度创新，形成了护理产业创新市场，促进了企业和民间团体的护理技术提高，极大地促进了护理产业的规模化发展。

一、日本国家创新系统与护理保险制度

日本护理产业的产生、发展及壮大离不开国家创新系统的支撑。在政府主导下，以护理保险制度创新为先导，以护理技术创新为辅，使护理产业取得了令人瞩目的发展。在创新的生产网络建设中政府的作用不是替代企业创新，而是为其网络建设扫清各种有形和无形的障碍，利用政府所持有的政策导向力将创新引向产业发展所需的正确方向①。

（一）日本国家创新系统的内涵及特点

1987年，英国著名技术经济学家克里斯托夫•弗里曼对日本经济发展成就进行充分分析的基础上提出了国家创新系统概念。他在《技术政策与经济绩效：日本国家创新系统的经验》一书中指出，“当日本在某些重要新技术领域处于前列时，并不仅是或甚至主要不是与研究发展的规模有关，而要与诸如社会或制度的变革有关”②。弗里曼从三个方面对日本的国家创新系统进行了描述：一是通产省的作用；

① 李毅：《日本制造业演进的创新经济学分析》，中国社会科学出版社，2011年，第181～182页。

② 克里斯托夫•弗里曼著：《技术政策与经济绩效：日本国家创新系统的经验》，张宇轩译，东南大学出版社，2008年，第1～5页。

二是企业是创新主体；三是教育培训与社会创新。也就是说，日本经济发展并不单纯依赖技术创新，而是依靠一种公私部门的机构组成的网络。它们的活动和相互作用促成、引进、修改和扩散了各种新技术。这种网络机构就是国家创新系统。他强调，在技术剧烈变革的情形下，将技术创新、组织创新和社会创新结合起来具有特别重要的意义。[①]可见，国家创新系统是指一国境内不同企业、大学、科研机构和政府之间围绕科学技术发展及其商业应用所形成的一种相互作用的网络机制[②]。在护理产业兴起和发展过程中，日本国家创新系统发挥了重要作用。其主要特点体现在以下三个方面：第一，政府是国家创新系统的构筑者。政府一手构筑了日本国家创新系统的框架，并通过大量的R&D资金投入和一系列法律、法规和激励政策的出台，使国家创新系统日臻完善与丰满[③]。其中厚生劳动省发挥了主导作用。第二，大企业和民间组织成为国家创新系统的主体，在护理技术研发与运用上积极创新，推动了护理产业规模化发展。第三，传统的官、产、学、研相结合的国家创新系统根据老龄化的新形势，适时进行制度创新，不断完善了创新系统。

（二）国家创新系统支撑下的护理保险制度创新

创建护理保险制度是日本制度创新的典型案例，是由厚生省（后改为厚生劳动省）直接主导的制度创新。从20世纪70年代起，日本已进入老龄化社会。90年代以来更迎来前所未有的老龄化。为了使老年人不受个人和家庭收入影响，方便利用护理服务，需要制定能够提供普遍服务的护理保险制度。日本护理保险制度借鉴了德国的社会保险方式、北欧的市町村模式、美国的案例经理人制度以及澳大利亚的护理经理人制度。[④]但是日本特有的制度创新特点体现在以下几个方面。比如护理保险制度采用的护理认证体系和护理经理人制度属于新技术开发和应用；建立认知症对应型集体老人之家、租赁及销售福利用具、以保险费支付住宅改造费等都是全新的服务项目。利用者可以自主选择护理服务种类和服务供给方，而且购买服务费以及护理经理人委托费由护理保险支付，这些属于护理服务和社会保险的新组合

① 李毅：《日本制造业演进的创新经济学分析》，中国社会科学出版社，2011年，第34~35页。
② 冯之俊：《国家创新系统的理论与政策》，经济科学出版社，1999年，第34页。
③ 卢娜：《日本国家创新系统评析》，《现代日本经济》2002年第2期。
④ 田中滋、栃本一三郎：《介護イノベーション》，第一法規，2011年，第4頁。

模式。①另外，为促进护理与医疗一条龙服务，开辟居家服务项目，也是日本护理保险制度的创新点。日本于2000年4月实施护理保险制度，规定以40岁以上国民为受保人，投保人是市町村。受保人分为第1受保人和第2受保人（年龄及给付条件如表 1）。受保人只要缴纳保险费，并认定为需要接受护理，就可以只缴纳护理费的10%后利用护理服务和护理用具。该制度不同于以往以行政主导为主的措施制度，利用者可以直接与护理服务提供者签订合同，并自主选择服务。民间企业和非营利组织都可以提供护理服务，实现了护理服务多样化。

表 1　受保人分类及给付条件

分　类	年　龄	给付条件
第1受保人	居住在市町村的65岁及以上老人	第1受保人，只要处于需要护理状态就可以得到保险给付
第2受保人	居住在市町村的年龄在 40 岁以上 65 岁以下、加入医疗保险的人	第2受保人，只有患了老化引起的特定疾病（如脑栓塞、早期认知症）等情况时可以得到给付。如因交通事故，需要护理时不能得到给付

资料来源：根据和田勝、唐澤剛等：《介護保険の手引》，ぎょうせい，2012 年，第 17 頁制作。

护理保险制度完全改变了原先以措施制度为核心的老年福利制度。在原先的措施制度下，对入住特别养护老人之家的老人，主要由行政部门决定入住者和服务内容，并由行政部门与护理机构签订合同，老人和护理机构之间不存在契约关系。实施护理保险制度后，被认定可以接受护理的受保人可以自主选择护理供给方，并签订合同。措施制度反映了行政和福利机构之间的关系，而护理保险制度则反映了护理企业和利用者在契约基础上的服务供需关系。也就是说，利用者有权根据要护理程度选择护理服务和护理供给方。措施制度变成契约制度后，开始重视服务和人权。为了保护消费者权益，制定了一系列相关法律和措施。如根据契约明确制定护理计划，根据计划由护理企业或团体提供服务。根据《护理保险法》，护理服务分为居家护理服务（11 种）、机构护理服务（3 种）、居家护理支援（1 种）、紧贴社区型护理服务（8 种）等共 23 种。②为了满足老年人多样化需求，从事护理服务的企业

① 田中滋、栃本一三郎：《介護イノベーション》，第一法規，2011 年，第 4 頁。
② 和田勝、唐澤剛等：《介護保険の手引》，ぎょうせい，2012 年，第 87 頁。

和民间团体除了提供上述护理保险制度内的服务外，还提供护理保险制度外的服务，如配餐送餐服务、紧急通报、家务援助、外出支援、床上用品洗涤、上门理发等。可见，护理保险制度的创新给护理企业和民间团体的发展带来新的机遇。为了促进护理企业和民间团体的创新发展，需要制定有效的产业制度安排，为其营造良好的运营环境。

二、政府主导下的护理产业制度安排

在宏观的国家创新系统和微观的企业创新之间需要有中观的产业制度安排。因为单靠护理保险制度创新无法带来护理产业的兴起和发展，只有在国家创新支撑下合理安排各项制度，才能带动护理产业创新发展。这需要国会和内阁、财政金融部门、教育培训机构及行业组织等行为主体间通过制度安排构建具有自组织机制的网络积极影响护理产业发展。

（一）国会和内阁制定相关政策和法律

20世纪70年代，日本进入人口老龄化社会，80年代人口老龄化不仅影响经济增长，还增加社会保障领域的财政负担。为了减轻财政压力，也为了满足老年人多层次需求，政府将更多的原本由政府承担的福利功能委托给民间，将“公共福利”和“市场服务”相结合形成护理产业。这一时期，日本形成了一个融合了中央和地方、政府和民间两个方向创新推动力的多层次网络结构。[①]为了扩大护理产业供给主体，政府开始探讨调动地方和民间活力发展护理产业的方案。1982年，在第二次临时行政调查会第一次答辩会上提出在部分领域鼓励民间部门投资护理产业。1987年福利关系第三审议会提出意见指出，“在民间企业创新和效率不受影响的情况下，积极引导企业提高服务质量，使企业确立正确的职业道德”。日本政府积极采纳上述审议会意见，于1988年制定“居家护理服务及居家入浴服务指南”。1989年福利关系第三审议会合作企划分科会报告书强调，从保护利用者角度出发，结合

① 李毅：《日本制造业演进的创新经济学分析》，中国社会科学出版社，2011年，第181页。

行政指导和公共融资政策，积极扶持民间护理服务。根据此意见，1990 年制定了“护理用品及护理用具租赁指南”，1996 年制定“居家配餐配送服务指南”，1997 年全面修改“设立和运营收费老人之家指针”和“日间护理事业指针及短期入所生活护理事业指针”。同年，制定《护理保险法》，将原先中央政府主管的老年社会福利责任下放给地方自治体，使地方自治体承担部分责任。如将市町村作为护理保险投保人，都道府县和市町村在护理保险给付中各负担 12.5%，而中央政府只承担 25%。

表 2　日本老龄产业政策及法律

概念	民间以受益者负担原则向老人提供商品和服务
发展时期	20 世纪 70 年代进入老龄化社会，国会和内阁制定有关法律和政策
法律及措施	按领域制定行政指南（1970—1990 年）、《WAC 法》（1989 年）、《老龄社会对策基本法》（1995 年）、《福利用具法》（1994 年）、《PFI 法》（1999 年）、《护理保险法》（1997 年制定，2000 年实施）
组织机构	厚生省老龄产业振兴指导室（1985 年）、老龄产业振兴会（1987 年）、技术用具协会（1987 年）、福利用具及生活支援用具协会（2003 年）、健康长寿村促进中心（1990 年）
业务	老龄认证五个领域（1989 年）、福利用具消毒公正管理、技术开发支援标准化、护理实习普及中心、福利用具信息体系、国家资格考试（义肢装具师）、人力培养进修（助听器、社会福利士、护理福利士等）、老龄产业展示、国际福利器械展、调查研究事业、护理保险事业

资料来源：［韩］朴株天：《通过日本老龄产业对韩国老龄产业的政策提案》，《老人福利研究》2005 夏季号。

为了促进护理产业发展，政府不仅制定了一系列法律和政策，还建立了相关组织机构（参见表 2）。除了《护理保险法》外，从供需两方面出台了一系列法律。首先从供给者角度出台三项法律，分别是 1989 年制定的《关于完善由民间事业者提供的老后保健及福利有关综合设施的法律》（WAC 法）、1994 年制定的《关于研究开发及普及促进福利用具的法律》（福利用具法）、1999 年制定的《关于利用民间资金促进公共设施管理的法律》（PFI 法）。WAC 法主要鼓励民间事业者综合提供公共老人保健福利设施。根据该法设立的“特定民间设施”需要配备预防老年疾病的有氧运动室、功能训练室、诊所及综合设施。其中，综合设施提供各种咨询、教育、休闲活动以及为护理对象提供入浴、用餐、排泄等日常生活便利。该设施必须取得厚生劳动大臣许可才能设立，并享受法人税等课税优惠和融资特例措施。福利用具法主要促进老人及残疾人自立，减轻护理人员负担，提高有关产业技术。PFI法规定在公办护理设施内引入民营机制，根据该法建设和运营的设施不仅包括生活和福利设施，还包括文化、医疗、废弃物处理、上下水道、消防等设施。2002年，为了更加有效地利用民间资金搞活公共服务，制定了PFI制度（Private Finance Initiative）。PFI制度主要利用民间资金、经营能力及技术能力，建设、管理和经营公共设施。2004年6月，PFI推进委员会提交中间报告，提出建立官民伙伴关系、提高区域活力。另外从保护消费者角度，也相继出台了三项法律，一是2001年制定实施的《消费者契约法》，明确规定对不符合规定的服务内容取消合同，并规定发生纠纷时的注意事项；二是2002年实施的《个人信息保护法》，规定从事社会福利业务的单位要妥善处理消费者个人信息；三是2004年制定的《消费者保护基本法》，明确规定国家保障消费者基本消费生活、健全的生活环境、安全、自主合理选择商品的权利、必要的信息、教育机会、挽回受害者损失、关照具有年龄及特点的消费者等内容。另外，通过《产品责任法》（PL法）和成年监护人制度保障消费者利益不受损害。

（二）财政金融机关制定税收优惠补贴政策

国家和地方自治体通过财政金融税收及许可制度扶持护理产业发展。从护理企业和民间团体的角度，1988年修改《社会福利医疗事业团法》，对从事收费老人之家、居家护理、居家入浴服务等业务的企业和团体提供低息贷款。1992年，政府制定关于护理用品及护理用具租赁的行政指导指针，规定由社会福利医疗事业团提供贷款。为了及时了解消费者需求，由长寿设计福利基金提供资金，定期开展调查研究。根据《福利用具法》，厚生劳动省和经济产业省采取税收优惠措施促进福利用具的研发、普及及宣传。1995—2000年间，政府大幅度提供税收优惠及放宽融资条件，扶持有关护理产业的新技术开发、试验及检测、研究调查等。2001年全面修改有关收费老人之家的开设及运营指导方针，由社会福利医疗事业团对收费老人之家项目提供贷款。从利用者的角度，《护理保险法》规定，个人负担护理费的10%，剩余的90%由国家和地方财政负担一半，另一半由受保人缴纳的保险费充当（参见表3）。利用者只要负担费用的10%就可以利用护理保险享受居家护理、机构护理及社区紧贴型护理。加入护理保险、并符合相关条件的利用者只要支付10%的费用就可以利用护理保险支付改造自己居住的住宅、租赁或购买福利用具。

表3　护理保险费负担比例（新修订的《护理费保险法》规定）

<table>
<tr><td colspan="5">利用者负担全部护理费的10%</td></tr>
<tr><td rowspan="4">财政负担保险给付的50%</td><td rowspan="2">国家财政（居家给付的25%、机构等给付的20%）</td><td>固定费率（居家给付20%、机构等给付15%）</td><td rowspan="4">保险负担保险给付的50%</td><td rowspan="2">1号保险费（21%）</td></tr>
<tr><td>调整交付金（5%）</td></tr>
<tr><td colspan="2">都道府县（居家给付12.5%、机构等给付17.5%）</td><td rowspan="2">2号保险费（29%）</td></tr>
<tr><td colspan="2">市町村（12.5%）</td></tr>
</table>

注：保险给付是指护理费用中扣除个人负担的10%以后的剩余费用。交付金是为了调整各个地区的财力差距，国家拿出国库负担的5%作为交付金交给财力较差的市町村使用。

资料来源：和田勝、唐澤剛等：《介護保険の手引》，第24頁。

（三）教育培训机构负责培训护理人才和专业人员

任何一个产业，确保人才是产业发展的关键。2000年实施护理保险制度后，为了满足国民不断增加的多样化护理需求，需要培养能够提供优质服务的专业人才及护理人员队伍。日本有关护理人才的教育培训体系可以归纳为两点：一是广泛而深入地开展正规的学校教育培训，这就保证大量的社会福利专业毕业生进入护理产业队伍；二是对护理领域的劳动者进行定期综合培训，为了做到护理服务创新，通晓由于技术创新可能产生的种种影响和问题，定期开展培训教育。据2007年厚生统计协会统计，日本有关护理的专业职称有社会福利士、护理福利士以及社会福利主事。日本社会事业大学是专门培养护理人才的大学，每年培养的本科生有150人、专科生120人、硕士博士课程20人、社会福利主事培训课程800多人。此外，全国还有188所专门的社会福利大学和大专，209所大学设有社会福利专业。还有专门培养社会福利士的培训机构48家（9478人）、护理福利士培训机构419家（26095人）、社会福利主事培训机构83家（11124人）。而家庭护理员培训机构每年培养350971人。[①]公益法人和社团法人也提供各种培训和教育。如中央福利学院专门培

① 全国社会福祉協議会：《社会福祉施設運営論》，全国社会福祉協議会，2008年，第268頁。

训社会福利机构在职人员和行政机关相关公务员。公益社团法人全国老人保健设施协会开展针对护理领域的医生、护士、护理人员以及康复专业人员的进修培训。每年针对全国护理机构人员提供200次以上的进修机会，接受培训人员达到5000人以上。[①]该协会开展的教育培训事业达到13种，如职员基础进修、现场进修、管理人员进修、骨干人员进修、护理经纪人讲座、康复技术进修、医生进修、认知症护理进修、护士进修、防止设施内感染对策进修、通所康复进修、老人保健设施管理探讨会、各种护理研讨会等。此外，社团法人日本医师会、公益社团法人日本护士协会、社团法人日本药剂师会、社团法人日本营养师会、社团法人日本护理福利士会、社团法人日本社会福利士会、社团法人日本理疗师协会、一般社团法人日本语言听觉士协会、一般社团法人日本护理支援专门人员协会、特定非营利活动法人日本护理经营学会等机构也提供各种进修和培训。

（四）行业组织规范行业标准及质量认证体系

在护理产业发展阶段，成立了多个与护理产业相关的行业协会来进行行业指导。1989年，由社团法人老龄产业振兴会建立了“老龄服务（品质保证）认证制度”，对那些提供优质服务的企业和民间团体提供品质保证认证。2008年5月，经济产业省公布对三种福利用具（手动及电动轮椅、家用电动护理床）实施JIS认证制度[②]。目前，日本福利用具评价中心（JASPEC）以及财团法人日本文化用品安全试验所等作为认证机关得到经济产业省认可。2003年成立的日本福利用具生活支援用具协会负责审查护理用具的销售、租赁。厚生劳动省成立财团法人技术用具协会，经济产业省成立新能源及产业技术开发机构，促进护理产品和用具的技术开发、标准化、展示及普及事业。

1. 社团法人老龄产业振兴会及老龄产品认证制度

1987年3月，为提高民间企业的老龄产品质量，由厚生劳动省主导成立社团法人老龄产业振兴会。该会在行政机关和利用者之间发挥牵线搭桥的作用，主导日本老龄产业的发展。老龄产业振兴会会员有民间企业、市民团体、大学、行政职能部门、各种非营利机关等（参见表4）。截至2011年4月，正式会员有140家，预

① 公益社团法人全国老人保健施設设施協議会：《介護白書》，TAC出版，2011年，第101頁。

② 公益社团法人全国老人保健施設设施協議会：《介護白書》，TAC出版，2011年，第101頁。

备会员 34 家。老龄产业振兴会现任会长是日本松下株式会社会长中村邦夫。该会主要开展以下业务：如收集和公布护理服务信息，开设和经营护理信息支援中心；调查有关老龄产业，对从事护理服务的人员进行各种职业教育；实行老龄产品认证制度；促进建立健康长寿村；福利用具的认证制度管理；宣传和普及有关老龄产品；联系行政及其他团体，提出政策建议；开展国际交流（派遣海外调查团）；会员机关之间举办研究会等。

表 4　老龄产业振兴会会员（截至 2011 年 4 月）

正式会员（140 家）		预备会员（34 家）
1.护理有关机构	7.休闲有关机构	自治体
2.住宅设施有关机构	8.调查研究机构	公益团体
3.金融有关机构	9.食品有关机构	其他
4.生命保险机构	10.医药品有关机构	
5.建筑、设计机构	11.公益团体	
6.信息通信、广告、出版机构	12.其他	

资料来源：［韩］玄外成、金尚姬：《老龄亲和产业论》，正宾社，2010 年，第 340 页。

老龄产业振兴会制定和实施的老龄产品认证制度主要针对从事居家护理服务的企业和民间团体。该会根据产品的稳定性、道德性、舒适性原则制定严格的认证标准，只有遵守有关法律，持续有效地提供高质量的服务，制定有关管理标准和服务标准，并经严格审查后，才能取得认证标志。管理标准共 6 项（如表 5）。另外根据服务特点，对从事居家服务的五类企业制定认证标准，严格规定职员人数、职员培训、服务实施等认证标准。老龄产品认证制度因具有公信力，对提高护理服务企业的服务质量，保护消费者权益方面发挥着积极作用。

表 5　居家服务企业管理标准

标准	项目	主要内容
标准 1	重视利用者尊严	尊重人权、保护个人信息、重视利用者、提供稳定的服务
标准 2	与地域的伙伴关系	与地域的合作
标准 3	持续改善质量	服务程序的标准化、持续改善质量、技术创新等的管理
标准 4	保持信赖	保持信赖、确保透明度
标准 5	重视职员	确保人才、培养人才、劳务管理、业务环境、职员满意度
标准 6	领导能力	理念和价值、职员激励机制、提高管理人员的领导能力

资料来源：［韩］玄外成、金尚姬：《老龄亲和产业论》，第 340 页。

2. 财团法人技术用具协会

1987 年，财团法人技术用具协会（Association for Technical Aids）成立，注册资金为 5 亿日元，由厚生劳动省管辖。1993 年，根据《关于促进福利用具研发及普及的法律》成为指定法人。该协会成立的目的在于研究和开发福利用具，示范及评价福利用具，提供信息，培养义肢装具师，增进残疾人及老人福利。主要内容为组织义肢装具师国家考试，对认证助听器技术员实行培训及考试，培养福利用具指导师。另外，还提供福利用具有关的信息。为方便利用者和企业使用信息，建立“福利用具信息系统”数据库，通过因特网和日本福利保健医疗信息网提供服务。内容包括福利用具总量、福利用具选择方法、福利用具利用方法解说（DVD）、利用护理保险使用福利用具指南、护理实习及普及信息等。该协会还提供研究开发补贴。该协会从长寿社会福利基金拿到经费后，对经过审查合格的企业和研究机关提供研发补助，这些经费对研发方便低廉的福利用具的商业化做出了贡献。1988—2003 年，对 192 项研发项目提供补贴，其中 79 项实现了商品化。

3. 日本福利用具及生活支援用具协会

日本福利用具及生活支援用具协会成立于 2001 年，是由福利用具制造、流通有关的企业组成的任意团体。该团体由 1996 年成立的制造事业者协会（厚生省主管）和日本健康福利用具工业会（经济产业省主管）合并而成，旨在从硬件上提高福利用具的安全性，从软件上提高利用者的方便性。该协会的功能，一是评价福利用具的安全性和标准；二是收集有关事故的信息并采取对策；三是调查国外信息及健康老人的市场需求；四是提供有关开发及流通的咨询；五是对护理保险、建筑基本法及税收等提出政策建议。该协会定期调查全国福利用具产业状况。

三、护理市场创新促进护理产业发展

（一）通过护理供需体系的根本性变革拓展新的护理市场

突变式创新也叫根本性创新。要想建立新的护理市场，就需要对原有的护理供需体系进行根本性变革，也就是说变更承担护理的供给主体和护理需求主体。为了实现护理供给主体的创新，就需要除了社会福利法人和医疗法人以外，增加新的供给主体，如民间非营利团体和营利企业。供给主体的增加必然带来竞争，竞争又促使供给主体提高服务质量，寻求护理创新。[①]出台护理保险制度之前，老年人护理采取公共运营方式。由于服务供给方式单一，无法满足老年人多层次需求，需要创新供给，实现护理供给多元化。实施护理保险制度后，在护理服务领域建立了多元化的服务供给体系，提供护理服务的供给者从社会福利法人、医疗法人扩大到营利企业、NPO法人等。企业和民间团体开始积极投入护理产业。为了扩大市场，首先将住宅改造和福利用具等纳入护理保险制度给付范围。这种举措使居家福利服务市场发生了巨大变化。被纳入护理保险给付的福利用具包括特殊床、垫子、空气褥垫、挂腰便器、特殊尿盆、火灾报警器、自动灭火器、紧急通报装置、认知症老人徘徊感应器、车载轮椅、步行辅助器、电磁理疗仪、移动升降机、入浴辅助用具等。创新需求，即变更护理需求主体。原先在行政措施制度下，护理服务只针对贫困老人，而实施护理保险制度后护理服务对象扩大到经过要护理认定及要支援认定程序、客观上被判定为需要护理服务或护理预防服务的受保人，不管本人和家庭经济状况如何，都可以得到有尊严的护理服务。而且为了提高利用者的支付能力，在护理保险制度框架下采取两种方式，一是对利用服务的对象采取定额补贴（护理保险给付）方式，自己只负担10%；二是国家规定护理服务单价（护理报酬），从而控制护理服务费过快上涨。护理创新意味着改变原先的护理方法、护理技巧、改变服务方式和方法。如有的企业将评估信息用声音的方式输入，从而减少制定书面材料的工作量。而有的企业向利用者提供服务后，将利用者详细的状况用手机短信的形式发给具体负责人，并在局域网上共享。这样即使负责人突然请假，其他人员通过共有信息了解情况后也能及时提供服务。

（二）护理市场创新促进护理产业发展

护理保险制度经过十多年的发展，护理服务供给体系日益完善，利用者大幅度增加，护理产业取得迅猛发展。尤其从事护理产业的企业迅速壮大，有些企业已经成为上市公司。在护理产业发展的不同阶段，存在不同的成功模式。第一阶段，主要是通过扩大规模来实现；第二阶段主要靠提高质量来实现；第三阶段扩大到护理

① 田中滋、栃本一三郎:《介護イノベーション》，第一法規，2011年，第64～66頁。

外围产业，如福利用具及老年住宅等。

第一阶段，护理服务实现规模化发展（2000—2005 年）。此阶段护理产业模式是通过采取单一服务多店铺连锁的形式扩大规模。主要采取将有限的经营资源集中到某一个领域，实现服务专门化及规模化发展。由于实施护理保险制度后，能够利用护理保险给付的领域主要限定在居家护理服务，如居家疗养管理指导、访问看护、预防居家疗养管理指导、访问康复、访问护理等，居家护理服务企业业务量迅速增加（参见表 6）。参与居家护理服务的企业和团体从 2001 年的 95892 家增加到 2003 年的 118960 家，增幅达 24%。其中，增幅最大的是 NPO 法人，增加 112%，其次是营利法人（50%）。2000 年，刚刚实施护理保险制度时，护理产业市场规模为 32 兆日元，而到 2004 年，增加到 90 兆日元。代表性的企业有天使护理、日本护理服务、智库一、亚马奴医疗、美迪卡日本等企业。

表 6 从事居家护理服务的企业和团体

（单位：家，%）

年度	福利法人	医疗法人	民间法人	营利法人	NPO 法人	农协生协	自治体	合计
2001.5	21018	42907	2666	21882	682	2353	5384	95892
2003.4	21845	51148	3005	32871	1448	2786	5857	118960
增加率		19	13	50	112	18	9	24

资料来源：[韩] 朴株天：《通过日本老龄产业对韩国老龄产业的政策提案》，《老人福利研究》2005 夏季号。

第二阶段，护理服务产业取得质的飞跃（2006—2008 年）。随着护理服务供给量的增加，服务质量出现了问题。为了提高服务质量，也为了缓解护理保险财政压力，2006 年对护理保险制度进行了第一次修改。对于居家护理服务，为了确保服务质量，采取总量控制制度。如对那些无法达到要求的企业采取退出措施。为了提高质量，对上门照料这种单一服务做到精细深。如根据利用者的护理需求程度，提供相应的人才、技术、平均护理费用、顾客管理时间、IT 技术等。IT 技术大量应用到护理服务领域，如数据库管理、控制护理时间、防止失误、信息共享等，显著提高了服务质量。另外，为了使老年人能够在自己住惯了的地域继续生活，在地域内不仅提供护理，还提供保健、医疗、福利服务以及以居民为主的志愿者服务。据福利医疗机构统计，2000 年 4 月，从事护理服务的企业共有 129000 家，到 2008 年 4 月，增加到 302565 家，增加了 2.3 倍[①]。护理产业的快速发展，带来了大量就业机会。居家护理服务部门录用了很多家庭护理员。2007 年，家庭护理员队伍达到 40 万人，从事护理产业的人员超过 100 万人[②]。

第三阶段，护理产业扩大到护理外围产业（2009—现在）。护理服务产业发展的第一、二阶段，产业增长靠的是居家护理事业，而在第三阶段，护理产业增长要靠福利用具及老年住宅等产业拉动。实施护理保险制度以前，主要针对贫困老人提供福利用具租赁，而实施保险制度后，符合条件的老人都可以利用护理保险给付取得福利用具，带动了福利用具租赁事业的迅猛发展。关于老年住宅，过去从未从国家层面上提供住宅改造费用，而实施护理保险制度后，促进了老年租赁住宅及带有护理服务功能的住宅市场的发展。老人可以利用保险给付改造自己居住的住宅。2008 年，房屋改造规模为 5 兆 7804 亿日元。目前，日本独栋住宅有 4400 万户，其中 50%以上具有 15 年房龄，房屋改造市场前景广阔。2000 年，要护理认定者数为 256 万人，护理保险给付费为 3.6 兆日元，而 10 年后的 2010 年，认定者数增加到 500 万人，护理保险给付费也猛增到 8 兆日元。从事福利用具租赁等护理外围业务的代表性的企业有日本护理阿普莱、S•M•S 等。老年住宅改造和福利用具产业已成为护理产业的主导产业，为护理服务产业的健康稳步发展提供了强有力的保障，与其他护理产业构成了良性循环的产业链。

① 宣贤奎：《护理保险服务事业的市场性》，《共荣大学研究论集》，2009 年，第 7 页。
② 京極高宣：《社会保障と日本経済》，第 11 回厚生政策セミナー，2007 年，第 333 頁。

国家社科基金重大项目《新编日本史》专题：中国日本史研究综述

编者按：1994年，著名日本史学家吴廷璆先生主编出版了百万字的《日本史》（南开大学出版社版），该书被广泛运用于国内的日本史研究、教学与日本史知识的普及，是中国日本史研究的里程碑式著作。20年后，为适应新世纪日本研究的需要，进一步深化中国的日本研究，南开大学日本研究院继承并发扬吴廷璆先生开创的日本史研究事业和优良的学风，以集体研究项目《新编日本史》获得国家社科基金重大项目（13&ZD106）立项。《新编日本史》以历史唯物主义为指导，并参考新的、科学的历史研究方法及相关学科的研究方法，广泛吸收国内外的最新研究成果，在进行扎实的实证研究的基础上，对日本历史发展过程中的重大问题，重新进行考证、分析。以下中国日本史研究综述是本课题的基础性工作，与国内已有的各种日本研究综述相比，反映了南开日本史研究者的独特视野。

日本古代史研究综述

王　凯[①]

① 王凯，南开大学外国语学院讲师。

改革开放 30 多年来，我国的日本研究事业取得了长足进步，古代史研究也不例外。近年来学界对日本研究已多有综述，且概括全面[①]，本文在参考先学总结的成果的基础上，通过梳理改革开放以来我国日本古代史研究的发展历程，分析其中的问题点，并对今后的发展方向提出几点陋见。[②]

一、通史中的日本古代史研究

新中国成立以来，日本古代史的研究首先融入世界史以及日本通史研究之中而得以发展。王辑五早在 1957 年就在其所著《亚洲各国史纲要》（高等教育出版社，1957 年）中论及了邪马台国的位置所在等日本古代史研究中的重要课题。周一良在《亚洲各国古代史》（高等教育出版社，1958 年）专门设日本部分，并介绍了日本古代的历史。此后，在周一良、吴于廑主编的《世界通史》（人民出版社，1962 年）中，也包含了同样内容。

改革开放以后，日本通史性研究迎来了一个高潮。与此前的成果相比，无论在数量上，还是在研究的深度及广度上都有了明显的提高。赵健民、刘予苇主编的《日本通史》（复旦大学出版社，1989 年）和吴廷璆主编的《日本史》（南开大学出版社，1994 年）是当时日本通史研究的代表性著作，至今仍有广泛的影响。两部著作均较为详细地论述了日本古代史的内容，反映了当时的研究水平。

进入 21 世纪之后，为了满足国内读者了解日本的需求，多部日本通史性著作相继诞生。王新生在其《日本简史》（北京大学出版社，2005 年）中，以政权变迁为主线，采用新的研究成果、新史料和新方法，叙述了日本从古至今的历史演变过程。由于该著作为“简史”，因此书中对日本古代史的内容没有详细展开论述。王保田的《日本简史》（上海人民出版社，2006 年）注意利用考古学等研究成果，多角度地阐述了日本古代的民众生活。从该书以古代四章、近现代各一章的格局来看，

① 关于日本研究的综述，主要有：中华日本学会、南开大学日本研究院、日本国际交流基金：《中国的日本研究（1997—2009）（参考资料）》，2010 年；李薇主编：《当代中国的日本研究（1981—2011）》，中国社会科学出版社，2012 年；李玉等主编：《中国的日本史研究》，世界知识出版社，2000 年；莽景石主编：《南开日本研究 2010》，世界知识出版社，2010 年。

② 日本学界“古代史”的下限为平安时代结束，本文采用日本的历史分期。

古代史的比重较大。作者力求把握日本历史各个时代的特征，以中日文化交流和国际社会互动的视角，阐释日本历史的变迁过程。王仲涛、汤重南的《日本史》（人民出版，2008 年），以藤村新一的考古现场造假开篇，由此说起日本的石器时代，从古代一直谈到现代日本。作者把握中国要素和国际要素对日本历史曲折演进的影响，力求捕捉日本史的发展特色，且视野开阔，文字生动。这些特点，增加了该书的可读性。冯玮著《日本通史》（上海社会科学院出版社，2008 年初版，2012 年再版）为 80 余万字巨著，刷新国内个人独撰日本通史字数的记录，其中古代部分约占近四分之一的篇幅，资料运用上更为全面，史实分析上也更为详尽。

值得提出的是，这一时期，我国的日本史研究者还翻译了不少包括日本学者在内的国外日本史研究专家所著的日本通史性著作。例如，商务印书馆 1997 年出版的美国史学家约翰•惠特尼•霍尔（J.W.Hall）著《日本：从史前到现代》（邓懿、周一良译），2013 年更名《日本史》，被收入世界历史文库，再度由商务印书馆出版；汪向荣、武寅、韩铁英翻译了日本史学大家坂本太郎的《日本史》（中国社会科学出版社，2008 年）；王毅、李庆注译了美国学者康拉德•托特曼 （Totman C.）著的《日本史》（上海人民出版社，2008 年）、美国学者马里乌斯•B. 詹森编、王翔译的六卷本《剑桥日本史》（浙江大学出版社，2014 年）的中文译本也相继面世，大大开阔了中国学者的眼界，推动了我国的日本史研究的国际化。

在日本通史类著作数量增加的同时，日本古代史著作也相继面世。其中，出版最早、影响最大的首推王金林著《简明日本古代史》（天津人民出版社，1984 年）。该书就日本古代史的各个阶段做了详细论述，是我国的日本古代史研究的标志性与奠基性著作，也是长期以来我国的日本古代史研究者必读之经典。随着时代的发展，研究的进步，在时隔近 30 年之后，又一部《日本古代史》（昆仑出版社，2012 年）出版，作者王海燕不仅选择性地吸取了日本学者的学说，而且还集中反映了中国的日本古代史研究成果，成为近年我国的日本古代史研究的一部重量级作品。

与日本古代相关的专门史成果也层出不穷。例如，汪向荣的《中日关系史文献论考》（岳麓书社，1985 年）、梁容若的《中日文化交流史论》（商务印书馆，1985 年）、禹硕基的《日本大化革新》（商务印书馆，1985 年）、武安隆的《遣唐使》（黑龙江人民出版社，1985 年）、张声振主编的《中日关系史（卷一）》（吉林文史出版社，1986 年）、严绍璗的《中日古代文学关系史稿》（湖南文艺出版社，1987 年）、杨孝臣主编的《中日关系史纲》（上海外语教育出版社，1987 年）、周一良的《中日文化关系史论》（江西人民出版社，1990 年）、王家骅的《儒家思想与日本文化》（浙江人民出版社，1990 年）；杨曾文的《日本佛教史》（浙江人民出版社，1995 年）等著作都涉及日本古代史内容，并从各自专业领域角度出发，加以论述总结。

三十多年来，日本古代史研究走向深入的标志还体现在大量资料的整理、词典的编辑出版。如汪向荣、夏应元编《中日关系史资料汇编》（中华书局，1984 年）、吴杰主编《日本史辞典》（复旦大学出版社，1992 年）、刘德有、马兴国主编《中日文化交流事典》（辽宁教育出版社，1992 年）、中国社会科学院编《简明日本百科全书》（中国社会科学出版社，1994 年）等，这些工具书和资料集为推动改革开放后我国的日本古代史研究提供了各种便利。

如上所述，改革开放促进了学术研究的发展，成了日本史研究的分水岭。日本古代史作为通史研究的一部分，水涨船高，也取得了丰硕成果。那么改革开放前后以及进入 21 世纪之后的日本古代史研究究竟发生了什么变化，其原因又何在呢?

二、“不可轻视”的中国日本史研究

1993 年，中国日本史研究会在天津社科院召开日本史年会暨“日本人与国际化”国际学术讨论会，日本古代史学界的权威学者上田正昭、铃木靖民、吉村武彦等参加了古代史分组讨论会。上田正昭回国后在《朝日新闻》上以“最近中国日本史研究的动向不可轻视”为题，撰文高度评价了此次会议，并指出：“在此次学术讨论会上，中国学者屡次提出令人震惊的见解，而他们指出的正是日本学者往往欠缺的研究视角和我们正在丧失的问题意识。”①

时隔二十余年以后，当我们再次细细品味这番评论时，仍觉“意味深长”。所谓“不可轻视”，换言之，即在此之前日本学界是“轻视”、甚至是“无视”中国的日本史研究的，这也从一个侧面体现了当时日本学界对中国的日本研究的“心理优势”。当时中国的日本古代史研究或许处于被日本学界“轻视”的水平，然而正是这种“差距”成为中国日本史学工作者奋起直追的强劲动力。

① 上田正昭：《最近中国日本史研究的动向不可轻视》，《朝日新闻（夕刊）》1993 年 9 月 18 日。参见中国日本史学会编：《走向国际化的日本——“日本人与国际化”学术讨论会论文集》，天津人民出版社，1995 年。

当然，上田正昭的评论在另一方面也充分说明了中国学人的研究成果在一定程度上得到了研究对象国——日本的权威学者的肯定。上田正昭所说的日本学者所“欠缺的视角”和“丧失的问题意识”指的正是中国学者有自己的思想、有自己的方法的日本古代史研究，这与日本学者的“精细化”研究互为补充，凸显了我国学者的研究风格。回顾这一时期的日本古代史研究，客观上来说，所处的环境是较为封闭的，运用的方法是较为单一的，研究的领域也是较为狭隘的。“阶级斗争”“封建社会”等关键词充斥着当时的研究著述，政治是这一时期研究的主线。然而，正是这种老一辈学人创建的看似“闭门造车”的日本古代史研究，从另一角度来看，恰恰反映的是中国的立场和视角，充分发挥了中国学人的学术特长。这一特点，在日本古代史研究的重大问题——邪马台国问题的研究上，得以生动体现。

邪马台国问题至今仍是日本古代史研究中的一个重要课题，它直接关系到如何认识日本古代国家权力形成的时间和日本列岛统一的过程等原则性问题。邪马台国问题不仅是日本学术界历史性争论的热点，也是中国学者一直以来较为注意的日本古代史研究课题之一。概括起来，我国学者对邪马台国问题研究的重点：一个是邪马台国的地理位置问题，另一个则是邪马台国的社会性质问题。

我国学界关于邪马台国的位置问题的争论，早在20世纪50年代就已经展开，分为“九州说”和“大和说”两种观点。当时，王辑五在《亚洲各国史纲要》（高等教育出版，1957年）提出了“大和说”，而周一良的《亚洲各国古代史》（高等教育出版社，1958年）、周一良、吴于廑主编的《世界通史》（人民出版社，1962年）中支持的是“九州说”。不过，当时的位置之争只有观点，没有深入开展论证。严格意义上的中国学者之间的“邪马台国论争”是从20世纪80年代才开始的。

在邪马台国位置问题的研究上，充分体现了中国学者史学功底扎实，考证能力强的特点。例如，主张“大和说”的张声振的论文《魏志•倭人传》中邪马台国的地理方位辩》（《日本史论文集》，三联书店 1982）通过对《魏志•倭人传》所载的历程、方位、称谓及对墓葬、铜镜等方面的研究和考证阐述了“邪马台国大体上在近畿一带”的观点。汪向荣在其所著《邪马台国》（中国社会科学出版社，1982年）和《弥生中后期近畿地区生产力的发展状况和邪马台国的地理位置》（《中国社会科学》1982年3期）中，通过利用日本学者的考古学成果和电子计算机对日本古代人口的推算结果，考证了当时的人口密度、耕地面积、村落规模等，认为近畿地区是当时日本列岛生产力最为发达的地区，并得出了“大和说”的结论。另有学者从史籍校勘学的角度研究邪马台国，即通过对中国古文献进行考证来阐述自己的观点。例如，高洪的《邪马台国卮言：以古代中国人海外时空观为中心》(《日本研究》1994 年 1 期）从考察三国、两晋时期中国人的时空观念（主要是古人对“天下”及“海外”的方位意识）入手，运用地理、天文、洋流、心理等知识，证明《魏志•倭人传》记载的邪马台国的里程记录基本可信，但在方向上有问题，并指出《魏志•倭人传》的记载并非刊刻传抄的谬误，而是使节及其他交通人员理解上的错误。这种利用当时中国人的时空观来解释邪马台国位置问题的研究方法，至今仍受到日本学者重视①。

中国学者在邪马台国问题上的思考与见解有些甚至超过了日本学界的水平。王金林在《曹魏与邪马台国关系浅析》(《日本情况参考资料》1981 年 2 期)、“从考古学看邪马台国时代的日本”(《世界历史》1986 年 4 期）等论文中主张“九州说”，但同时他指出邪马台国所在地的争论中存在的问题，即一些学者用一元论的眼光看待当时日本的发展，把邪马台国看成是当时唯一的先进发达地区是值得商榷的。他认为在九州存在着邪马台国的时候，在畿内地区同时存在着另一个国家——“前大和国”。两国并存，并行不悖地发展着各自地域的经济与文化。反映其上述观点的专著《古代的日本：以邪马台国为中心》(日本六兴出版社，1986 年）引起了日本学界的强烈反响，有学者评论这一观点“为陷入僵局的邪马台国论争得以进一步发展奠定了基础”。该书从东亚角度来分析古代日本的方法得到日本史学家的高度赞扬，如东京大学教授义江彰夫指出，王金林的一些论述“是日本学者从未到达过的高度，只有在中国才有这种研究的可能”。

由于考古研究成果的介入，使中国学者在邪马台国位置的研究中有了更多的话语权。考古学家王仲殊在《关于日本三角缘神兽镜的问题》(《考古》1981 年 4 期）中指出，日本出土的三角缘神兽镜不是魏镜，也不是吴镜，是东渡日本的吴国工匠在日本制造的。这一结论无疑有利于邪马台国的“九州说”，为中国考古学者利用自身学识解决日本古代史问题树立了模范。王仲殊的专题文集《古代中国与日本及朝鲜半岛诸国的关系》(中国社会科学出版社，2013 年）详细收录了相关论著，可供参考。然而近年来，铜镜研究收藏家王趁意发表论文《洛阳三角缘笠松纹神兽镜初探》(《中原文物》2014 年 6 期)，称在中国境内也发现了三角缘神兽镜。此发现

① 仁藤敦史：《倭国の成立と東アジア》，大津透など編：《岩波講座 日本歴史第 1 巻　原始・古代 1》，岩波書店，2013 年，第 137 ~ 150 頁。

一经《朝日新闻》(2015 年 3 月 2 日）报道，在日本立刻引起了强烈反响。究竟这一发现能否对王仲殊的学说提出挑战，有待观望。

在研究古代日本社会性质的问题上，中国学者的研究具有鲜明的立场，而且具有相当深厚的马克思主义理论功底。关于邪马台国的社会性质，日本学者大多认为邪马台国是部落联盟，它正处于向“总体奴隶制度”转化的过程中，而不是具有阶级压迫性质的国家政权。相比而言，我国学者的观点更为丰富，而且侧重于运用马克思主义的阶级、国家理论进行分析，主要有三种观点。第一，奴隶制国家说。沈仁安在《试论邪马台国的性质》(《日本问题》1988 年 4 期）中指出，邪马台国的社会性质符合马克思所描述的“东方的普遍奴隶制”的基本特征，即邪马台国是奴隶制社会，是带有“普遍奴隶制”(“总体奴隶制”）性质的早期国家。第二，国家政权说。王金林在“关于邪马台国的若干问题”(《天津社会科学》1984 年 5 期）等论文中，认为邪马台国内身份界限已经非常严明，有军队、律刑、商业交易，更建有较为完善的统治机构。由此可见，它是日本列岛上的第一个国家政权，已经具备恩格斯在《家庭、私有制和国家的起源》中所提出的国家的特征，是一个阶级压迫另一个阶级的国家政权。第三，部落联盟说。例如，孟宪仁的《〈倭人传〉中倭语语源考》(《辽宁大学学报》1990 年 4 期）中通过对《魏志•倭人传》中记载的诸多国名、人名、官职名进行解读和考证，得出“邪马台国的实质是部落同盟中的首席部落”的观点，该观点接近于日本学界的主流观点。比较上述三种观点，“部落联盟说”在意识形态方面显得相对淡化。

此外，在研究大和时代的古代日本问题上，中国学者的表现也并不逊色于日本学术界，而这也主要仰仗于深厚扎实的中国古代史研究的功底。例如，在研究日本古代国家的统一过程的问题上，沈仁安在《倭国王武上表文考》(《世界历史》1987 年 6 期）中，通过考证《宋书•倭国传》中所载的倭王武上中国南朝宋顺帝的表文，认为倭国王权的确立不是天赐神授的和平归服过程，而是血腥杀戮的战争征服过程。又如，在研究当时的社会制度和社会状况上，国内较多的学者认为部民制是考察大和时代社会性质的关键所在，并认为部民是奴隶。比较有代表性的是张玉祥、禹硕基在《论日本奴隶制向封建制的过渡》(《历史研究》1982 年 2 期）一文中指出，“日本的部民制就是日本的奴隶制”。吴廷璆早期虽在《大化改新前后日本的社会性质问题》(《南开大学学报（人文科学版）》1955 年创刊号）一文中主张大和时代“半家长制半封建说”，但在 20 世纪 80 年代修改了自己过去的观点，转而主张

“奴隶制”说。除“奴隶制”说之外，王金林在《简明日本古代史》及《日本古代部民的性质——兼论日本未经过奴隶社会》(《历史研究》1981 年 3 期）中认为日本没有经历过奴隶制社会，自原始公社瓦解之后，直接向封建社会过渡。这种观点在学界也有很大影响。主张部民制是奴隶制的李卓在《部、部民及其区别》(《外国问题研究》1986 年 2 期）一文中认为，不能因部民从事职业不同而认定部民地位有高低之分，这样只能把部民的阶级属性复杂化，她指出在部民制下，部是由伴和部民两个阶层组成的，伴是朝廷从事各种职务的官吏，与部民的关系是管理与被管理、奴役与被奴役的关系。李卓的观点有助于对部民制度进行全面、客观的研究。

三、国际化的日本古代史研究

新中国成立以来至改革开放初期的日本古代史研究是在一个相对封闭的环境中，主要依靠中国学者自身的学养开创起来的，这一特点也正是当时中国日本古代史研究的价值所在。但是，即便在那个时代，中国学界与日本进行学术交流的渠道并没有完全断绝，同步掌握当时日本学界动态的中国学者也并非没有。早在 1980 年，在中国日本史学会成立大会的学术讨论会上，邹有恒发表的论文《日本学术界关于“邪马台”国的争论》(《日本情况》1980 年 1 期），在国内首次详细介绍了二百多年来日本学术界对邪马台国问题的争论，并指出了争论各派观点的长处与不足，体现了其对日本学界动态的把握。1981 年 10 月，中国日本史学会古代史分会在天津专门就邪马台国问题举行了学术讨论会，这是在我国较早开展的有关日本史问题的专题学术讨论。会上，也出现了积极利用日本学术界研究成果的学术报告。1988 年，中国日本史研究会在北京大学召开了中日“大化改新”国际学术讨论会，以日本著名古代史学家门胁祯二为首的一批古代史知名学者与中国学者围绕 7 世纪中期大化改新的性质、过程和历史意义进行了热烈的讨论。会后日方学者表示，此次会议在中日古代史学者之间架起了一座学术交流的桥梁。

20 世纪 90 年代前后，中日两国学界在学术交流与合作上迎来了一个高潮。1987—1988 年，中国日本史学会与日本六兴出版社合作，用日文出版了由中国有代表性的学者撰写的大型日本研究系列史丛书——“东亚中的日本历史”。在这套由 13 册构成的丛书中，涉及日本古代中世纪史研究的有 6 册，即沈仁安的《倭国与东亚》、王金林的《奈良文化与唐文化》、张玉祥的《织丰政权与东亚》、任鸿章的《近世日本与日中贸易》、王家骅的《中日儒学的比较》，武安隆、熊达云的《中国人的日本研究史》。这是中国学者在改革开放后首次向日本学术界展示我国日本史研究的整体实力。丛书出版后，在日本学术界引起强烈反响，多位著名学者撰写书评。1995年，大庭修、中西进、源了圆、王勇、王晓秋、严绍璗等中日学者合编的日文十卷本《日中文化交流史大系》由日本大修馆出版社出版（该书中文版题为《中日文化交流史大系》，由浙江人民出版社出版）。该套丛书包括了中日文化交流史的十个方面，即历史、法制、思想、宗教、文学、艺术、民俗、科技、典籍、人物，反映了中日文化交流史研究的最新成果。该书每卷都是由中日两国学者共同执笔，充分体现了中日两国学术界合作与文化交流的意图。1996 年该丛书获亚洲太平洋出版协会学术图书金奖。

进入 21 世纪以后，在以第三代中国日本史研究者的推动下①，中日学界的互动更加频繁，形成了中日学术交流合作的新局面，其中的代表性事件就是唐代留学生井真成墓志铭的发现。2003 年，日本遣唐留学生井真成墓志在陕西发现。这是迄今为止在我国发现的唯一一件有关日本遣唐使的实物资料。墓志记载了 8 世纪日本留唐学生井真成求学长安，客死他乡，唐玄宗怜惜英才，追赠其官位的事迹。墓志被发现后在日本引起轰动，2004 年墓志被迎往日本展出。我国学者围绕墓志的释文和史实撰写了一系列论文，例如，贾麦明的《新发现的唐日本人井真成墓志及初步研究》（《西北大学学报》2004 年 6 期）、葛继勇的《唐代日本留学生井真成墓志铭初释》（《华南农业大学学报》2005 年 1 期）、荣新江的《从“井真成墓志”看唐朝对日本遣唐使的礼遇》（《西北大学学报》2005 年 4 期）、王义康和管宁的《唐代来华日本人井真成墓志考辨》（《中国历史文物》2005 年 5 期）、马一虹的《日本遣唐使井真成入唐时间与在唐身份考》（《世界历史》2006 年 1 期）、王勇的《井真成墓志与唐国子监》（《日本学刊》2006 年 2 期）等对日本学界产生了良好的学术影响。

新时期的中国日本古代史研究者不仅能够发挥中国学者的特长，而且能够凭借自身扎实的史学功底，利用日本的史料从与日本学界不同的角度“小题大做”。这

① 宋有成在《近十年来中国的日本研究：日本史研究》一文中，把 20 世纪 80 年代成长起来的日本研究学者作为“第三代”学者。莽景石主编：《南开日本研究 2010》，世界知识出版社，2010 年，第 238～239 页。

一变化，改变了中国的古代史研究长期以来“线条粗犷”的形象，集中反映了中国学者“精耕细作”做个案的研究水平。例如，王勇的《日本文化：模仿与创新的轨迹》（高等教育出版社，2001 年）运用大量新史料，把握模仿和创新两大特点，勾画了古代日本文化发展进程的全景图。好太王碑的碑文记述了 4 ~ 5 世纪时倭人在朝鲜半岛的活动，是重要的史料。围绕这一金石文字资料，多年来一直存在争论。作为好太王碑的研究专家，徐建新的《好太王碑拓本研究》（东京堂出版，2006 年）对国内外传世的好太王碑早期拓本进行了调查，对碑文的释文、早期拓本的制作和传布、各时期拓本的编年方法等问题做了探讨。王海燕的《古代日本的都城空间和礼仪》（浙江大学出版社，2006 年），将研究的视野扩展到古代日本都城制度领域，在国内学术界同样具有创新价值。

此外，古代史研究的研究领域不断扩大，研究内容不断深化，并取得了丰硕的成果。例如，有关宗教思想研究，王金林的《皇室神道的形成与天皇的神化》（《日本研究》2007 年 1 期）探讨了日本古代王权神话与皇室神道教形成的问题，认为在古代日本的中央集权体制的形成过程中，朝廷在依仗儒、佛思想作为大皇制精神支柱的同时，开始固有原始神道的宗教化历程，首先使原始神道嬗变为皇室神道。皇室神道的核心思想是大皇的神化和皇权神授。在皇室的祭祀制度中，存在着中国祭祀因素。王金林还推出三部重量级著作《日本天皇制及其精神结构》（天津人民出版社，2001 年）、《日本人的原始信仰》（宁夏人民出版社，2005 年）和《日本神道研究》（上海辞书出版社，2007 年），大大丰富了日本古代史在这一领域的研究成果。

又如时令礼仪、家族制度等曾经被视为“冷门”的研究领域，也取得了标志性的成果。刘晓峰的《日本冬至考——兼论中国古代天命思想对日本的影响》（《清华大学学报》2007 年 3 期）和《东亚的时间》（中华书局，2007 年）、王海燕的《古代日本五月五日礼仪中的中国因素》（《古代文明》2008 年 1 期）、管宁的《日本古代“初子仪式”考辨》（《古代文明》2008 年 1 期）以及李卓的《中日家族制度比较研究》（人民出版社，2004 年）、《日本家训研究》（天津人民出版社，2006 年）和《“儒教国家”日本的实像》（北京大学出版社，2013 年）都是具有代表性的著作。

此外，与日本学界在学术上的频繁互动交流，使得中国的日本古代史研究国际化程度不断提高，专题研究更加多样化，如移民研究①、都城研究②等都是较新的分支研究领域。随着在日本获得学位的研究者队伍的扩大，使用日文甚至英文写作，在日本乃至世界发出中国学者声音的情况愈发普遍③。上述现象都表明了中国的日本古代史研究的国际化水平在不断提升。

四、面临的问题及今后的方向

自改革开放以来，尤其是进入新世纪以后，中国的日本古代史研究取得了长足进展，成就斐然。然而，从发展前景来看，中国的日本古代史研究也面临着一定的问题。2012 年，由北京大学、清华大学和日本京都大学联合举办日本古代史的国际学术研讨会。会议通知书指出，“进入 21 世纪以来，中国的日本史学界偏重近现代史的研究，而日本国内关于古代史研究的停滞和衰退的言论也不绝于耳”。这一表述正反映了在经世之学盛行的当今中国的日本古代史研究的现状，也给中国日本古代史研究的未来敲响了警钟。

中国日本古代史研究面临的问题，大致有四个方面：

第一，研究人员队伍萎缩。虽然不少高校和科研机构都设有日本史研究专业，但是能够长期稳定地开展古代史研究与人才培养的并不多见。因此，虽然国内日本史研究人员的绝对数量有明显提高，但是多关注与现实问题关系紧密的近现代史研究及中日关系史研究，而从事日本古代史研究的人员长期以来却得不到有效补充。国内真正以日本古代史研究为主业的学者为数甚少，有些学者的日本古代史的研究实际上是“副业”，因而难于实现研究事业的“可持续发展”。

---

① 如李卓的《古代大陆移民在日本》（《历史教学》1984 年 9 期）、韩昇的《日本古代的大陆移民研究》（文津出版社，1995 年）、王凯的《大陆移民与日本古代王权——从文字、文学角度的研究》（《古代文明》2012 年 4 期），等等。

②如王仲殊的《试论唐长安城与日本平城京及平安京何故皆以东半城（左京）为更繁荣》（《考古》2002 年第 11 期）、章林的《古代日本的都城与律令制国家——以东、西市为中心的考察》（《外国问题研究》2012 年第 3 期），等等。

③ 如徐建新的《日本古代国家形成史についての諸問題》，铃木靖民编：《日本古代の王権と東アジア》（吉川弘文馆，2012 年）；葛继勇的《祢軍の倭国出使と高宗の泰山封禅》（《日本历史》2014 年第 3 期）；王凯的《〈万葉集〉と日本古代大陸移民——“東亜交往民”の概念提起について》，《国学院杂志》2015 年第 1 期；等等。

第二，学术研究条件欠缺保障。国内虽然与日本研究相关的学术刊物数量并不少，但是能够刊发日本古代史研究成果的刊物却并不多。除了东北师范大学亚洲文明研究院主办的《古代文明》等专门刊发古代史类研究论文的刊物以外，其余大多数杂志少发或几乎不发与日本古代史研究相关内容的论文。成果难以公开发表，使面临一系列严格考评的中青年学者的研究积极性受挫，从古代史“跳槽”到近现代史领域的研究者不在少数，致使日本古代史研究队伍进一步萎靡。

第三，中国的日本古代史研究与诸多人文基础科学一样，也遇到所谓的“天花板”问题。与日本研究的其他领域，尤其是与现代政治、经济领域的研究相比，因为前者有不断推陈出新、与时共进的新现象、新话题成为研究对象，因此不存在研究资源枯竭的问题。然而，日本古代史研究因为经历了漫长的研究史，虽有深厚的积累，但也造成了在研究对象上难以扩展，研究方法难以创新等问题。文献史学的路越走越窄已然成为不争的事实。如何在古代史研究领域进行“创新”研究是日本史古代史研究工作者面临的重要课题。

第四，研究者自身存在的问题也值得反思。日本国内的古代史研究一方面巩固其作为基础性研究的地位，另一方面又面向能够为解决现实问题提供参考。[①]与其相比，中国的日本古代史研究似乎与现实脱离甚远。大批从日本留学回国的青年学者引进了日本学术界的研究课题与研究方法，一方面为国内相对单一的日本古代史研究注入了活力，丰富了研究内容，扩大了研究范围；另一方面，这种“跟风”也引发了诸如缺乏理论高度、缺失中国学人立场、“只见树木不见森林”的狭隘的研究视野等一系列问题。

上述日本古代史研究面临的局面并非短时间内形成的，造成这种被动局面的原因也是复杂多样的。今后，为进一步发展中国的日本古代史研究，可以再在以下方面加以改进：加强青年研究人才的培养是当务之急，通过召开各种学术会议，给他们学习和发表自己研究成果的机会，帮助他们迅速成长；根据日本古代史研究队伍较弱且所在分散等特点，建议开展跨学科的课题研究，形成团队优势；在研究方法上，在传承学术传统的同时，积极创新，提倡宏观的理论研究与中国视角的精细化

① 近几年来，日本与中国、韩国和俄罗斯发生了一系列领土问题摩擦问题。日本古代史学者铃木靖民虽未直言，但其所著《日本古代の周辺史》（岩波书店，2014 年）显然是瞄准这一现实问题的。此外，不少日本学者以“越境”为主题，从各自角度开展研究。从本学科角度出发，为国家发展“献计献策”是日本学界的传统。

研究相结合；在研究内容上，要解决古代史研究与现实脱节这一问题，以保持学术研究的生命力。近年来，不少学者开始意识到这一问题，并开始了新的探索。无论是以东亚乃至整个欧亚大陆为视角的日本史研究，还是从古代社会传统看现代日本社会特征等方面，都取得了明显的成果[①]。2013 年，南开大学日本研究院获得国家社科重大项目资助，开始了《新编日本史》撰写工作，日本古代史将作为专门的一册登场，其研究成果令人期待。相信发扬老一辈学者的优良治学传统，我们一定能够突破困境，延续中国日本古代史研究的辉煌。

① 如韩昇的《东亚世界形成史论》，复旦大学出版社，2009 年；李卓的《日本古代贵族制社会结构》(《古代文明》2015 年第 1 期)、《日本社会秩序稳定的历史文化因素——兼谈日本的国民性》(《日本学刊》2013 年第 4 期)，等等。

日本中世史研究综述

王玉玲[1]

① 王玉玲，南开大学日本研究院讲师。

日本中世史研究综述

在日本历史上，由武士掌握政权的历史时期历时 7 个世纪之久，其中德川幕府建立之前近 5 个世纪的历史时期被称为中世。该时期是日本武家政权形成、发展的重要时期。

20 世纪 80 年代以来，在改革开放的新形势下，国内涌现了一批关于近世武家社会、明治维新研究的优秀成果，但时至 90 年代，由于资料匮乏、中世史料解读能力有限及“厚今薄古”意识等因素影响，中世史研究仍鲜有人问津，就中世庄园制度、城下町、太阁检地等个别问题展开的研究也是屈指可数。近年，知名日本史专家王金林耗时 5 年时间，完成了国内首部日本中世史专著《日本中世史》（昆仑出版社，2013 年）。与其早年出版的《简明日本古代史》（天津人民出版社，1984 年）相比，该书以中世政治史为主体，旁及经济、文化和外交，在充分借鉴近年来日本学界取得的新成果的基础上，对中世历史进行了更加全面系统的叙述，并提出诸多新观点，该书堪称国内日本中世史研究的奠基之作。

与国内学界相比，自 20 世纪 80 年代开始，以网野善彦的社会史研究为代表，日本学界的中世史研究呈现出多元化特征。进入 90 年代以后，日本学界的研究动向发生改变，政治史、国家史再次成为中世史研究的重心。并且与以往研究强调中世的分裂性、多元性特征不同，学界开始关注中世的统合性特点，甚至有学者尝试从亚洲乃至国际视角对日本中世史进行全新的界定划分。

由于国内对有关中世的研究不多，本文就有关问题结合日本学者的研究进行汇总与梳理。

一、中世的国家政权

中世的时代划分

关于中世的时代划分，学界对其下限鲜有争议，即 1568 年织田信长入京前后，而关于中世的上限却始终存在争议。以往的研究多以武士或庄园的发展作为划分的依据，如以武士势力的抬头及强化为基准，将保元•平治之乱（12 世纪中叶）或治承•寿永之乱（12 世纪后半）划定为中世的上限；或以庄园制的确立为根据，将 11 世纪末的院政时期认定为中世的起点。与这些划分方法不同，日本学者上岛享在《日本中世社会的形成与王权》（名古屋大学出版会，2010年）中指出，摄政期与院政期在政治手法等方面存在连续性，两个历史时期间存在一贯性、同质性，进而主张将中世的起始时间推进至10世纪。王金林在其专著《日本中世史》中也以10世纪为中世起点，不过其着眼点在于律令制国家体制的转折，即该时期律令官制、赋税制度都发生了明显变化。还有学者主张将中世的上限进一步向前推进，如村井章介在《王土王民思想与9世纪的转型》（《日本中世境界史论》，岩波书店，2013年）一文中指出，9世纪中叶是日本由古代向中世过渡的时期，具有划时代意义，应将9世纪定位为中世的起点。持有亚洲地区同期、同步研究视角的学者桃木至朗也主张将9世纪作为中世的起始时间（《海域亚洲史研究入门》，岩波书店，2008年）。显然，变化与转折是划分历史时期的重要标准，但不同的侧重点（武士、庄园、政治体制、思想等）必然导致不同的时代划分结论。

中世政权的性质

中世期间，镰仓幕府、室町幕府、织丰政权等武家政权兴衰更迭，与此相对，由上皇、公卿主导的公家政权也始终存在，并且二者长期共存。这种特殊的政权构造一直是学界争论的重要议题。由日本学者黑田俊雄及佐藤进一提出的权门体制论与复数国家论（亦称“东国国家论”）可谓是迄今最具代表性的观点。其中，权门体制论由黑田俊雄在《中世的国家与天皇》（《岩波讲座日本历史 6 中世 2》，岩波书店，1963年）中提出，他认为中世的国家政权体制由复数“权门”构成，即朝廷、幕府与寺社，三者分别承担礼仪、军事、宗教职能，互相补充而构成国家政权。佐藤进一则在《日本的中世国家》（岩波书店，1983年）中提出幕府是独立于以西国为中心的朝廷之外的东国国家，换言之，即中世存在朝廷与幕府两个国家（复数国家论、东国国家论）的观点。在此基础上，五味文彦进一步提出“两个王权”理论，即朝廷为西国王权，幕府为东国王权（《王的记忆——王权与都市》，新人物往来社，2007年）。国内学者王金林也采纳了类似的理论观点，认为镰仓幕府的建立标志着日本国家政权进入了公、武政权既联络又相对独立的二元政治阶段，中世的国家政权是由幕府与朝廷组成的双重政权。显然，无论是日本还是国内学界，都认同中世公、武双重政权共存的特殊性，但针对中世公、武政权的性质究竟是“权门”“国家”还是“王权”的争论，可以说至今仍在进行中。不过相对而言，由于黑田俊雄提出的权门体制论在理论上极具包容力，因此至今仍然受到广泛认同，近年日本学界盛行的庄园（立庄论）、武士论研究多是以权门体制论为基本理论前提进行的。

二、中世的武士

武士阶层的形成与发展

作为统治日本近 7 个世纪之久的武士阶级，其形成与发展的重要历史阶段无疑是中世。日本学者安田元久（《岩波讲座日本历史 4 武士团的形成》，岩波书店，1962 年）、石井进（《日本历史 12 中世武士团》，小学馆，1974 年）等先后对武士阶层的形成过程进行研究，并形成了早期颇具代表性的观点——“在地领主论”与“国衙军制论”。“在地领主论”认为平安中期 10 世纪左右，田堵、名主等有实力的农民为了保卫其私有土地武装起来形成了在地领主阶层，这一阶层最终演变为武士；而“国衙军制论”则认为武士阶层逐步形成于追捕反叛国家者和镇压反乱的过程中。进入 90 年代以后，高桥昌明从武士职能的角度提出“职能论”，认为初期的武士主要由律令体制下的武官构成（《中世成立期的国家：社会与武力》，《日本史研究会编集》，1997 年），并在此基础上，通过考察武士与京都及王权的关系，进一步明确指出武士的身份成立于京都而非地方诸国，其身份的认定主体也是王权而非地方的国衙；武士阶层的形成经历以下几个阶段：院政时期充当王权或摄政家武装力量的中央军事贵族可以说是最初的武士，其后在地方出现了以在地领主为主体的地方武士家族及所谓的“武家栋梁”，经过源氏与平氏的争战，这一阶层迅速扩大，并最终以御家人制度的形式确立了武士与在地领主间近乎等同的对应关系(《武士的成立 武士像的创出》，东京大学出版社，1999 年）。

中国的武士研究更侧重于近世，尤其是近世的武士道、明治维新与武士的关系等问题自 20 世纪 90 年代以来便备受关注。中国台湾学者林景渊的《武士道与日本传统精神——日本武士道之研究》（自立晚报社文化出版部，1990 年），中国大陆学者李威周的《论日本武士道》(《中日哲学思想论集》，齐鲁出版，1992 年），杨绍先的《武士道与日本军国主义》(《世界历史》1999 年第 4 期），李文的《武士阶级与日本的近代化》(河北人民出版社，2003 年)等都是具有代表性的研究成果。进入 21 世纪以后，国内武士研究的侧重点逐步开始转向武士的产生、发展等问题。王金林认为武士是随着中央集权律令体制的瓦解而产生的，而就地域性武士集团而言，庄园武装的出现，地方民间百姓的武装化，寺院僧兵的活跃，中央贵族定居地方，在厅官吏的武士化等地方武士势力的发展都是促使其形成不可或缺的历史前提。娄贵书在探析武士道的源流及近代日本军国主义根源的同时，在其专著《日本武士兴亡史》(中国社会科学出版社，2013 年)中对武士的起源与发展历程进行了较为全面、系统的探讨，认为武士具有其产生的经济、政治和军事根源：经济斗争和政治斗争的武力化为武士提供了生存土壤和用武之地；军制的瓦解和军备的废弛使国家军事力量不能有效履行国家政权支柱的职责，为武士施展武力创造了机会。并且，不同历史时期的武士具有不同的特性，如平安时代的武士是具有私兵性质的武装力量，中世、近世的武士是征战杀伐、治理天下的统治阶级，而近代的武士则是推动日本现代化的重要力量。

三、中世的庄园与经济

中世的庄园与商品经济

日本学者网野善彦提出“庄园公领制”这一概念，用于概括中世基本的土地制度(《日本中世土地制度史研究》，塙书房，1991 年)。所谓“庄园公领制”，即认为构成中世土地制度的庄园与公领(国衙领)在本质上并不是性质相异的对立性存在，无论是庄园还是公领，二者中都存在私与公(国家)的双重性格。这种观点得到了日本学界的普遍认同，并为其后的庄园制研究提供了重要的理论基础，律令税制的变化、中世年贡制度的成立等围绕国家财政、税制的研究由此得以展开。此后，川端新的中世庄园形成论(立庄论)再次将日本的庄园研究推入新阶段。川端新在《庄园制成立史的研究》(思文阁，2000 年)中对以往的寄进地系庄园论提出异议，认为中世庄园并非以在地领主的私领寄进为起点形成，而是以院周边的人脉为基础，在以庄园领主、院为核心的政治权力主导下形成。换言之，中世庄园的领有体系以院、女院、摄政家为顶点，院政期是中世庄园形成的重要时期。除此之外，领域型庄园、庄园整理令等问题的研究也受到瞩目。小山靖宪的《围绕庄园制领域支配的权力与村落》(《中世庄园与庄园地图》，东京大学出版会，1987 年）通过探讨庄园制领域支配的成立过程，提出 11 世纪中后期是庄园由“免田、寄人型庄园”向“领域型庄园”过渡的时期，领域型庄园是构成中世国家基础的典型庄园。镰仓佐保的《庄园制与中世年贡的成立》(《岩波讲座日本历史 6 中世 1》，岩波书店，2013 年）对以往的庄园整理令研究提出质疑，认为庄园整理令的意义并不在于分离庄园与公领，而在于减慢庄园与公领分离的步伐，抑制庄园“一元不输”化，进而确保国家的财政收入。

国内庄园研究的成果不多，但皆颇具深度。祝乘风在《日本庄园制社会经济结构研究》(《辽宁大学学报》2011 年第 1 期）中，对十二三世纪日本庄园制下的土地所有、阶级、阶层关系进行考察，较完整地勾画出庄园制社会经济结构的全貌，并对日本庄园制与西欧中世庄园制、中国古代土地所有制进行了比较。同时，作者还关注庄园制解体问题，在《日本庄园制社会的解体及其历史地位》(《辽宁大学学报》2008 年第 3 期）中指出，名体制的解体及守护领国制的确立是日本庄园制社会解体的原因。继而通过与欧洲封建制社会的解体过程相比较，指出虽然日本庄园制社会末期出现了一些与西欧向资本主义过渡阶段相似的历史现象，但由于国际、国内环境、社会阶级结构的状况，以及后来统治阶级实施的一系列政策，最终决定了日本向资本主义社会转型的滞后。关于中世庄园制与商品经济的关系问题，童云扬在其专著《十五十六世纪日本社会经济史论》(武汉大学出版社，2012 年）中，先后以《日本畿内庄园解体过程中的商品经济》《日本中世商品经济与寄进地型庄园制解体》为题展开讨论。前文通过探讨畿内庄园体制的解体与商品经济的互动关系，指出商品经济的发展和自给经济的解体促成了农民运动的兴起和领主统治的衰落，推动了庄园制的解体和新的经济关系的成长；后文则指出庄园商业的发展为寄进地型庄园的解体准备了经济前提，并且商品经济的发展在寄进地型庄园的解体过程中发挥了重要作用。

中世的都市与商品经济

中世时期，大量的中国铜钱流入日本，货币逐步取代实物成为缴纳租税的主要形式，于是农产品开始进入流通市场商品化，进而推动了以都市为主要场所展开的商品经济的发展。关于中世都市，日本学者胁田晴子在《日本中世都市论》(东京大学出版社，1985 年)中主张，中世都市有四种类型：以京都、镰仓为主的“巨大都市”；以地方行政中心国府和沿交通干线的中小城镇为主的“中继都市”；乡町；城下町。义江彰夫通过对中世都市的空间结构、共同体状态、时政的分析，认为可以将中世都市分为两种类型：一是以京都、镰仓为代表的首都型都市；二是以地方行政和领有据点的国府、守护所、领主馆、宗教据点的寺院、神社门前及市、港、宿、关等交易据点为中心形成的地方型都市(《中世前期的都市与文化》，历史学研究会、日本史研究会编：《讲座日本历史 3 中世》，东京大学出版社，1984 年)。在此基础上，高桥慎一郎在《中世都市论》中将中世都市进一步概括为交易都市、政治都市与宗教都市，其中兼具交易都市、政治都市与宗教都市性格的大都市占少数，而市、宿、港等中小型交易都市则占多数(《岩波讲座 日本历史 7 中世 2》，岩波书店，2014 年)。

国内关注日本中世都市及其与商品经济关系的研究可以说寥寥无几，王金林在《日本中世史》第四章“中世前期的经济”中，采纳义江彰夫的观点，就首都型都市(京都、镰仓)与地方型都市的结构、特征及其商品交流情况做了详细的介绍与论述。而针对典型的中世都市城下町展开的研究仅见于姚凯的《日本城下町的形成和发展及其原因》(《日本研究》1986 年第 3 期)，文中分析了日本城下町形成的原因，重点探讨了城下町作为行政都市与经济都市的政治、经济机能，指出在十五六世纪日本社会经济、政治的变动中，城下町既补充了自然经济之不足，又限制了商品经济的发展，是加强封建统治的理想形式。幕藩体制建立以后，集权的封建统治进一步加强，城下町化迅速形成高潮，终于遍及全国。城下町化实际上是日本封建制强化、专制统治发展的必然结果与反映。

四、中世的对外关系与交流

中世的中日关系及交流

中日关系在中日两国的对外关系中始终占有重要位置，相关问题的研究于 20 世纪已经较早在日本学界起步，辻善之助的《增订海外交通史话》(内外书籍，1930

年）与木宫泰彦的《日华文化交流史》（富山房，1955 年）都是具有代表性的通史性著作。针对中世时期的中日关系问题，森克己围绕“日宋贸易”，以大量的历史史料为基础，完成了《日宋贸易之研究》《续日宋贸易之研究》《续续日宋贸易之研究》《日宋文化交流之诸问题》（《森克己著作选集》第 1～4 卷，国书刊行会，1975—1976 年）等系列著作。田中健夫继承森克己的学脉，就元、明两代间的中日关系及文化交流展开研究，其专著《中世对外关系史》（东京大学出版会，1975 年）、《对外关系与文化交流》（思文阁，1982 年）等多有创新之处。近年，榎本涉、村井章介、佐久间重男、佐佐木银弥等学者在该领域各有建树，相关的研究成果已不再局限于政治、贸易、思想、宗教、文学等问题，中日间书籍、法制、医学交流的成果也纷纷涌现。

相对而言，国内的相关研究起步较晚，而且早期的相关成果多集中于中日文学、思想等文化交流领域，如严绍璗的《中日古代文学关系史稿》（湖南文艺出版社，1987 年）、王家骅的《日中儒学之比较》（日本六兴出版，1988 年）、《儒家思想与日本文化》（浙江人民出版社，1990 年）等。随着对外关系研究的兴起，学界又出现了一批针对古代中日关系的新成果。王金林在《北宋时期中日民间交流新探》（《日本研究》2010 年第 1 期）中利用新的历史资料，对两国民间经济贸易往来和文化交流进行论述，指出宋朝海商与日本入宋僧侣在该时期的中日民间交流中发挥了重要作用。杨栋梁在《中日两国古代关系的性质与特征》（《史学月刊》2011 年第 10 期）中对古代不同时期的中日关系进行系统研究，指出元明时期中日间的国家关系复杂多变，且民间交往长期处于非理想状态，认为丰臣秀吉对朝鲜半岛的武力扩张以及元末明初旷日持久的“倭患”问题构成直接原因。陈小法的《明代中日文化交流史研究》（商务印书馆，2011 年）充分利用国内的历史资料，从人物、书籍、文化等角度探讨了十五六世纪中日间的交流史问题。在谈及明代中日交流与多边关系的问题时，作者以更宽广的视野审视明代中日关系，指出朝鲜、琉球以及葡萄牙、西班牙、荷兰等西方国家的介入，都对当时的中日关系产生了影响，认为明代的中日关系是涉及整个东亚海域的多边关系。

遣明使与明代的中日交流

近年，随着遣明使史料的发掘与利用，中日两国学界都相继就日明交流问题展开研究并取得了丰硕成果。日本学者村井章介、须田牧子将汉文的《笑云入明记》翻译成日语，做了详细的注释和解题，并利用该史料分析了笑云瑞䜣一行对明朝社会的观察（村井章介、须田牧子编：《笑云入明记：日本僧看到的明代中国》，平凡社，2010 年）。在此基础上，村井章介还将《笑云入明记》与雪舟的绘画作品进行比较，还原了明代当时的社会景观（《雪舟等杨与笑云瑞䜣——水墨画与入明记中的明代中国》，《东洋文化研究所纪要》第 160 号，2011 年）。伊川健二整理分析了现存遣明使资料的分布状况，并重点对《戊子入明记》中收录的史料性质进行了研究（《“戊子入明记”中的遣明船》，《古文书研究》第 53 号，2001 年）。伊藤幸司的《从入明记看东亚的海域交流——航海•航海技术•航海神信仰•船旅与死》（中岛乐章、伊藤幸司编：《宁波与博多》，汲古书院，2013 年）利用入明记的记载及其周边史料，探讨了遣明船的航路、遣明使的航海生活等内容。另外，Olah Csaba 关于遣明使节与明地方官员往来的论文《遣明使节与明官僚的文书往来——入明记收录外交文书的内容、样式及制作过程》（《古文书研究》第 70 号，2010 年）、《浙江巡抚朱纨的遣明使节保护、控制策略与“信票”的导入》（《史学杂志》第 120 号，2011 年）、川越秦博关于东亚地区交流的《从日本僧笑云的入明记看东亚的沟通与交流》（《人文研纪要》第 77 号，2013 年）也丰富了明代中日交流领域的研究成果。

20 世纪晚期以来，国内出现了一批关于遣明使及明代中日交流的优秀成果，一方面再现了明代中国的社会状况，另一方面反映了明代中日文化交流的情况。朱莉丽的《行观中国——日本使节眼中的明代社会》（复旦大学出版社，2013 年）利用日本中世时期遣明使策彦周良的出使日记《初渡集》《再渡集》展开研究，重点探讨了日本朝贡使视野下的明代中国及 16 世纪日本知识人对待明朝的文化心理。作者指出，在遣明使活跃的室町至战国时期，虽然日本社会对于中国文化仍有很大的接受空间，但茶道、花道、能乐等日本传统文化的逐渐定型说明，这段历史时期恰是日本和中国从共享一个文化圈到逐渐走向分离，壁垒愈加清晰的时期。陈小法的《入明僧策彦周良与中日“书籍之路”》（《中日“书籍之路”研究》，北京图书馆出版社，2003 年）、刘恒武的《15—16 世纪宁波文人与日本遣明使之间的书画交流》（《文博》2008 年第 4 期）、滕军的《论文化名僧在日本遣明使中的历史作用》（《福建文博》2010 年第 1 期）等则着重探讨了遣明使、文人及名僧在中日交流过程中发挥的历史作用。

五、中世的宗教

中世的佛教

20 世纪早期，原胜郎最早以“新佛教”概括中世佛教，后经家永三郎（《中世佛教思想史研究》，法藏馆，1952 年）、井上光贞（《日本净土教成立史研究》，山川出版社，1956 年）等学者的论证，新佛教理论得到了进一步完善。进入 20 世纪后期，黑田俊雄提出的“显密体制论”为日本中世佛教研究掀开了新的一页（《黑田俊雄著作集 2 显密体制》，法藏馆，1975 年）。显密体制论以佛教与国家、社会的关系为基轴，将以往研究中的新佛教理解为“异端”“改革运动”，将“旧佛教”——显密佛教定位为中世佛教的核心。与此相对，近年以上岛享为代表的学者认为不能将中世时期的新佛教与旧佛教视为对立性存在，中世佛教实际上是二者复杂的融合。在此基础上，上岛享进一步探讨显密体制的成立及解体过程，指出显、密佛教充当日本佛教中心的时期限于 9 至 14 世纪，中世后期随着王权的衰落，寺社对“国家”的依存度及“国家”对寺社的支配度降低，佛教开始向庶民社会渗透，显密体制在南北朝以后逐步走向解体（前出《日本中世社会的形成与王权》）。

国内学者同样多以“新”“旧”来表现镰仓时期的新兴与旧有佛教宗派。杨曾文的《日本佛教史》（人民出版社，2008 年）系统地对日本佛教发展史进行考察，指出镰仓时期以源空、亲鸾、一遍、日莲等为代表的僧人纷纷提出新的教说，创立了具有鲜明民族特色的新宗派。关于新佛教宗派与旧有佛教宗派的关系问题，杨曾文同样认为二者共同构成了日本民族佛教的基本格局，在日本佛教史上占据重要地位。相对持续处于颓废、衰败状态的旧有佛教宗派，净土宗、净土真宗、日莲宗等新兴佛教宗派在镰仓时期仅取得了初步发展，进入室町时期以后，由于受到武士和广大农民的支持，这些宗派都有了很大发展，其中禅宗、临济宗在该时期的新佛教中占据统治地位。王金林也在《日本中世史》中谈及中世前期佛教问题，讨论并分析了镰仓新佛教创立的原因及其特点，认为国家赋予旧有佛教的政治、经济特权及僧兵问题是镰仓新佛教诞生的直接原因，其创立者、信众、教义及产生的时代背景都具有特色。除此以外，吴春燕的《日本佛教的本土化历程及特点》（《中州学刊》

2010 年第 1 期）承袭杨曾文的观点，将镰仓新宗教定位为日本的民族佛教，并且认为佛教与以神道教为代表的传统思想、生活习俗的逐渐融合，促使佛教最终完成了其在日本的本土化历程。张维薇在《从“贵族”到“庶民”——日本镰仓宗教改革论考》(《西南大学学报》2010 年第 6 期）中称镰仓六宗为“庶民佛教”，认为该时期的宗教改革实现了佛教的大众普及，这场思想变革既代表了日本中世最先进的思潮，同时也构筑起了日本近代佛教的雏形。

中世的神道

关于中世的神道，神道与佛教的关系及神道思想的形成始终是日本学者关注的重点问题。早在 20 世纪 80 年代，黑田俊雄就在《日本中世的国家与宗教》(岩波书店，1975 年）中指出，中世的神道只是佛教的一部分，基本上都是以本地垂迹说为理论基础的。即便是伊势神道，其所谓的“忌佛”也不过是一种仪式化的做法。针对神佛习合问题，上岛享认为与古代的神佛习合相比，中世时期的神佛习合在推动主体及神佛观念方面都与之不同：古代的神佛习合主要由僧侣、富豪层积极推进，而中世时期则是天皇、上皇及摄政等王权主要的构成者与担当者推动了神佛习合的进一步发展；中世时期的佛教设施、社僧组织等说明，该时期神佛间的物理、心理距离都大大缩小(前出《日本中世社会的形成与王权》)。涉及中世神道思想的问题，黑田俊雄曾指出，本地垂迹说与王法佛法相依思想一同被社会普遍接受，是中世神道思想形成的基础(前出《日本中世的国家与宗教》)。在此基础上，佐藤真人提出，末法思想的流行使僧俗对神的依赖意识增强、贵族子弟入寺导致寺院社会的贵族化等也是促成中世神道思想形成的重要原因(《中世神道思想的形成》，刘岳兵主编：《日本的宗教与历史思想——以神道为中心》，天津人民出版社，2014 年)。

近年，作为了解日本文化的关键之一，神道也开始受到国内学者的瞩目，刘立善的《没有经卷的宗教——日本神道》(辽宁大学出版社，1996 年)、王金林的《日本神道研究》(上海辞书出版社，2007 年)、王守华的《神道与中日文化交流》(河北人民出版社，2010 年）等专著先后问世。南开大学日本研究院的刘岳兵教授还发起了题为“原典日本神道思想史”的研究项目，并且现已有相关专著在讨论付梓出版。这些专著中都有论及中世时期的神道，为国内的相关研究奠定了很好的基础。例如，关于中世时期最具代表性的伊势神道，王金林在《日本神道研究》中就其形成的原因及中国思想对其产生的影响进行研究，指出中世时期思想文化的多元化、伊势神宫外宫谋求与内宫对等、佛教神道观的滞后、社会上的排佛倾向等为伊势神道的成立提供了基础；而其思想体系则大量吸收了中国道家、阴阳五行及儒学的思想和理论。王守华的《神道与中日文化交流》对神道及其思想的发展史进行考察，并以独特的研究视角探讨了神道与当代日本社会生活的关系问题。在日本已经进入后工业社会、信息时代的今天，神道依然在各个领域中发挥着重要影响。如在环境保护方面，神道的环境思想始终发挥着积极作用。但为确保神道在现代可以继续发挥其积极的环保意义，王守华指出有必要对神道的环境思想进行现代诠释，使之与现代人的环境意识、环境保护需要相契合。

从 20 世纪末开始，在老一辈专家学者的推动下，国内学者开始关注日本中世史研究并取得了一定的成果，不仅涉及领域日趋宽广，而且研究视角也有独到之处，例如对中世武士、神道的研究都是近年涌现的新的研究课题。同时，经济学、社会学等学科的参与也为国内的日本中世史研究提供了新的角度、方法及可能性。但比较中日学者所取得的研究成果可以发现，国内的研究还有很多不足之处。例如重近现代、轻古代，尤轻中世的研究倾向始终存在；对中世时期武士、庄园、宗教思想的研究仍有待深入；对村落、法制、社会等问题的研究寥寥无几；总体上的研究趋势呈现缺乏创新性、多样性、整体性的特征。不过，国内学界对日本中世史研究的重视，以及中日两国近年来不断涌现的新的研究成果，必然会推动中世史研究的进一步展开与深入。

新世纪以来中国学者日本近世史研究著作便览

赵德宇[①]

① 赵德宇，南开大学日本研究院教授。

在日本，近世这个概念最早是由江户时代中期以后国学家开始使用的，后来逐渐成为日本史学界历史分期中的一个时代。近世是相对于古代、“上世”、“中世”而使用的（也有上古、中古、近古、近世的四分法）①。又有日本学者提出：“假如将近世这一名称直译成英文的话，就是 modern age，与近代没有区别……总之，近世一语是在近代初期的意义上被使用的。”②可见，日本近世是一个承上启下、连接近代的不可或缺的历史时代，如果缺少了这段历史链条，就很难理解近代以来的日本。然而，达到这个认识却花费了将近一百年。扼要地回顾这个认知历程，将有助于理解当今中国学者在日本近世研究史坐标上的位置。

一、对近世史整体的认识过程

作为近代日本传统马克思主义史学的常识，否定封建社会是迈入近代资本主义社会的必要前提，而江户时代属于封建社会，甚至被西方学者看作是典型的西欧式的“真正的封建时代”。如此一来，否定作为封建社会的江户时代也自然成为日本迈向近代的必经之路，在近代以来相当长的时间里，日本史学界对近世史的评价基本上是负面的。此外，还有一个重要的政治原因，那就是明治政府建立之初，为重建天皇家的权威而否定压制皇室 200 多年的江户幕府以及整个江户时代。即使是在第二次世界大战期间反西洋的狂潮中，日本传统形成的江户时代的名声依旧没能翻身。

20 世纪 50 年代后期日本经济进入起飞之前的“滑行”阶段，来自美国学者的研究改变了“江户时代落后论”的单向思维。1957 年出版的美国社会学家罗伯特•贝拉的《德川宗教：现代日本文化的渊源》一书甚至提出：“现代日本的活力在德川时期普通日本人的生活方式中已初露端倪。”③1960 年，欧美和日本的学者以现代日本为题在箱根召开国际学术研讨会。此后，在美国形成了以驻日大使赖肖尔为代表，以日本为研究对象的现代化理论。赖肖尔提出：“现代”只能从“传统”中来，提高了近世史的地位。

20 世纪 80 年代，兴起了以欧美学者为主的国际“日本学热”，这些研究或聚

① 藤井譲治：《近世史への招待》，《岩波講座日本歴史》第 10 卷近世 1，岩波書店，2014 年。
② 尾藤正英：《江戸時代とはなにか》，岩波書店，1997 年，第 6 頁。
③ 贝拉著：《德川宗教：现代日本的文化渊源》，王晓山等译，三联书店，1998 年，“前言”第 6 页。

焦于日本传统文化，或着眼于日本传统文化与西洋文化的融合。随着研究的深入，近世史越来越受到学者们的重视，日本人的文化寻根意识也迅速升温，许多以前遭唾弃的近世因素，被换上了新的标签，比如曾遭否定的“江户锁国”被说成是战后“日本奇迹的原点”。随着战后经济倍增计划的实现，日本人产生了强烈的民族优越感，以至于认为是江户时代孕育了日本现代化成功动力的“日本方式”。

20 世纪 90 年代，18 卷本的《日本的近世》①在研究内容、考察视角、论说评判等方面，勾画出一部不同以往的日本近世图景，可谓日本学界在近世史研究领域的一次大规模的决算。此外还有诸多研究丛书问世②。尔来，史学界的近世研究热至今高温不减，总起来看，日本学界对近世开始趋向正面评价。另一方面，对近世产生并被明治以来承袭下来的极端民族主义等一些负面因素的研究相对薄弱。

中国的日本近世史研究起步较晚。20 世纪 40 年代，周作人曾说过：“对于东京与明治时代我仿佛颇有情分，因此略想知道它的人情物色，延长一点便进到江户与德川幕府时代。”③但是 50 年代开始，在特定的学术生态中，日本近世史研究陷于停滞状态。即便是“文革”后日本史研究开始以来，近世史研究亦属“后来者”，

① 辻達也、朝尾直弘編集：《日本の近世》（18 卷），中央公論社，1991—1994 年。18 卷依次为朝尾直弘編：《世界史のなかの近世》；辻達也編：《天皇と将軍》；藤井譲治編：《支配のすくみ》；葉山禎作編：《生産の技術》；林鈴子編：《商人の活動》；丸山雍成編：《情報と交通》；朝尾直弘編：《身分と格式》；塚本学編；《村の生活文化》；吉田伸之編：《都市の時代》；辻達也編：《近代への胎動》；熊倉功夫編：《伝統芸能の展開》；中野三敏編：《文学と美術の成熟》；頼祺一編：《儒学 国学 洋学》；竹内誠編：《文化の大衆化》；林鈴子編：《女性の近世》；ひろたまさき編：《民衆のこころ》；青木美治男編：《東と西　江戸と上方》；田中彰編：《近代国家の志向》。

② 如《新しい近世史》全 5 巻，新人物往来社，1996 年；《民衆運動史——近世から近代へ》全 5 巻，青木書店，1999—2000 年；歴史研究会、日本史研究会編集：《日本史講座》（全 10 巻，其中第 5 巻《近世の形成》；第 6 巻《近世社会論》；第 7 巻《近世の解体》），東京大学出版会，2004—2005 年；《シリーズ近世の身分的周縁》全 6 巻，吉川弘文館，2000 年；《身分的周縁と近世社会》全 9 巻，吉川弘文館，2006—2008 年；《江戸の人と身分》全 6 巻，吉川弘文館，2010—2011 年。另有近世史专家们多卷本研究著作集，如《木村礎著作集》全 11 巻，名作出版，1996—1997 年；《朝尾直弘著作集》全 8 巻，岩波書店，2003—2004 年；《山口啓二著作集》全 5 巻，校倉書房，2008—2009 年；《深谷克己近世史論集》全 6 巻，校倉書房，2009—2010 年等。此外，多卷本专题研究有：《近世地域史フォーラム》全 3 巻，吉川弘文館，2006 年；《日本近世の歴史》全 6 巻，吉川弘文館，2011—2013 年；《安丸良夫集》全 6 巻，岩波書店，2013 年等。以上参阅藤井譲治：《近世史への招待》，《岩波講座日本歴史 10 近世 1》，岩波書店，2014 年。

③ 钟叔河编：《周作人文类编 7 日本管窥》，湖南文艺出版社，1998 年，第 105 页。

直到20世纪末，可视为蓄势阶段。期间虽有一些研究成果发表[①]，但在整个中国日本史研究中仍然没有引起应有的重视。

进入21世纪，中国的日本近世史研究成果成井喷之势[②]，这种态势除上述蓄势积累之功而外，还要归功于研究人员的迅速扩充以及通过国际学术交流增强了研究者的研究素质，尤其是海外归来学人带来了新的研究思路和课题，并与国内原有学者不断探讨、碰撞，在扩展问题意识的过程中，探索中外研究思维相结合的新的研究思路，研究触角也在迅速扩展。不过，各研究领域的成果明显不均衡，比如思想文化方面的研究成果数量居于显著地位，而政治经济等领域的研究相对弱化。其实，这正反映了学界关注研究领域均衡化的趋势，也是对以往研究领域过窄的补课，这些研究成果大多显露出中国学者自己的研究视角和研究特色，反映出国内日本近世研究的进一步成熟。再有，国内以往的日本近世史研究多以论文为主，而21世纪已经进入了规模化的著书阶段。本文与上述研究现状相适应，叙述重点也将偏重于思想文化领域，且限于已出版的成书著作。又因著作数量的激增，也恐一文难尽，或遗漏重要著作，实因笔者涉猎不足[③]。21世纪之前的研究状况请参阅前述程永明的综述文章，偶有程文未述及者，本文将点到为止。

二、综合性著作

沈仁安著《德川时代史论》（河北人民出版社，2003年）可谓国内第一部专论德川时代的著作，该书是作者有关德川时代重要问题研究论文的集结，包括武士阶

---

① 关于20世纪的相关研究状况可参考程永明：《中国学者关于江户时代史的研究》，南开大学日本研究中心编、李卓主编：《日本研究论集》，南开大学出版社，1999年。

② 笔者以“日本近世”为主题词，搜索“知网”所收论文，结果是2000年发表论文数为31篇，而2013年发表论文数为354篇，呈逐年递增趋势（其中只有2007年142篇少于2006年的148篇），年发表论文数量增长了11倍强。同上年份以“江户”为主题词搜索的结果是226～1005篇，增长了近五倍，也呈逐年递增趋势。虽然这不是一个很严谨的数字，但还是可以反映出日本近世研究急速升温的趋势。

③ 南开大学日本研究院编辑的论文集《南开日本研究》（年刊，前身为《日本研究论集》）自1996年创刊以来，刊载了大量有关近世史的论文，敬请参考。另有相关综述文章请参阅莽景石主编：《南开日本研究2010》（世界知识出版社，2010年）、“近十年来中国的日本研究（1997—2008）”专栏中的杨栋梁《中国的日本研究新动态》、宋成有《日本史研究》、李卓《日本文化、社会研究》。

级形成背景试论、武士阶级形成史论、试论幕藩体制的特点、德川幕府初期的对外关系与锁国、德川时代三大改革的比较研究、岛原天草起义试论、百姓一揆试论、德川时代后期的民众运动等等。上述论文多为中国史学界在相关领域研究中的奠基之作和重要成果，原文虽多发表于20世纪90年代，但在理论观点上多有建树，而且在新世纪结集出版颇具学术示范意义，也证实了中国日本史学界对近世日本研究成果的关注和需求。还有一个问题应该引起学界的关注，即诸多近现代日本研究的著作，如断代史、专史、日本近代化研究等类著述，都不约而同地追溯到日本近世，并予以了重点关注。究其原因，“研究者们除了多角度地探索江户时代史各种问题的方方面面之外，也往往聚焦于日本近代化启动与开端的解释”[①]。宋成有著《新编日本近代史》（北京大学出版社，2007年）鲜明地表明了这种研究思路，为厘清日本近代史的历史连续性，以全书20%强的篇幅，阐释了江户时代诸多重要论题，如德川时代两元政治结构的政治遗产、国内市场机制的经济遗产、学术流派活跃的思想遗产、寺子屋普及的庶民教育遗产、幕末改革的遗产等等。由此，重新建立起曾被人为割断的近世与近代的历史连续性，大大拓宽了近代日本研究的视野，其学术示范意义应予以高度评价。仅此即不负宋著“新编”二字。

杨栋梁主编的十卷本《日本现代化历程研究丛书》（世界知识出版社，2010年）同样反映了这种问题意识，丛书研究对象虽然是日本现代化问题，但十卷中的八卷不约而同地设专章追溯到江户时代。[②]冯玮著《日本通史》（上海社会科学院出版社，2008年）中的近世部分占全书近20%的篇幅，对诸多重要问题展开了论述，并在“作者点评”中重点关注了事关近世全局性的两大问题，其一，南蛮时代是日本关注目标逐渐从中国转向西方的“第一块里程碑”；其二，天皇、幕府、藩的三角关系“使江户时代成为日本历史上少有的政局相对稳定的时代”，另一方面又“在尊王攘夷旗帜下天皇和强藩的联手，使江户时代最终被尊王倒幕运动的浪潮葬送”。

---

① 沈仁安：《德川时代史论》“序言”，河北人民出版社，2003年。

② 十卷分别为：《日本近现代政治史》《日本近现代经济史》《日本近现代外交史》《日本近现代对华关系史》《日本近现代社会史》《日本近现代文化史》《日本近现代思想史》《日本近现代教育史》《日本近现代文学史》《日本近现代绘画史》。

三、哲学思想

据对截至 2008 年的统计，中国日本研究人员的学科分布中，日本哲学思想仅占 5%[①]，然而在近世的各领域研究中哲学思想的著作远远高于这个比例，处于显要地位。

卞崇道著《日本哲学与现代化》（沈阳出版社，2003 年）一书的第一章专门讨论了江户时代思想史，标题为“日本现代化的基点——江户时代‘现代化’条件的成熟”，分别探讨了“儒学的日本化及其分化”“洋学的导入”“新思想的创出”“町人哲学的登场”等课题（其间对诸多当时重要人物的思想做了个案考察）。这些标题明确体现了作者对江户时代哲学思想的宏观定位，作者也明言“现代日本的原型在江户时代，这几乎成为近十几年来日本学界的共识”。该书提示了新世纪以来该领域研究的出发点和问题意识[②]。王青著《日本近世思想概论》（世界知识出版社，2006 年），对儒家思想、町人思想、农民思想、兰学与洋学、神道与国学、佛教思想等诸多思想领域的发展脉络做了简明扼要的梳理，是中国学者撰写的首部日本近世思想史的概论性著作，该书意味着中国学者开始尝试日本近世思想史研究的系统化。

刘岳兵著《日本近现代思想史》（世界知识出版社，2010 年），开篇第一章“日本近代思想的萌芽”，同样探讨了江户时代思想与近代日本思想史的对接问题。吴光辉著《传统与超越——日本知识分子的精神轨迹》（中央编译社，2003 年）前两章论及中江藤树与孝、熊泽蕃山的时处位思想，似乎同样显现了“现代化溯源意识”。可见，即便是非专论江户思想史的著作，也都不约而同地发现了江户思想史的重要历史含义。

① 杨栋梁：《中国的日本研究新动态》，《南开日本研究 2010》，世界知识出版社，2010 年。

② 早在 20 世纪，国内已经出版了若干有关日本近世思想的著作。王家骅著《儒家思想与日本文化》（浙江人民出版社，1990 年）就以全书以三分之一的篇幅探讨了江户时代儒学与日本文化的关系问题，可谓“文革”后国内儒学研究的开山之作。对于具体人物的研究有王守华编：《安藤昌益 现代中国——中日安藤昌益学术讨论会文集》（山东人民出版社，1993 年）、王中田著：《江户时代日本儒学研究》（中国社会科学出版社，1994 年）、李甦平著：《石田梅岩》（东大图书公司，1997 年）、韩立红著：《石田梅岩与陆象山思想比较研究》（天津人民出版社，1999 年）等。

总体而言，21 世纪以来，有关江户思想史新一代研究力量的崛起，呈现前所未有的盛况，在消化介绍日本学者们研究成果的基础上，开始了摸索具有中国特色的研究方法，探求新的研究框架和问题意识，呈现出多元繁复的学术气氛。虽然多样化，但又具有相对的共性，比如探索日本思想的特性及其与中国的差异，这大概是中国学者研究日本思想史的一大特色，既不同于日本，也迥异于西洋，因为中日历史上思想交流的渊源，中国学人似乎对日本思想史更有发言权，事实上观中国学者的研究，确有中国特色。

（一）儒家思想

首先要提到的是朱谦之先生的日本哲学思想史研究三部曲：《日本的朱子学》、《日本的古学及阳明学》、《日本哲学史》（人民出版社，2000—2002 年）。三书虽是旧著再版，但作为国内该研究领域的系统开创性的经典之作，是再版后才引起更广泛关注的，迄今仍是该领域研究者的案头必备之作。《日本的朱子学》主要探讨的是江户时代的朱子学史，展现了作者的诸多创见。诸如：朱子学中的不同派别是因社会条件、时期、地域的差异而形成的；日本朱子学“大体说来，尚能对异派取兼包并容的态度”，但“当兰学在日本初步发展的时候，朱子学便成为与之对抗的反动力量”。作者明确指出：“朱子学在日本和其在中国有本质上的不同”，并认为朱子学的左派合理地改造和替代了“神代精神”，而朱子学的右派则把朱子学中的合理成分，变成了神道的牺牲品。《日本的古学与阳明学》是近世专论，限于篇幅只得存目了。《日本哲学史》全书十五章中的第二至第六章对近世朱子学派、古学派、阴阳学派、国学派等各学派的中坚人物的思想做了系统的梳理，并在第七、第八章探讨了封建社会解体过程中的诸多思想家表现出的“新世界观的萌芽”。通观上述“三部曲”，虽然间或显露出“政治挂帅时代”的思想痕迹，但观其史料之翔实、梳理之清晰、观点之明确，不啻为国内该领域研究之奠基之作，更是当今值得敬仰的学术楷模。[①]

韩东育《日本近世新法家研究》（中华书局，2003 年）用有别于中国传统法家

① 有关近世哲学思想史研究可参考刘岳兵：《中国日本思想史研究的方法论问题》（莽景石主编：《南开日本研究 2012》，世界知识出版社，2013 年）的长文，其中用专门标题分析、解读了朱谦之先生的日本哲学思想研究。

的“近世新法家”的概念梳理了荻生徂徕、太宰春台、海保青陵的思想轨迹，强调了近世思想“脱儒入法”的动向[①]，实为近世日本思想史研究领域的前沿观点。韩著还有一个更加醒目的看点，那就是向高居日本思想史学界顶端学者的丸山真男提出了尖锐的质疑，指出了丸山对一些问题的解释中严重背离事实的附会和谬误。本人无力辨别韩著的质疑是否合理，但从中国学界日本思想史研究发展前景而言，挑战日本权威学者的学术观点，确是必经之路。正因如此，韩著令日本学者刮目相看，日本思想史研究权威学者黑住真教授予以盛赞：“我确信，这是一部极其重要的著作”[②]（韩著序言）。王青著《日本近世儒学家荻生徂徕研究》（上海古籍出版社，2005年）论述了徂徕学的政治论和人性论，还讨论了徂徕学与儒学日本化的问题，为徂徕学加上了“标新立异”的定语。作者通过对徂徕学原典的解读，也“发现了丸山真男对徂徕学的引用有断章取义、为我所用之处……其实是把徂徕学当作他建构有关日本近代起源学说的一个工具”。该书是对近年来引起国内学者重点关注的荻生徂徕“进行较为系统的学术梳理和学术解析的学术史专门性著作”（严绍璗序言）。

关于林罗山的研究，有赵刚著《林罗山与日本的儒学》（世界知识出版社，2006年，日文版）讨论了下述诸多问题：林罗山诗论及其思想的原点、幕府如何接受朱子学以及林罗山的思想对于幕府政治的展开给予了怎样的影响、林罗山与藤原惺窝和德川家康的关系、林罗山与近世初期日本的关系等等。作者还提出林罗山与藤原惺窝的共同学术基础在于“排佛”和“宋学志向”，而林罗山与德川家康的共同点在于“重视实学”等诸多观点。龚颖《“似而非”的日本朱子学：林罗山思想研究》（学苑出版社，2008年）从理气论、性情关系论、排佛论、孙武兵法观、文道关系等诸多论题，对林罗山和朱熹等人的思想进行比较研究，并得出结论，认为林罗山思想的特质，虽然表面上在思想框架体系上追随朱熹，但却降低了对作为朱熹思想本源性存在（太极=理）的重视和依存度，而另一方面对社会应用有效性的重视超过了朱熹。

郭连友著《吉田松阴与近代中国》（中国社会科学出版社，2007年）前五章探

① 卞崇道、呉光輝：《中国における日本思想史の研究》，《国際哲学研究》，2014年3月。

② 韩东育还有《从“脱儒”到“脱亚”——日本近世以来“去中国化”之思想过程》（台湾大学出版中心，2009年）等诸多近世思想史论著，篇幅所限不能尽录于此，请参阅刘岳兵：《中国日本思想史研究的方法论问题》。

讨的是中国思想和当时社会状况对吉田松阴的影响，或者说吉田松阴的中国认识，而后三章分别论述了黄遵宪、康有为、梁启超以及革命派与吉田松阴及其思想的关系。这是一个值得注目的趋向，因为以往的研究基本是谈论中国思想对日本的影响，而郭著则考察了吉田松阴对中国的影响，反映了中日思想文化交流中的历史性换位的趋势。不难发现，上述论著在关注日本儒学注重社会应用实效性上似有异曲同工之妙，可以说，中国学者的研究已然有了自己的研究视角、问题意识和自己的观点。

中国台湾学者的日本近世儒家思想史研究也颇引人瞩目，2008 年一年间在中国大陆出版了三部著作。黄俊杰《德川日本“论语”诠释史论》（上海古籍出版社）是国内首次出版该专题的著作。作者通过细密研究，发现“德川儒者的《论语》解释学在外部形式上表现为对朱子学解释典范的批判、扬弃与超越”，比如天人分离、天命与人心分立等等，“总而言之，贯穿德川日本《论语》诠释史的是所谓‘实学’的思想倾向……但也减杀甚至抛弃了人之价值的存有论的根源。其所得在此，其所失亦在此”。张崑将的两部专著颇引人注目。《日本德川时代古学派之王道政治论：以伊藤仁斋、荻生徂徕为中心》（华东师范大学出版社）通过讨论在日本儒学中孟子王道政治思想出现的君臣关系、王霸之论等诸多论题，指出伊藤仁斋所论君王之道具有“道”先于“王”之意味，而荻生徂徕的“先王之道”论则具有“王”先于“道”的倾向。《德川日本忠孝概念的形成与发展——以兵学与阳明学为中心》（华东师范大学出版社）探讨了德川思想界的气论与自然观的流派，并认为中江藤树和大盐中斋为“孝”思维的典型，山鹿素行和吉田松阴是“忠”思维的典型，还探讨了忠与孝的冲突与合一问题等。作者还提出，德川武家社会忠孝观多元并存，不可断言忠优于孝等诸多观点。值得瞩目的是，作者在“自序”中对儒家思想在中国的式微痛心疾首，明确宣示该书研究是基于“礼失求诸野”的诉求，这似乎也是对中国学界的期待。

在思想人物研究中，沟通中日两国思想交汇的“学问大使”朱舜水可谓众目所归，成为国内学界研究的热点。早在 20 世纪就出版了朱谦之先生整理的《朱舜水集》（中华书局，1981 年），又有徐兴庆编著《新订朱舜水集补遗》（台湾大学出版中心，2004 年）。关于研究专著，李甦平著《朱之瑜评传》（南京大学出版社，2002 年），认为舜水学是对宋明理学中实学传统的继承，并从其与日本实学、省庵学、水户学、仁斋学等的关系，论述了舜水学对日本德川时代学术所产生的重要影响。覃启勋著《朱舜水东瀛授业研究》（人民出版社，2005 年），首次就朱舜水在日授业问题进行了系统研究，并对朱舜水在日经历进行了绵密的考证，清晰勾勒了舜水嫡传、再传弟子的系谱，梳理出舜水学与日本水户学及近世史学的内在脉络，阐明了舜水对日本近世文化的卓越贡献。林和生、李心纯编著《朱舜水与德川光国》（山西教育出版社，2012 年）是把舜水和光国的关系作为切入点进行深入研究的第一部著作，舜水教育思想的研究也是本书的一个新亮点，总之，这项研究“解决了至今学者们忽略的诸多问题点”。此外，新世纪之初由复旦大学和日本九州大学主办了朱舜水诞辰 400 周年学术研讨会，并出版论文集《朱舜水与日本文化》（人民出版社，2003 年），集结中日学者相关论文近 20 篇。从上述诸多出版物，足见学界对朱舜水研究的热度。

该领域相关论文集已出版两部，即郭连友主编《近世中日思想交流论集》（世界知识出版社，2003 年）与成中英主编、韩东育执行主编的《本体的解构与重建——对日本思想史的新诠释》（上海社会科学出版社，2005 年）中，汇集了中日韩三国学者关于近世儒学及思想家研究的论文。两部论文集几乎都是对具体思想家的个案研究，反映出近世思想史研究从宏观到微观、从“虚”到“实”的趋向。

（二）国学神道

日本国学尤其是神道研究是又一个迅速聚集学者们关注的研究领域，这大概是出于要厘清近代日本以皇国、神国史观认同为核心的民族主义的根源所致。朱谦之著《日本哲学史》第六章“国学者的‘日本精神’哲学”就已经开始接触近世国学神道问题。牛建科著《复古神道哲学思想研究》（齐鲁书社，2003 年）可谓新世纪近世神道专题研究的开篇专著，牛著通过对复古神道思想代表人物传承脉络的梳理，指出了复古神道思想排斥外来思想文化的狭隘民族主义、复兴纯神道的复古主义等性质，并认为复古神道思想理论通过其自身的逻辑，与近代产生了思想文化上的联系。王维先著《日本垂加神道哲学思想研究》（山东人民出版社，2004 年）则是对“儒神融合”神道的专题研究，作者通过对垂加神道“神理合一”“天人唯一”等概念的分析，认为垂加神道借助作为官学朱子学与神道思想的结合，婉转论证了天皇统治的合理性，因而把垂加神道定性为“政治哲学”。可以说，两部专著的观点和结论皆反映出自朱谦之先生以来的学术传承和中国特色的研究思路。[①]蒋春红著《日本近世国学思想——以本居宣长研究为中心》(学苑出版社，2008 年)，似乎更重视国学形成的社会土壤和对后世的影响。全书八章中的前两章讨论的是“世界视野下的日本文明”和“江户时代文化语境研究”，其后的五章讨论了本居宣长思想中的“汉意”与“和魂”，而最后一章讨论的是作为国学思想基础的“中国文化否定论”“日本文化优越论”“日本国体优越论”及其影响。与上述国学神道理论研究相对，刘琳琳著《日本江户时代庶民伊势信仰研究》(世界知识出版社，2009 年)分章探讨了江户时代庶民伊势信仰的组织形式、参拜行为以及思想内涵和社会意义。作者明确指出，之所以选取江户时代，是因为即使在天皇政治赋闲时代，“伊势信仰依然在人们的日常生活甚至国家政治中占有重要的地位，就是一个值得关注且非常有趣的问题”。其实，作者在内容摘要中已经回答了这个有趣的问题：“崇拜天照大神的意识与尊王思想之间存在着内在的、难以割断的联系。因此对武士政权的走向以及日本社会的近代化道路产生了巨大影响。”

范景武著《神道文化与思想研究》(内蒙古人民出版社，2002 年)是有关神道思想文化的综合性专史。其中论及近世部分的三章约占全书篇幅的 40%。第四章分节论述了“神道文化上的中世与近世”“吉川神道——开启近世神道”“垂加神道——近世神道的集大成者”“复古神道——清理与杂糅诸神道说”。上述标题分别表述了作者对上述诸家言说的定位。第五章专论“儒学家的神道思想”，包括儒家神道与近世神道、儒学家的神道思想、安藤昌益的自然神道等。第六章还论述了在国内神道研究中较少提及的石田梅岩和二宫尊德的神道思想。上述论说完成了作者提出的“以中国研究者的立场、观点和方法，探求神道文化与思想”的目标。王金林著《日本神道研究》(上海辞书出版社，2007 年)属专门研究日本神道理论的通史性著作，树立了国内关于近世神道理论特点研究的新框架。该书用四分之一的篇幅较详细地梳理论述了近世日本神道与儒学和国学的复杂关系。在“儒家神道”中，通过对林罗山的理当心地神道、吉川神道、伊势神道的世俗化和山崎暗斋的垂加神道等儒家神道的分析，梳理出儒家思想与神道密切的文化关系。在国学复古神

① 上述两部专著均为朱谦之先生的学生王守华先生指导的博士论文，由此可清晰该问题研究的传承脉络。王守华、王蓉的《神道与中日文化交流》(河北人民出版社，2010 年)虽然没有专门重点论及近世神道，但若干章节中也对近世神道状况有所述及，诸如第一章涉及理学神道、垂加神道、复古神道等理论神道，其他各章还涉及到近世守护村庄的镇守神问题、神社经济问题等等。

道中，不仅论述了从荷田春满开始的神道理论的发展脉络，更提出了幕末时期复古神道从静到动的变化趋势，亦即从书本理论到参与社会活动的历史情况。这个动静之论，对人们了解近代以来的国家神道提供了一条明晰的线索。向卿著《日本近代民族主义》（社会科学文献出版社，2007 年）全书六章中的前两章论及近世民族主义和国学问题。第一章探讨了作为近世民族主义根源的山鹿素行等诸多儒学家的“日本中心主义”思想，还专门阐释了“徂徕之道”与国学神道的微妙关联。作者通过探讨“近世国学的性格和命运”，理清了“国学与近世日本人的文化认同”这条日本民族主义形成的重要思想线索。第二章讨论了幕府末期的民族主义形态及实行状况，诸如：海防论、富国强兵论、尊王攘夷论、民族意识等。作者认为，由于幕末民族主义不是源于自由民主思想，而是用天皇绝对主义等塑造的民族主义，因而“新政府便开始了天皇制绝对主义国家的创建历史。”上述研究明显在关注国学神道的负面历史影响，反映出“研究视角从‘学习经验’到‘汲取教训’的微妙变化”[①]。

上述著作之外，有关神道研究的论文集已出版三部，其中两部书名相同，分别是王宝平主编《神道与日本文化》（北京图书馆出版社，2003 年）、崔世广主编《神道与日本文化》（中国社会科学出版社，2012 年），另一部是刘岳兵主编《日本的宗教与历史思想——以神道为中心》（天津人民出版社，2015 年）。上述论文集也有若干论文涉及江户时代神道史。

（三）洋学

近世日本与西洋文化接触的历史受到了诸多研究者的关注。李小白著《信仰、利益、权力——基督教布教与日本的选择》（东北师范大学出版社，1999 年）是国内首次系统梳理研究自 16 世纪中叶开始西方天主教传入日本，直到幕末维新时期西洋文化在日本传播及其历史影响的专著。作者的研究目标是明确的，这可以从结语的标题“挑战与应战——文化间的作用与选择”得到确认，即作者从世界文明史研究中的“挑战与应战”理论为历史上日本与西洋最初接触的意义做了如下判定：“日本终于在一系列应战后选择了承认和接受西方文明的道路。文化间的作用与选择所产生的积极的结果，集中地体现在日本终于走上‘传导性变革’这条近代化道

---

① 杨栋梁：《中国的日本研究新动态》，莽景石主编：《南开日本研究 2010》，世界知识出版社，2010 年，第 165 页。

路的全部过程中。”

赵德宇著《西学东渐与中日两国的对应》（世界知识出版社，2001 年）也将研究对象锁定在天主教东来和西学东渐的历史时期，所不同的是该书是以中国早期西学和日本洋学为线索，在相互对比观照中论述两国对西洋态度的异同及其对历史所产生损益的。该书的立意在于西洋文化与两国现代化的关系问题，尤其重在寻找近代中国落后的历史原因。作者以设问开篇：“国人皆以中国为痛史，然痛自何来？”通过全书论证“察清经纬、究明原因”，于结尾处给出了答案：“中国早期西学的先天不足，决定性地延宕了中国近代化的进程，成为近代中国落后的一个关键性的症结。”于桂芬著《西风东渐——中日摄取西方文化的比较研究》（商务印书馆，2001 年）涉及 16 世纪中叶至战后长达四个多世纪的历史。全书五章，其中第二章“‘锁国闭关’时代”探讨了两国禁止天主教和锁国问题、了解西方的渠道问题，并专门比较了康熙和德川吉宗对西洋事物的态度和中国早期西学与兰学的状况。第三章“‘开国’时期西方文化的摄取”探讨的是中国鸦片战争时期和日本幕末时期两国摄取西方文化异同的历史。该书认为，因为“中日两国现代化的历史进程大相径庭”，所以要“从中日两国摄取西方文化的异同比较入手……探寻两国现代化进程迥异的缘由”。郑彭年著《西风东渐——日本崛起的历史考察》（人民出版社，2008 年）阐述的也是日本自 16 世纪中叶至战后接触西方文化与历史发展进程之间的关系。全书四卷中的第一卷梳理了西方文化初传日本和天主教在日本传播、发展、繁荣、衰落和被驱逐出日本的全过程，并讨论了“日欧文化的融合与冲突”问题。第二卷梳理了江户时代摄取西洋文化的社会背景、兰学的产生、发展和遭受压制的过程，以及开国时期幕末洋学教育和引进西洋科技和日本人走向世界的过程，还探讨了幕末从排斥洋学到确立接受西方文化的转变过程。总之，该书比较全面系统地梳理了前近代日本与西洋文化的关系。

陈景彦著《19 世纪中日知识分子比较研究》（吉林人民出版社，2006 年）虽然论说主题范围与上述著作不尽一致，但作者也注意到“16 世纪末 17 世纪初，西风东渐对两国的冲击”，并“也给予相当必要的关注”。作者特设“西风东渐与中日知识分子的回应”“中日知识分子的西方观比较”“中日知识分子危机意识比较”等专章，论述了两国知识分子在这些方面的异同，并专门将幕末知识人佐久间象山和渡边华山分别与同时代的冯桂芬和林则徐做了比较研究。作者在结论中指出，研究之目的“不能简单地评价谁对谁错”，而“是要探讨两者的异同，反思在过去的历史进程中的缺憾与不足”。李虎著《中朝日三国西学史比较研究》(中央编译出版社，2004 年)把研究范围扩展到东亚三国的西学历程。作者自述选题意义时指出，对三国西学的研究需要“通过对东西文化交流与选择的主体认识与分析，从宏观上把握近代社会转型中的文化新形态”，在“结论”中又指出，虽然三国西学都经历了西学初传、受挫、再传的过程和接触、排斥和接纳融合的过程，但三国西学也呈现很大的差异，这为阐释三国西学命运提供了文化学依据，同时也证实了一个观点，即东西文化交流和选择过程，就是如何通过注入异质的外来文化因素来扬弃传统，实现主体文化新生的问题。

上述有关近世日本与西洋文化研究范围的递进趋势是十分明显的，日本——中日——中日朝，并且又添加了从知识分子的视角观察历史的问题意识，它们都把目光聚焦于中日朝文化与西洋文化的接触碰撞及其与东亚三国近代史的关联，形成了一个不约而同的研究机理，体现出中国日本史研究思考方式的特色。

专论 16 世纪中期开始的天主教东来传教的著作，是戚印平著《日本早期耶稣会史研究》(商务印书馆，2003 年)和《远东耶稣会史研究》(中华书局，2007 年)。戚著的突出特点在于运用海量一手资料来还原当时的历史场景，亦即基于史料的对史实本身的实证研究，其中许多资料是中国学界首次使用的，为国内研究天主教东来研究拓宽了资料基础。作者运用“传统——情境——需要——变异”的理论模式考察了天主教传教过程。《日本早期耶稣会史研究》分三个部分设置了“困境与出路”“策略与目标”“理性与信仰”三个宏观性主题。《远东耶稣会史研究》则由十二篇专论具体史实的论文组成。上述两部著作为中国学界在该领域课题研究扩展了史料范围和问题意识。

与儒学、国学和洋学研究相比，近世佛教问题的研究相对寂寞，但杨曾文著《日本佛教史》(人民出版社，2008 年)可谓国内经典之作。其中第五章专论“德川时代的佛教”，从佛教被统治者“收编”并开始辅佐统治者开篇，整个江户时代佛教被限定在“诸法度”框架内，丧失了像战国时代佛教独立强势参与政治的自由空间。佛教僧侣们甚至以“檀家制度”的形式为幕府监控百姓，成为幕府的“行政助手”。作者分别扼要谈论了江户时代佛教各重要宗派的传教和佛学研究状况，并谈及佛教世俗化理论和来自儒学和神道阵营的排佛论。该书为整体认识江户时代的佛教提供了主要参考。

四、社会文化

高增杰著《东亚文明撞击——日本文化的历史与特征》(广西教育出版社，2001年)第五章(全书八章)以江户文化的新视角、儒学的蹉跎、商业经济冲击与重商主义、成熟的封建文化等为论题，阐述了江户文化的历史地位。第六章探讨了“江户时代的城市民众文化”，包括城市商业经济的市民文化背景、表现商人文化的小说、诗歌戏剧中的世俗悲欢离合、超越前近代性质的市民文化等问题。作者还指出了江户文化的一些特点，诸如和平背景下造就的渐进变化的文化、商人市民成为重要的文化力量，从而认为“江户文化是日本前近代文化发展的顶峰……是一定历史阶段上的成熟形态”。刘金才著《町人伦理思想研究——日本近代化动因新论》(北京大学出版社，2001年)前三章梳理论述了随着町人阶级成长，其伦理思想不断清晰化的过程，即“町人阶级的形成及其伦理思想的萌芽”“元禄町人的崛起及其价值论理的形成”“町人经济地位的腾达及其伦理体系的确立”。后两章分别论述了町人伦理对“士农”的影响和在幕末维新时期的近代取向。作者的中心观点是：“町人伦理精神动力论”，即与武士道伦理、儒家伦理相较，真正对日本近代化起到驱动作用的是町人伦理。

有关武士与武士道的论题，出现了一系列角度各异的著作。李文著《武士阶级与日本的近代化》(河北人民出版社，2003年)书名即提示读者，该书是在现代化语境中探讨武士阶级状况的。其中第一编是对德川时代武士阶级的专论，分别讨论了武家政权结构、武士阶级的社会经济地位及其价值论理等重要论题。作者指出，武士阶级的本性是“尚武轻文，不受陈腐教条束缚”等，并且在面对外来危机时，“这个阶级中的精英集团勇敢地承担起把国家社会朝西方资本主义的方向加以调整的历史重任”，武士阶级的伦理价值也“大都具备易于向近代资本主义精神转化的性质”。王炜著《日本武士名誉观》(社会科学文献出版社，2008年)讨论了近世武士阶级名誉观念的变化，内容涵盖“幕藩体制对武士传统名誉观念的重新定义”“德川武士的名誉评价标准”“儒学式武士行为规范的形成”“奉公人的死与名誉评价”等。作者在结语部分做出如下提示：“虽然武士的时代已经成为历史，但关于武士的名誉观念和对名誉的追求，尤其是对于武士对个人名誉的追求，如个人价值与统治阶层对武士名誉观念的影响和改造、集团价值之间的关系等，仍然是现代日本人不断进行重新解释的课题。”唐利国著《武士道与日本的近代化转型》（北京师范大学出版集团，2010年）开篇即云：“近代以来，推动日本迅速完成传统社会的近代化转型过程的，也正是出身于武士或者前武士的指导者集团。”那么“它为什么能够成为一种推动日本社会由前近代向近代迅速转型的精神力量？”作者立意与上述李文著类同，但是，唐著属人物实证研究，梳理出山鹿素行武士道论与吉田松阴武士道言行的历史关联，即幕末吉田的言行是山鹿思想的发展。该书是“理解日本传统社会精英势力应对西方挑战时的主体意识等一系列问题的入口（宋成有序）”。该书也注意到了武士道在意识形态方面的负面影响。娄贵书著《日本武士兴亡史》（中国社会科学出版社，2013年）比较全面系统地探讨了武士及武士道的相关问题。全书三编中各设一章论及近世武士与武士道的状况。其一，通过论述江户时代武士内部等级关系和生活状况等，把江户时代的武士阶级定位为与之前“征战杀伐的统治阶级”不同的“治理天下的统治阶级”。其二，认为江户时代的幕府统治是法制化的军事统治，具体表现为军政合一与武士阶级内部的主从关系等等。其三，论述了江户时代的武士道及其武士道的世俗化等诸多相关问题。该书为认知武士及武士道提供了比较清晰地历史线索。

近年来国内学界，尤其是新一代研究者对江户社会文化研究的兴趣，逐渐转向更加具象的庶民文化。朱玲莉著《日本近世寺子屋教育研究》（中国社会科学出版社，2010年）在对庶民教育场所寺子屋进行历史概观基础上，分别探讨了寺子屋的师生、经营状况和教育内容等问题，并对于“玉松堂”和“寿砚堂”两个典型个案做了具体分析。作者抽象出寺子屋教育的诸多特征，诸如适应町人阶层的庶民蒙学教育、授课时间和形式的灵活性、讲求教育的实用性等等。作者还论述了寺子屋在日本教育史上的意义，即打破了受教育者的身份和男女界限，提高了日本民族的整体素质，为日本教育近代化打下了基础。谭建川著《日本文化传承的历史透视——明治前启蒙教材研究》（商务印书馆，2010年）对日本启蒙教材做了较全面系统的综合研究，诸如教材的形式和内容、对儿童启蒙教育的影响、育人功能等等。作者所论中日两国启蒙教材“应试主义”与“能力主义”的差异、对引进西学的“迟钝与积极”等观点尤其值得关注。作者还提示了通过该研究了解日本相关历史状况的同时，为我国提供一些有益的启示。该书虽题为“明治前启蒙教育研究”，但有关近世的内容占绝大部分篇幅，可以说是与上述朱著相辅相成的姊妹篇。张博著《浮世绘、武士道与大奥：日本江户时代的大众文化》（上海三联书店，2014 年）考察了作为江户大众文化兴起重要基础的社会经济和社会生活风气，并具体论述了“京阪庶民的传媒”、“江户武家的好尚”、“声色犬马娱乐的明暗”、“求道与求财学问的兼顾”，还讨论了江户文化与近代化等论题。作者认为，江户文化已经具备了今天大众文化的特征，比如文化娱乐产业的产生、庶民参与到文化的创造及消费和传播之中、文化市场的繁荣导致文化的大范围交流融合等，从而提出“大众文化理论是可以应用于近世领域的”。上述三部著作均属国内各自研究领域的开拓之作，也是三位作者在南开大学日本研究院获得博士学位的博士论文基础上修改充实而成。

杨晶鑫著《近世日本汉方医学变迁研究》（吉林大学出版社，2010 年），可谓国内近世史研究中新开发的研究领域。作者将汉方医学与日本社会文化、哲学宗教等相关的“外史”因素与作为汉医技术的“内史”相结合（偏重于前者），通过对后世派、古方派、折中派、考证派四个汉方医学流派的发生、发展、壮大及其相互间争鸣的研究，展现了日本近世汉医蓬勃发展的状况，并探索了汉方医学发展的原因，勾勒出日本近世汉医发展变化的历程。作者认为，日本汉医体系并非一味模仿中国医学，而是结合日本实际而逐步形成的。

五、对外关系和对外认识

日本近世对外关系应该是中国日本史学界的一个重点研究领域，起步也相对较早。赵建民著《晴雨耕耘录——日本和东亚研究交流文集》（上海人民出本社，2014 年）专论江户时代之史事或与近世日本“深度接触”的论文过半。其中兰学板块论文 7 篇，考察了兰学史上重要人物桥本宗吉、山片蟠桃、志筑忠雄、西博尔德的事迹和历史贡献，“儒学逆输出”板块论文 3 篇，专论赖山阳及其《日本外史》。其他板块还有“外来文化与传统文化的融合”“中日两国吸收欧洲近代文化之比较”“壬辰卫国战争的胜利与韩文化东渐”等论文多篇。因作者“秉持站在中国人的立场寻求日本史研究课题”的态度，使得“这些论文都有很高的学术价值，均为国内日本史学界研究的‘第一篇’，开拓之功，确不可没”（汤重南序言）。

张声振、郭洪茂著《中日关系史》第一卷（社会科学文献出版社，2006 年）对丰臣秀吉发动的“明日战争”和明清间的文化和经济交流给予了一定的关注。前者较详细地记述了丰臣秀吉发动战争的原因和备战及其战争、谈判到战争结束的过程；后者分别记述了明日间僧人的往来，朱子学的在日传播、中国人的日本研究状况，以及清代中日民间经济和文化交流、书籍贸易和文化思想交流的状况。孙文著《唐船风说：文献与历史——“华夷变态”初探》（商务印书馆，2011 年）是国内首部专门研究《华夷变态》的专著，作者运用文献学与史料学结合、文本分析与统计学结合的方法，较详细地探讨了下述问题：关于该书版本、关于“唐风说书”与当时中国赴日商船、关于《华夷变态》时代的几个重要问题（欧洲商船情况、南明政权日本乞师、郑氏集团对日贸易、三藩之乱等）、关于《华夷变态》与“唐船贸易”等等。作者还指出了《华夷变态》对明末清初时期的中国史研究、中外关系史研究、日本史研究都具有史料价值，从而扩展了这些领域研究的资料源。

新世纪以来国内学者几乎是不约而同地注意到近世日本人对外认识的课题。冯天瑜的《“千岁丸”上海行——日本人一八六二年的中国观察》（商务印书馆，2001 年）运用诸多中日双方的一手资料，就“千岁丸”乘员对太平天国战事和民风世情的观感等诸多方面做了全景式的素描和分析，指出，“截至开国前夕，日本人对中国仍充满仰慕之情”，而“千岁丸”之行成为“近代日本人中国观转折的起点”。作者还认为：“日本使团是带着友善的目的前来研究中国的，因此方能与众多的中国人结成深厚友谊。至于期间包蕴的某些‘探险’‘觊觎’因子，在当时尚属枝节。”可以说该书捕捉到了幕末时期日本人通过实地考察而形成的对华认识的起点。邢永凤著《前近代日本人的对外认识》（中国社会科学出版社，2007 年）分析研究了新井白石、杉田玄白、渡边华山和吉田松阴等四位在对外认识方面有着较大差异的历史人物的言论，认为“他们对日本历史的认识却是一致的。他们都把日本神话中对外扩张的历史、传说中日本武力的强大等作为真实的日本历史。在这种历史认识下去构筑对外关系，不可能不造成扭曲的国际关系”。郭丽著《近代日本的对外认识——以幕末遣欧美使节为中心》（北京大学出版社，2011 年）运用使节成员出使日记等一手资料，分析归纳了使团成员对欧美和中国的认知以及这些认知的历史影响，认为“幕末遣欧使节在走出国门睁眼看世界的同时，开始以世界性的视角审视、思考日本自身的问题”，并指出了使节团成员的中国认识“往往是基于西方人的视角来理解和把握的”，因而更容易接受西洋中心论和蔑视亚洲、中国的思想，这“也是近代日本在亚洲推行扩张侵略政策的思想根源”。赵德宇、向卿、郭丽著《近代以来日本的中国观》第二卷（江苏人民出版社，2012 年）对江户时代日本知识群体论著中所反映出的中国观做了概观性的梳理分析，认为不同学统之学者的中国认识虽主张各异，但也多有共同之处，他们“都把中国思想作为论证自己学问目标过程中的他者”，反映出脱离历史上的“中国崇拜”意识，“基本反映了江户时代日本人中国观的方向”，该书认为这些中国观“一直影响到近代”。作者还为各家学统的中国观做了不同的定位，并认为近代日本人对中国的各种认识，都可以从上述思想中找到原型。刘岳兵著《近代以来日本的中国观》第三卷（浙江人民出版社，2012 年）引言中探讨了在江户时代形成而又影响近代日本中国认识的原型和变化机制，抽象出“对象化中国”和“类型化中国”的线索。第二章依次论述了影响较大的有关中国认识的变化过程，各节标题即显示出这条线索：“古贺侗庵的《海防臆测》与《鸦片酿变记》”“洋学家的视线——渡边华山与高野长英”“鸦片战争之后日本儒者及志士的中国观”“幕府‘千岁丸’上海之行与实证的中国观的形成”。

以上对新世纪国内日本近世史研究著作做了全景式的扫描。笔者也就这些成果的研究特色和学术贡献做了粗略的随文议论。另一方面也应该看到不足之处，比如还没有形成一个相对稳定而有效率的专门以日本近世史研究为对象的学术团体，学者们的研究工作尚处于相对分散状态，因而研究领域不均衡，研究课题也缺乏系统性，除日本思想史研究会等个别学会比较活跃之外（也不仅仅限于近世思想史），大多缺乏有组织有计划的亲密接触式的交流。因而合理整合研究力量，大概是国内日本近世史研究学者们共同努力的方向，甚至是急需解决的问题。

明治维新与日本近代化转型研究的现代视野

刘　轩[1]

① 刘轩，南开大学日本研究院副教授。

明治维新作为日本踏入近代社会、实现近代化转型的起点，不仅历来为日本学界所关注，也是亚洲乃至世界近代史研究的重点领域。明治维新后的日本近代史，既是一部全面学习西方，大规模移植近代政治经济制度的历史，又是一部继承日本文化传统，不断催发民族主义情结的历史，同时还是一部中日关系发生历史性逆转，并开始蚕食中华帝国的历史。国人对明治维新的研究始于清末，热于民国，断于“文革”，再兴于改革开放之后。历代的神州学人，一直不忘探求日本明治维新和近代化转型成功的真谛。

前人对明治维新和日本近代化转型研究已然很多，其中亦不乏警世之作。然而，或囿于客观条件和时代局限，或囿于理论视野和学者自身定位，一部日本近代史，一些人所共知的历史事件和历史人物，不同史家的笔下，则色彩纷呈，表述迥异，甚至针锋相对。时间流转至 21 世纪全球化、信息化时代，面对着复杂多变的中日关系，面对着互联网背景下信手拈来的各种日本资料，面对着铺天盖地的演义化历史作品，如何紧跟时代步伐，推出一部既反映最新研究成果，又具有鲜明时代特色的日本近代史，成为当代日本研究者不可推卸历史使命。

一、明治维新与日本近代化转型研究综述概览

改革开放之初，为了全面开展日本研究，国家组织社会各界的日本研究力量，系统梳理了近代以来日本研究相关的著作、资料和研究成果，并翻译或编辑出版了《日本历史辞典》（天津人民出版社，1988 年）、《日本史辞典》（复旦大学出版社，1992 年）等相关工具书。伴随着国内日本研究事业的不断深入，明治维新和日本近代史研究取得较大进步，相关研究著作不断推出，到 2000 年前后，国内相关机构开展了新的中国日本研究调查，一些学者对 20 年来的日本研究成果进行了回顾和总结。近年来，伴随着国家经济转型和全球化背景下国家发展战略的不断调整，国内日本学界进行了新的日本研究调查，北京大学、中国社科院日本研究所、南开大学日本研究院等单位分别组织相关学者对各专业领域近十年的研究成果进行了整理和总结。其中李玉、宋成有、王新生等对日本近代史研究现状分别撰写了研究综述。

李玉在《中国的日本研究：回顾与展望》（《国际政治研究》2000 年第 2 期）

中，对清末以来中国的日本研究情况进行了全面整理。在《古代至 20 世纪 90 年代中期的中国日本史研究》（李玉主编《新中国日本史研究的回顾与展望》，天津古籍出版社，2012 年）中，详细统计了中国日本研究的成果，并分类介绍了明治维新以来的日本近现代史研究的具体问题。

宋成有先后在《日本史研究综述》（《世界历史》2000 年第 1 期）和《近十年来中国的日本研究——日本史研究》（《南开日本研究 2010》中，对国内日本研究进行了全面总结，特别是对于改革开放以来的日本研究成果，给予了系统性分析。“在外国史研究中，将某一国的古代、近代、现代史和通史全部出齐，并有不同版本各展现其特色，这种情况似乎仅存于日本史领域。从这个意义上说，日本断代史、通史的出版，是改革开放以来国内日本史研究取得突破性进展的最明显征候。”

王新生在《中国 30 年日本近代史研究综述》（李微主编《当代中国的日本研究 1981—2011》，中国社会科学出版社，2012 年）中，提出了中国日本近代史研究的三个范式问题：即马克思主义史观、现代化范式和民族国家范式，观点鲜明新颖，令人耳目一新。文中对“范式”一词虽然进行了宽泛性解释，但“现代化”和“民族国家”是否能够构成一种广义的范式，似乎仍然值得推敲，二者尚未形成成熟或获得广泛公认的分析框架和理论体系。对于世界史领域的研究范式问题，郑师渠在《近代史视野：范式与分期》（《近代史研究》2010 年第 2 期）一文中指出：“研究现代化史是十分有意义的新的探索；但是，同时也必须承认，所谓‘现代化范式’，在当下还仅是一种新的研究视角与新的探索，而远非业已形成的客观存在，自然也谈不上形成了所谓‘现代化范式的学派’。”

二、明治维新与近代化转型研究之特点

改革开放以来，伴随着中日政治经济文化交流的不断扩大，国内日本史相关研究亦呈现新气象、新生机，国人对日本历史的关注度也日趋增强。日本历史研究专业队伍力量不断壮大，日本历史相关学术成果不断涌现。与此同时，海外日本研究成果大量翻译出版，大众普及型日本历史读物充斥图书市场。

第一，日本近现代史专著奠定基础，专门史研究成果逐步展开。近 30 年中，关于日本近现代史研究，国内学界先后有万峰著《日本近代史》（中国社会科学出

版社，1978年、1981年），吕万和著《简明日本近现代史》（天津人民出版社，1984年），赵建民、刘予苇著《日本通史》（复旦大学出版社，1988年），吴廷璆主编《日本史》（南开大学出版社，1994 年）。上述四部著作填补了新中国成立后我国日本近代史研究的空白，奠定了我国日本史研究的基础，对于系统了解和认识近代日本的演变轨迹具有重要参考价值，成为后学者从事日本史研究的必备参考资料。

经过相当长的时间的学术积累，进入新世纪以后，两部日本近代史研究著作相继出版。宋成有著《新编日本近代史》（北京大学出版社，2006年），是近年国内出版的一部有代表性的日本近代史学术著作。该书在继承和吸收当代日本近代史研究成果的基础上，充分展现“新编”特色。首先，该书专设“幕府时代的历史遗产”一章，从幕府时代的权力结构、经济基础、思想传播、教育普及和幕末改革等角度，突出体现了日本近代史发展的连续性、继承性，将幕末历史遗产纳入近代史的研究范围，系统阐述了明治维新发生的历史背景和制度因素；其次，作者注重揭示日本近代史进程的变异性，在编排结构上突出强调时代特色，如幕府时代、欧化时期、民族化时期，强调各阶段维新改革的时代特色。汤重南、王仲涛著《日本近现代史：近代卷》（现代出版社，2013 年）的出版，为国人了解和把握日本近代发展过程提供了一个通俗版本。该书以简洁明快的笔调，清晰解读了从明治维新到中日甲午战争的日本近代史。本书围绕“近代化”的核心概念，系统梳理了日本如何从自身所处重重危机中突围而出，进而又如何逐步踏入列强行列的转型过程。作者在重点解读日本近代社会变革过程的同时，伴以理论性分析和历史性评述，对于江户幕府末期的对外政策给予了一定正面评价，并清晰描述了明治维新时期的各项政治经济举措。

与通史性日本近代史研究专著数量有限相比，相关专门史研究研究则成果突出，且涉及各个研究领域，对于深入了解和认识近代日本社会具有重要参考价值。如万峰著《日本资本主义史研究》（湖南人民出版社，1984 年），刘天纯著《日本产业革命史》（吉林人民出版社，1984年），米庆余著《日本近代外交史》（南开大学出版社，1988 年），王晓秋著《近代中日关系史研究》（中国社会科学出版社，1997年），俞辛焞著《辛亥革命时期的中日外交史》（天津人民出版社，2000年），王晓秋著《近代中日文化交流史》（中华书局，2000年），朱谦之著《日本哲学史》（人民出版社，2002 年），周启乾著《日本近现代经济简史》（昆仑出版社，2007年），臧运祜著《近代日本亚太政策的演变》（北京大学出版社，2009年），杨增文、张大柘、高洪著《日本近现代佛教史》(昆仑出版社，2011年)等。

以南开大学日本研究院为主体的研究团队，整合国内兄弟院校的专家学者，于2010年出版了10卷本日本现代化历程丛书，内容涵盖日本政治、经济、思想、文化、外交、对华关系、文学艺术等多个领域。该丛书依据“整体性、系统性和学术性”的写作三原则，在若干重要理论问题上展示了著者独自的思考和发现，一定程度上反映了当代中国日本专业史研究的最新水平。

第二，日本现代化(近代化)研究成果丰富多彩。随着国际化背景下现代化理论研究的不断深入，国内日本研究者注重吸收、借鉴和应用现代化理论，开始探讨日本现代化相关问题。国内的日本现代化研究一般基于中日现代化比较的立意出发，侧重探讨日本现代化成功的经验和日本现代化转型的特殊性。相关研究涉及日本的近代启蒙、文明开化、儒家思想、町人文化、武士阶级、家族制度等多个视角，拓展了日本现代化研究的深度和广度。20世纪90年代中期以前，主要围绕日本现代化转型的历史过程、日本现代化成功的经验等展开。90年代中期以后，侧重从日本社会和精神文化层面出发，注意探讨日本现代化转型的深层次原因及其特殊性。主要著作包括马家骏、汤重南著《中日近代化比较》(日本六兴出版，1988年)，崔世广著《近代启蒙思想与近代化——中日近代启蒙思想比较》(北京航空航天大学出版社，1989年)，严旅平著《文明的冲突与融合：日本现代化研究》(文津出版社，1993年)，金明善等著《日本现代化研究——日本现代化过程中的经济、政治、文化、社会问题探讨》(辽宁大学出版社，1993年)，王承仁著《中日近代化比较研究》(河南人民出版社，1994年)，刘天纯《日本现代化研究》(东方出版社，1995年)，王家骅著《儒家思想与日本近代化》(江苏人民出版社，1995年)，李卓著《家族制度与日本的近代化》(天津人民出版社，1997年)，吴廷璆等著《日本近代化研究》(商务印书馆，1997年)，汤重南等著《日本文化与现代化》(辽海出版社，1999年)，刘金才著《町人伦理思想研究：日本近代化动因新论》(北京大学出版社，2001年)，李文著《武士阶级与日本近代化》(河北人民出版社，2003年)，高淑娟著《近代化起点论：中日两国封建社会末期对外经济政策比较》(中国社会科学出版社，2004年)，刘群艺著《经济思想与近代化改革：中日韩比较研究》(华夏出版社，2007年)，唐利国著《武士道与日本的近代化转型》(北京师范大学出版社，2010年)等。

第三，注重政治经济制度研究，着力剖析近代化转型的社会思想文化根源。随着我国日本史研究的不断深入，日本近代史研究从现代化过程研究逐渐扩展到政治经济制度等专题研究。

国人对明治维新研究兴趣不减。从最初关于明治维新性质的论争，到后来从江户时代视角追寻明治维新的历史根源，仁者见仁、智者见智。1981年，《世界历史》编辑部组织出版《明治维新的再探讨》（中国社会科学出版社，1981年）。1987年，伊文成、马家骏主编，朱宋仁、汪森、汤重南等参与执笔的《明治维新史》（辽宁教育出版社，1987年），运用马克思主义理论，全面分析了明治维新的历史背景、改革过程及其影响。米庆余著《明治维新——日本资本主义的起步与形成》（求实出版社，1988年），侧重于从经济视角解析明治维新的过程。吕理州著《明治维新》（ 浙江文艺出版社，2007年）则清晰展示了明治维新的复杂历史过程。宗泽亚著《明治维新的国度》（北京联合出版公司，2014 年），则以通俗笔调，通过大量图片资料，再现了明治维新的社会文化风貌。

在政治制度和国家治理方面，武寅著《近代日本政治体制研究》（中国美术学院出版社，1997年），全面解析了明治宪法体制下的近代日本政治构造和运行机制。殷燕军著《近代日本政治体制》（社科文献出版社，2006年），采用实证研究方法，通过对重大历史事件的决策过程进行个案研究，对重要历史人物及机构作用的分析，论述了近代日本政治体制及其对外扩张政策之间的内在联系。安志达著《论日本近代元老政治》（中国文联出版公司，1994 年）、郭冬梅著《日本近代地方自治制度的形成》（商务印书馆，2008年）、张东著《近代日本政治史研究》（世界图书出版公司，2014 年）分别从近代日本宪政的初建、宪政初期的调适、宪政认知的发展、大正期宪政的转换、政党内阁正当性的弱化、近代日本宪政的崩溃等角度分析了日本近代政治体制的演进过程。

在经济制度研究方面，主要有孙承著《日本资本主义国内市场的形成》（东方出版社，1991 年）、朱荫贵著《国家干预经济与中日近代化》（东方出版社，1994年）、严立贤著《日本资本主义形态研究》（中国社会科学出版社，1995年）、祝曙光著《铁路与日本近代化——日本铁路史研究》（长征出版社，2004 年）、左学德著《日本社会历史转型期的土地问题研究》（黑龙江人民出版社，2004 年）、杨栋梁著《近代以来日本经济体制变革研究》（人民出版社，2003年）及《日本后发型资本主义经济政策研究》（中华书局，2007 年）、冯玮著《日本经济体制的历史变迁：理论与政策的互动》（上海人民出版社，2009年）等。

在日本近代社会思想文化研究方面，取得了丰硕的研究成果。如周佳荣著《近代日本文化与思想》（商务印书馆，1994 年），周颂伦著《近代日本社会转型期研究》（东北师范大学出版社，1998 年）、钱婉约著《内藤湖南研究》（中华书局，2004 年）、杨宁一著《了解日本人：日本人的自我认识》（天津人民出版社，2001 年）、刘金才著《町人伦理思想研究：日本近代化动因新论》（北京大学出版社，2001 年）、王屏著《近代日本的亚细亚主义》（商务印书馆，2004 年）、李卓著《中日家族制度比较研究》（人民出版社，2004 年）、刘岳兵著《日本近代儒学研究》（商务印书馆，2003 年）、《明治儒学与近代日本》（上海古籍出版社，2005 年）、《中日近现代思想与儒学》（三联书店，2007 年），向卿著《日本近代民族主义：1868—1895》（社会科学文献出版社，2007 年）、肖传国著《近代西方文化与日本明治宪法——从英法思想向普鲁士•德意志思想的演变》（社会科学文献出版社，2007 年）、刘家鑫著《日本近代知识分子的中国观》（南开大学出版社，2008 年）、陈秀武著《近代日本国家意识的形成》（商务印书馆，2008 年）、朱忆天著《康有为的改革思想与明治日本》（上海人民出版社，2011 年）、卞崇道著《日本的思想与近代哲学》（中国社会科学出版社，2012 年）、唐永亮著《中江兆民的国际政治思想——日本近代小国外交思想的源流》（社会科学文献出版社，2010 年）、郭丽著《近代日本的对外认识》（北京大学出版社，2011 年）、许晓光著《思想转型与社会近代化——日本近代早期非传统政治思想研究》（高等教育出版社，2011 年）等。

2012 年，以南开大学日本研究院研究人员为中心，汇集国内日本研究专家，由江苏人民出版社出版了杨栋梁主编的 6 卷本《近代以来日本的中国观》，该书总结了 1840 年以来日本对中国认识的阶段性特征和演变轨迹，将近代以来日本的中国观总结为“从尊崇到质疑”“从质疑到污蔑”“从污蔑到无视”“从无视到敌视”“从敌视到正视”“从正视到‘竞合’”等历史演进过程，在世界近代历史巨变的宏观背景下，梳理了近代以来中日国力的变化以及由此产生的中日关系变化过程。

第四，日本、欧美等海外专著不断引入，通俗读物大量涌现。新中国成立后，为充实国内日本史教材的不足，加强日本历史研究，商务印书馆翻译出版了井上清、铃木正四合著的《日本近代史》（上下册，1959 年、1972 年）。该书运用马克思主义基本理论，揭示了日本经过明治维新、资本主义形成和发展与日本帝国主义总危机的历史过程。改革开放后，商务印书馆又翻译出版了远山茂树、今井清一、藤原章著《日本近现代史》（3 卷本，1983 年），该书汇聚 20 世纪 70 年代日本近现代史研究的最新成果，全面阐述了从明治维新到战后 60 年代为止的近百年日本近现代史发展过程。安冈昭男著《日本近代史》（中国社会科学出版社，1996 年）注重从基本史实出发，主要记述了近代日本从开国到明治时代结束的基本历史事件、历史人物、历史过程，该书记述翔实，资料丰富。此外，还有丸山真男著《福泽谕吉与日本近代化》（学林出版社，1990 年）、依田熹家著《日本近代化与中国的比较》（上海远东出版社，2004 年）、中村隆英等著《日本经济史》（8 卷本，三联书店，1997 年）、坂本太郎著《日本史》（中国社会科学出版社，2008 年）、浜野洁著《日本经济史 1600—2000》（南京大学出版社，2010 年）、鸟海靖著《近代日本的机运》（社会科学出版社，2014 年）等书相继翻译出版。

在翻译出版日本学者著作的同时，一些学者也开始探索从他者角度思考日本历史和文化，于是大量海外出版的日本历史研究著作被译成中文出版，这不仅增强了国人对日本的认识和了解，也开拓了日本研究的新视野和新思维。较早的有代表性著作是诺曼•赫伯特著《日本维新史》（商务印书馆，1962 年），该书 1940 年在日本出版后，对海内外明治维新史研究影响较大。作者以夹叙加议方式，论述了从明治维新经过制定宪法、召开国会到日俄战争的日本近代史过程，内容涉及政治、经济等领域，并大量引用了文献资料，是欧美国家研究明治维新的早期经典著作。20 世纪 90 年代以后，翻译出版的欧美学者的日本研究著作明显增多，如赖肖尔著《近代日本新观》（三联书店，1992 年）、安德鲁•戈登著《日本的起起落落：从德川幕府到现代》（广西师范大学出版社，2008 年）、詹姆斯•麦克莱恩《日本史 1600—2000》（海南出版社，2009 年）等。近年来，江苏人民出版社组织翻译了多卷本“西方日本研究丛书”，专门向国内介绍欧美学者对日研究的经典著作。其中涉及日本近代的有威廉•G. 比斯利著《明治维新》（2012 年），《汽笛的声音：日本明治时代的铁路与国家》（2011 年），《日本劳资关系的演变：重工业篇 1853—1955》（2011 年）等多部。比斯利著《明治维新》着眼于中日两国面对西方威胁和压力的不同反应，通过追溯明治时期日本思想观念的变化、传统与现代的冲突、日本与西方的博弈，考察了天皇、幕府、武士、农民等各个阶层的自我救赎和国家定位过程。

另外，日本近代相关的普及性读物、通俗性读物也有很大市场。基于中日特定的地理位置、历史渊源和中日关系的复杂多变，国人对日本相关信息、知识极为敏感，又保有特殊的兴趣。近年来，国内市场出版了一系列日本相关的图书，特别是一些通俗读物和历史小说等，颇为畅销。如孙秀玲著《一口气读完日本史》（京华出版社，2006 年），樱雪丸著《史上最强日本史》（凤凰出版社，2010 年），陈杰著《明治维新——改变日本的五十年》（陕西人民出版社，2011 年）、《幕府时代》（3 卷本，陕西人民出版社，2013 年）等。

近年国内翻译出版了山冈庄八著《明治天皇》（金城出版社，2009 年）、司马辽太郎著《坂本龙马全集》（南海出版社，2013 年）、《幕末》（重庆出版集团，2014 年）等多部历史小说。上述作品虽然不是学术专著，但对普及日本近代史知识起到了重要渠道作用。不过，在上述历史小说的无形扩散中，自然渗透着当代日本社会的历史认识和思想观念，这一点需要注意。

三、明治维新与近代化转型研究的现代视野和现实课题

在全球化、信息化、数字化的时代潮流冲击下，如何进一步整理和挖掘明治维新和日本近代化转型相关的历史资料，如何充分借鉴、学习和吸收国内外日本近代史相关的最新成果，如何充分把握和应用最新社会科学理论及其研究方法，密切跟踪最新学术动态，从而凝聚出具有鲜明时代特色的日本近代史新篇，成为当代中国明治维新和日本近代化转型研究的重要课题。

日本学者喜欢使用“近代化”一词，而我国学者更多使用“现代化”的概念，其基本内涵大同小异。在一定意义上说，近代化就是从传统封建社会向近代社会的转型过程。对于东方国家来说，近代化或现代化的基本内涵一般等同于工业化、产业化、西方化、欧洲化或欧美化等概念。日本明治维新以后，中国近代化转型的现实目标又多了一层意思，即仿效日本的明治维新，开启中国的维新变革之道。因此，国内日本近代史研究大多立足于日本近代化转型成功的既定逻辑，侧重于挖掘明治维新的成功经验，注意探求日本近代化转型的推进路径和制度方法。

伴随着全球化、信息化时代潮流的剧烈冲击，人类社会生产方式、生活方式、思维方式等诸多领域发生了革命性变化，这势必引起社会科学理论、现代化理论体系的重大调整和不断深化。从迪尔凯姆、韦伯的传统现代化理论，到帕森斯、罗斯托、列维、布莱克、亨廷顿等的战后现代化理论，现代化理论不仅体系复杂，流派林立，而且不断演化。因此，在研究现代化转型等重大历史问题时，不可能仅仅基于一种理论体系和研究框架，而必须全面借鉴和吸收现代化理论的研究视野和研究

方法，从政治、经济、社会、思想文化等各个角度加以综合分析。

从历史发展的角度看，真正意义上的现代化应该是对近代化，即对工业化的继承、发展和更广泛意义的扩充和升华，是对人类社会发展中的唯物质论、唯发展论的反思、否定和纠正，是在人本主义基础上的人类本性的回归。如果说近代技术、近代工业带来了世界近代史上物质财富的极大丰富和人类社会的巨大进步，那么同时也必须看到，大工业背景下的近代社会转型则充斥着物质主义哲学基础上的人性扭曲和文明冲突。今天，在全球化、信息化的时代背景下，人们应该重新定义现代化理论的内涵，重新思考人类社会近代化转型的发展价值和历史意义。因此，应该在全面反思传统现代化理论、当代现代化理论的基础上，基于日本近代史的演进过程，重新探讨日本明治维新的发展历程和内在逻辑，探索日本近代化转型的时代价值和理论意义。

近年来，日本近代史相关研究成果的大量发表和出版，为进一步推动明治维新和近代化转型研究积累了大量素材，加之日本大量原始文献解密和大规模历史文献的数字化建设，为开展日本历史研究提供了极大便利。但是，在明治维新和近代化转型研究方面，仍然存在着许多尚未很好解决的现实课题。目前，国内对于明治维新和日本近代化转型的复杂性、全面性和动态性揭示仍然不够充分。

首先，应该注重揭示明治维新和日本近代化转型的复杂性。明治维新是日本社会各界不断探索和博弈的历史演进，而不是维新精英人为设计的结果。在明治维新过程中，既没有什么先知先觉的设计者、引导者，也没有什么天生腐朽的顽固派、落后派，有的只是面临西方列强侵略压力下的恐慌和基于自身视野、利益基础上的尝试性反应。如果说德川幕府末期日本社会上层存在什么共识的话，那就是日本将迎来巨大变革，现存的社会秩序、统治秩序和生存模式将难以为继。面对着西方列强的外压，武士阶层风起暗杀，农民进行抗议与斗争；面对着复杂而混乱中的权力争斗，每个组织、阶层和个体都在不断探索着未来的定位和出路，每个阶层都在随着形势的发展而不断调整着自己的对策和路线，都在为自身或本阶层的利益而进行着拼杀和博弈。

明治维新的过程，不仅仅是尊王攘夷、攘夷倒幕、尊王倒幕之间的关系，同时也涉及西南强藩与幕府政权之间、西南诸藩之间、维新志士与宫廷官僚之间、下级武士与藩主之间、武士与农民之间的博弈。因此，在明治维新和近代化转型研究中，必须充分挖掘反映社会各个阶层的历史史实和历史脉络，努力实现日本近代化转型的客观性、动态性描述。

一方面国内十分重视明治维新研究，对明治维新的性质存在诸多争议，但是，绝大多数研究过度关注了明治政府或者说西南诸藩的态度和行动，对于明治维新时期德川政权自身的政策和行动研究不足。许多研究将德川幕府定位于反动腐朽的封建统治，视其为尊王攘夷过程中革命或改革的对象。近年来对德川政权重视程度虽然有所增强，如《新编日本近代史》第一章，专门分析了幕府政权的历史遗产。但是，对于明治维新时期的幕府统治以及维新后德川家族及各藩变化的研究关注不够，特别是明治政府的政治经济举措与将军、藩主之间的关系，废藩置县过程中中央政府与地方的关系、明治维新时期中下级武士、农民的社会变动关系等问题，应该给予充分重视。

其次，应该注重全面揭示日本近代化转型的全貌，特别是要重视日本近代经济制度建设及社会影响层面的研究。在国内出版的几部日本近代史著作中，总体看来，日本政治史色彩较重，而对于日本近代工业化进程、近代经济制度构建以及近代经济对日本社会思想文化的影响等问题，着力相对较少。作为后发国家，在近代工业化过程中，强调日本政府的干预作用，重视政治变动和制度变革本是应有之义，但是，日本近代化转型的根本点在于“富国强兵”，即明治维新的出发点和落脚点在于确立和发展资本主义，而“王政复古”“殖产兴业”“文明开化”等是手段和方法。如果淡化了明治维新时期近代工业发展和资本主义经济制度确立的历史价值，则日本近代化转型根本无从谈起。

近年来，在日本近代化史研究领域存在一种过分夸大江户时代市场经济发展水平，过度强调江户时代思想文化作用的倾向，甚至有意忽视或贬低明治维新本身的社会变革价值。应该说，现在对江户时代政治经济制度和文化思想研究尚不充分，今后需要进一步加强对江户时代的研究，但这并不意味着江户时代的经济基础、思想开放程度足以推动明治维新和日本的近代化转型。不能仅仅因为江户时代存在市场经济现象和市场交易行为，存在“参觐交代”或“株仲间”等特殊经济现象，就过分夸大日本社会的市场经济水平。相反倒是应该深入研究幕藩体制下日本市场经济的规模和交易形式，进而探讨明治时期形成日本统一法律、统一货币和统一市场的推进过程和历史价值。

再次，应该加强日本社会组织结构及其变化研究。目前国内学者比较关注明治维新与洋务运动、戊戌变法等比较研究，并且注重从思想文化视角探索中日近代化转型的差异。但是，对于日本社会组织结构角度研究尚不充分，特别是对于幕藩体制解体后的日本社会组织结构、基层社会组织的权力构建以及中央政府与地方政府关系等研究明显不足。近年来日本思想史研究备受推崇，然而，任何思想传播和发挥作用都不能脱离特定的社会组织空间和基础社会土壤。正如麦克卢汉所谓“媒介即信息”，如果脱离了具体社会组织环境，而仅从个别人物、思想文化角度来描绘日本近代化转型过程，则难以真正揭示中日两国近代化转型成功与失败的历史差异。

明治维新时期政治制度、经济体制和社会组织结构变革步伐巨大，但日本却未像法国大革命、中国辛亥革命那样造成巨大的社会冲击和社会动荡。其历史原因虽然十分复杂，但其关键点在于日本特殊的社会组织结构和文化传播渠道。明治维新时期的政治经济变革虽然也有农民、商人等其他阶层的参与，但总体而言，明治维新是一场由武士阶层推动的社会变革运动，是社会的中层结构和上层结构的变动。法国大革命之所以轰轰烈烈，之所以造成了社会的巨大动荡，主要是基于文艺复兴思想长期渗透基础上形成的社会各阶层的复杂矛盾与冲突，并最终导致社会各个阶层都投身于其理念中的革命浪潮。法国大革命虽然波澜壮阔，但其社会破坏性却极大，它带来的最终结果未必是全民族的生机与福祉。与近代中国革命相类似，社会变革一旦深入社会底层，则可能出现颠覆性社会变动，从而可能导致社会秩序的全面紊乱。人类发展史告诉我们，社会中间阶层领导的改良运动可能是推动社会进步的最有效途径，其社会成本最小，而其整体受益可能最大。日本明治维新成功的关键或在于此，而中国戊戌变法的失败或许也在于此。戊戌变法和辛亥革命分别走向了两个社会变革极端。

最后，要注意揭示明治维新与近代化转型过程中的变与不变的关系研究。明治维新时期虽然是一个复杂的变化时期，明治维新虽然带来了日本政治、经济、社会思想文化的巨大变革，同时还必须看到，明治维新并不是全面推倒重来的社会革命。明治维新是在维系日本传统天皇道统基础上的统治阶级内部的一次政治权力调整。在诸多巨变的同时，还存在一系列的不变。明治维新过程中，王政复古旗帜下所维系的不仅仅是一种“挟天子以令诸侯”的政治手段，还在于在巨大社会变革、政治博弈中社会道统的继承。相对于中国的辛亥革命、新民主主义革命，明治维新对社会秩序、道德伦理和思想意识的破坏力可以说是极其微弱的。明治维新以后，以自由民权运动为中心的各种思潮曾经猛烈冲击了现存社会秩序，但是，以伊藤博文为首的当权派最终确立的是以德国为模板的天皇制立宪体制。这种政体并不是一种凭空的杜撰，而是在一定程度上对日本历史传统和文化思想脉络的继承和维系。天皇制立宪政体作为一种制度模式被创造和保留下来，虽然其中不乏日本政治家们为了维护自身利益而进行的博弈、妥协、权谋，虽然其中不可避免地存在统治阶级人为的神圣教化色彩，但在一定程度上也暗合了日本的历史文化传统。明治维新以后，武士集团作为一种特殊阶层虽然退出历史舞台，但是，武家文化、武士道精神却仍然深植于日本社会的思想土壤之中。明治政府以法律形式确立的天皇神圣思想，不仅深刻影响着日本社会的各个阶层，而且逐渐成为维系日本社会秩序和加强思想控制的一种行之有效的方法和手段。

总之，一个国家和社会的历史发展，并不是由社会精英人为设计的，而是特定历史背景下，由融合了社会思想文化因素的各种力量共同作用的结果。历史学家的任务不仅仅在于讲清楚历史史实，而是要解释历史演进的各种历史动因、机制和治理过程。基于日本社会历史自我演进的历史过程，着力从政治、经济、文化、思想各个角度揭示历史演进的复杂性，突出社会变动时期权力博弈过程，注重分析各种思想文化渗透的现实价值，特别是各种思潮、学说的社会群体基础和传播途径，注意研究日本社会结构的特殊性，特别是日本基础社会组织在社会变革中的态度、变化、作用和影响，注重考查明治维新时期幕府、西南诸藩及其他地方政权的态度、行动，对于揭示明治维新和日本近代化转型的历史轨迹具有重要价值。

对于中国人来说，基于近代化发展路径、近代化结果上的中日差异，思考明治维新和近代化转型问题，虽然是一个重要的立足点，但是，在日本近代史的研究过程中，不能过分强调中日差异，过分渗入中国社会的理解角度和分析方法来研究日本问题，否则容易将我们导致错误的方向和结论。应该努力摒弃现代化理论中的唯发展论观点，不能简单从近代化结果而去反推原因，而应该注重寻找历史自我演化的动力、机制和社会治理方法。因此，必须避免简单的近代化结果比较，中日近代化路径和结果的差异只是参照系之一，不能过分基于中国人的求成视角去反观日本。

日本战后史研究综述

臧佩红[1]

① 臧佩红，南开大学日本研究院副教授。

日本战后史研究综述

何谓“战后史”？此处指第二次世界大战后的历史。关于“战后”的结束是在何时？可谓众说纷纭，莫衷一是。欧美的战胜国一般认为，马歇尔计划完成或旧金山媾和条约签署之时（1952 年），便是战后结束之日。日本经济企划厅在 1956 年出版的《经济白皮书》中有句名言：“现在已经不是战后了”，也时常被人们误解为“战后”到此宣告结束。然而，在日本、德国等战败国，因尚未完全“清算过去”、彻底摆脱战争责任问题，所以不可能简单地与战后诀别。诚如美国哥伦比亚大学的卡罗尔•克拉科将此称为“漫长的战后”[①]。作为战胜国的中国，不少人认为“战后”的终结应该是冷战体制崩溃的 20 世纪 90 年代初，还有不少学者在看待战败国日本的当代史，或者在审视战胜国美国的当代史时，同样都将“战后”历史毫不犹豫地“推入”21 世纪[②]。“战后”俨然成为“当代”的同义语。笔者认为，在东亚还没有实现“历史和解”的情况下，日本的“战后”远没有结束。因此，本文在考察新中国成立以来，特别是改革开放以来国内关于日本战后史研究时，同样将日本“战后史”研究的时限，划到我们生活的今天。本文的考察对象主要是 1949—2015 近 70 年间国内公开发表或出版的专著、文集及论文等。其他地区或国家的相关研究，部分亦有涉及，但不作为主要评述内容。

一、日本战后史研究的探索与起步阶段（1949—1978）

从 1949 年中华人民共和国建立到 1978 年改革开放的约 30 年间，可以说是中国的日本战后史研究的艰难起步期。这一时期日本战后史的研究主要有以下特色：

首先，从事日本战后史研究的人员较少。

由于受传统史学观点的影响，我国史学界对战后的当代历史重视不够，大都将目光投到近代日本或者古代日本。例如新中国日本史研究的奠基者、令人崇敬的“三

① 中村正则著：《日本战后史》，张英莉译，中国人民大学出版社，2008 年，第 9 页。

② 王振锁：《日本战后五十年：1945—1995》（世界知识出版社，1996 年），王新生：《战后日本史》（江苏人民出版社，2013 年）等。就中国的美国研究而言，学界将美国的“战后”也写到冷战结束前后或者 21 世纪，如刘绪贻、杨生茂主编：《战后美国史：1945—1986》（人民出版社，1989 年），《战后美国史：1945—2000》（人民出版社，2002 年），资中筠主编：《战后美国外交史：从杜鲁门到里根》（世界知识出版社，1994 年），贺国庆、何振海等著：《战后美国教育史》（上海交通大学出版社，2014 年）等。

老”周一良、吴廷璆和邹有恒三位先生，都将研究领域放到明治维新、日本帝国主义研究以及古代中日文化交流、日本社会性质、社会改革方面。山西大学的王辑五先生作为当代中国日本史和中日关系史研究的先行者之一，研究重点也是 1600 年以前的日本与古代到民国时期的中日交通史。复旦大学的吴杰先生作为日本史研究的“先哲学者”之一，在从事日本史、中日关系史的研究时，相当一部分精力则放在对战后日本经济、政府、政界人物的译介上。

新闻界记者、编辑或外交界的工作者、研究人员基于对现实日本的关注，率先展开了战后日本研究。开中国的日本战后史研究先河的首推刘思慕，他在新中国成立前曾在《力报》《广西日报》《华商报》等报社长期工作，新中国成立后先后担任上海《新闻日报》社长、《解放日报》副总编辑、上海国际问题研究所副所长、中国社会科学院世界历史研究所所长等职。在东京的日本大学留学过的李纯青，在抗日战争爆发后，曾担任《大公报》专栏记者，撰写了大量宣传抗日的社论、短评和专栏政论文章，是当时著名的日本问题专家和政论家。新中国成立后他历任上海《大公报》副总编辑、天津《大公报》副社长，1954 年任中共中央宣传部政策研究室和外交部国际关系研究所研究员，主持出版了《日本问题概论》。原中日友协常务理事郑森禹先生也是年轻时先后在《月报》《半月》《世界知识》《联合日报》《联合晚报》等报刊、通讯社担任编辑或主编，撰写日本方面的评论文章，编译过有关日本的资料，出版了几本有关日本问题和抗日战争的小册子。新中国成立后主要从事国际和平友好活动，作为一名外交战士活跃在外交舞台上。[①]外交部原顾问张香山长期从事日本问题研究和对日工作，在 1954 年出版了著作《日本》。此外，编著《日本》的陈桥驿，则是长期从事《水经注》研究的历史地理学家。

其次，战后史的研究成果相对较少，相当一部分为编译成果。

在国际冷战格局与国内政治形势的影响下，关于战后日本即当代日本的研究成果较少。代表性著作主要有刘思慕的《战后日本问题》《战前与战后的日本》和《美国重新武装日本问题讲话》，李纯青的《日本问题概论》《对日和约问题：斥美制对日和约草案》，张香山的《日本》、郑森禹的《日本和平运动》、羽山的《日本》、陈桥驿的《日本》、邓超的《日本人民为粉碎奴隶的枷锁而斗争》、孟宪章的《战后美帝扶日罪行全史》、庄涛的《战后日本政局的变化和目前形势的透视》、吴半农的《当

① 冯昭奎：《深切悼念——敬爱的郑森禹伯伯》，《世界知识》1997 年第 14 期。

前日本经济危机》、吴杰的《战后日本经济》等。

有关战后日本的书籍，相当一部分是译自苏联和日本学者的成果。如20世纪50年代，有少量日本学者的著作中译本出版，例如井上清的《日本农民运动史》、近藤康男编的《日本贫困问题》、政治经济研究所编的《在日本的外国资本》等。苏联学者的日本史著作中译本，如爱依杜斯的《日本近代现代简明史》、茹科夫等执笔的《日本现代史纲》等，都是当时必读的入门书[①]。到20世纪六七十年代，随着中苏关系恶化、中美关系改善和中日邦交正常化的实现，大量的日文书籍及部分英文书籍被译成中文。例如井上清《战后日本史》（上下册）、吉泽清次郎主编《战后日美关系》《战后日苏关系》、垄断资本研究会《现代日本垄断资本》、小山弘健《日本社会党史》、田中角荣《日本列岛改造论》以及美国学者劳伦斯•奥尔森《日本在战后亚洲》等。

最后，战后史研究多为时评性阐述，时代烙印明显。

在东西阵营对垒以及国内政治运动不断的影响下，这一时期的研究出于国际斗争及宣传工作需要，主要是对日美等国家的有关政策进行揭露和批判，基本上持否定态度。例如刘思慕的《战后日本问题》，"以美国片面管制和扶植日本的政策为中心，描出战后日本一个轮廓"，分析了"波茨坦宣言关于日本的规定是否已经履行，投降三年后的日本与投降前的日本究竟有什么不同"[②]，同时该书也对日本战后改革、东京审判、经济复兴、重新武装日本、战后日本人民运动等进行了阐述。庄涛的《战后日本政局的变化和目前形势的透视》介绍了从日本投降到岸信介内阁时期日本政局的变化，论述了"第二次岸信介内阁的反动政策"与当时"日本形势的特点"[③]。复旦大学编写的《战后日本经济》一书，从"国家垄断资本主义"的视角，分析了"恶性膨胀、畸形发展的'经济大国'"日本的"生产集中和垄断的发展""金融资本的统治""垄断资本对亚非拉的经济扩张""日美经济关系及其矛盾"与"无产阶级的贫困化和垄断资本主义的寄生性、腐朽性"等[④]。邓超《日本人民为粉碎奴隶的枷锁而斗争》、孟宪章《战后美帝扶日罪行全史》与吴半农《当前日本

---

① 周启乾：《学习日本历史的回忆》，李玉主编：《新中国日本史研究的回顾与展望》，天津古籍出版社，2012年，第201页。

② 思慕：《战后日本问题》，生活•读书•新知上海联合发行所，1949年，第171页。

③ 庄涛：《战后日本政局的变化和目前形势的透视》，世界知识出版社，1959年，第35、47页。

④ "战后日本经济"编写组：《战后日本经济》，上海人民出版社，1973年。

经济危机》等书名本身，已反映了当时那个年代关于“日本战后史”研究的特色。

二、日本战后史研究的奠基与初步发展阶段（1979–1999）

从改革开放后的1979年到20世纪末的20年间，是中国日本战后史研究的奠基与初步发展时期。这一时期的日本战后史研究表现为研究人员增多，相关成果大量涌现，整体观点相对客观。

首先，研究战后日本的人员、机构显著增加。

中国改革开放政策的实施，为学术繁荣提供了前所未有的环境，全国以及地区性的日本研究学会相继成立，关于战后日本的研究在学会、高校或科研院所陆续展开。1980年7月，中国日本史学会成立大会暨第一届学术讨论会在天津召开，提交大会的有关战后史论文就有11篇。翌年，中国日本史学会第二届学术讨论会正式成立了战后史分会，吴杰出任首任分会长，同时，他还率先在复旦大学历史系开设了“日本战后史”课程，这在我国国内也是首次[①]。这一时期，中国中日关系史学会（1984年）、中华日本学会（1990年）、中国日本哲学会（1991年）以及上海市日本学会（1985年）、山东省日本学会（1994年）等先后成立。

20世纪80年代以来，随着中日关系的发展，全国范围的日本研究升温，一批综合性的日本研究机构或在原来基础上，或是最新筹划，在全国各地相继建立。1981年5月，中国社会科学院日本研究所成立，专门从事当代日本问题的研究。此外，还有北京外国语大学日本学研究中心（1985年）、北京大学日本研究中心（1988年）、南开大学日本研究中心（1988年）、杭州大学日本文化研究中心（1989年，现为“浙江工商大学日本文化研究所”）、复旦大学日本研究中心（1990年）等，其中有些机构聚集了一批来自各个专业方向的研究战后日本的学者，为日本战后史研究奠定了组织方面的基础。

其次，战后日本史或一批涉及战后的奠基性著作相继问世。

以断代史形式撰写“当代日本史”的首推冯瑞云《近代日本国家发展战略——当代日本发展述论》（吉林大学出版社，1991年）。该书采用了“日本当代史”的

① 张翔：《吴杰先生中日关系史与日本史研究评述》，《近代中国》1999年6月。

概念，认为它是日本近代史上的一个重要阶段。作者从国家发展战略的角度，将全书分为“历史的遗产”“分化与改组”“恢复与重建”“步入发展之途”“跻身发达国家前列”与“步入政治大国”六章，展示了约 45 年间当代日本历史的发展过程。王振锁《日本战后五十年：1945—1995》（世界知识出版社，1996 年）可以说是中国国内首部以“战后”为题撰写的日本战后史。该书本着“不是通史，又似通史”的宗旨，将战后半个世纪的历史分为“日本的战败与经济复兴”“经济高速发展时期”与“从经济大国走向政治大国”三个时期，从政治、经济、外交、社会等角度对战后日本进行了较为全面、综合的考察，是一部认识、了解以及研究当代日本的代表性著作。

作为通史的一部分来考察日本战后的首先是赵建民、刘予苇主编的《日本通史》（复旦大学出版社，1989 年），该书是新中国成立以来第一部日本通史，由七位国内学者合作撰写。该书在吸收国内外日本史学界研究成果的基础上，以约占全书六分之一的篇幅考察了从 1945 到 1988 年间的战后日本发展史。吴廷璆主编的《日本史》（南开大学出版社，1994 年）是目前为止国内篇幅最大的日本通史专著，其本着“厚今薄古”的思路，以占全书三分之一的篇幅从政治、经济、外交、军事、科技、文化与教育等方面更加详尽、具体地记述了战后 40 多年间日本历史发展的过程。

更多成果则是以专题史或专题研究的形式从各个角度对战后日本进行了开拓性研究。如现代化研究方面有万峰《日本资本主义史研究》、刘天纯《日本改革史纲》《日本现代化研究》、吴廷璆编《日本近代化研究》、王振锁《日本农业现代化的途径》等。经济研究方面可以说成果最多，如辽宁大学哲学研究所等编《战后日本经济危机简史》、辽宁大学日本研究所编《日本经济的发展》，刘予苇《日本经济发展的三十五年（1945—1980）》、王章耀《战后日本经济概述》、金明善《现代日本经济问题》《站在十字路口的“经济巨人”：成为经济大国后的日本》《日本经济：昨天•今天•明天》、李公绰《战后日本的经济崛起》、宋绍英《日本崛起论》、孔凡静《日本经济发展战略》、杨栋梁《日本战后复兴期经济政策研究》《国家权力与经济发展——日本战后产业合理化政策研究》等。具有代表性的成果是 1988 年由航空工业出版社出版的《战后日本丛书》（全 9 册），其中 8 册是关于日本经济的著作。[①]这套丛书可以说是对20世纪70年代至80年代前期我国对日本经济研究的成果总汇，是国内学者运用马克思主义政治经济学研究战后日本经济的奠基之作。[②]日本政治方面的研究有赫赤等《日本政治概况》、关南等《战后日本政治》、王振锁《自民党的兴衰》、王新生《现代日本政治》、蒋立峰主编《日本政治概论》、林尚立《政党政治与现代化》、杨孝臣《日本政治现代化》、刘小林《当代各国政治体制——日本》等。外交方面研究有吴学文主编的《日本外交轨迹（1945—1989）》，首开国内学者专门论述战后日本外交的先河。宋成有、李寒梅等著《战后日本外交史（1945—1994）》是国内第一部全面系统研究战后日本外交的专著。冯昭奎、刘世龙等著《战后日本外交（1945—1995）》、张健《战后日本的经济外交》、张光《日本对外援助政策研究》、郭炤烈《日本和东盟》等在相关领域都是具有一定开拓意义的研究。中日关系方面的研究主要有杨正光《中日关系简史》，这是新中国第一本该领域的专著。此外，还有张声振的《近现代中日关系史》、杨孝臣的《中日关系史纲》、林代昭的《战后中日关系史》、吴学文《当代中日关系》、冯瑞云《当代中日关系发展要论》以及张蓬舟主编的《近五十年来中国与日本》（3卷9册）等也都是该领域的奠基之作。社会、思想、文化方面涉及战后日本的研究主要有中日学者共同撰写的《中日文化交流史大系》（10卷本）、武隆《文化的抉择与发展——日本吸收外来文化史说》、郑彭年《日本西方文化摄取史》、宋德宣《日本文化结构演变论》、卞崇道《现代日本哲学与文化》《战后日本哲学思想概论》、王家骅《儒家思想与日本文化》《儒家思想与日本的现代化》与李卓《家族制度与日本的近代化》等均为该领域开拓性的研究。日本教育方面的代表性著作则有王桂的《日本教育史》、梁忠义的《战后日本教育研究》等。其他领域或相关著述，限于篇幅，不再一一列举。

再次，战后史研究的角度与观点，较之以前相对全面、客观。

整体上战后史研究的角度、视野逐渐拓展，以求较为全面地去认识战后日本。例如20世纪80年代末与90年代初先后出版的赵建民等的《日本通史》与冯瑞云

---

① 八册著作分别为金明善、宋绍英、孙执中主编：《战后日本经济发展史》，金明善主编：《战后日本产业政策》，盛继勤主编：《战后日本国民经济基础结构》，任文侠、吕有晨主编：《日本的宏观经济管理》，孙执中主编：《战后日本财政》，郑励志、陈建安主编：《战后日本对外贸易》，金泰相、张赤宸主编：《战后日本垄断资本》，王琥生、赵军山合编：《战后日本经济社会统计》。

② 冯昭奎：《中国的日本经济研究30年综述》，李薇主编：《当代中国的日本研究（1981—2011）》，中国社会科学出版社，2012年，第92、93页。

的《近代日本国家发展战略——当代日本发展述论》，主要以政治、经济和外交为主考察了战后日本的发展进程，对教育、社会等其他方面也略有涉及。到 90 年代中期，吴廷璆主编的《日本史》与王振锁的《日本战后五十年：1945—1995》虽然也是以政治、经济和外交为主，但吴廷璆主编的书中最后两章单设了“科技、文化与教育”的内容，介绍了当时科技、教育的发展状况与社会意识、文化生活等方面的变化。王振锁的书中也在个别节和目中考察了战后日本社会结构与国民生活的变化以及教育改革、科技发展趋势等问题。

随着研究的逐步深入，开始相对客观、理性地去分析战后的日本。在战后史的重要课题中，列举几例，以示说明。譬如战后改革问题的研究，1949—1978 年间，我国学者几乎都是从揭露美国单独占领日本、进行战后改革的目的和动机这一角度，分析日本战后改革问题，强调其虚伪性和不彻底性；从反对美国武装日本的角度，对日本战后改革持批判的、否定的态度[①]。80 年代以来，俞辛焞在《试论日本的战后改革》中率先对战后改革的内容、性质、意义、动力及其和占领政策的关系等问题进行了深入探讨，指出“这是一次带有资产阶级民主主义性质的改革，使日本的历史从法西斯军国主义的时代跨入资产阶级民主主义的时代，在日本资本主义社会的发展史上具有划时代的意义”[②]。金明善在《日本战后民主改革及其对经济发展的意义》中肯定了战后改革对经济高速发展的作用，他指出，尽管日本的战后民主改革“具有制度上的种种局限性”，但“改革使日本最终完成了明治维新的资产阶级革命以后理应完成而未能完成的历史任务，又成为现代日本垄断资本主义发展的一个新起点，为战后日本经济的高速发展、实现国民经济现代化奠定了必要的社会经济前提”[③]。田桓的《日本战后改革与经济高速增长》一文提出了战后改革表现出的五个方面特点，深入探讨了战后改革与日本经济高速增长的关系及其影响，认为“没有战后大规模的体制改革，日本经济也许不会出现较快地发展，也许不会出现如此‘奇迹’般的高速发展”[④]。吴杰在“关于日本战后改革研究的若干意见”中则强调：“要评价战后改革，它的积极作用要加以肯定，但不能不看到同

---

① 汤重南：《建国以来我国学者对日本史的研究》，《史学月刊》1990 年第 1 期。

② 俞辛焞：《试论日本的战后改革（上）》，《世界历史》1980 年第 5 期。

③ 金明善：《日本战后民主改革及其对经济发展的意义》，中国日本史学会编：《日本史论文集》，辽宁人民出版社，1985 年，第 348 页。

④ 田桓：《日本战后改革与经济高速增长》，《日本研究》1985 年第 4 期。

时存在的那些局限性。并且更重要的是，不能光看战后改革这个阶段，要把战后改革放在战后的总过程中间来看……才能得出比较中肯的评价。”同时他指出，今后要跳出日本学者“断绝说”与“连续说”的范围，需要更深入地进行综合研究[①]。

关于美国对日占领政策问题，此前我国学界基于政治上的反美论，基本上是持否定、批判态度的。改革开放后，陆续提出一些新的观点。高兴祖在《战后美国对日本的占领政策》一文中认为美国对日本的占领，大体可以分为三个阶段，其中“占领第一阶段从日本帝国主义投降起到1947年为止，是直接间接大力推行非军事化、民主化政策的阶段”[②]。俞辛焞在“美国对日占领政策转变与否辨析”中指出了美国对日占领政策的实质，认为：“在变和不变的错综现象中，美国争夺世界和亚太地区霸权的全球战略和远东战略始终没有变。”[③]进而，在一些具体问题上，有关学者进一步展开了深入研究。例如刘世龙探讨了战时日本派在制定对日占领政策中的作用，以及该派与“中国派”和“新政派”之间的矛盾与斗争[④]。崔丕则是利用美国政府档案资料，探寻了杜鲁门政府从对日全面媾和政策向单独媾和政策蜕变的历史轨迹及其动因，认为1948年10月美国国家安全委员会通过的“NSC13/2号文件成为美国对日战略转变的关节点”[⑤]。

关于战后日本经济高速增长的原因，改革开放以来，成为我国日本研究的热点问题。宋绍英、尹文成等编译了日本经济学家高桥亀吉的《战后日本经济跃进的根本原因》，作者从战后世界经济的变化、日本战败和占领政策、重工业的发展、创业热情、经济体制、日本社会的特点和作用等方面分析了日本经济高速发展的原因，指出“战后日本经济飞跃发展的根本原因，答案正应该是战前没有得到切实发展并且极不成熟的日本重化学工业等重要条件，在战后获得生机而且得到了充分发展”[⑥]。张贤淳在《战后日本经济高速发展的原因》一书中对该问题进行了系统分析，他认

① 吴杰：《关于日本战后改革研究的若干意见》，《日本研究》1985年第4期。

② 高兴祖：《战后美国对日本的占领政策》，中国日本史研究会编：《日本史论文集》，生活·读书·新知三联书店，1982年，第492页。

③ 俞辛焞：《美国对日占领政策转变与否辨析》，中国日本史学会编：《日本史论文集》，辽宁人民出版社，1985年，第349页。

④ 刘世龙：《论“日本派”在制定美国对日占领政策中的作用》（上），《日本问题》1988年第1期；《论“日本派”在制定美国对日占领政策中的作用》（下），《日本问题》1988年第3期。

⑤ 崔丕：《美国对日单独媾和政策形成史论》，《美国研究》1992年第2期。

⑥ 高桥亀吉：《战后日本经济跃进的根本原因》，宋绍英等译，辽宁人民出版社，1984年，第18页。

为："战后特殊历史条件是经济高速发展的前提，优先发展民用重化工业的经济发展战略是指南，激烈的企业竞争是推动力，调动积极性是力量，迅速的资本形成是源泉，不断的技术革新是先锋，大规模的设备投资是物质技术基础，市场扩大是实现条件，国家积极干预经济是保障。这些因素密切联系，互为条件，共同发挥作用实现了日本经济的高速发展。"[①]李公绰著的《战后日本的经济起飞》则主张"优质的劳动力""高效的技术引进和研究开发""独特的企业管理制度""低工资和高储蓄"和"强有力的国家干预"是日本经济高速增长的主要原因[②]。此外，邹有恒、宋绍英、金明善、刘予苇、孔凡静、徐平、李赶顺等许多学者从不同角度、不同方面或运用不同方法，都对日本经济高速发展的原因进行了探讨。

当然，在改革开放、引进学习的大潮中，中国学界的日本战后史研究中，也存在相对片面的问题，即较多关注日本的优点与长处，而对其缺陷或消极方面则研究不够。特别是20世纪80年代我国学界的相关研究成果，大多带有"翻译"或吸收的色彩[③]。从这一时期大量编译的有关著作亦可见一斑，譬如《日本名列第一》(1980年)、《成功的记录》(1982年)、《日本的技术——以最少的耗费取得最好的成就》(1985年)、《日本经济飞跃的秘诀》(1985年)、《日本为什么"成功"》(1986年)、《飞向大国——日本的崛起》(1987年)、《日本的崛起——昭和经济史》(1987年)、《通产省与日本奇迹》(1992年)等。于是邹有恒在1986年发给日本史学会会议的信以及翌年发表的文章中谈道："我国的外国史研究，特别是资本主义国家近现代史的研究，一直存在着一种倾向掩盖着另一种倾向的问题。过去是不能讲资本主义国家有什么好的东西，而近几年来对于资本主义国家的现代化，又出现多讲优点，少讲消极面的倾向。这就不能准确地把资本主义国家的近现代化的经验教训介绍进来，不仅对我国的近现代化有害，而且蒙蔽了我们自己……也养成了我们某些人的高傲自大，或者产生自卑和崇洋的思想。"[④]

① 张贤淳：《战后日本经济高速发展的原因》，吉林大学出版社，1986年，第3页。

② 李公绰：《战后日本的经济起飞》，湖南人民出版社，1988年。

③ 《"新中国日本史研究的拓荒者"学术研讨会纪要》，李玉主编：《新中国日本史研究的回顾与展望》，天津古籍出版社，2012年，第449页。

④ 邹有恒：《对外国研究的几点意见》，《外国问题研究》1986年第4期。《实事求是，联系实际，走有中国特点的外国史研究道路》，《世界历史》1987年第2期。

三、日本战后史研究的逐步深化阶段（2000—2015）

进入21世纪以来的十余年间，中国的日本战后史研究进入一个逐步走向深化的时期。这一时期研究队伍在新老交替中保持稳定增长，国内研究成果与国外译介并举，研究更为全面、深入。

首先，战后史研究队伍稳定增加，显示出多层次“变化”的特征。

20世纪八九十年代一批机构新建，研究战后日本的人员一度骤增，21世纪以来经过新一轮的学科建设调整、专业学院制管理改革之后，各地日本研究机构基本定型，研究当代日本的研究人员稳定增长，基本上每年都有国内培养的“土著派”或从国外学成回国的“海归派”加入到战后日本研究的队伍中。

与此同时，在中国日本史研究第二代学者陆续退休之后，日本史研究者，包括研究战后日本史的学者在内，整体上实现了年轻化，普遍完成了高学历化，加上日益活跃的国际交流、多种形式的国际联合培养，可以说年轻化、高学历化与国际化、多元化一起，成为近些年来中国日本史研究群体的主要特色[①]。

其次，具有创新性的战后史著述、涵盖战后史的通史以及诸多专题研究相继出现，一批代表性的国外著作也被译介到国内。王新生著《战后日本史》（江苏人民出版社，2013年）是新世纪国内首部以纵向断代史形式撰写的、反映日本战后68年历史全貌的著作。该书将战后日本历史划分为“占领与改革”“非对称的保革势力”“民族主义与和平主义”“经济大国的形成”“战后转换时期”“政治大国动向”“改革的背景”“改革的年代”与“漂流的日本”九个时期，全面系统地展现了战后日本历史的发展进程。张健主编的《当代日本》（天津社会科学院出版社，2005年）则从横向上分为“政治外交编”“经济编”“社会文化与教育编”三大部分，以专题形式全方位地介绍了当代日本的政治、外交、经济、社会、文化、教育等方面的现状。

作为通史的一部分对战后进行阐述的主要有，刘建强编著的《新编日本史》（2002年）、浙江大学日本文化研究所编著《日本历史》（2003年）、王新生《日本简史》（2005年）、王保田主编的《日本简史》（2006年）、孙秀玲《一口气读完日

① 宋成有：《中国的日本史研究（1997—2007）》，中华日本学会、南开大学日本研究院、日本国际交流基金编：《中国的日本研究（1997—2009）》，2010年，第43页。

本史》(2006年)、王仲涛、汤重南《日本史》(2008年、修订本2014年)、冯玮《日本通史》(2008年)、王雪松《简明日本史教程》(2008年)等，均从不同层次、不同角度完善了战后史的研究。

该时期最为显著的表现是，在不同专业领域或研究方向上涌现出一大批关于战后的专题研究。例如代表性的有杨栋梁主编的《日本现代化历程研究丛书》(10卷本)，包括日本近现代的经济史、政治史、外交史、社会史、文化史、绘画史、思想史、教育史、文学史与对华关系史。就具体领域而言，如日本政党政治、政局演变、政治体制、政治改革、政治右倾化、外交战略与政策、中日关系及其他对外关系、安全战略、防卫政策、经济体制、泡沫经济、结构改革、产业政策、财政金融政策、企业制度、对外经贸关系、社会、文化、哲学、宗教等等，从不同角度无不丰富并且深化了战后日本史的研究，限于篇幅，不作详述。

这里需要推介的是，这一时期翻译出版了一批有质量、有影响的欧美、日本学者的著作，继加文•麦考马克的《虚幻的乐园：战后日本综合研究》(1999年)之后，例如中村正则的《日本战后史》(2008年)、道尔《拥抱战败：第二次世界大战后的日本》(2008年)、森岛通夫《透视日本：兴与衰的怪圈》(2000年)、依田憙家《简明日本通史》(2004年)、约翰•内森《无约束的日本》(2005年)、肯尼斯•韩歇尔《日本小史：从石器时代到超级强权的崛起(插图第2版)》(2007年)、安德鲁•戈登《日本的起起落落：从德川幕府到现代》(2008年)、托特曼《日本史：第2版》(2008年)、希诺考尔等《日本文明史(第二版)》(2008年)、坂本太郎《日本史》(2008年)、麦克莱恩《日本史(1600—2000)》(2009年)、霍尔《日本史》(2013年)、克雷格《哈佛日本文明简史》(2014年)、理查德•泰姆斯《周末读完日本史》(2014年)、鹅饲正树等编《战后日本文化》(2010年)、桥本健二《战后日本社会阶级构造的变迁》(2012年)、五百旗头真《战后日本外交史：1945—2010》(2013年)、孙崎享《日美同盟的真相》(2014年)、蒲岛郁夫《战后日本政治的轨迹》(2014年)、池田信夫《失去的二十年》(2012年)、榊原英资《日本的反省：被狙击的日元》(2014年)等，从研究的方法、角度、资料与观点诸方面，对我们了解国外研究动向，提高我国日本战后史的研究水平颇有裨益。

再次，战后史研究更加全面、深入，新领域与新观点不断出现。

如何全面认识与把握战后70年日本社会整体的发展历程，一直是战后史研究面临的重大问题。基于此前传统上多注重政治、经济、安全、外交领域的状况，王新生的《战后日本史》“试图通过较大的篇幅以及更多的视角叙述战后日本的发展过程”，特别是“在社会生活、民众思潮、时尚流行、学术观点、文学艺术等方面花费较多笔墨”，设置了“战败后的社会”“废墟上的生活与精神”“占领时期思想与文化”“社会运动与校园斗争”“大众社会形成”“思想与行动”“昭和元禄”“一亿中流”“居民投票与世纪末思想”“组织化的松动”等章节，以求能够从中看出战后日本社会文化特征及其未来发展趋势[①]。

如何全面认识“日本模式”，多年来学界一直存在争议。“日本模式”的成绩与教训，可以说一定程度上阐释了经济发展与政府作用二者之间的关系。在特定的“赶超”历史时期，政府主导型经济发展模式即政府通过行政指导在经济发展过程中发挥了重要作用，日本经济取得了举世瞩目的成绩；而当日本成为经济大国，经济趋于成熟之后，政府主导的经济发展模式的弊端凸显，政策调整空间缩小，政策转换惰性增强，相应导致了政府的财政危机、官僚腐败和内需不足等，这也是日本从“失去的十年”走向“失去的二十年”甚至是“失去的三十年”的要因之一。[②]还有学者进一步指出，泡沫经济崩溃后日本通过政治改革、行政改革和结构改革等一系列制度改革，推动了日本发展模式的转型，但新旧模式转换过程中矛盾与摩擦大量出现，模式转型危机重重。[③]但也有学者强调：“日本模式”虽然在已经走完“追赶型现代化”历程的日本失去了效用，但对于尚处于“追赶型现代化”阶段的发展中国家来说并未过时，依然是学习的楷模[④]。

21 世纪以来在各领域全面综合性研究相继推进的同时，一些新的专题研究逐步深入。例如有学者利用新公开的文献资料对日美关系中的“核密约问题”“冲绳问题”“东芝事件”进行专门研究，深化了对日美关系的理解；[⑤]亦有学者对日本政

---

① 王新生：《战后日本史》，江苏人民出版社，2013 年，第 2 页。

② 参见王新生：《政治体制与经济现代化：“日本模式”再探讨》，中国社科文献出版社，2002 年；《“日本模式”的成功与衰败》，《中国改革》2006 年第 9 期等；

③ 郭定平：《制度改革与意外后果：日本发展模式转型的政治学分析》，《复旦学报》2009 年第 6 期。

④ 孔凡静：《“日本模式”的核心与政府干预》，《日本学刊》2009 年第 2 期。

⑤ 崔丕：《美日返还冲绳施政权谈判中的核密约问题考》，《上海交通大学学报》2014 年第 4 期；陈波：《冲绳返还与美国在西太平洋的核部署》，《国际观察》2010 年第 3 期；刘少东：《日美冲绳问题起源研究（1942—1952）》，世界知识出版社，2011 年；崔丕：《〈美日返还冲绳协定〉形成史论》，《历史研究》2008 年第 2 期；《冷战转型期的美日关系——对东芝事件的历史考察》，《世界历史》2010 年第 6 期等。

治中的“家族政治”或曰“世袭政治”进行了专门探讨，加深了对日本式民主的认识；①还有对日本少子化问题进行了专题探讨和对比研究②。此外，还有对日本公害问题的研究、对东日本大地震问题的研究等等，诸多新领域、新专题不断涌现，在此不再一一赘述。

总之，新中国成立 60 多年来，我国的日本战后史研究从艰难的起步探索，到改革开放后的奠基与初步发展，再到新世纪的逐步深化，走过了一段不平坦的道路，但已经取得了长足的发展。在传统史学与意识形态的影响下，新时期如何全面深入推进日本战后史研究，形成中国风格或中国特色的日本史研究，可谓依然任重道远。这不仅需要突破语言障碍，积极吸收、借鉴国内外的最新研究成果，而且需要解决史料的“瓶颈”，展开扎扎实实的实证研究，还需要在方法、理论与角度上下功夫，才有可能全面深化战后史的研究，迎来日本史研究的真正繁荣期。

---

① 何晓松：《“世袭议员”——日本政坛的奇特现象》，《中国改革》2002 年第 10 期；乔芳：《简析日本世袭议员现象》，《中国司法》2007 年第 8 期；乔林生：《从“世袭政治”看日本民主的实像》，《南开学报》2010 年第 1 期；李成刚等：《日本家族政治的现状及成因分析》，《日本问题研究》2011 年第 1 期等。

② 张建华：《中日少子化的经济分析与研究》，华东理工大学出版社，2009 年；史丽华：《日本少子化发展态势及对策》，《日本研究》2001 年第 3 期；王伟：《日本人口结构的变化趋势及其对社会的影响》，《日本学刊》2003 年第 4 期；施锦芳：《日本人口少子化问题研究》，《日本研究》2012 年第 1 期等。

海外专稿

超越 20 世纪——日本的未来与近代的经验

三谷博[1]

① 三谷博，原为东京大学大学院综合文化研究科教授，现为迹见学园女子大学文学部教授、东京大学文学博士。主要著作有《明治維新とナショナリズム 幕末の外交と政治変動》《ペリー来航》《明治維新を考える》《危機が生んだ挙国一致》《愛国・革命・民主　日本史から世界を考える》等。

序　言

如今，日本人要想拥有一个美好的未来应该怎样思考历史？高速增长期已经过去了二十余年，日本人口减少的事实越来越明显，无法再出现曾经的高速增长。将未来置于现在的延长线上，并通过谋求量的增加来创造日本未来的想法也已行不通了。为了建设更好的社会，我们要重组连接过去与未来的历史思考模式。

首先，应该给未来设定一个积极的目标，并且从那里开始重新阐释历史。笔者提倡的一个积极的目标就是将日本变成一个“想去看看的国家”。在东京奥运会这个“款待”之前，将日本变成一个不但能让外国人来短期旅游，而且能使他们进行商务、留学且想定居的社会，让他们产生“去了日本肯定会有好事”的想法。这种社会对于日本人而言也肯定十分舒适。

日本今后也要对与韩国、中国等近邻国家的关系进行重新定位。在“近代”这个时代，日本人经常拿自己同西方国家进行对比，反而无视近邻，并时而将他们作为鄙视的对象。但现在这些国家在经济方面正逐渐形成与日本等同的地位，彼此的交流也趋于常态化。根据这种现实，日本的认同感要在与欧美及这些国家的关系中重新定位。不过障碍也是存在的，因为现在邻国不断提起历史问题，即日本人如何认识 20 世纪前对他们的加害行为。如何回应这个问题对于今后日本在东亚找到合适的位置、走向繁荣不可或缺。本文将阐述一下可能的途径。

一、日本在当今世界的位置

首先我们需确认一下日本在当今世界居怎样的位置。通过地图可以看到领土（面积）、人口、国内生产总值、森林面积等基本要素所展示的世界各国所占比重。需要注意的是这不同于我们所熟知的墨卡托投影，这是一种能准确地表示出面积比的投影法。首先看领土面积，令笔者印象深刻的是非洲与南北美洲比预想的要大。日本与中国相比则很小。从人口上看则大为不同，印度与中国急速膨胀，南北美洲变小，日本则看起来很大。事实上，日本在近代之前就是一个拥有庞大人口的国家。

看GDP的话，日本所占比例更大，不愧是在经济规模方面直到近期为止都是名列世界第二的国家。再看邻国，韩国之大与朝鲜形成了鲜明的对比。另外，在与温室效应有密切关系的森林方面，我们又能看到非洲和南北美洲与其面积相符的比例，而且西伯利亚的森林面积也很大。相反，中国的比重与其经济规模相比非常小。日本的森林面积也非常可观。

人们对于现在的日本有小国化、衰退等印象，但通过客观指标可以看出，日本在世界上所占的比重非常大，并且不会在短时间内发生急剧变化。因此，日本人不应该因目前的变化而一喜一忧，应该思考并践行符合其地位的行动。

二、东亚的“近代化”——从日本的独走到三国的并走

回顾过去不久的20世纪，日本在亚洲处于优势地位。当西方各国进入日本时，日本人果断地进行了明治维新改革，开始向“近代化”迈进。相比之下，中国与朝鲜晚了约40年，直到日清战争后才开始进行国内改革。起点的差异导致出现了日本的帝国化及朝鲜、中国的劣势地位这种鲜明的对比，甚至形成了支配与被支配的关系。

日本帝国于1945年自取灭亡，但此后日本的优势地位依旧没有改变。因为朝鲜战争的结局使韩国和朝鲜的建设异常困难。中国虽然实现了统一，但由于抑制经济建设，没能使国家取得大发展。

此外，日本在帝国解体后，在美国的保护下享受着和平环境，并致力于经济的复苏与发展，最终大幅度地超越了帝国时代，并超越了举步不前的邻国，进行了第二次加速发展，实现了经济增长下的社会平等化、稳定自由的秩序、世界最高水平的技术与高雅的生活。日本虽然完全放弃了帝国时期的支配与被支配的关系，但由于其在国内的成绩也使得它能再次对邻国拥有优越感。

但是，如今邻国正在赶上日本。仅从经济方面而言，日本的“独走”时代已经结束。韩国的朴正熙、中国的邓小平实施的发展战略使两国摆脱了经济停滞状态，而且韩国于1988年，中国于2008年举办了奥运会。同1964年的东京奥运会相比，前者发生在24年后，后者发生44年后。两国在发展过程中都伴随着较日本还大的问题，但其发展能量同明治及战后的日本同样，在发展过程中没有一点衰退的迹象。

通过以上的观察可见，东亚可能会出现史无前例的三国鼎立的局面。日本的未来，要以此基本条件为出发点进行思考。

三、明治维新是和平革命

日本虽然结束了优势时代，但不能否认日本到20世纪为止的发展意义。明治时代的日本，导入了立宪政体并驱除了随之发生的政治腐败。而这个问题邻国至今仍未解决，日本则在没有西方的援助及强迫的情况下得以实现。为什么这些成为可能？这个问题直到今天都非常重要。让明治时代得以迅速发展的明治维新是破除了世袭身份制的近代世界里的最大级别的革命，而且它将牺牲人数限制到了最小。为什么大革命以近乎于无血革命的形式得以实现？这应该是全世界人都想知道的秘密。

日本于近代初期实现了世界历史上鲜有的出色变革。公平而言，日本人应该引以为豪。而且它具有可供日本人乃至于全世界人参考的经验。下面简要加以介绍。

提到明治维新，日本人脑海中会浮现出什么？是以佩里来航为契机的对西方仇视的高涨、尊王攘夷志士们的活跃、王政复古、废藩置县、文明开化、西南内乱这些内容吧。但把它们作为一个整体事件来看是什么呢？如果外国人问起，我们应该如何回答呢？从明治以来到近期为止，回答“王政复古”的人比较多，即日本真正的主人天皇，恢复了其本来的地位。正因如此，才使日本推进了免受西方侵略的改革。这就是幕末时期通过“勤王”运动创立了明治政府并得到相应地位的人所相信的历史。在帝国时代的教材中，“王政复古”被特殊强调，官修正史《维新史》的出版普及了这种维新观。现在大体延续这种提法的书不断被出版。如果我们将其作为政治运动的主体进行重新审视，则萨长两藩以及将让他们实现联合的中间人物坂本龙马开始崭露头角。

最终明治维新被英译为 restoration，并流传于世界。明治时期的日本人以此翻译为自豪，但具有讽刺意义的是，这使明治维新被世界所无视。提到 restoration，西方人以及继承这种历史观的许多国家的人会联想到法国革命后的王政复古。这是否定人人平等的大革命的反动王政。出于这种认识，听到 restoration 一词，人们不会想到维新是废除了世袭身份制的大革命。一般视其为比较蹊跷的疑似革命而轻易地将其排除在外。特别是在20世纪初，俄国革命爆发，世界范围内兴起了以其为模板的革命运动。在那个时代，人们认为革命不仅是打倒君主制，而且伴随着有意图的暴力行动和大量流血。在那种环境下，将君主置于表面进行大改革是不可能的，因此明治维新的光芒越发暗淡。

但到了20世纪末期，我们知道了和平的革命的存在，即苏联解体及与之相伴的东欧自由化。之前人们都觉得这是一场不可能的大变革，但事实上除南斯拉夫之外，其他国家都实现了和平。暴力不是改革的附属品，同时代在东亚兴起的韩国的民主化也证明了这个道理。

通过现代的经验，使明治维新重新显露出来，因为它有暴力作用被限制在最小这一事实。当然，明治维新并非没有出现死者，当时先后发生了戊辰战争和西南战争两次内战，但死者的总数大概为3万人左右。先行一步的法国革命的死者仅内战就多达60多万人，加上对外战争则将近200万人。相比之下，明治维新的死者少之又少。

研究维新史的专家们也模模糊糊地意识到了这个事实。但是，对于其重要性以及为何能出现这种奇迹的疑问直至最近才开始列入议题。明治维新是名副其实的革命，因为其废除了曾经的统治阶级。但武士解体这个大难题为何能顺利进行？对此问题尚无定论。维新之初并没有提到要废除武士，直到后期阶段才将其纳入议题。虽然这有悖于20世纪流行的革命理论，但笔者认为，这个悖论正是使武士轻易解体的原因。大名及上级武士对于幕末及明治初期进行的改革没有予以顽强抵抗。如果下级武士们明目张胆地维护他们的既得权益，则改革肯定不会成功。

换个角度重新思考，即维新的政治运动家们在无意识中采取了“间接的路径”。“间接的路径”是指在直接向目标前进十分困难的情况下，采取迂回路线渐近目标的战略。在战略论的世界里，这种方法被认为是牺牲少、成功率高的策略。

幕末，为了保护日本不受西方威胁，人们认为动员国内的所有资源是理所当然的正义。因此，“人才登用”及“公议”这些口号在“尊王”之前就被提出来，而且被参加了安政五年政变的大名们所接受，还允许中下级武士参与藩政。通过“王政复古”建立起来的政府，在“五条誓文”中宣布“万机决于公论”，并将其视为准则。在戊辰内乱中，所有的大名被动员起来，最终下级人才出入军事、政治等重要部门。上级武士无法抵抗这种剥夺他们既得权益的举措，并开始一步步地妥协。

在这一进程中，他们有意识地采取了“间接的路径”。“王政复古”之际，萨长两藩中的一部分领导人想到了下一个课题就是废藩，也将废除武士阶级这一课题纳入视野。但他们当时视其为机密，在废藩前一阶段，他们先安排了“版籍奉还”这一步骤。两年后，他们果断实行废藩，没有遭到实质性反抗。废藩伴随了武士的大量解雇，成为武士身份解体的重要步骤。

以上笔者试论了维新时鲜有既得权益者进行抵抗的事实。这正是维新期间死者人数少的基础条件。正如战略论所述，“间接的途径”确实是将抵抗减到最小的策略。当某个人物、某个阶级是个大问题时，“间接的途径”这种策略比直接打倒他更为有效。明治维新不仅为日本人，也为全世界受体制之苦且想脱离现状的人提供了一个强有力的参考。

四、明治日本的成功

众所周知，“王政复古”后的日本在各个领域不断进行了激进的改革。较为幸运的是西南内乱以小规模的形式终止于一隅，没能使日本秩序混乱。1890 年开设第一届国会，使日本不仅在政治方面，而且在经济方面、文化方面拥有了迅速接近同时代欧洲水平的能力。举一例子，当年在德国留学的北里柴三郎发现了治疗破伤风的抗毒素，研发了血清疗法。当时西方医学中最先进的是细菌学，他在两大中心之一的罗伯特•科赫研究室留学，很早就掌握了严密的实验方法，并于 5 年后获得了这个成果。他于 1901 年被提名为第一届诺贝尔生理学・医学奖的候选人，然而这个奖项被实验室的同事、开发了白喉免役疗法的埃米尔•贝林获得，实际上在研究成果方面他们两人不相上下。在“王政复古”20 多年后，站在世界学术前沿的人来自西方之外的国家，这足以令人惊叹。他回国后将这种研究方法引进日本，培养了优秀的下一代，而且他的研究成果使日本乃至于世界受益匪浅。迄今为止，这仅在医学史及诺贝尔奖的历史记载中受到关注，但他代表了明治日本的飞速进步及世界化，应该重新予以重视。

明治日本还有许多令人刮目相看的成果。其中之一就是确立了现在也应予以重视的立宪政治。战后它一直受到负面评价，因为立宪政治在九一八事变之后变得无能，它没能阻止日中战争的长期化以及对欧美战争的扩大化。但 20 世纪 60 年代之后的研究表明，宪政确实成立并维持下来，而且议会在对法律与预算的决定方面确实发挥了实际效能，并且众议院议员的选举权也得到扩大。对于这些事实我们也应该予以正当评价。事实上，通观当今世界，记载在宪法中的政治制度并不能被应用于实践而陷入专制，发生军事政变的例子并不少见。以最近的例子来看，泰国选举的规则被基本否定，导致国家失去了决策根据。

与之相比，明治日本的成果令人震惊。例如伊藤博文等人在起草宪法等政治制度时，认为政府遵守法定程序是理所当然的事情，天皇也予以遵守。在世界上，许多法律制定者把自己排除在法律框架之外，肆意行使权力。明治的政治家们严格遵守制定的法律。来自民间政党能在议会开设8年后组织政权正是得益于此。对此有大量著述，在此无须赘言。

但是，笔者要指出一个不怎么被提到的事实，这就是在开设国会之前，打击官僚腐败的举措得以实施，其标志就是设立了会计检查院，它作为天皇直属机关在开设国会的前一年成立。世界上的通例是权力者通常会陷入利用权限中饱私囊的漩涡。明治政府在初期阶段也不例外，例如发生了高官井上馨的尾去泽事件及山县有朋的山城屋事件。但是随着开设国会的临近，明治政府开始着手杜绝腐败现象，并且勉勉强强地实现了。对于具体内情我们不得而知，大概是担心在开设国会后，政党及贵族院会因腐败导致政务停滞、权利被剥夺，大概是1881年的痛苦经历奏效了吧。因为在这一年明治政府经历了次于征韩论政变的大变革。政府内部围绕开设国会的必要性进行议论之时，出现了出售北海道开拓使官产的金钱丑闻事件，遭到开展开设国会运动的政党与报纸的批判，使政府陷于窘境，便约定10年后开设国会，并将政府内的两个骚乱制造者大隈重信和黑田清隆拉下马，使问题暂告一段落。这件事使政府吃尽苦头，最终使日本政府、官僚制得到净化。虽然不久后发生了西门子事件等，但这也是在少有腐败的情况下发生的。

在当今世界，政府和官僚腐败已经非常普遍。想要让官员办事，给些金钱已经成为常识。在这种社会中，检举腐败的例子少之又少，长此以往则无法根除腐败。这种政府的正统性十分脆弱，一旦发生经济危机则可能发生无法估量的内乱，日本从明治中期便从这种漩涡中解脱出来。之后日本在第二次世界大战中以失败告终，首次经历了被占领的惨痛经历，但这并没有动摇日本国民对官僚制的信心，其背景就在于历史的积累。

五、20世纪前半期——帝国的负面遗产

明治时期的日本以日清战争为界转向帝国主义。将没有日本人居住过的台湾从中国的手中抢夺过来，其后将桦太、辽东半岛以及朝鲜等领土编入自己的版图，使日本成了殖民帝国。现在我们受到的来自邻国的抗议正是帝国时期遗留的记忆，也就是所谓的负面遗产。

思考近代日本的对外关系时，我们经常以日俄战争为分界线。让这种观点得到普及的是帝国时代的教科书。战后司马辽太郎的《坂上之云》对其起到了助推作用。这种历史观是以日本与西方的对立为轴心，讲述的是幕末时期，日本受到西方的威胁，被强制打开国门，在历尽艰辛后，战胜了世界最大的陆军大国俄国。但这个故事里没有邻国的踪影，只是将朝鲜和中国作为战场而已。如果重视日俄战争，则无法发现日本是一个在国外拥有广袤领土的帝国。若将日本放置于亚洲进行考量，则应将日清战争作为起点而非日俄战争。

日本帝国于1945年解体，一百几十万的士兵及五百多万在外国人回到日本。日本这个国家是居住在列岛上的纯粹的日本人的意识便源于此时。

日本统治朝鲜半岛长达36年，并发动了始于九一八事变的15年对华战争，给对方国家造成了巨大伤害。正因为如此，距离战败及帝国解体已有近70年的时间，这些国家依旧不断地发出追究责任的呼声。出生于战后的日本人没有自己做过坏事的记忆，对方国家也应该发生了世代变更。这是为什么？日本人对于这种不合理的事情非常诧异，乃至产生厌恶之情也是情理之中的。问题在哪里？追究的声音愈发严峻，如何解决？在此简单谈谈需要考虑到的最基本的问题。

首先，有必要认识到，日本将朝鲜作为殖民地进行统治期间以及在发动侵华战争期间，给对方国民造成了人员等重大伤害，而且伤害了对方国家的自尊心，这是任何人也无法否定的事实。

其次，要承认这件事是错误的。当时的日本人同其他帝国主义国家的国民一样，认为统治和侵略是正当的行为。今天的日本人应该不会这样想。因此，我们不能将现在的日本与帝国时代的日本视为一体，应该对当时日本帝国的对外行为予以否定。

战后的日本接受了东京审判，以其为前提缔结了旧金山讲和条约，重新回到了国际社会。其后，日本同韩国及中国分别缔结了条约。若日本将东京审判和旧金山讲和条约作为政治问题进行翻案，则是与美国在内的世界所有国家为敌的自杀行为。我们不能否定已经实施的和解仪式。如果有问题，正如归还冲绳所示，要花时间建立信赖关系，在此基础上缔结新的共同宣言与条约来解决问题。

但是现在问题就在眼前。这个问题与国民感情、政治企图以及其背后的教育、商业报刊密切相关，不容易解决，但方法是有的。基本是对方为日本创造一个易于日本伸出和解之手的环境。此时，前述对于仪式的“翻案”行为毫无疑问是大忌。

日本有必要了解在统治和侵略过程中给对方带来的伤害情况。但要避免将自己等同于帝国时代的先祖。将过去认定为过去，对于先祖们的加害事实，要认识其核心问题，这样受害者的子孙们则可能会敞开心扉。感情上的和解必须以此为出发点。

帝国的记忆成为我们后辈人的负面遗产。如何应对，这需要我们同过去保持适当距离。此时，极为重要的是东亚的地缘政治学已与20世纪完全不同。中国重新回归为大国，给东亚乃至于全世界带来强烈影响。现在日本一部分人以1945年即日本帝国战败为起点，并停留在这个时间点进行论述，这早已落伍。

六、对未来的建议
——成为一个“想要去看看的国家”

为了构筑理想的未来，就要彻底地与过去诀别。日本在明治以来的发展被国家主义所驱动，以日清战争为契机变成了帝国主义国家，我们不能让历史重演。国家主义使人们关心自己的社会并对其加以改善，这是有必要的，但要避免伤害并藐视他人。帝国时代的日本人侵略、支配并藐视邻国，以此巩固了自己的国家认同感，而被藐视的一方现在对日本复仇的倾向依稀可见。以优劣观为标准的认同感只会加重弥漫在东亚国民间的对立。

如此而言，可能有另外一种“健全的”国家主义吗？笔者认为就是得到好的“外部评价”。自己表扬自己毫无用处，而且在外国人眼里很滑稽。得到世界的正确评价才是获得稳固的认同感和自信的必备条件。日本如何获得“外部评价”比较合适呢？笔者认为就是致力于使日本成为一个“想要去看看的国家”。好的社会吸引人，反之，坏的社会不论如何宣传也不会吸引人。

如今的日本有许多优点。乡村之绿美不胜收，大都市的空气纯净度在世界上也是鲜有的。食物的种类丰富且味道鲜美，国民稳重热情。日元若不升值，这里则是最理想的旅游景点。东京奥运会正是对此予以证实的良机。但世界第三大经济大国就要止步于此吗？要想得到世界的认可，日本必须要增加来日工作和学习的人，要让他们有“去日本肯定会有好事”的想法，这是非常重要的。

日本的动漫受到世界高度评价，这就是一个参考。动漫在中国、印度、法国、美国都非常受欢迎。而且比起孩子们，更受到大学生和知识分子的喜爱。当然，它的图片可爱，故事吸引人，其深处还蕴含有哲学。但是为什么动漫能如此受欢迎？

日本的动漫家们没有强迫世界的人们去欣赏，也不同于帝国日本在其势力范围内进行的文化统治。他们也没有受到日本政府的援助，他们自己或者通过代售点向国外销售。毫无疑问他们有热情且坚持。一旦市场被点燃，随后的评价就迅速扩展。好的“外部评价”通过向世界展示便唾手可得。如今我们走出国门时，作为日本人真正有面子的时候是提到动漫。

七、大学的职能

世界所有人聚集起来共同合作，这在政治领域叫作软实力，其核心是文化交流。在日本提到文化交流，人们会限定为茶道、花道、歌舞伎、相扑等传统文化。从世界角度来看，文化交流的核心非学问莫属。传统文化在每个国家每个地区都有，每个人的喜好也各有千秋。与之相对，学问则是共同范围内的智慧角逐，因此其具有超越国别与地域的渗透力，而且它凝聚了每个国家最优秀的智慧。学问的吸引力在于它是软实力的核心。举个例子，美国、英国、法国的一流大学汇聚了世界各国最优秀的智慧，它们培养出来的毕业生成为各个领域的领导人。美国人口虽少，但作为领先世界的大国很大原因就在于其大学的人才吸引力。

日本的学问和大学应该何去何从？正如诺贝尔奖的获奖人名单所示，日本在理科方面有实力，估计今后也会出现获奖人。而文科如何呢？对文科的学问进行先后排序估计比较难，因为文科没有一个自然科学那样的能让所有人都认可的评判标准。但是，法国安娜学派的历史学成为日本及其他地区专家的参考对象，政治学者本尼迪克特・安德森的国家主义论成为历史学者的参考对象，他们都留下了惊人的业绩。那么日本人有此类著作吗？笔者认为有一些，而且仅在各专业领域内就有多个世界最高水平的业绩。

但是日本的文科学问未被世界所知，因为它们都是仅用日语所著。研究日本及中国的、世界的专家们阅读日本人的书籍后给予了很高评价，但他们在世界的学会及知识界里仅占少数。因此，为了使日本的人文社会科学得到正确的评价只有用“约定俗成的标准”——英语来出版书籍。如果这样做则欧美的一流大学会将日本人的著作列为本科课程的必读文献。来自世界各地的未来的精英们则会阅读它们，也会认为日本不仅理科优秀，文科也有出色的学问。这样欧美优秀的学生就会想留学日本，学日语的学生也会增加。在日本取得业绩的他们也会劝自己及朋友的孩子们留学日本。这些将成为日本的大学和社会获得“外部评价”的基石。因此，我们可以创立一个一年翻译十本人文社科学术书籍的基金，并举办国际大赛。

让日本变成一个“想去看看的国家”，为了使日本人获得一个与其自尊心相称的“外部评价”还应该有许多方法。在此，笔者仅仅通过自身职业的关系提了一些建议，如果准确地发现它们的效用，并一一实行，则20年后的日本会大为改观，成为更加成熟的社会。外国人会认为日本是一个“只要去了那里，就肯定会有好事”的国家。这对于一直居住在这里的居民而言肯定也是宜居的、幸福指数高的社会。

明治的日本人彻底与江户时代诀别，大胆并自由地畅想未来。我们是不是也应该与20世纪告别，面向美好的明天大胆地发挥我们的想象力呢？

本文由李敏（天津科技大学日语系教师）翻译

副岛种臣的亚洲观

島善高[1]

① 岛善高，早稻田大学社会科学综合学术院教授、京都大学法学博士，主要著作有《近代皇室制度の形成》《早稲田大学小史》《律令制から立憲制へ》等，编辑《副島種臣全集 著述篇》1-3。

副岛种臣的亚洲观

副岛种臣是佐贺藩藩校弘道馆教谕枝吉种彰的次子，生于1828年9月9日，逝于日俄战争战事正酣的1905年1月30日，享年78岁。明治维新时他41岁。

从藩校毕业后，副岛留校担任教谕。其后他在开设于长崎的佐贺藩英语学校——蕃学稽古所担任负责人。受兄长枝吉经种的影响，自幼崇尚尊王思想，青年时代的副岛还参加过倒幕运动。因此，江户幕府倒台、明治新政府建立后，副岛被任命为新政府的官吏来到东京。

副岛在明治政府担任参议，后任外务卿。明治6年（1873年）政变下野后，虽远离政界中枢，但由于担任天皇侍讲、枢密顾问官、东邦协会会长，故支持他言行的人也很多，亦有相当大的政治影响力。因此，通过考察副岛的亚洲观，可窥见近代日本对外观之一斑。虽然副岛的亚洲观因时代、因对话人不同而有异，但其强烈的爱国心毋庸置疑。副岛的言行无时不体现其爱国心[①]。

一、幕末时期的副岛

副岛出生的佐贺藩与相邻的福冈藩隔年交替负责长崎港的警备，故比其他藩的国防概念要强。由于长崎是当时唯一对外开放的港口，所以此地最早获取西洋信息。

江户时代日本实行锁国政策，西洋国家中只有荷兰船获得入港许可。但1808年10月，英国船来长崎后发生了强拉荷兰人索求薪柴、水、食料的事件，长崎奉行畏罪剖腹自杀，担当警卫的佐贺藩两位番头也剖腹，还有数人受到了没收家禄的处罚，藩主也被命令闭门反省。这个事件之后，佐贺藩的国防意识日益强烈。

1853年佩里来日后，副岛渐渐关注对外关系，同时还阅读了关注俄罗斯威胁的林子平（1738—1793）及去桦太（库页岛——译者注）探险的间宫林藏（1780—1844）的书籍[②]。

副岛之父及其兄经种是提倡日本一君论的人物，副岛也认为在日本唯天皇为一国之君，德川氏不过是天皇的臣下，作为臣子的德川氏不能垄断政治。可见副岛早

---

① 概观副岛种臣一生的近著有安冈昭男：《副岛种臣》（吉川弘文馆，2012年3月），森田朋子、齐藤洋子：《副岛种臣》（佐贺县立佐贺城本丸历史馆，2014年2月）。

② 大隈重信：《苍海副岛先生》，《东邦协会报告》第121号，明治38年3月；大隈重信：《故副岛会头追悼演说》，《东邦协会报告》第122号，明治38年4月。

早萌生了大政奉还的思想。

1859 年他 31 岁时成为副岛家的养子，之前一直使用枝吉龙种这个名字。那时创作的诗文是这样说的："幕庭论议近如何，外虏于今擅谩夸。我辈偶谈及时事，掩襟且看白樱花。"这首诗中抒发了面对外国威胁而幕府束手无策的感慨。在题为《话圣东》(华盛顿)的诗中他写道，"神国降神旧所闻，何思外虏出伊人。数弓田亩生涯足，一代刑章德业淳"，得知美国有像华盛顿一样的伟人而感到吃惊。他还写有《大炮歌》："铸大炮，炮炮猛且炸。海湊处处布置之。我将光皇威摧夷舶。惜哉幕僚反护夷。严令俾我无攸施。虽有大炮千亿何之而……"[①]，这是一篇批判幕府攘夷未果反开港的文章。可见副岛的视线面向海外并逐渐产生攘夷思想。

但是，1861 年 2 月俄国军舰"波萨得尼柯(Posadnik)号"驶到对马，为确保不冻港而在对马海峡修筑根据地，擅自登陆并在对马建兵舍、工厂、练兵场等设施。俄国军队枪杀日本兵，突袭番所，还实施了掠夺。幕府束手无策，最终借助英国东洋舰队的力量在同年 8 月使之退去[②]。

1863 年 8 月，英国舰队炮袭鹿儿岛，1864 年 9 月，英、美、法、荷联合舰队炮袭下关，副岛认识到西洋诸国的实力及攘夷是不可能的事情，并意识到熟知外国情况的必要性和紧迫性[③]。

1864 年，副岛在大隈重信的劝说下，来到长崎担任蕃学稽古所(后改称致远馆)的负责人。跟随美国人沃贝克(Verbeck)学习英语及美国宪法、新约圣书，同时也执教鞭任教。

副岛在长崎学习英语不只为了解世界形势，还为倒幕运动做准备。1867 年 3 月，副岛与大隈重信共同上京，向幕府监督官原市之进宣传大政奉还思想，反而遭到禁闭的处罚。翌年 1 月禁闭解除后再度回到长崎蕃学稽古所。幕府大政奉还的消息传来后，1 月 13 日长崎奉行河津祐邦把奉行所的事务交给福冈、佐贺两藩后逃到江户。于是，在长崎的各藩藩士集结到一起，共同管理奉行所的事务，并把这个情况通知英国、法国、普鲁士、美国、比利时、葡萄牙的领事。

---

① 锅岛报效会藏：《佐贺先贤诗文遗墨副本，野副家藏》。

② 久米邦武编述、中野礼四郎校补：《锅岛直正公传》第 5 卷，侯爵锅岛家编纂所，1920 年，第 35 页。

③ 久米邦武编述、中野礼四郎校补：《锅岛直正公传》第 5 卷，侯爵锅岛家编纂所，1920 年，第 504 页。

副岛种臣和大隈重信都是这些藩士中的一员。副岛代表各藩士与外国人谈判，并得到了法国领事对政权交替的承认[①]。然后他来到京都，把长崎的事情告知三条实美、岩仓具视。回到长崎的副岛于 3 月 13 日收到新政府任命的通知，从此副岛开始了明治新政府官吏的生涯。

二、外务卿时代

供职于明治政府的副岛，至明治 3 年（1870 年）先是负责“政体书”“新律纲领”等各种法令的起草，而后逐渐开始处理外交事务。近代国家由领土、国民、主权三大要素构成，当时领土问题是最大的悬案。副岛从 1871 年 4 月到 1873 年 10 月担任外务卿一职，在与西洋各国公使们交涉外交事务的同时，还在亚洲与俄罗斯、琉球、朝鲜、清国等进行交涉。

（一）桦太问题

1806 年，间宫林藏在桦太、满洲、黑龙江探险，确认了桦太不是半岛。1858 年俄国穆拉维约夫与清国间缔结《中俄瑷珲条约》后翌年率舰队来到日本，提出划北海道与桦太间的宗谷海峡为日俄边界的要求。在遭日本拒绝后，俄国迁移大量移民至桦太。

吃惊于俄罗斯入侵的幕府于 1861 年命令外国奉行松平康英，1866 年命令函馆奉行小出秀实出使俄罗斯首都圣彼得堡，提出以北纬 50 度划界的意见。但双方没有统一，此地变为杂居之地。

1866 年 9 月，副岛向岩仓具视提出“桦太虽为杂居之地，但一定要把它划在日本主权之下”的意见[②]。1869 年 5 月，杂居在桦太的住民发生纷争后，副岛主张征伐俄罗斯[③]。明治政府也于同年 7 月设置开拓使，开始积极经营北海道。对此，

① 副岛种臣：《经历偶谈》，岛善高编：《副岛种臣全集》第 2 卷，慧文社，2004 年，第 408 页。野村亮《庆应四年的长崎平定与副岛种臣》，《社学研论集》11，2008 年。

② 岛善高编：《副岛种臣全集》第 3 卷，慧文社，2007 年，第 368 页。

③ 木户公传记编纂所：《木户孝允文书》第 3 卷，日本史籍协会，1930 年，第 423 页。

英国公使巴夏礼于同年 8 月向外务卿泽宣嘉提出放弃桦太的忠告，但副岛却认为“现在不取定会后悔，并且取之退潮时可陆渡至黑龙江，无论如何一定要取之”[①]。

1870 年 11 月，偶然的机会，副岛在与来日的驻清俄国代理公使布策（E.Butzow）谈话间，提到了国境问题。在翌年 1871 年 5 月，副岛来到函馆交涉，但由于俄罗斯方面的原因谈判延期。

副岛认为日俄杂居是纷争的根源，为永远亲睦除打破杂居状态别无他法。因此副岛想到两个办法：第一，划桦太为南北两部分；第二，桦太全岛归日本所有，同时付给俄罗斯金钱或与其缔结特殊条约[②]。

实际上副岛考虑领有桦太全岛，所以主张与俄罗斯建立亲密关系，他把长子与两个外甥送到俄罗斯传教士尼古拉门下学习，并把日本与秘鲁间发生的“马里亚·老士号”事件交给俄国皇帝仲裁[③]。

副岛与布策进行多次谈判，并于 1872 年提议用 200 万日元买取桦太北部，得到俄国方面的同意。但开拓使次官黑田清隆反对，说桦太只是一个无用的小岛，副岛的购买方案宣告破产。副岛因明治 6 年政变下野后，1875 年 5 月，日本政府与俄国签订条约（《库页岛千岛群岛交换条约》），规定千岛归日本所有并放弃桦太主权（千岛本为日本所有）[④]。这成为副岛的终生憾事。

（二）琉球问题

1165 年，源为朝从伊豆诸岛渡航到琉球诸岛，并与当地女性结婚后生下舜天王。这就是相传中的琉球王（1187—1237）。舜天统治三代灭亡。其后被称为按司的王族中英祖王脱颖而出，其统治五代灭亡。而后浦添按司被推举为中山王。此时明洪帝遣使前来，于是琉球向明国进贡。

1429 年尚巴志建立了统一王国，七代而亡。1470 年尚圆王开辟了第二尚氏王统，并实现了中央集权化并拥有史上最大版图。

---

① 副岛种臣：《明治初年外交实历谈》，岛善高编：《副岛种臣全集》第 3 卷，慧文社，2004 年，第 381 页以下。

②《桦太之事，副岛建案》，国立国会图书馆宪政资料室《三条实美文书》47-6。

③ 前引副岛种臣：《明治初年外交实历谈》。

④ 副岛种臣：《明治的外交》，岛善高编：《副岛种臣全集》第 3 卷，慧文社，2004 年，第 404 页。

1602 年琉球船飘至仙台藩，在德川家康的命令下飘民被送还。萨摩藩向德川家康提议要求琉球派遣谢恩使节，但琉球没有应允。由是 1609 年萨摩派遣 3000 军队征讨琉球。此后琉球变为萨摩藩的附属国，萨摩藩派奉行常驻那霸。但同时琉球也一如既往地向中国纳贡。这样，琉球成了萨摩、中国两属的状态。

1871 年明治政府强行废藩置县，命令琉球向新政府派遣祝贺使节，让王子和侍人上京。为区别琉球与其他诸藩，承认琉球的"两属"状态，并考虑诱导琉球自愿归日本"专属"，由此，琉球归外务省管辖。此事的负责人为副岛种臣。

副岛 1872 年 9 月向政府提出"琉球藩属体制建议"，内容是：由于琉球向来与清国保持联系亦有商人往来，所以应派遣外务省的官员到琉球；把琉球藩王作为日本华族来优待；在东京赐给琉球王宅邸等。翌年 10 月，在"琉球藩负债偿却建议"中，副岛提到由明治政府承担琉球藩的债务 20 万两[①]。

副岛在 1873 年 8 月与琉球与那原亲方会谈时，与那原亲方提到"两属的由来"时是这样说的："琉球小国如在国体制度上发生变革会动摇民心，故此希望维持现状"，并明确指出："除与外国缔和约交战以外，国内政治大权皆归藩王所有，国体制度等应按从前办理。"[②]副岛认为不可急于断绝琉球与清国的关系，至少应该采取循序渐进的作法。

其后琉球拒绝使用明治年号，藩王拒绝上京。对此 1879 年 3 月明治政府命令琉球藩让出首理城，4 月废除琉球藩设立冲绳县，任命锅岛直彬为冲绳县令。这些举措都是副岛辞去外务卿一职后的事了。

（三）朝鲜问题

日本与朝鲜关系久远。在古代相传有神功皇后征伐三韩，好太王碑文里有倭王大败百济、新罗的记录。在朝鲜半岛南部有任那日本府。大化改革后 663 年唐、新罗联合军与倭军在白村江开战。到了平安时代新罗屡屡来犯。元、高丽联合军在镰仓时代的 1274 年和 1281 年征伐九州北部。当时的镰仓幕府设置了异国警固番役等职务，大大刺激了国防意识的产生。高丽的李氏朝鲜，1419 年派 1 万多大军进攻壹岐、对马。

① 国立公文书馆藏：《处分始末辛未壬申 第一册》。

② 东恩纳宽惇编：《尚泰侯实录》，原书房，1971 年，第 227 页。

其后丰臣秀吉1592年率军16万，1598年率14万出兵朝鲜半岛，并企图征服明朝。秀吉之后的德川家康对朝倡导和平主义，江户时代将军上任时要求朝鲜派遣修好使节。在朝鲜半岛的釜山安置了草梁倭馆，派遣对马宗氏的官员、商人四五百人负责贸易。

明治新政府建立时，朝鲜为大院君掌权。大院君是攘夷论者。根据副岛的《经历偶谈》，当时的情况是这样的：日本废除了幕府，建立了以天皇为中心的统治。这个消息传到朝鲜后，大院君说："朝鲜只知德川大君的存在，不知日本天皇的存在，我们没有理由与你们交往，只能像现在一样通过对马藩宗氏官吏建立联谊，我们不知道外务卿等为何职。"这样，朝鲜不接受日本政府的书信。日本政府给在釜山官员的信也被退回。最终朝鲜做出决定，终止与居住釜山的日本人之间的贸易。

釜山的商人把这个情况报告给明治新政府，并请求帮助。这样，朝鲜之争不局限于口舌，日本面临或派遣军队或撤去所有在釜山的人员的二者选一的处境。外务卿副岛主张依据国际法，以正当方式向朝鲜问罪，这就是"征韩论"，并且主动提出担任派遣到朝鲜的特命全权大臣。而后西乡隆盛申请作为全权大使，于是"征韩论"以西乡为中心展开。最终，"征韩论"遭到从美欧归国的岩仓具视、大久保利通的反对而中止，副岛下野。

（四）台湾问题

1871年11月，琉球的宫古岛岛民在从琉球王国返回的途中遭难飘至中国台湾东南部，54人被杀害（牡丹社事件）。生还的12人受到了当地人的保护并被转移到福建，在福建的琉球馆生活半年左右，1872年6月返回那霸。鹿儿岛县参事大山纲良在向明治政府传达事件的概要时，建议追究责任而出兵。

外务卿副岛种臣听取了美国人佩希恩・史密斯（E. Peshine Smith）、德朗（Charles E. DeLong）、李仙得（Le Gendre）等人的意见，讨论了善后政策以及征讨中国台湾的可能性。另一方面，考虑到与清国的关系，副岛决定作为使节去清国确认这一点。

副岛于1873年3月出发，4月在天津与李鸿章交换了《中日修好条规》的批准书后，6月29日觐见了同治帝，7月归国。副岛认为如从正面谈判宫古岛岛民遭难事件等问题，需要三到五年左右的时间。于是派柳原前光作为代理到总理衙门打探清廷的意见。

6 月 21 日，柳原来到总理衙门。先是询问澳门问题中的清葡关系以及朝鲜和清国的关系后，渐渐转向宫古岛岛民被害一事。清方大臣答道："前年，生番杀害的是琉球国民，没听说是日本人。原本琉球国为我属国，遭难时我福建总督抚恤了生还的人，加以仁爱，送其归国。"对此柳原提到琉球归萨摩藩所属，以及"福建总督抚恤了逃难的琉球民，但残暴的生番应如何处置？"针对这个问题，清国大臣答道，"此岛岛民有生番和熟番两种，熟番渐服清国王化，但对生番因其为化外野番故不管理"，"生番的残暴不可控制是由于清国政教未及所至"。

柳原将与清廷大臣的谈话内容转告给副岛。副岛归国后将之上报给政府。①

特命全权大臣副岛在清国的言行都记录在郑永宁编纂的《六年使清日记》②中，并且在同年 11 月完成的《副岛使清纪略》③的末尾，郑永宁这样写道："副岛使清一事，换约为其名，觐见亦为其名，讨番才是真正目的。(中略)清国承认日本征讨生番问罪。副岛归国后，东京大阪的富豪们听闻副岛的成功，筹集数百万金，以助伐番并开拓台湾。有志的报国之士全都前来等待副岛差遣。副岛的'忠勤亮特'，名至实归。副岛为此事竭尽全力，而今副岛不在。啊，真是悲哀。若此事不举，真为收之东隅，失之桑榆啊。"

上面这段话中提到"而今副岛不在"指的是 1873 年 10 月发生的明治 6 年政变副岛下野一事。另外"收之东隅，失之桑榆"是从《后汉书》冯异传中"失之东隅，收之桑榆"变换而来。《后汉书》中原意是最初失去的东西最终得到，而郑永宁则说副岛最初取得的成果后来却化为乌有。也就是说郑永宁主张应在副岛既得成果的基础上征伐中国台湾。

其后，日本政府于 1874 年 5 月出兵中国台湾。

三、东邦协会会长时代

副岛种臣 1973 年下野后远离政权，1879 年以后作为天皇的侍讲而在宫中供职。

① JACAR（亚洲历史资料中心）Ref.A03023011900、公文别录・清国通信始末・明治 2 年—明治六年・第一卷・明治 2 年 12 月—明治 6 年 12 月（国立公文书馆）。

② 藏于国立公文书馆。

③ JACAR（亚洲历史资料中心）Ref.A04017196800、单行书・副岛使清纪略・全（国立公文书馆）。

作为天皇的侍讲本应对政治问题闭口不谈，但副岛却屡次提出政治建议。

1880年6月他建议不可募集外债，从1881年9月起担任兴亚会会长，10月，提出北海道开拓使不能转让官有物品，1882年5月组建打着“王道无边无党”大旗的改进党，1883年建言开国会，1886年2月成为宫中顾问官，1884年4月担任枢密顾问官，1889年屡屡建议条约改正问题，并于1891年在东邦协会担任副会长，翌年1892年任会长，一直到1905年去世为止都在为东邦协会的发展尽力。下面介绍几个事例来分析副岛的亚洲观。

（一）壬午、甲申事变

1880年，日本在韩国京城设公使馆，但韩国守旧派势力依旧强大，日韩两国纷争不断。1882年7月，在大院君的煽动下发生了袭击日本公使馆事件。其后，朴泳孝作为“谢罪使”来日，他目睹了日本的国情，认识到韩国改革、实行开化政策的必要性，对此，日本把赔偿金由50万日元减少到10万日元。

但由于政府首脑为守旧派（事大党），开化派（独立党）的金玉均等人在1884年12月发动了暗杀守旧派首领闵氏一族的事件，并宣称开化派建立新政府。这次动乱时日本派军150人保卫王宫，由于闵氏向清国求援，清国公使袁世凯率1500余兵赶到。开化派寡不敌众亡命日本，守旧派建立了临时政权。这个事变对于日清双方都无利，日本政府派遣伊藤博文与李鸿章于1885年4月缔结了《天津条约》。

甲申事变后，副岛对来访的数名青年说了这样一番话。内容虽然有些长，但为分析当时政治家的想法，把概要摘录如下：

> 世间书生空论要避免违背正理的无名战争，但西洋提倡避免战争、战斗争夺的仅限于学者即空论家，绝不会有政治家、实业家。忘记本国利益，为他国谋仁惠不是背叛本国、尽忠他国的表现吗？被委任的人除本国利益外不可考虑他者，这是政务家的自尊，与空论截然不同……我在任外务卿时，偷看到俄罗斯外务省的密件。有云攻日本先取下关，日本之力在九州，由此截断东西日本易攻破之。不论哪国都会做这样的调查以备不时之需。这叫作“均势之义”。所谓均势，若俄罗斯取支那一半，我亦取其一半不输给俄。按均势道理来讲没有什么说不通的。按照这样的道理，眼下朝鲜为支那属邦，对保全日本独立极为不利，故干扰之是保全本国独立的正当权利。如今空论家所言，让朝鲜迈向

文明是公法所不许的。在公法里，干涉别国为大忌。朝鲜为文明抑或野蛮，我国作为他国没有道理干涉。我认为这真是多余的担心。我们只是伸张保持本国独立的权利，这是公法允许的……我与李鸿章交谈时，李曾向我吐露真情“支那之根本不在北京而在满洲。朝鲜是满洲重要屏障，决不能失去”。这是真话。对现今朝鲜按日本意愿的话会对支那不利。这样一来会出现无休止的争论，争论不休则引发战争。世间书生空论道，争论不止不应兴无名之师。我觉得这话愚蠢至极。非争论不休则不能出兵。人们吵架亦然，若是非曲直明了便不会争吵，唯有互相竞争才有争斗。我认为变成争论不休的状态时就应该立刻发动战争……眼下还有主张兴兵靡费不能保国的论者，这也是最愚蠢的。日本永远坚守小岛的话，不论商业多繁盛国家也不会富裕。争夺世界的诸国不会把商业利益让给日本，故此永远为贫国而不能独立。俄罗斯今后可强盛，但仍没有染指东洋是其畏惧德国，德国皇帝及俾斯麦宰相都已年逾八十，已近辞世。那时俄罗斯会直取支那，趁势来日本的话，贫穷小国其何能支。如今进攻支那取为己有，今日之花费自然得到补偿。且能保万世富强与独立……若因循守旧不发动战争，日本的寿命只剩 30 年。我相信日本会兴起万世伟业。诸葛孔明曾言死而后已，志士为国分忧，应死而不已[①]。

现代人看来，这是 20 世纪充斥着武力政治的言论。试以中法战争为例谈一谈。

（二）中法战争

19 世纪下半叶，法国对于越南的领土野心日益膨胀。阮朝向宗主国清国请求支援，但清国没有直接派兵。刘永福率领黑旗军怀着爱国之心与法军战斗。因得到武器、钱粮的支援间接开始支持阮朝。但法军攻破越南首都，1883 年越南终于被征服。

对此，由于清国未撤越南前线的军队导致中法战争爆发。深知战局不利的清国，重用稳健派的李鸿章等人，开始与法国和平谈判。1884 年 4 月，中法停战协定在天津缔结，但进入 7 月后战争再开。

1884 年 10 月，法军登陆中国台湾被击退，但从海上封锁了中国台湾。胶着状

① 副岛种臣：《甲申事变前后对清政策意见》，岛善高编：《副岛种臣全集》第 3 卷，第 515 页。

态持续时，法国议会开始讨论战争是否应继续，1885 年 6 月在天津再度缔结停战条约。最终，清廷不得不承认法国对越南的保护国地位。正在这时，1884 年 12 月甲申事变爆发，日本国内对清开战呼声高涨。法国公使也主张与日联合共同对清。副岛上述的话正是在这样的背景下说的。

从副岛所作的诗中也可解读他对中法战争的关心。他在法军入侵中国台湾时作《闻法军侵台湾》，在法军进攻福建厦门时写道："忽闻清佛复交矛，福建厦门无陷不。"念及与法议和的李鸿章，写下《秋日怀李鸿章》。赠予驻日公使黎庶昌"闻清佛交战，赠黎公使庶昌"的封句。听闻何如璋宅邸被烧，写了"闻何如璋宅见焚，遥寄"，"闻福州兵轰沉佛师船，赠何君如璋"等文字。副岛在谈及被法国侵略的中国时，写道"自古寿图金石固，且今国累卵祺危"，"大陆风云天漠漠，一秋凉气雨潸潸"，表达了心中忧虑。焦急于亚洲的弱势，他写下"亚细乾坤日削弱，欧洲民物年能鸠"的诗句，并且有感于清国没有进行如赵武灵王、管仲那样的改革，写下"趟至武灵躬弗纳，轲唉管仲世为师"。预言长此以往的话清国将被西洋所征服[①]。（《将夏蛮夷今日危》）

（三）日清战争前后

黎庶昌从 1881 年到 1884 年，1887 年到 1890 年两度任驻日公使。副岛在写给黎庶昌的诗《偕乐园饯赠黎公》中，谈及朝鲜与国际情势时这样写道：

密谋虞座广，秘事虑人稠。所以终日宴，欲言又复休。
君既大国使，矧邃子房筹。本谓庐谌辈，焉知刘琨愁。
烈士不徒死，常为本朝谋。达人明视远，怀抱千载忧。
朝鲜之其壤，介在三国陬。其地所关系，譬汉有荆州。
得者必有利，邻邑各㤘㤘。其主不能守，刘表子弟柔。
今鄂大于魏，蓄养亿貔貅。日本与大清，势或吴蜀侔。
若复互憎恶，谁耐歌同仇。蒙逊所见小，殊非子敬俦。
其地一入鄂，孰复执其尤。蚕食从此始，由来无亚洲。
不怪王浚兵，直能冲石头。今公归有日，复命何以不。
大勇尚果决，须向机宜投。且夫天津约，腷抑以怅惆。

① 副岛种臣：《苍海全集》，岛善高编：《副岛种臣全集》第 1 卷，慧文社，2004 年。王紫晨：《副岛种臣的对外观》（2013 年度早稻田大学社会科学研究科修士论文）。

连鸡不相下，况何其能妯。即夫进取势，敌人得谋猷。
下手既已愆，掣肘欲何求。事生于嫉妒，非和媾所修。
改命无不可，因循丈夫羞。斯事试入耳，用舍在贤侯。
义因著以宣，道徭传以悠。情伤别以切，疾须药而瘳。
往矣壮汝气，功烈炳千秋。①

在这首诗中，副岛把朝鲜比作三国时代的“荆州”，荆州土地肥沃，刘表虽为有德的刺史，但其子弟好酒、傲慢并奢侈无度而导致衰落。副岛把朝鲜王族比作刘表的子弟。

副岛认为日清联合共同对抗俄国的“连清抗俄”为上策。俄罗斯一旦进入朝鲜就是亚洲遭受“蚕食”的开始。西晋王濬率兵攻陷吴的“石头城”就会成为事实，日本被俄罗斯征服（或者是清国被俄罗斯征服）也是可以想象的。

但现实却事与愿违，1894 年朝鲜国内以甲午农民战争为发端，分别派兵至朝鲜的日清两国发生了冲突。由于爆发日清战争，在日居住的清国人就变成了敌国人。副岛反对制裁在日清国劳动者，反复主张采取“开放主义”政策。副岛认为，若制裁了在日清国人的话，日本劳动者在外国遭受拒绝时便不能争辩了。

副岛对待在日清国人，不主张制裁而主张“怀柔”，使之对日本怀有“信用敬爱”之心。这样一来，万一逐鹿中原的时候，清国民众就会箪食壶浆迎接王师。副岛在枢密院提案应采取“开放主义政策”，“要顾全大局”。②

副岛在《复言》中写道：

复言猛寇擅儿顽，使者巡台今始还。
几日孔明擒孟获，百年计略定南蛮。③

在《台湾》④中写道：

浮云东北驰，如从台湾来。台湾近日战，能否歼渠魁。
无辜并臣仆，焉保无疑猜。般民久称顽，情状固可哀。
山谷何险隘，狂犷常徘徊。胥动以浮言，寇虐所胚胎。
国家重兵役，示以皇道恢。轻侮稍生心，嗟尔发纵才。

---

① 岛善高编：《副岛种臣全集》第 1 卷，慧文社，2004 年，第 273 ~ 274 页。
②《枢密院会议议事录》第 8 卷，东京大学出版会，1958 年。
③ 岛善高编：《副岛种臣全集》第 1 卷，慧文社，2004 年，第 377 页。
④ 岛善高编：《副岛种臣全集》第 1 卷，慧文社，2004 年，第 377 页。

余常持台湾置二师团兵说。夫置重兵。变夷夺心。而人或哗笑以为怯。

“孔明擒孟获”是指诸葛孔明对孟获七擒七纵，第七次孟获终于对诸葛孔明敬服的故事，是兵法三十六计中第十六计。在诗《台湾》中，通过向中国台湾派“重兵”而达到“变夷夺心”的目的。总之，副岛认为关键不是凭力量使之屈服，取得中国台湾人的信赖是最重要的。

日清战争后三国干涉还辽，东亚情势激变。俄罗斯、德国、法国、英国等西方列强把触手伸向中国。对此副岛在1898年11月撰文指出：

今与我国为唇齿辅车者，岂非韩及清乎。韩事自有日俄协商之约，盖亦小康。而俄也独也法也英也，今方独极力清事。夫清事不可缓也，而其主不能守。今为我国者，将如之何。夫取乱侮亡，武之善经也。培栽覆倾，文之常道也。为我国者，当何择焉。读佐藤君支那新论者，是自知之。闻黄遵宪为遣日公使，其陛辞也。清帝阅国书，亲硃批加同洲至亲至爱字。矢野公使谒清帝也，有愿助之语。今夫畏首畏尾，坐失唇齿辅车之势，识者不为。[①]

可见眼下形势已经不仅仅是日、清、朝三国之间的关系了。在这样的情境下保持独立最为重要。但清国统治者已经没有保卫自国的能力了。

清国在1898年6月改革派发起的“百日维新”以失败告终，1900年6月义和团之乱，八国联军进北京。副岛写了《清国事变的名流意见》[②]《清国改革之急务》[③]《清国更革难》[④]等文章。在清国取代了年迈的李鸿章的人物，比如以张之洞为代表的精通内外事情的开明派为何不挺身而出呢。副岛认为其最大原因在于西太后的“垂帘听政”政策，所以要力除西太后的政治干预。

但两江总督刘坤一、湖广总督张之洞、山东巡抚袁世凯等汉族地方实力派放弃了清廷中央的政策，独自与外国和解（“东南互保”）。他们的做法，与其说是排除西太后的势力，不如说是为了从政治、军事等方面扩充自身实权[⑤]。

结语：日俄战争

① 佐藤宏等：《支那新论》序文，东京八尾商店，1898年。

② 岛善高编：《副岛种臣全集》第3卷，慧文社，2004年，第565页。

③《东邦协会会报》第84号。

④ 岛善高编：《副岛种臣全集》第3卷，慧文社，2004年，第577页。

⑤ 前引王紫晨修士论文。

1891 年 5 月，滋贺县的大津发生了日本警察刺伤访日俄皇太子事件。一时间日本朝野震撼，深畏与俄之间将有一战。政府中尽快处死该警察以向俄谢罪的声音日益强烈。但当时最高司法裁判所大审院院长儿岛惟谦认为按照宪法和刑法的规定不能处以死刑，并主张最重能判无期徒刑。对此政治家们持有不判死刑的话日本可能亡国的危机意识，副岛便是其中一人。当时日本对俄就是这样的恐惧心理。最终按照大审院的判决，警察没有判处死刑。

日本 1904 年 2 月对俄宣战，是由于俄占领满洲侵略韩国。对此，日本向俄传达了如下两条信息：

（1）互相承认清国及韩国的主权独立和领土完整。

（2）双方互相承认日本在韩国的特殊利益和俄在满洲的特殊利益。

对此，俄方不但闪烁其词没有应允，还向日本政府提出以下两条要求：

（1）日本承认满洲及其沿岸不属于日本势力范围。

（2）鸭绿江以南到北纬 39 度为韩国中立地带。

这引发了日本政府及国民的愤怒。但当时企图通过外交交涉解决的日本政府，承认了满洲及其沿岸不属于日本势力范围。

同时俄罗斯在要求日本撤除韩国东南岸武装的同时，向满洲大量派兵并把波罗的海军舰调至远东地区。对此日本政府终止了与俄罗斯的谈判并断绝外交关系。副岛说，“这次的战争极为可悲，然实为不可遏止之事。保全韩国关乎日本存亡命运，一苇可航的半岛安危实关日本国境安全。现在这场战争日本取胜显而易见。只望远东妖云速散，日俄两国互温交情、再复善邻之谊”[①]。

1905 年 1 月 1 日，听闻攻破旅顺要塞消息后的副岛，于 3 日挥毫写道：

天皇览贺御枫宸。万户旗竿升旭新。

此日敌人纳降至。由来元旦是嘉辰。

打破俄罗斯威胁的长年夙愿终于得以实现，这种喜悦在诗中表达得淋漓尽致。同年 1 月 30 日，副岛去世。

本文由白春岩（早稻田大学社会科学综合学术院助教）译

---

① 副岛种臣：《日本的外交》，岛善高编：《副岛种臣全集》第 3 卷，慧文社，2004 年，第 428 页。

日本学人物志

王家骅先生印象

李　卓[1]

① 李卓，南开大学日本研究院教授。本文为2015年7月4日在南开大学日本研究院主办的“文明的对话与比较：以中日儒学为中心”讨论会暨王家骅先生文集《中日儒学：传统与现代》出版研讨会上的发言。

王家骅（1941—2000 年）先生离开我们已经 15 年了。今天，值此王家骅先生文集《中日儒学：传统与现代》出版的契机，召开“文明的对话与比较：以中日儒学为中心”学术研讨会，缅怀王家骅先生的学术成就和对日本儒学研究的贡献，进而推动儒学研究，是很有意义的。我从 1977 年考入南开大学历史系世界史专业学习，1982 又进入历史研究所攻读硕士课程，1985 年毕业后至今一直从事日本史研究工作，有幸近距离地感受王家骅先生的风采，接受他的言传身教。尤其是 1996 年因当时 86 岁高龄的导师吴廷璆先生离休，便转为在王家骅先生指导下完成了在职攻读博士学位的学业。作为王家骅先生的学生，我们每个人都有自己的深刻感受，在此我想谈谈自己对王家骅先生的几个最深刻的印象。

一、坎坷人生路，勤奋得成功

王家骅先生的一生或许是新中国知识分子命运的缩影。他 1963 年进入南开大学历史系，专攻中国思想史。在大学期间恰逢“文革”，在那个以阶级斗争为纲的年代，1968 年大学毕业时，由于其父亲的“历史问题”，被分配到河北省青县农场进行劳动锻炼。两年后的 1970 年 4 月才到青县流河中学担任历史教师，在那里一直工作了 8 年。

机会总是留给有准备的人。长达 10 年的蹉跎岁月，艰苦的生活环境与工作条件，并没有使王家骅先生消沉下去。他在做好本职工作的同时，刻苦自学日语，并且开始关注日本史研究，还带着自己写的论文虚心向吴廷璆先生等日本研究专家请教。正因如此，当 1972 年中日恢复邦交之后日本研究日益受到重视，当 1978 年随着“科学的春天”来临，吴廷璆先生等一大批老教师被落实政策，1964 年成立、因“文革”而停止工作的日本史研究室重新恢复工作时，他能够以良好的研究基础及日语能力，被吴廷璆、俞辛焞、米庆余等先生选中，直接从一位农村基层中学历史教师进入南开大学历史系日本史研究室，开始了日本史研究的生涯。

进入日本史研究室后，已近中年的王家骅先生开始了从中学历史教学向高校专业历史研究的人生角色转变。为了尽快完成这一“转型”，他放下架子，坚持到外语系与本科生一起听课，日语水平提高之快令人刮目相看。日本东北大学寺田隆信教授 80 年代初来南开大学历史研究所明清史研究室讲学时，是由王家骅先生单独承担专业性很强的现场翻译工作的。在日语笔译及写作方面，他参与了商务印书馆

1980年出版的《日本外交史》的翻译、上海译文出版社1983年出版的《满洲事变》；日本六兴出版社1988年出版的由中国学者撰写的13卷本《东亚中的日本历史》中，王家骅先生独自撰写的第5卷《日中儒学之比較》是少数用日语直接撰写的著作之一；他还用日语在日本学术杂志上发表了大量论文。日语水平的提高，为王家骅先生拓宽了国际化视野，在资料挖掘与运用方面发挥了非常重要的作用，也为后来从事难度很高的日本儒学研究奠定了扎实的基础。

在专业研究方面，进入人才济济的南开大学历史学科和日本史研究室，并从放弃多年的中国思想史研究转为日本史研究，其压力之大可想而知。王家骅先生以极其刻苦的精神投身到新的拼搏当中。我们虽无法知道其中的细节，但仅从王家骅先生1978年4月才进入南开大学工作，却在1979年就发表了《明治维新研究评介》（《世界历史》1979年5、6期，合作）、《美国的日本史研究》（《世界史研究动态》1979年9期）、《浅谈明治时期日本农业稳定发展的经验》（《南开史学》1980年创刊号，合作）、《幕末日本人西洋观的变迁》（《历史研究》1980年6期）、《半欧洲、半亚细亚型的日本晚期封建社会》（《世界历史》1982年6期）等多篇论文，便可想见王先生的付出与努力。在尤其是《历史研究》《世界历史》上发表的这两篇“重磅”论文，以及稍后发表的《试论近代中国与日本走上不同道路的历史原因》（中国日本史学会编：《日本史论文集》，辽宁人民出版社，1985年），既体现了王先生的勤奋努力，也说明他在身处逆境的10年中没有放弃学习与思考。这些颇有影响的研究成果，使王家骅先生迅速跻身中国日本史研究的一线学者行列。

有人说，逆境是通往真理的第一条道路。勤奋、敬业、刻苦，铸就了王家骅先生学术研究领域的辉煌。据不完全统计，从1979年到1999年这20年时间里，王家骅先生完成的著作（包括中日文、含合作）共有7部、译著3部，在两岸三地及日本、韩国共发表论文65篇。这期间还承担了4项包括国家社科基金、天津市社科基金、日本国际交流基金项目在内的科研课题研究。在其身体素质并不好，且当时教师待遇低、科研条件差的情况下，王家骅先生能够取得如此成就，从根本上说是他个人勤奋刻苦、坚韧努力的结果。

二、才学识兼备，治史出新论

唐代史学家刘知几曾提出“史才须有三长”，“谓才也，学也，识也”。我们往往觉得具有这些才能的优秀史学家离我们比较遥远，实际上他们就在我们身边。从王家骅先生的学术生涯中，可以清楚看到他是三长兼备的史学家典范。

史才，指天才和才气，特别指文才，某种意义上说具有先天的性质。相信作为王先生的学生及生前友好，通过王先生的诸多著作与论文，通过聆听他的授课与学术报告，会对王先生的史学才华、文采文风深有体会与了解，在此不予赘述。我仅从“史学”和“史识”的角度来谈谈王家骅先生的学术成就。

史学，我理解主要是指专业知识的丰富与扎实，既要有中外历史知识的雄厚基础，又要在专业方面有深厚的造诣，即所谓“博”与“精”的结合。史学是后天积累的，可以通过努力得来；史识是历史学家的观察力，要能察得别人所不能察者。王家骅先生在史学与史识方面具有非凡的才华，所以能够创造出超人的成就。

尽管王家骅先生 1978 年才进入大学研究机构，但是，长达 8 年的农村基层中学从事历史教学的历练使他后来从事历史研究有了扎实的史学根基。实际上在他的儒学研究取得成就之前，既在学术界有了很大影响。他的成名作《幕末日本人西洋观的变迁》《半欧洲、半亚细亚型的日本晚期封建社会》两篇论文分别发表于 1980 年的《历史研究》和 1982 年的《世界历史》上。可贵之处在于，王家骅先生当时入行日本研究不久，而且还是助教身份（1983 年晋升为讲师），就已经发表了这样颇有深度及学术创见的论文，体现了他是一位深邃的思想者。20 世纪 80 年代前期，正值我国改革开放初起，经济建设百废待兴，日本明治维新以来近代化的经验无疑值得中国借鉴，明治维新史也是当时学者们关注的热点。浏览 70 年代末 80 年代初的日本史研究论文，有不少与明治维新及近代化有关，其中较多的是从科技、教育、经济、工业化等不同领域，从制度、政策层面来探讨明治维新与日本近代化成功的“经验”，而王家骅先生则看得更深、更远。用他自己的话说：“我是从研究明治维新史开始的。明治维新是日本近代化的开始。我试图从经济、文化、思想等各个角度搞清楚中日走上不同道路的原因。”他在对明治维新史进行考察基础上，开始对明治维新的成功进行深层思考。在《幕末日本人西洋观的变迁》一文中，追溯幕末日本人西洋文明观的变迁过程，指出从德川时代的闭关锁国到维新后全面吸收西方文明，如不打破盲目排外的蒙昧主义思想壁垒，这种转变是不会实现的。他提出，“回顾这一变迁过程，有助于我们理解明治维新的思想源流”。这篇已经具有思想史研究意义的论文最初是参加 1980 年 7 月于天津召开的中国日本史学会成立大会上的论文，在会上宣读后反响很大，并被收入该会的《日本史论文集》。1982 年在《世界历史》上发表的《半欧洲、半亚细亚型的日本晚期封建社会》一文针对当时史学界的较为流行的日本晚期封建社会属于“欧洲型”“亚细亚生产方式形态”及“特殊日本型”的观点，从分析马克思在《资本论》中对日本的阐述入手，指出从“土地占有形式”“小农经济”“城市的发展形态”“国家的权力形态”四个方面来看，都具有“半欧洲、半亚细亚的特征”。该文是国内学界第一篇分析日本社会结构内在特征及其与欧洲封建社会之异同的论文，很有理论深度、很有说服力。

在考察明治维新及日本社会特征的同时，王家骅先生把思考的重点放在中日比较研究上，即拥有相似文化背景的中日两国为何在近代走上不同的道路，使其研究具有了深刻的现实意义，其代表作品就是 1981 年 7 月出席日本史学会大连会议上的论文《试论近代中国与日本走上不同道路的历史原因》（后收入辽宁人民出版社 1985 年出版的《日本史论文集（二）》。顺便说明，中国日本史学会编撰出版的《日本史论文集》只有两册，王家骅先生的论文两次入选，恰说明他当时在国内学界的地位）。他在文中将日本近世经济、政治结构与中国封建社会作了比较后指出：“造成近代中、日两国走上不同道路的是一种合力，而中、日两国封建社会经济、政治结构的差异则是主要的历史原因。”他是在改革开放后最早进行中日近代化进程比较研究的学者之一，且观点独到，发人深思。总之，20 世纪 80 年代前期，王家骅先生“从明治维新开始”的日本研究，已经显示出“独辟蹊径”“史论结合”“比较研究”的特点。虽然时隔 30 多年，但王家骅先生上述三篇在改革开放初期的代表作至今仍不过时，读来很过瘾，其理论分析之深刻、其学术观点之精辟、其资料运用之得当，都是难得的学术精品，对当今的人们认识与了解日本，其重要的启迪作用仍不减当年。

读王家骅先生的著作和论文，总能发现他的与众不同的结论，从中获得很多启发。对于这一点，他后来在总结自己学术道路时指出，“我认为关键一点是我特别注意方法论的思考，或者说是视野的思考”。所谓“方法论”与“视野”，不正是对“史学”和“史识”的现实诠释吗？

三、探索无止境，创世界一流

当今，“创新”一词无疑是使用最频繁的热点、时髦词汇，这个发源于经济领域的词汇如今被各个学科赋予了不同的表述与理解，当然也是从事人文社科研究的学者面临的首要任务。根据国家社会科学基金成果评估指标的规定，创新可概括为三个方面：理论创新、方法创新和新描述。个人认为，其实“创新”是多种多样的，比如，开辟新领域、创立新理论、提出新观点、探索新方法等等，都应当属于创新的范畴。在我们往往为怎样做到“创新”而纠结的时候，王家骅先生早就树立了“创新”的榜样，他的学术生涯就是一个不断创新的过程。

在《儒学与中日东亚文化——王家骅教授访谈录》[①]中，王先生讲道：“在日本明治维新研究中，我注意到了日本儒学在其中的作用。”在扎扎实实的基础研究积累的基础上，经过长期的潜心探索，20 世纪 80 年代中期，他开始把研究的焦点聚集到日本儒学研究及中日两国儒学的比较研究上，他的第一篇相关论文是《试论儒家思想对日本〈古事记〉的影响》(《南开学报》1986 年 2 期)。该文从哲学和政治思想的角度探讨了《古事记》中反映出的儒家思想的影响，吴廷璆先生评价这篇文章“显示出作者理论水平高，概括能力强，对儒家学说和典籍有广博的知识和见解”，“在我国史学界研究这一问题尚属初见”。他的儒学研究生涯中里程碑式的著作是前述 1988 年由日本六兴出版社出版的日文专著《日中儒学之比较》。该书探讨了前近代中日两国儒学的异同以及日本儒学的特质，书中对日本儒学特质的概括与“早期儒学”概念的提出，得到中日学界的肯定。《日中儒学之比较》出版后，沟口雄三、源了圆、铃木靖民、伊东贵之、加藤实等多位学者在报刊上发表对这部书的评介，源了圆先生称该书是“迄今为止一个由中国人来把握日本儒学的壮举”，颠覆了某些日本学者所说的“中国的日本研究处于小学生水平”的印象。

《日中儒学之比较》一书出版后，王家骅先生对日本儒学和中日儒学比较的研究一发而不可收。除了大量论文及参与撰写的著作之外，1990 年，《儒家思想与日本文化》一书作为周谷城先生主编的《世界文化丛书》系列之一由浙江人民出版社

---

①《历史教学问题》2001 年第 4 期。

出版（1994 年由淑馨出版社出版）；1995 年，再度由浙江人民出版社出版《儒家思想与日本的现代化》（1998 年由日本农文协出版社出版日文版）。三部代表作被称作王家骅先生的“日本儒学研究三部曲”。十年内出版三部著作，从时间上看已是巨量的工作；从内容上看，三部著作内容各有侧重，体现出他研究思路的逐渐深入及研究视野的日益拓展，或者说“创新意识”在步步升华。实际上，在他写作日文版《日中儒学之比较》的过程中，已经开始了新的思考，他意识到“在漫长的历史中，源自中国的儒学思想曾对日本文化的各个领域（政治、法律、道德、宗教、文化、史学等）以及现代化进程都有重大而且深远的影响”，其结果就是一鼓作气，仅用两年时间就完成了《儒家思想与日本文化》的写作和出版。该书在国内的反响更加强烈，很短时间便告售罄，以至于浙江人民出版社于 1994 年再版。

《儒家思想与日本文化》可以说是王家骅先生日本儒学研究的顶峰。该书出版后，从不同角度发表的书评有很多。本文仅选择当时对该书“创新”意义的评价做简单介绍。

史学界的评价，如吴廷璆先生的评语是：“该书是我国第一部深入研究包括中日两国在内的东亚文明深层结构并进行系统阐释的专著。该书站在世界史的高度评价儒学乃至中国传统文化，并考察儒学对东亚各国尤其日本的历史和文化的影响，同时又立足于对日本儒学的批判，对中国儒学进行了客观、公允的评价。该书填补了中日文化比较与日本史、日本思想史研究中的空白，实为一部优秀的著作。”

哲学界的评价，如研究东亚比较哲学的中国社会科学院李甦平研究员以“儒学新说”为题发表评论，指出该书有“历史感醇”“时代感强”“学术感新”三大特点，尤其认为书中关于“早期日本儒学的界说”“关于日本儒学特色的规定”“关于哲学范畴的比较研究”等方面提出了“新的有价值的学术观点”　。

该书也引起经济学界的关注，叶坦（中国社会科学院经济研究所研究员）在“东亚文明的深层解析”一文中指出：“本书的突出特点是采用了多维比较方式”，这种研究方式的价值在于“它不仅堪称文化史和比较文化学的深化环节，而且还可为其他学科所借鉴”。

这些评价是学术界对这部著作的创新意义及学术价值的充分肯定，因此，在教育部 1995 年实施的首届高校人文社会科学研究优秀成果评选中当之无愧地获得优秀成果奖二等奖。

王家骅先生的可贵之处还在于不断自省，在探索上无止境，不断提出新问题、阐释新观点。《儒家思想与日本文化》出版后享誉国内外，但他并没有就此满足，而是觉得书中还有不足之处，尤其是对于儒家思想与日本现代化的关系未能充分展开论评。为揭开儒家思想的现代意义这个“世纪之谜”提供一个阶梯，是他再作新著《儒家思想与日本的现代化》的直接动力。该书基于“提倡多层次研究”“提倡哲学与历史相结合的思想史研究”“进行个案考察的方法论创新”三项原则，较之前两部著作对思想史的侧重，更趋向于对儒家思想之于日本现代化的影响及其表现的分析，因而更具现实意义。

由于时代条件所限，王家骅先生没有“硕士”“博士”学历，但他却创造了世界一流的儒学研究成就。他具有很高的国际知名度，其人其书在“儒家文化圈”各国都有很多拥趸。他还与著名日本学者源了圆和加地伸行及美国哥伦比亚大学的狄百瑞、英国伦敦帝国学院的道尔、法国巴黎大学的汪德迈（《亚洲文化圈的时代》作者）、韩国釜山大学金日坤教授（“儒教文化圈”一词的首倡者）等国际著名学者一起，参与了 1987—1990 年间由中国问题专家中岛岭雄主持的日本学术振兴会大型项目“东亚比较地域研究”。可以说，王家骅先生是名副其实的与世界一流学者。

结　语

人们或许不知，在写作《日中儒学之比较》一书时，王家骅先生的职称只是讲师，《儒家思想与日本文化》出版时，他还是副教授（1993 年晋升教授）。十年“文革”延误了他青春才华的发挥，但他凭着对事业的挚爱及知识分子的高度社会责任感，勤勤恳恳，笔耕不辍，创造了非凡的研究业绩。王家骅先生是位优秀的史学家，是中国第二代日本研究学者的杰出代表，是我们的好老师。天妒英才，多年呕心沥血的科研与教学，使他身体透支，英年早逝，这是中国日本研究界的重大损失。今天我们缅怀他的业绩，是为了弘扬他对中国日本史研究，尤其是对儒学研究的贡献，继续他的未竟事业，并学习他的敬业精神和严谨的学风，让南开日本研究院成为中国日本研究领域的常青树，创造新的辉煌。

最后简单介绍一下王家骅先生文集《中日儒学：传统与现代》的出版过程。王家骅先生于 2000 年 11 月 29 日病逝后，作为他的学生与同事，我们一直有一个心愿，即把王家骅先生主要著作之外的大量研究中日儒学的论文编辑成书。大约 2008

年的时候，曾经考虑如果此书能够出版，则在 2010 年王家骅先生逝世十周年时召开这样的会议。由于申请经费及出版过程中各种各样的原因，本书终于在南开大学历史学院 985 工程建设出版经费的资助下，在 2014 年 12 月由人民出版社出版。本书最初曾设想添加王家骅先生年谱、研究成果目录以及追忆王先生的文章，但是根据出版社的要求（以专著的形式出版），这些都被很遗憾地省略掉了。本书在出版过程中，首先得到了王家骅先生夫人魏建及女儿王玮的大力支持；由刘岳兵老师做了大量的先期工作，包括对王先生论文的汇总、整理、分类等等；王先生的博士生冯良珍、郭丽、孙雪梅参与了校对工作，在此一并表示衷心的感谢。

《南开日本研究》征稿启事

南开大学日本研究院学术杂志《南开日本研究》诚邀学界同仁投稿。

《南开日本研究》（前身为《日本研究论集》）于1996年创刊，迄今已出版19期。《南开日本研究》开设日本历史与文化、日本政治与外交、日本经济与产业、中日关系研究等固定栏目，并设专题研究、比较分析、海外专稿、学术新人新作等非固定栏目，以期为中国的日本学研究者提供一个公共学术平台。

本刊稿件篇幅通常为10000字左右，但欢迎学术观点新颖、具有理论深度、论据充分的长篇学术论文。

稿件一经采用，即致稿酬。

投稿时请注意以下要求：

1.请附300字以内的内容提要以及4～5个关键词。

2.请使用中文简体WORD文档，A4幅面，小4号字，1.5倍行距。

3.注释请使用页下注，格式为：作者（译著或译文还应注明译者）、书名（或论文题目）、出版社（或杂志名称）、出版时间、页码（引用杂志不须注明页码）。

4.注释中引用外文文献时请直接使用原文。

5.如属课题项目成果请注明课题项目名称及批准号。

6.来稿请用电子邮件发送，务请注明作者单位和职称（或职务）、联系地址、电话、电子邮箱。

联系地址：天津市南开区卫津路94号　南开大学日本研究院
《南开日本研究》编辑部

邮编：300071

电话/电传：（022）23505753

E-mail：nkrbyj@126.com